국가와 지역

국가와 지역
다중스케일 관점에서 본 한국의 지역

초판1쇄 | 2013년 6월 20일
엮은이 | 박배균 김동완
펴낸곳 | 알트
주소 | 121-837 서울시 마포구 와우산로23길 20-28
전화 | 02-335-6452
블로그 | blog.naver.com/gardo67
이메일 | gardo@daum.net
ISBN-13 | 978-89-93404-14-2 (03300)

- '알트'는 도서출판 바람구두의 인문 브랜드입니다.
- 잘못 만들어진 책은 구입하신 서점에서 바꾸어 드립니다.
- 이 저서는 2011년도 정부재원(교육과학기술부 사회과학연구지원사업비)으로 한국연구재단의 지원(NRF-2011-330-B00209)을 받아 연구되었습니다.

다중스케일 관점에서 본 한국의 지역
국가와 지역

박배균 · 김동완 엮음

알트

차례

| 프롤로그 | 다중스케일: 국가―지역 연구의 대안을 찾아서 | 박배균 김동완 · · · · · · · · · · 6

1장 · **국가―지역 연구의 인식론** | 박배균 · 22

| 제1부 |
국가공간과 지역

2장 · **지역균형과 국가공간** | 박배균 · 54
3장 · **광주: 지역개발담론과 아래로부터 지역주의** | 김동완 · · · · · · · · · · · · · · · · 95
4장 · **불균등발전과 국가공간** | 김동완 · 126

| 제2부 |

지방정치와 토건국가

- 5장 · **한국형 토건국가의 출현** | 박배균 · 168
- 6장 · **포항 1: 기업도시의 사회생태학** | 장세훈 · · · · · · · · · · · · · · 198
- 7장 · **포항 2: 지방자치와 지역엘리트의 재생산** | 장세훈 · · · · · · · · 228
- 8장 · **저탄소 녹색성장 전략의 정치경제** | 이상헌 · · · · · · · · · · · · · 260

| 제3부 |

글로컬리제이션과 지역정치

- 9장 · **국가의 스케일재편과 지역** | 박배균 · · · · · · · · · · · · · · · · · · 290
- 10장 · **지역정치와 세계화** | 박배균 · 327
- 11장 · **신자유주의화의 공간선택성과 '경제자유구역'** | 박배균 · · · · · · 353

| 참고문헌 | · 380
| 기고자 약력 | · 404

프롤로그
다중스케일: 국가-지역 연구의 대안을 찾아서

국가-지역 연구의 위기

　현재 한국사회는 다양한 형태로 표출되는 지역문제로 인한 사회정치적 갈등과 긴장의 증가 탓에 엄청난 홍역을 치르는 중이다. 이는 또한 한국인의 삶에 여러 부정적인 영향을 끼친다. 수도권과 비수도권 지역 간의 격차와 양극화가 갈수록 심화되고, 정체된 지역에서는 성장동력의 부재 탓에 새로운 발전의 가능성을 찾는 데 큰 어려움을 겪고 있다. 또한, 국가의 자원배분과 정책결정이 지역과 도시의 성장과 발전에 막대한 영향을 미친 역사적 경험 탓에, 각종 국가개발사업을 둘러싼 지역 간 갈등도 심각한 수준으로 부풀린 상태다.
　4대강 개발사업, 세종시 문제, 영남신공항 입지, 과학벨트 건설 등을 둘러싸고 첨예하게 불거진 정치적 갈등이 잘 보여주듯, 국가개발 사업을 둘러싼 지역 간 갈등, 국가-지역 간 갈등은 언제나 중요한 정치적 이슈이며, 이는 국가 전체적으로 사회정치적 비용의 증가, 효율적이고 합리적인 의사결정의 지체와 같은 문제점을 야기한다. 또한, 이러한 지역문제의 고착화는 정치적 측면에서 지역적 이해를 중심으로 한 정치적 동원 구조의 확대재생산과 지역주의 정치를 강화하여, 민주적인 정치적 거버넌스 구조의 성립에 큰 장애로 작용했다.
　이처럼 지역발전을 둘러싼 사회정치적 갈등의 문제가 한국사회와 한국인의 삶에 엄청난 부정적 영향을 미침에도 불구하고, 한국의 사회과학은 그동안 지역문제의 원인을 진단하고 그에 대한 처방을 제시하는 데 충분한 노력을 기울이지 못했다. 특히 지역발전의 문제는 그간 기술적 도구적 합리성에 바탕한 계획과 공학의 문제로서 혹은 경제적 합리성에 바탕한 효율적 자원배분의 문제로서만 이해되는 데 그치곤 했다.

그러다 보니 한국사회의 정치경제적 발전에 대한 사회공간적 이해가 부족하여, 국가와 지역 간 관계에 대한 사회과학적 설명과 이론화가 충분히 이루어지지 않았고, 그에 따라 지속, 심화되는 지역문제에 대해 제대로 된 해결책을 제시하지 못했다.

그동안 한국의 사회과학이 지역문제에 대해 만족스러운 분석과 이론을 제시하지 못한 이유 중의 하나는 한국인의 삶에 영향을 주는 정치 사회 경제의 과정을 '국가스케일 중심'적인 시각에서만 바라보았기 때문이다.

스케일(scale)은 원래 지도의 축척을 뜻하지만, 여기서는 이러한 지도적 축척의 의미보다는 사회적 현상과 사건을 바라보는 인식론적 렌즈의 하나로 이해된다. 요즘 흔히 보는 인터넷 지도에서 축척을 달리하면 드러나는 장소들이 달라지듯, 사회과정도 스케일을 달리하여 관찰하면 드러나는 현상도, 그에 대한 이해방식도 달라진다.

국가스케일 중심적 시각에 매달리면, 특히 중앙의 입장에서 기술관료적 경제적 합리성을 바탕으로 지역의 문제에 접근하므로, 국가의 정책과 개발사업을 둘러싸고 복잡하게 표출되는 지역 간 그리고 국가-지역 간 정치적 갈등과 동원의 과정을 제대로 이해할 수 없다. 그간의 한국 자본주의 발전에 대한 정치경제적 연구들은 대부분 국가스케일에서 형성되는 정치 사회 경제 문화 역사 과정에 주목하면서, 국민국가 영역 내부에서 배타적으로 작동하는 조절의 질서를 분석하는 데 초점을 두었다.

그러다 보니 "국가보다 큰" 동아시아, 환태평양, 글로벌 스케일 등에서 이루어진 지정학적(geopolitical)이고 지경학적(geo-economic)인 관계와 과정이나 "국가보다 작은" 도시나 지역스케일의 과정들에 대해서는 큰 관심을 기울이지 않았다. 이러한 국가스케일 중심적 경향 속에서 국가와 지역 간의 관계를 다룰 때는 흔히 지역에 대한 국가의 우위라는 통념만을 따르곤 했다. 이러한 국가 중심적 이해방식은 국가와 사회 행위자들의 장소적 의존성과 공간적 뿌리내림이 다양한 지리적 스케일에서 나타날 수 있음을 간과하였고, 그 결과로 한국사회의 정치 경제 사회 문화 과정을 이해함에 있어서 중앙정부관료, 전경련, 기업의 본사, 중앙정치인 등과 같은 국가스케일의 행위자들의 역할만을 과잉포장하고, 그 외의 다양한 초국가적이고 지방적인 행위자들과 과정의 중요성을 경시하는 경향을 초래하였다.

국가와 지역의 재인식: 다중스케일 관점

이러한 국가-지역 연구의 위기를 극복하고 국가와 지역 사이의 관계를 제대로 이해하려면 지역 차원의 정치 사회 경제 문화 과정을 다중스케일적(multi-scalar) 관점에서 바라볼 필요가 있다. 이를 위해 우선 지역 혹은 지방을 단순히 국가의 행정구역에 의해 주어진 것으로 보는 방법론적 영역주의는 지양하고,

지역을 사회적 관계들이 특정한 장소를 중심으로 공간적으로 구체화되고 물화되어 구성된 것으로 바라보아야 한다.

이때 지역에 대한 연구는 이런 지역의 생산과 재생산에 영향을 미치는 정치 사회 경제 문화의 과정들과 그러한 과정들을 이끌어내는 정치적 행위에 대한 연구를 전제로 해야 한다. 국가-지역 관계를 이해함에 있어 국가(혹은 중앙) 중심적인 사고를 벗어나기 위해서는, 국가의 행위를 국가스케일의 정치 사회 경제 과정의 결과물로서만 인식하지 말고, 글로벌, 국가, 지역, 도시 등 다양한 지리적 스케일에서 작동하는 사회적 세력과 힘들이 국가 안에서 또 국가를 통해 서로 상호작용하면서 구성되는 것으로 이해할 필요가 있다. 이런 관점을 따르면 지역은 국가에 대해 수동적인 입장에만 머무르지 않고, 영역화된 정치적 동원의 과정을 통해 국가적 차원의 과정에 영향을 주기도 하는 능동적 투입요소로서 파악될 수 있다.

또한, 국가-지역 간의 관계는 국가와 지역스케일의 과정들에 의해서만 영향을 받는 데 그치지 않고, 그보다 더 크거나 더 작은 공간 스케일에서 일어나는 과정들에 의해서도 영향을 받기 때문에, 국가와 지역의 상호작용 과정은 국가/지역/도시를 뛰어넘고 다양한 스케일을 가로지르면서 형성되는 사회적 연결망과 권력투쟁의 과정 속에서 형성되는 것으로서 이해된다.

이러한 인식론을 바탕으로 이 책에 수록된 11편의 논문들이 구체적으로 주목하는 현상은 지방적 차원의 과정들이 국가와 글로벌한 차원의 변화에 미치는 영향이다. 그간 한국의 사회과학에서 지방적 차원의 과정들은 국가나 글로별한 차원의 과정들에 의해 하향적으로 영향받고 수동적으로 결정되는 위치에만 머물러 있는 것으로 인식되었고, 그러다 보니 지역의 상황에 대한 인식이 왜곡될 수밖에 없었다. 이 책의 저자들은 이러한 인식론적 문제를 극복하기 위해, 기존 논의들과는 달리 지방 차원의 과정에 인식론적 우선권을 두면서, 국가와 글로벌한 과정의 변화를 살펴보려 하였다. 앞서 지적했듯 다중스케일의 효능은 같은 현상과 사건을 달리 볼 수 있게 해주는 인식론적 렌즈로서 가장 빼어나기 때문이다.

책의 구성 및 요약

1장은 본 편서의 인식론적 문제의식과 입장을 제시한다. 여기서 필자는 한국의 사회과학이 지역문제에 대해 만족스러운 분석과 해법을 제시하지 못한 이유 두 가지를 꼽는다. 근대국가의 영역성을 절대시하는 '영역적 함정'과 정치 사회 경제 과정들을 국가스케일 중심으로만 바라보는 '방법론적 국가주의'가 한국의 사회과학 연구들을 스케일적으로 왜곡시켰다는 주장이다. 즉 그에 따라 국가의 정책을 둘러싸고 복잡하게 표출되는 지역 간 또 국가와 지역 간의 복잡한 정치경제적 상호작용의 과정을 제대로 이해하지 못한다는 진단이다. 이런 문제의식 속에서 필자는 국가와 지역 간의 관계를 제대로 이해하기 위한 방법으로 공간과 사회 사이의 내재적 연관성을 강조하는 사회공간론적 관점을 지역연구에 적극 도입하기를 주장한다.

특히 사회공간론적 관점을 보다 구체화하기 위해 장소, 영역, 네트워크, 스케일과 같은 사회공간적 관계의 네 가지 차원이 어떻게 서로 중첩 결합하며 역동적으로 상호작용하는지를 고찰한다. 이때 이론적 준거로 삼는 핵심 개념이 바로 '다중스케일의 네트워크적 영역성'이다. 또한, 이 개념을 바탕으로 한국 자본주의 발전을 사회공간론적 관점에서 이해할 수 있는 가능성을 시론적으로 탐색한다.

다중스케일의 인식론을 다룬 1장 이후 본문은 크게 3부로 나뉜다. 먼저 1부에서는 **국가공간론의 견지에서 불균등발전과 지역주의**를 다룬다. 여기서 필자들은 국가의 지역정책을 기술관료적 합리성 혹은 경제적 합리성 관점에서 보는 기존의 관점 대신에, 국가 안에서(또 국가를 통해서) 작동하는 여러 다양한 사회세력들 간의 경합 갈등 타협의 과정 속에서 바라보는 국가공간론의 관점에서, 한국의 지역정책을 분석한다. 특히 지방 혹은 도시 차원의 이해관계가 영역을 구축(構築)하고 지역주의를 도모하는 과정에 주목한다. 이런 맥락에서 우리가 주목하는 쟁점은 지역균형담론, 지역주의, 불균등발전의 세 가지이다. 사실 이 셋은 따로 떨어져 있지 않다. 각각 강조되는 담론의 장(場), 그 담론들이 형성되는 실천의 장이 다를 수는 있지만, 긴밀히 연관된 이슈들이다.

우선 2장에서는 현실정치의 가장 강력한 담론이자 쟁점의 하나인 '지역균형발전'이라는 주제를 다룬다. 이 글에서 박배균은 지역균형을 도덕적 정치적 당위나 기술, 경제, 관료적 합리성의 차원에서 바라보지 않는다. 지역균형 문제는 한국 국가를 둘러싼 정치경제 과정의 한 차원으로 재해석된다. 그는 지역균형의 정책과 담론이 중요한 국가프로젝트이자 정치적 동원 기제로 자리 잡는 역사적 과정을 추적한다. 한국의 지역균형정책이 정치적 위기에 대응하는 국가 지배엘리트의 헤게모니프로젝트임을 밝히기 위해서다. 1980년대의 민주화 운동을 거치면서 지역주의 정치와 지역균열적 정당정치가 고착되고, 그 결과 지역균형의 정책적 담론적 차원이 확대재생산되었다는 것이다. 이 과정에서 정치자원으로 동원된 영역정치는 지역균형 담론을 한국적 민주주의의 문제로 재구성하는 데 긍정적으로 기여하기도 했지만, 90년대 이후에는 토건 세력에 포획되어 개발주의를 강화하는 부작용을 낳는다.

2장이 국가스케일에서 동원된 지역주의를 고찰했다면, 3장은 국가공간의 변화에 대응해 도시적 주체들이 구성하는 아래로부터의 지역주의를 다룬다. 여기서 김동완은 1960년대 광주의 토착자본과 지방 엘리트들이 상상했던 '지역'(이라는 관념)이 호남'지역주의'를 구성하는 과정을 파고든다. 그동안 주목받지 못했던 도시 행위자들의 행태와 역할을 체계적으로 조명하고, 이들이 경계 내부에서 지역을 구성하려 시도했던 다양한 작업들 속에서 지역주의를 재정의한다. 광주 지방 영역동맹의 지역주의 담론이 호남을 "근대화의 세례를 받지 못한" 소외지역으로 구성하는 과정, 지역 내외의 언론에 의한 지역 제도화 과정이 아주 상세하게 소개된다. 그럼으로써 '아래로부터의 지역주의'가 기존의 국가 중심적 설명방식을 보완하고, 지역-지역주의 관계를 재구성하는 이론적 계기가 될 수 있다고 평가한다.

  4장은 국가와 지역 두 스케일의 긴장관계가 한국사회의 불균등발전의 역사 속에서 국가공간을 (재)구성하는 방식에 대한 글이다. 이 글에서 필자는 서구 사례에서 도출된 국가공간론을 한국을 포함한 동아시아 발전주의 국가의 맥락에 비추어 재해석한다. 특히 동아시아 발전주의 국가적 특성을 고려한 중범위적 이론틀을 제시하고, 1960년대 개발체제의 불균등발전을 헤게모니프로젝트의 공간적 효과와 함께 검토한다. 4장이 보여주는 발전주의 국가적 개발체제의 공간은 서구 케인즈주의 복지국가나 신자유주의 국가와는 매우 다른 형태를 띤다. 국가스케일에 극단적으로 집중된 공간생산의 과정이 특정 도시에 섬처럼 집중되어 있는, 서구적 시각에서는 불가능한 형태라고 여겨지는 공간형태가 어엿하게 유지된 배경에는 경제적 민족주의의 공간적 상상이 자리 잡고 있었다. 특히, 이 논문에서 필자는 경제적 민족주의와 이를 지탱하는 기술들은 몇몇 도시에 집중된 근대화의 성취를 전 영토적인 것으로 받아들이도록 하는 착시 현상을 일으켰고, 결국 이 환상이 깨져나가면서 영역적 정치의 중요한 자산으로 동원되는 역사적 과정이 연출되었다고 주장한다.

  2부는 **한국의 지방정치와 토건국가 사이의 관계**를 밝히는 논문들로 이뤄진다. 1부의 이론적 지평 위에서 한국의 국가공간을 규정짓는 핵심 키워드로 '토건국가' 혹은 '토건지향적 영역정치'를 도출할 수 있다. 영역정치가 전방위적으로 확장되면서, 국가 지역 도시 가릴 것 없이 모든 스케일에서 영역적 이해를 동원하는 정치적 행위가 벌어졌다. 이런 영역정치는 토건동맹의 성장을 촉진시켰고, 지난 50년 동안 한국의 국가형태를 구성하는 중요한 정치경제적 과정이 되었다. 2부의 논문들은 한국의 지방정치가 풀뿌리 민주주의 대신, 개발지향적인 정치에 의해 지배되는 과정을 조명함으로써, 한국 국가가 토건지향적인 특성을 띠게 된 배경을 설명한다.

5장에서 박배균은 한국에서 토건국가의 출현을 분석한다. 한국 국가의 토건지향성과 개발주의적 성향에 대한 비판은 많았지만, 그 원인과 과정에 대한 설명은 이제껏 충분하지 못했다. 특히 필자는 지난 60년대 이후 현재까지 한국 국가의 공간 정책과 그를 둘러싼 복잡한 정치경제적 과정의 결과로, 지역적 스케일에서 영역화된 이해의 정치적 동원화가 매우 활성화되었고, 그로 인해 국가의 토건지향성과 개발주의적 성향이 강화되었음을 주장한다. 결국 대규모 토건사업의 기획은 몇몇 관료나 정치 분파의 이해관계로만 설명될 수 없으며, 국가형태에 내재된 토건지향성을 이해해야 한다는 것이다. 이러한 시각으로 한국의 지역 및 도시개발에 대한 기존의 접근방식을 되돌아보면, 지역이나 도시 스케일에서 작동하는 개발정치와 그것이 국가스케일의 전략적 선택에 개입하는 측면이 지나치게 간과되고 있다. 지방정치의 현장에서 주민으로 호명되는 주체들의 개발 열망 역시 토건국가의 중요한 지지대인 것이다. 장세훈의 두 포항 사례연구(6장과 7장)는 이러한 맥락에서 중요하다.

먼저 6장은 사회생태학적 관점에서 기업과 지역사회 간의 관계를 중심으로 기업도시 포항의 형성 및 변천 과정을 살핀다. 포항제철의 입지 초기부터 90년대까지의 시간대를 추적하며 지역사회와 국가 제철사업의 첨병이 어떤 관계를 맺는지 살펴본다. 초기 제철소의 포항 입지는 지역사회의 환대 속에 이루어졌다. 그러나 현지 주민의 이익은 제한적이었다. 포항제철은 권위주의적 정치체제 하에서 반발하는 주민을 공권력으로 탄압하는 한편, 그들의 지지자들로 구성된 지방 정치엘리트들과 수직적 지배 종속 관계를 구축했다. 포항제철과 절연한 채 독자적인 성장동력을 마련할 마땅한 경제적 역량도, 또 포항제철에 대항할 정치적 역량도 없었던 포항 지역사회는 포항제철의 발전에 기생하면서 포항제철의 공간생산 논리를 수용할 수밖에 없었다. 1990년대 들어 민주화와 지방자치제, 포항제철의 위상 약화 등 외적 변수가 포항제철의 태도 변화를 야기했지만, 양자 관계는 대기업 우위의 갈등적 대립을 기본 특징으로 한다.

7장은 철강도시 포항이 형성되는 과정에서 지역엘리트의 재생산 과정을 다룬다. 특히 지방자치 이후 지방정치가 제도화된 단계를 주목한다. 최근 여러 사례연구가 등장하긴 했지만 여전히 한국의 지방엘리트 연구가 초보적인 수준인 것을 고려하면, 이 연구는 지방엘리트와 국가공간의 연결고리를 찾는 중요한 징검다리로서 값지다. 장세훈은 이 연구에서 지방자치 전후 포항의 지방정치 담론 변화에 주목한다. 당시 유입된 신흥 엘리트 집단은 전통적인 포항의 엘리트 집단에 내홍의 위기를 가져왔다. 논문에서는 이들 전통적 엘리트 집단이 위기 상황을 맞으며 생겨난 변화들을 조명한다. 즉, 지역 지배엘리트의 내부 충원 및 외부 수혈 방식, 부분적 포섭과 분할통치의 과정 등이 상세히 그려진다. 이러한 지방정치의 과정은 토건국가의 큰 그림을 구성하는 중요한 조각그림들로서, 토건국가에 내재된 개발지향성을 설명하는 도시 혹은 지역스케일의 사회관계와 과정으로서 의미심장하다.

8장에서 이상헌은 토건국가의 최신 판본인 녹색성장론을 정치경제학적으로 분석한다. 주된 논의 대상은 MB정부에서부터 추진된 '저탄소 녹색성장 전략'이다. 자연-사회 관계와 물질-에너지 관계에 대한 이론적 시각에서 보아 MB정부의 '저탄소 녹색성장 전략'은 토건국가의 전형에서 크게 벗어나지 않는다. 녹색성장전략은 기후라는 테마의 의제적 포섭을 통해 만들어낸 환경조정전략이며, 이에는 토건국가의 경로의존성이 그대로 답습되고 있고, 나아가 전통적인 뉴딜의 덫에 갇혀 있어서 녹색전환을 추구하기에는 역부족이라는 것이 이 글의 평가이다. 결국 우리 사회에서 토건국가는 여전히 지속 중이며, 이의 해소에는 장기적인 공론화 과정과 다양한 스케일에서의 녹색전환이 필요함을 알 수 있다.

3부는 세계화와 지방화가 동시에 진행되는 글로컬리제이션의 구체적 모습을 최근 한국 국가가 경험하고 있는 공간적 재편 과정을 통해 살펴보고, **지방적 차원에서 일어나는 정치경제적 과정들이 글로컬리제이션의 공간적 재편에 어떠한 영향을 미치는지** 분석하는 논문들로 구성되었다. 특히, 국가의 스케일 재편에 대해 초점을 두는데, 이 논의들을 소개하기에 앞서 '국가스케일'이라는 용어에 대한 설명이 필요하다. 우리가 영어의 national scale을 번역해 국가스케일이라 부르고는 있지만 이건 어디까지나 한국적 용례에 따라 편의상 쓰고 있는 것이다. 직역하자면 국가스케일은 국민국가 수준의 사회적 공간에 해당하는 것이지 이것이 국가 그 자체의 스케일은 아니다. 세계화에 대한 연구가 진전되면서 여러 스케일에서 국가의 실천이 확인되고 있다. 국가는 하나의 스케일에 스스로를 구속하지 않는다. 특히 세계화 이후 국가는 기존 국민국가스케일 중심의 형태에서 지역이나 도시스케일로 스케일 분업의 형태를 바꾸어 가고 있다. 지역 혹은 도시-지역을 재발견하고 강조하는 정책적 정치적 담론의 과잉은 이러한 변화를 반영하는 것이다. 따라서 아직 국내 학계에서는 생소한 논의이긴 하지만, 국가의 스케일 재편 논의는 세계화와 지방자치제 실시 이후 한국의 지역정치와 국가의 공간생산을 이해하기 위한 핵심 개념으로 볼 수 있다.

9장은 서구 사례 중심으로 진행된 스케일 재편 논의를 비판적으로 검토하고, 동아시아 발전주의 국가의 맥락에 비추어 이를 재구성하려는 시도이다. 이 글에서 저자는 국가의 스케일 재편에 대한 기존 논의들이 행위자들의 역할과 정치 과정의 자율성을 경시하며, 너무 추상적이어서 국가의 스케일 재편이 일어나는 구체적인 메커니즘을 설명하지 못한다는 문제의식에서 출발한다. 저자는 특히 국가와 지역스케일 간 영역화된 갈등이 심화되면 국가조절의 위기가 발생하고, 국가지배엘리트는 이를 해결하기 위해 국가권한의 일부를 지역스케일로 이양하는 분권화 전략을 취하고, 그 결과로 국가의 스케일 재편이 촉진된다는 메커니즘을 제시한다. 이러한 논의를 바탕으로 저자는 국가의 스케일적 재편이 결코 자본축적의 경제적 논리와 조절적 필요를 바탕으로 기능주의적으로 설명될 수 있는 것이 아니라, 국가 안에서 또 국가를 통해서 작동하는 여러 사회 세력들 간의 복잡한 상호작용과 경합의 결과로 이루어짐을 주장한다.

10장과 11장에서는 사례를 통해서 세계화와 지방화의 긴장이 국가공간을 변형하는 구체적인 방식을 살펴본다. 먼저 2000년대 초반 한국의 자동차 산업과 제주국제자유도시 프로젝트에 대한 경험연구인 10장에서는 장소의존적인 정치세력들 사이의 경쟁이 세계화를 실현하는 과정을 논한다. 여기서 지방정치와 지방 행위자들은 국가정책의 수동적 대상이 아니다. 이들은 국가규제의 자유화를 촉진하도록 견인하는가 하면, '규모 뛰어넘기'를 통해 다른 스케일의 사회관계에 능동적으로 접합되기도 한다. 즉, 특정의 지리적 스케일에서 활동하는 행위자들은 자신들이 원하는 특정의 조절 프로젝트를 추진하기 위해 다른 지리적 규모에서 존재하는 힘과 자원을 동원하려 시도(하여 성공)할 수 있고, 이러한 규모를 가로지르는 권력 동원의 과정을 통해 '공간선택적 자유화' 정책이 생겨날 수 있음을 보여준다.

11장에서는 그 반대의 경향으로 국가 주도의 경제자유구역에서 나타나는 새로운 주권형태를 아이와 옹(Aihwa Ong)의 '등급화된 주권'(graduated sovereignty) 개념을 도입해 설명한다. 등급화된 주권은 국가마다 다양하게 재현되는 신자유주의 세계화의 동아시아적 판본인 바, 이를 한국의 경제자유화 공간에 적용해 세계화에 대응하는 국가적 공간생산의 한 측면을 살펴보는 시도이다. 저자는 일련의 분석을 통해, 한국정부의 경제특구 건설전략을 발전국가의 제도적 경로 위에서 경제자유화 담론이 접합되는 형태라고 진단한다. 특히 신자유주의적 변화를 추동하는 힘과 기존의 발전주의적 공간질서를 지키려는 힘

사이의 역동적 상호작용의 결과로 한국 정부는 '공간선택적 자유화'의 전략을 취하였으며, 그 결과가 '경제자유구역' 프로젝트임을 밝힌다.

글로벌주의, 국가주의, 로컬주의를 넘어:
다중스케일적 사고와 실천의 활성화를 기대하며

이 책은 지역적 차원의 정치 경제 사회 과정과 그 안에서 활동하는 지방 행위자들이 국가 혹은 글로벌 스케일의 과정과 힘에 복속된 수동적인 위치에 있다고 보기보다는, 오히려 국가 혹은 글로벌 스케일의 과정이 지역적 차원의 힘과 행위에 의해 적극적으로 구성될 수 있음을 보여준다. 이러한 과정 속에서 글로벌, 국가, 지역 차원의 행위자들은 끊임없이 영향을 주고받으면서, 갈등을 빚기도 하고, 타협을 하기도 하며, 서로를 매개하기도 한다.

이러한 관점에서 보았을 때, 우리는 지역 및 도시 차원에서 벌어지는 다양한 정치적 실험과 사회적 실천들의 중요성과 가능성을 새롭게 인식할 필요가 있다. 한동안 의미 있는 세상의 변화는 글로벌하거나 국가적 차원의 혁명이나 개혁을 통해서만 이루어질 수 있다고 보면서, 국지적 장소에서 이루어진 노력과 실천의 가치를 폄하하는 경향이 강했다. 하지만 이 편서에 수록된 글들에서 볼 수 있듯 로컬한 차원의 정치적 실천과 사회적 과정들은 결코 지엽적이거나 주변적이지 않고, 오히려 국가나 글로벌한 차원의 과정과 변화에 적극적으로 영향을 미친다. 따라서 보다 정의롭고 평등하며 민주적인 사회를 건설하려는 정치적 기획가들은 로컬 행위자들의 운동과 실천들에 좀 더 많은 관심을 기울일 필요가 있다. 경기도에서 벌어진 무상급식을 둘러싼 정치적 투쟁이 보편적 복지에 대한 전국적인 관심을 환기시켰고, 영국에서 1948년에 세워진 국가의료보장제도(National Health System)가 1890년대 남부 웨일스 지방의 트레데거라는 곳에서 로컬하게 형성되었던 노동자계급 집단 간의 상호부조시스템에서 출발하여 전국으로 확대되어 만들어졌던 것처럼, 로컬한 실천과 운동은 적절한 정치적 전략과 연대를 통해 국가와 글로벌한 차원의 변화를 이끌어내는 중요한 동력이 될 수 있다.

하지만 "작은 것이 아름답다"고 외치면서 로컬한 실천과 운동을 낭만시하면서 이상화하는 것도 경계해야 한다. 지역 차원에서 동원된 영역정치에 의해 지역균형의 가치가 훼손되고, 국가의 토건화가 강화되었다는 이 편서의 사례연구에서 잘 볼 수 있듯, 로컬 행위자들의 실천과 노력이 특정의 국지적 장소를 다른 장소나 스케일적 과정들과 단절시킨 채, 로컬한 차원에서 형성된 이해관계와 정체성을 절대시하여 영역화할 경우, 로컬한 실천과 행동들은 로컬주의의 함정에 빠져 국가나 글로벌 등 다른 스케일에서 벌어지는 진보적 실천들을 약화시키는 결과를 낳기도 한다. 이러한 로컬주의의 함정에 빠지지 않기 위해서는, 특정 로컬에서의 실천이 다른 로컬에서 벌어지거나, 혹은 국가, 글로벌 등 다른 스케일에서 이루어지는 운동 및 실천들과 깊이 연결되어 있음을 인식하는 다중스케일적 관점과 그에 입각한 정치적 전략과 실천적 노력이 필수적이다. 이 편서가 이러한 다중스케일적 사고와 실천의 확대에 기여하는 조그만

밑거름이 되기를 바란다.

  이 편서는 많은 고마운 이들의 도움 덕분에 책으로 묶일 수 있었다. 먼저, 본인 논문의 게재를 흔쾌히 수락해 준 동아대 사회학과의 장세훈 교수와 한신대 교양학부의 이상헌 교수께 감사드린다. 그리고 수집된 논문의 번역, 수정, 교정에 도움을 준 황성원 및 서울대 사회학과 석사과정의 박주형, 서울대 지리교육과 석사과정의 김현철에게 감사의 마음을 전한다. 끝으로 이 편서가 책으로 묶일 수 있도록 여러 좋은 아이디어와 지적 영감을 불어넣어준 알트 출판사의 박영민 대표에게도 감사의 말씀을 드린다.

2013년 6월
박배균, 김동완

1장
국가-지역 연구의 인식론
사회공간론적 관점을 바탕으로1

박배균 (서울대 지리교육과 교수)

I. 한국 사회과학의 영역적 함정과 다층적 지역연구의 위기

그동안 한국의 사회과학이 지역문제에 대해 만족스러운 분석과 이론을 제시하지 못한 이유 중의 하나는 한국인의 삶에 영향을 주는 정치 사회 경제의 과정들을 '국가스케일 중심'적인 시각에서만 바라보았기 때문이다. 특히, 중앙의 입장에서 기술관료적 경제적 합리성을 바탕으로 지역의 문제에 접근하였기 때문에, 국가의 정책과 개발사업을 둘러싸고 복잡하게 표출되는 지역 간 또 국가와 지역 간의 정치적 갈등과 동원의 과정을 제대로 이해할 수 없었다. 인식론적으로 이러한 문제는 근대 사회과학이 국가라는 영역적 단위를 절대시하면서 정치 사회 경제 과정이 다양한 지리적 스케일에서 다중적이고 중첩적으로 펼쳐진다는 사실을 간과하는 오류를 범하고 있다는 보다 큰 학문적 경향과 관련된다.

이와 관련해 존 애그뉴는 국가의 공간과 영역성에 대한 전통적 인식론을 비판하면서, '영역적 함정'(territorial trap)이라는 개념을 제시한다. 그에 따르면, 전통적인 근대 사회과학은 '영역적 함정'에 빠져 있는데, 이는 다음 세 가지의 근거 없는

---

1 1장은 박배균(2012a)을 본 편집서의 기획의도에 맞추어 고쳐 쓴 글이다.

가정에 근대 사회과학이 기반하기 때문이다(Agnew, 1994). 첫째, 근대 국가의 주권은 명확한 경계로 나뉘는 영역적인 공간을 필요로 한다. 둘째, 국가 내부적인 것과 국제적인 것 사이에는 매우 엄밀한 차이가 존재한다. 셋째, 영역적 국가는 근대 사회를 지리적으로 담아내는 그릇으로 작동한다. 이러한 세 가정을 바탕으로 근대 사회과학의 많은 이론들은 세계가 경계로 나뉜 배타적인 영토들로 구성된다는 생각을 너무나 당연시하면서, 실제로 이들 영토들이 사회적으로 구성되고 끊임없는 갈등과 논쟁 속에 놓이기 일쑤라는 사실을 무시하고 있다. 즉 애그뉴는 국가의 영역성을 조절(regulation)의 과정, 사회적 갈등, 정치적 투쟁 등을 통해 구성되는 것으로 이해하기보다는, 조절적 과정과 사회정치적 갈등과 투쟁의 배경이 되는 고정된 구조물이라고 인식하는 태도에 대해 '영역화의 함정'에 빠진 것이라고 비판하였다.

이러한 문제의식을 발전시켜, 브레너(Brenner, 2004)는 전통적 사회과학 이론화에서 나타나는 '국가 중심적'(state-centric) 경향을 비판하였다. 그에 따르면, 국가 중심적 인식론은 세 가지 요소로 구성된다. 첫째는 국가공간이 고정불변하여 정치경제 과정을 통해 변화할 가능성을 가지지 않는다고 생각하는 '공간물신주의'(spatial fetishism), 둘째는 국가의 영역성을 근대국가의 고정불변하고 영속적인 속성으로 간주하는 '방법론적 영역주의'(methodological territorialism), 셋째는 국민국가라는 공간적 스케일이 존재론적으로 근대적인 정치체계에서 가장 중요한 수준이라고 인식하는 '방법론적 국가주의'(methodological nationalism)이다. 브레너는 이러한 성향들을 바탕으로, 근대적 사회과학은 국가를 기본적인 분석의 단위로 상정하고, 국민국가 단위에서 사회적 관계, 정치적 과정, 경제 시스템을 분석하고 이론화하는 '국가 중심적' 인식론의 포로라고 공격한다.

한국의 사회과학도 이러한 영역적 함정의 문제로부터 자유롭지 못하다. 한국사회에 대한 다양한 사회과학적 연구들 또한 대한민국이라는 국민국가의 영토성을 절대시하면서 국민국가를 중심으로 형성된 지리적 스케일이 다른 모든 지리적 스케일보다 훨씬 더 규정적이고 중요하며 의미심장한 것이라고 간주하고, 국가 스케일의 과정을 중심에 두고 한국사회를 설명하고 이론화하는 데 치중한다.

한국이라는 장소와 그곳에서 살아가는 사람들의 삶은 국가적 스케일에서 작동하는 사회 정치 경제 문화 역사적 과정에 의해서만 영향을 받지 않고, 글로벌, 환태평양, 동아시아, 지역, 도시, 아파트단지, 마을 등과 같이 다양한 지리적 스케일에서 형성되고 작동하는 사회적 힘과 과정들로부터 동시다발적 영향을 받는다. 따라서 국가스케일에만 초점을 두는 사회과학 연구는 한국사회의 다중스케일적 속성을 제대로 이해하지 못하고 한국사회를 설명하고 이론화하는 데 왜곡을 초래하고 만다.

이러한 한국 사회과학이 지닌 '방법론적 국가주의'의 문제는 최근 지방화의 경향과 함께 한국 내의 지역 혹은 지방에 대한 연구가 활성화되면서 다소 완화되는 것처럼 보이기도 한다. 특히, 최근 활성화된 지방학은 국가스케일의 사회 정치 문화 역사 과정에 대한 연구에 매달리던 기존의 한국학 연구를 대신하여 지역이나 도시스케일의 과정에 초점을 둠으로써 한국 사회과학 연구를 풍성하게 만들고 있다. 더구나 지방학 연구자들은 단순히 지역이나 도시스케일의 장소를 경험적으로 연구하는 데 그치지 않고, 중앙 혹은 국가스케일적 과정과의 관계 속에서 지방 혹은 지역스케일의 과정을 이해하려 하면서, 국가스케일을 분석의 중심에 두는 '방법론적 국가주의'와는 거리를 두려는 태도를 보이고 있다.

예를 들어, 김광억(2000: 9)은 중심부와 주변부, 전체와 부분, 선진과 낙후, 세련됨과 조야함, 우월함과 열등함 등의 이분법적 대립구도에서 지방은 항상 후자였다고 한탄하면서 '방법론적 국가주의'에 물든 기존의 연구들을 비판하였다. 종래 지방 내지 지방문화가 무시되거나 몰이해되었던 까닭에 대해 고석규(2005: 119)는 1) 거대이론의 영향 등으로 획일화, 총체적 인식만을 의미 있는 것으로 보는 경향이 있었고, 이는 2) 근대화의 흐름 속에서 국가주의 내지 민족주의를 앞세운 국가적 동질화 과정이 강조되면서 지방적 특수성이 무시되고, 국가(혹은 서울)는 중심으로, 지방(혹은 지역)은 주변으로 불평등하게 인식되는 사고가 심화되었기 때문이라고 설명한다. 이처럼 지방을 무시하고 국가 혹은 중앙을 중심적으로 바라보는 인식론에 대항하여 오명석(2004: 23)은 지방이나 지방민이 단순히 수동적으로 국가의 일방적 지배를 받았던 것은 아니라고 강조하면서 "지방과 국가 간의 상호작용이 결코 평등한 성격은 아니지만, 이 과정에서 지방민들이 주체적으로 대응하고, 협상하여, 때로 지배적인 힘에 저항하고 그들의 정체성을 유지하거나 새롭게 만들어" 갔다고 주장하였다. 이와 비슷하게 김은희(2004: 301)도 헤게모니를 장악한 중앙 또는 국가와 억압받는 지방이라는 단순한 이분법을 지양하고, 지방사 연구가 전체사 연구와 분리되어 독립적으로 이루어질 수 없으며, 또한 역으로 전체사 연구가 지방사 연구와 분리될 수 없음을 보여주는 것이 중요하다고 주장하면서, 지방사회에 대한 연구는 중앙과 지방의 상호관계를 염두에 둔 균형 있는 시각에 바탕을 두어야 함을 강조하였다.

중앙이나 국가에 대해 지방이 가지는 능동적 주체성을 강조하는 이러한 주장들은, 지역이나 도시스케일의 사건이나 현상들을 국가스케일에서 작동하는 과정의 수동적 결과물로 취급하지 않고, 도시나 지역스케일에서 벌어지는 정치 사회 경제 문화 역사의 과정들이 능동적 힘을 가지면서 국가나 중앙적 차원의 사건이나 과정에도 영향을 줄 수 있음을 시사하면서, 기존 사회과학 연구에 내재된 방법론적 국가주의를 극복할 수 있는 하나의 가능성을 보여준다.

하지만 이러한 기여에도 불구하고 지방학 연구가 방법론적 국가주의와 영역화의 함정에서 완전히 자유로진 건 아니다. 특히 지방학의 발전 자체가 1990년대 초반 이후 지방자치제가 본격적으로 실시되어 지방자치단체 중심의 행정제도가 정착되기 시작하면서, 지방정부들이 지방의 특색에 따른 행정과 경제사회문화 발전 전략을 대거 요청하게 된 세태와 관련되므로(이규태, 2007: 182), 많은 지방학 연구들이 국가의 행정적 영역을 주어진 것으로 절대시하면서 연구대상을 정하고 분석의 단위를 설정하는 '방법론적 영역주의'(methodological territorialism)에 쉽사리 포섭되는 경향을 보인다. 지역의 범위나 사건이 규정되고 관계가 벌어지는 공간적 스케일은 미리 주어지는 것이 아니라, 정치 사회 경제 문화의 과정을 통해 물질적 혹은 담론적으로 구성되는 것이다. 하지만 지방학 연구에서는 연구의 대상을 제도화된 행정적 영역을 바탕으로 정하기 일쑤이다. 따라서 정작 더 중요한 장소의 일들을 부수적인 것으로 취급하거나 여러 행정과 정치의 영역을 가로지르면서 이루어지는 사건이나 과정을 제대로 파악하고 설명하지 못하는 한계를 지닌다.

더구나 국가나 중앙에 대한 지방의 능동적 주체성을 강조하고는 있지만, 여전히 지방이나 지역을 한국이라는 국가적 스케일의 영역 내에 속해 있는 것으로 바라보는 경향이 강하여 '방법론적 국가주의'의 영향력에서도 완전히 자유롭지 못하다. 예를 들어, 고석규(2005: 115)는 한국 내 지역에 대한 연구를 지방학이라 부르는 것이 타당한 이유로 국민국가를 최대의 외연으로 한 그 내부의 지역에 대한 연구이기 때문에 지방이란 표현이 더 적절하다고 주장하였다. 즉 지방은 한국이라는 국가스케일의 장소와의 관계 속에서만 파악될 수 있다는 것이다.

최근의 지방학 연구들이 국가와 지방 사이의 비대칭적 상호작용의 관계를 강조하면서 지역이나 도시스케일의 과정과 사건들에 대해 연구를 수행함으로써 전통적 사회과학 연구가 지닌 방법론적 국가주의를 극복할 수 있는 가능성을 보여주기는 했지만, 여전히 한국, 지역, 지방 등과 같은 연구의 대상을 정함에 있어 국가의 주권적 행정적 영역에 의해 주어진 것을 무비판적으로 수용함으로써 영역화의 함정과 방법론적 국가주의에서 완전히 자유롭지 못하다. 물론 최근 세계화와 지방화라는 흐름을 강조하면서 지방을 단지 국가와의 관계 속에서 파악하기보다는 글로벌이라는 공간적 스케일에서 작동하는 과정과의 관계 속에서도 이해하려는 노력이 늘고 있음 또한 사실이다. 예를 들어, 이규태(2007: 201)는 지방학은 '지방'이라는 대상을 연구함으로써 국가와 세계를 파악할 수 있는 의미공간의 인식론이라고 규정하면서, 지역의 특수성을 연구하는 지역연구에 있어 한국과 세계적 보편성의 접근이라는 인식체계가 전제가 되어야 함을 강조한다. 하지만 이러한 인식론은 글로벌한 스케일의 과정과 사건들은 보다 추상적이고 보편적이며, 로컬한 스케일의 과정과 사건들은 보다 구체적이고 특수한 것이라는 이분법적 사고에 바탕한 것으로서(박배균, 2001), 스케일의 사회적 구성과정과 사회 정치 경제 문화 역사적 과정의 '다중스케일적'(multi-scalar) 역동성에 대한 이해가 미흡한 주장이라 할 수 있다.

이 글에서는 이러한 문제의식을 바탕으로, 한국학 연구의 대안적인 관점을 제시해 보고자 한다. 특히, 사회와 공간의 내재적 연관성을 강조하는 사회공간론적 관점을 바탕으로 대안적인 지역연구의 한 가능성을 탐색할 것이다.

II. 지역연구를 위한 대안적 인식론: 사회공간론적 관점

1) 사회공간 변증법

1980년대 이후 르페브르의 공간론에 영감을 받은 영미의 많은 비판적 지리학자들은 공간과 사회 사이의 관계에 대해 이론적으로 고민하기 시작하였다. 이들은 공간을 절대시하면서 공간과 사회를 분리하여 인식하는 기존의 관점을 비판하고, 상대적이고 관계적 공간의 개념을 바탕으로 사회와 공간 사이의 내재적 연관성을 강조하기 시작하였다. 특히 에드워드 소자(Edward Soja)는 공간과 사회 간의 내적 연관성을 강조하는 '사회-공간 변증법'(socio-spatial dialectics)이란 개념을 제시한다(소자, 1997). 소자에 따르면, 서구의 근대 사회이론은 공간적 다중성, 다층성, 차별성, 공시성의 의미를 무시하고, 시간적 연속성을 바탕으로 한 인과관계와 역사의 선형적 흐름을 강조하면서, 특정 역사적 시간대에서 동질성을 지닌 사회적 존재의 시간적 변천에 주목하는 탈공간화된 역사주의에 포섭되어, 공간에 대해 충분한 이론적 관심을 기울이지 않았다. 그 결과로 자본주의 발전은 순전히 역사적인 과정으로 이해되었고, 지리적인 과정은 단지 우연적인 것으로만 간주되었다(소자, 1997: 13). 그 결과 근대 사회이론에서 "공간은 죽은 것, 고정된 것, 비변증법적인 것, 정지된 것"으로 간주된 반면, 시간은 "풍요로움, 비옥함, 생생함, 변증법적인 것"으로 간주되었다.

이런 문제의식을 가지고 소자는 공간과 사회를 분리해서 바라보지 말고, 그 둘 간의 내적 연관성을 인지하면서 사회와 공간이 어떻게 서로를 규정하고 매개하는지를 이해하는 사회공간 변증법이 필요함을 역설한다. 특히, 소자는 공간은 사회에 의해 생산되고, 사회적 과정은 공간을 통해 매개된다고 주장하면서, 불균등한 권력관계를 숨기기 위해 공간이 어떻게 창출되었는지, 그리고 권력과 훈육의 관계가 어떻게 사회적 과정의 공간성에 새겨져 있는지를 이해할 필요가 있다고 주장한다(소자, 1997: 15). 이를 위해서 존재와 인간의식의 의미심장한 존재론적 공간성을 회복하여야 하고, 처음부터 공간이 중요하게 여겨지는 사회 존재론을 만들어야 한다(소자, 1997: 17). 즉 사회적 존재는 사회적으로 창출되지만, 동시에 처음부터 차별화된 결절지역들로 이루어진 다층화된 지리적 경관 속에서 맥락화되어 있으며, 또한 이 결절지역들은 유동적인 인간 신체의 개인 공간과 인간 정주의 지역사회 공간을 중심으로 다양한 공간적 스케일 속에 존재한다는 인식을 가지는 것이 중요하다는 것이다.

2) 사회공간적 관계의 4차원: 영역, 장소, 스케일, 네트워크

소자의 사회공간 변증법은 공간과 사회의 내적 연관성을 이해하고 개념화하는 데 매우 중요한 영감을 주었으나, 그 논의의 추상성으로 인해 공간과 사회의 상호규정적이고 매개적인 관계를 구체적으로 설명하지는 못했다. 특히, 공간이 사회에 의해 생산되고, 사회가 공간을 통해 매개되는 구체적 과정과 메커니즘을 충분히 설명하지 못했다. 그런데 최근 제솝 등(Jessop, Brenner & Jones, 2008)은 사회공간의 내재적 연관성을 보다 구체화하여 사회공간적 관계를 영역(territory), 장소(place), 스케일(scale), 네트워크(network)의 4가지 차원을 중심으로 이해하는 인식론을 제시하였다. 이 관점에 따르면, 1) 사회적 관계들은 필연적으로 공간적 차원과 결합되어 나타날 수밖에 없다는 측면에서 사회공간적 관계로 이해하는 것이 타당하고, 2) 이러한 사회공간적 관계들은 (가) 어떤 경계를 중심으로 안과 밖을 구분하는 과정을 통해 만들어지는 영역, (나) 관계들의 국지화 및 지리적 뿌리내림의 과정을 통해 나타나는 장소, (다) 수직적으로 계층화된 차별화를 통해 나타나는 스케일, (라) 연결성과 결절점으로 구성되는 네트워크와 같은 네 가지 핵심적 차원으로 구성된다(<표 1> 참조).

(1) 장소

이들 네 가지 사회공간적 차원을 간단히 살펴보자. 먼저, 장소는 위치(location), 현장(locale), 장소감(sense of place)이라는 세 가지 요소로 구성된다(Agnew, 1987). 이 가운데 위치야말로 장소를 구성함에 있어 가장 기본적인 것이다. 이는 모든 장

소들이 지구상의 특정 지점에 자리해야 하는 것이기 때문이다. 이 장소는 여기에 있고 저 장소는 저기에 있다는 식의 위치적 표시가 가능해야 한다. 둘째, 현장(locale)은 사회관계들이 일어나고, 동시에 이를 일어나게 해주는 물질적 세팅을 의미한다. 추상화된 의미에서의 사회적 관계가 아니라, 실제로 일어나는 사회적 관계들은 다양한 개인, 주체들의 구체적인 실천을 통해 만들어지는데, 이러한 다양한 주체들의 구체화된 행위들은 도시, 건물, 길, 정원, 방, 책상, 창문, 벽 등으로 구성된 구체적인 환경 속에서 이루어지며, 이것이 현장(locale)이고, 이러한 현장(locale)에 기반한 물질적인 환경이 장소이다. 마지막으로 장소감(sense of place)은

<표 1> 사회공간적 관계의 4가지 핵심적 차원들

사회공간적 관계의 차원	사회공간적 구조화의 원리	사회공간적 관계의 패턴
장소 (Place)	접근성, 공간적 뿌리내림, 지역적 차별화	- 공간적 분업의 형성 - '중심(core)'과 '주변(periphery)' 사이에 형성되는 수평적 사회관계의 차별화
영역 (Territory)	경계 만들기, 울타리치기, 구획화	- 내부/외부의 구분 - 영역 내부에 대한 외부의 구성적 역할
네트워크 (Networks)	상호연결성, 상호의존성, 횡단적이거나 '리좀적인(rhizomatic)' 차별화	- 연결의 결절지점들 사이에 형성된 네트워크 - 위상학적 네트워크 내의 결절점들 사이에 형성된 사회적 관계의 차별화
스케일 (Scale)	위계화, 수직적 차별화	- 스케일 간 분업의 형성 - '지배적(dominant)', '결절적(nodal)', '주변적(marginal)' 스케일들 사이에 형성된 수직적인 사회적 관계의 차별화 - 다중스케일적 과정

출처: Jessop, Brenner & Jones(2008)을 바탕으로 재구성

사람들이 장소에 대해 가지는 주관적이고 정서적인 유대감을 말한다. 애그뉴에 따르면, 이러한 3가지 기본적 요소를 바탕으로 특정의 위치에 놓여 있는 공간적 세팅 위에서 인간들의 활동과 사회적 관계가 이루어지고, 이 과정에서 특정의 의미가 그 공간적 위치에 부여되며, 이를 바탕으로 장소가 만들어지는 것이다.

장소에 대한 전통적인 개념화는 현상학에 기초한 인본주의적 지리학자들에 의해 이루어졌는데, 여기서 장소는 추상적이고 합리적으로 규정되는 공간에 대비하여 인간의 주관적 경험과 감정 등을 통해 의미가 부여된 구체적인 공간으로 인식되어 왔다. 하지만 이러한 인본주의 지리학자들의 장소 개념은 장소라는 것이 본래부터 그곳에서 뿌리내려져서 주어지고, 지속되는 그것만의 고유한 특성을 지닌다는 본질주의적(essentialist)이고 배타적인(exclusive) 장소 개념으로 발달되기도 하였다(박배균, 2010). 렐프(Relph, 1976)의 "장소와 장소상실"은 이러한 주장을 매우 명확하게 보여주는 글이다. 그는 여기서 모든 장소들은 나름의 독특한 이미지와 정체성을 지니고, 사람들도 이들 장소들에 대해 나름의 정체성을 형성한다고 주장한다. 즉 장소는 역사적 과정 속에서 그곳에 뿌리내려 형성된 나름의 고유하고 진정성(authenticity) 있는 가치와 정체성을 지닌다는 것이다. 이러한 본질주의적 장소 개념은 최근 많은 지리학자들에 의해 비판되어 왔다. 이들 비판의 핵심적 논점은 장소성이란 것이 본래부터 특정의 장소에 뿌리내려져서 주어지는 것이 아니라, 사회적이고 정치적으로 구성되며, 이 사회적 구성의 과정은 복잡한 권력관계와 이데올로기의 정치적 동원을 바탕으로 한 정치 사회 문화적 투쟁의 과정이라는 것이다(박배균, 2010: 504).

최근의 많은 지리학자들은, 인본주의 지리학자들과는 달리, 장소가 지니는 의미 혹은 장소성이 자연적이고 너무나 확실하게 주어지는 것이 아니라, 보다 많은 권력을 가진 행위자들에 의해서 무엇이 그 장소에서 적절한지(혹은 무엇이 적절하지 않은지)를 결정하는 과정을 통해서 만들어진다고 주장한다(Cresswell, 1996). 그런데 이러한 장소 형성의 과정은 일방향적으로 혹은 평화롭게 진행되는 것이 아니라, 정치적 과정과 갈등을 통해 이루어진다. 권력을 가진 이들에 의해 특정 방향으로 장소의 의미와 장소성이 규정되고 그것이 강요된다고 하더라도, 사람들은 다양한 방식으로 그러한 장소 만들기 과정에 저항할 수 있다. 즉 장소성은 그 장소 안에서, 그리고 그 장소를 통해서 존재하는 다양한 행위자들 사이의 권력관계 속에서 갈등과 투쟁을 동반하는 정치적 과정을 통해 사회적으로 만들어지는 것이다(박배균, 2010: 505). 이러한 관점에서 장소는 내부의 행위자들에게 주어진 어떤 하나의 개체가 아니라, 장소를 둘러싼 내외부의 다양한 행위자들에 의해 형성되는 하나의 과정적 결과물이다.

인본주의 지리학자들의 장소관과 최근의 신흥 사회구성론적 입장의 장소관의 차이는 <그림 1>에 잘 드러난다. 본질주의적 관점에서 장소는 뚜렷하게 경계가 주어진 곳이며, 그 경계를 중심으로 그 안쪽은 내부, 그 바깥은 외부로 구분이 되며, 내부에 해당되는 행위자들만이 그 장소에 뿌리내리면서 그 장소에 대해 진정한 소속감과 정체성을 지니는 것으로 이해된다. 반면, 구성주의적 장소관에서 장소의 경계성은 상대적으로 약하다. 경계가 전혀 존재하지 않는 것은 아니지만, 그 장소의 경계는 군데군데 구멍이 뚫려 있어 그 장소에 대한 출입의 제약이 강하지 않고, 따라서 내부와 외부의 구분도 약하다. 그리고 장소는 그곳에 뿌리내리고 진정한 소속감과 정체성을 가진 내부자들에 의해서만 구성되는 것이 아니라, 경계

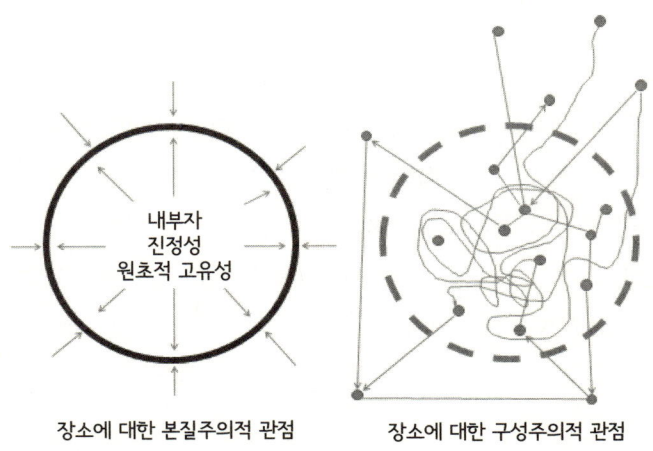

<그림 1> 장소에 대한 상이한 두 관점

장소에 대한 본질주의적 관점　　　장소에 대한 구성주의적 관점

의 내부와 외부에 위치한 다양한 힘과 행위자들이 쉽사리 이동하고 접촉하면서 만들어가는 것으로 이해된다(박배균, 2010: 508).

최근 구성주의적 장소 개념이 널리 받아들여지고 있지만, 장소의 특성을 장소 안에서 또 장소를 통해서 작동하는 사회적 관계와 흐름들의 유동성과 우발적 만남에만 초점을 두어 이해하다 보면, 장소를 지나치게 개방적이고 불안정한 것으로 인식하게 될 소지가 있다. 본질주의 장소 개념에서처럼 장소를 특정의 고정되고 본질적인 속성과 정체성으로 환원하여 고정된 것으로 이해하는 것도 문제이지만, 장소를 과도하게 관계성과 유동성에만 의존하여 바라보는 것도 문제다. 이와 관련하여, 장소에는 그 안에서 그리고 그것을 통해서 작동하는 여러 행위자들의 복잡한 상호작용의 결과로 인해 창발되는(emerging) 독특한 사회적 구조와 그로 인한 맥락적 인과력이 존재하고, 그리고 이러한 맥락적 인과력은 경로의존성을 지녀서 그 장소를 통해서 일어나는 관계들의 만남과 흐름의 방향을 조건지우는 구조적 힘이 있음을 강조할 필요가 있다. 그런데. 이러한 장소의 역동성과 인과력이 구체적으로 나타나는 중요한 계기는 특정의 장소에 '국지화된'(localized) 사건들과 행위자들이 그들의 '지리적 근접성'(proximity)을 바탕으로 그들 간의 관계를 해당 장소에 "공간적으로 스며드는 것"(spatial embedding)이다. 이러한 공간적 뿌리내림은 더 많은 사건과 행위자들이 그 장소를 중심으로 '국지화'(localized) 하도록 유도하며, 이러한 과정의 누적적 결과는 '지역적 차별화'(areal differentiation)이다(Jessop, Brenner & Jones, 2007). 즉 장소는 사건과 관계들의 공간적 뿌리내림과 국지화를 바탕으로 형성되는 맥락적 인과력을 지니고 이것이 장소적 고유성과 지역적 차별화를 유발하는 핵심적 요소이다. 하지만 앞에서 지적하였듯, 이러한 장소적 고유성은 인본주의 지리학자들이 찾고자 하는 그 장소의 원초적 진정성이자 본질과는 다르며, 특정한 시점에 해당 장소를 둘러싼 내외부의 다양한 힘들과 행위자들의 상호작용과 권력관계를 바탕으로 일시적으로 형성된 국면적 조건에 불과하다. 즉 장소를 둘러싼 내외부적 힘들의 상호작용 방식과 권력관계가 변하면 장소의 맥락적 인과력도 변화하며, 장소적 고유성과 지역적 차별화의 패턴도 변한다.

(2) 영역

정치지리학에서 특정의 개인, 집단 혹은 기관에 의해 점유된 지리적 공간이 가시적이거나 혹은 비가시적인 경계와 울타리를 바탕으로 내부와 외부를 차별화하고, 배제와 포섭의 권력적 통제를 표출하는 장소가 되었을 때 이를 영역이라 부른다. 즉 영역의 형성에서 중요한 세 가지 요소는 1) 경계 만들기, 2) 그 경계를 중심으로 안팎을 구분하기, 3) 누구를 내부로 포섭하고, 다른 누구를 외부로 배제하는 통제행위이다. 부연하면, 영역은 선험적으로 주어지는 것이 아니라, 어떤 사람, 사건, 그리고 관계를 영역 안의 것으로 포섭할 것인지, 어떤 것은 영역 밖의 것으로 배제할 것인지, 그리고 그 영역의 공간적 경계를 어떻게 설정하고 유지할 것인지가 영역을 구성하는 사회정치적 과정의 결과물인 것이다.

이러한 성질을 지닌 공간은 매우 다양한 모습으로 나타난다. 대표적인 영역의 존재 방식은 근대국민국가를 통해 나타나는 국가의 영토이다. 17세기 유럽을 휩쓸고 지나간 30년 전쟁 이후 베스트팔렌 조약이 체결되면서 영토적 주권의 개념이 등장하였고, 이를 계기로 국가는 가장 공식화된 영역적 조직체로 자리매김하였다. 배타적인 영역적 주권에 기반하여 국가라는 정치적 조직체의 영역성이 제도화되면서, 국가의 경계는 가장 공식화되고 가장 견고하게 구분된 경계선으로 자리 잡았고, 국민/민족(nation)은 사람들을 장소에 연결시키는 영역적 이데올로기로 기능하였다. 하지만 영역은 국가를 통해서만 나타나는 것은 아니다. 국가와 직접 연관되지 않고 비공식적으로 경계 지워진 다양한 형태의 영역들이 존재한다. 예를 들어 부동산 소유권과 관련된 영역, 신체나 가정과 같이 개인의 프라이버시와 관련된 영역, 경찰의 수사관할권과 같은 행정적 경계, 기숙사 방 내부에서 룸메이트 사이에 만들어진 구획화된 공간, 고급아파트단지에서 외부인의 출입을 통제하기 위한 공간 등은 이러한 영역적 형태들의 예이다.

그런데 이러한 다양한 형태의 영역들은 장소의 특수한 형태라고 말할 수 있다(박배균, 2010: 509). 앞에서도 논하였듯, 장소는 장소의 안과 바깥에 존재하거나, 그것을 가로지르는 다양한 행위자들의 상호작용을 통해 만들어지고, 끊임없이 재형성된다. 따라서 사회적 구성물로서의 장소는 여러 행위자들의 상호작용과 그것의 창발적 인과력으로 인해 매우 다양한 특성을 지닐 수 있다. 그런데 그 장소의 구성 과정에서 어떤 특수한 상황과 특수한 권력관계 속에서 그 장소의 경계성이 강조되고, 그 경계를 중심으로 안과 밖을 구분하여, 특정 세력들을 중심으로 특정한 방식의 사회관계와 특정한 성질의 대상들만을 그 경계 내부로 포함하고, 다른 것들을 배제하려는 행위가 지배적인 게 된다면, 그 장소는 영역적 방식으로 구성되는 것이다. 즉 장소의 영역화가 이루어지는 것이다. 특히, 장소의 형성에 영향을 미치는 여러 행위자 중에서 그 장소에 대한 의존성과 고착적 이해가 강한 행위자들이 그들의 이해를 지키고 보호하기 위해 장소의 영역성을 강화하는 전략을 사용할 수 있다. 예를 들어, 장소의 특정 성질을 그 장소의 고유하고 진정한 것이라 강조하면서, 장소의 내부와 외부를 구분하고, 그 장소의 내부라 불린 것에 대한 문화적 정체성을 강조함을 통해, 장소의 내부적 통일성과 대외적 배타성을 강화할 수 있는데, 이러한 과정이 장소의 영역화를 초래한다(Park, 2006; Cox, 2002b; Harvey, 1989). 요약하면 영역은 장소에 경계를 만들어 안과 밖을 구분하고, 그 경계 안의 성질, 의미, 가치, 권력관계를 특정한 방향으로 통제하려고 하는 경우 발생하는 것이다. 즉 장소의 배타성, 경계성이 극도로 심화되는 경우 나타나는 것이 영역이라 할 수 있다.

(3) 네트워크

장소와 영역이 특정의 공간상 지점을 중심으로 뿌리내리고 고착된 사회적 관계와 권력의 작동, 그리고 그들의 공간성에 초점을 둔 사회공간적 관계라고 한다면, 네트워크는 이동, 흐름, 연결성(connectivity), 관계성(relationality)에 초점을 둔 사회공간적 차원이다. 따라서 장소와 영역에 비해 공간 위에서의 이동과 흐름에 대한 자연환경적 사회적 정치적 제약과 장벽의 조건을 덜 고려하고, 네트워크 상의 중요 결절로서 기능하는 행위자 및 장소들 사이의 위상적 관계를 중시한다. 따라서 절대적 공간관을 바탕으로 공간적 문제를 주로 자연환경적 조건, 건조환경의 기능, 장소적 고유성의 탐구 등에 국한하여 바라보던 전통적 사회이론에서 네트워크는 종종 비공간적인 차원의 이슈이거나 혹은 공간적 제약을 약화시키는 가능성으로 인식되는 경우가 많다. 예를 들어, 행위자들 간의 사회적 네트워크를 분석하고 탐구하는 사회적 네트워크론에서 네트워트는 사회적 관계의 차원이지 전혀 공간적 문제로 고려되지 않는다. 또한, 세계화와 초국가적 네트워크의 중요성을 강조하는 최근의 논의에서 네트워크는 자연환경적 제약과 전통적 장소와 영역의 장벽을 극복하게 하여 지리와 공간의 소멸을 가져오는 중요한 계기를 제공해주는 것으로 인식되곤 한다.

하지만, 이러한 관점은 사회와 공간 간의 상호작용에서 나타날 수 있는 다양한 공간 효과 중에서 사회적 과정이 공간에 의해 단절되고 고착되는 측면만을 부각시킨 것이다. 공간은 사회적 사건, 과정, 관계, 행위들을 특정 지점에 고착시키고, 거리 마찰을 통해 그들의 이동과 흐름을 제약하고 단절하는 효과만을 지닌 것이 아니라, 멀리 떨어진 지점에서 존재하고 작동하는 사회적 관계와 권력이 서로 연결되고 이동할 수 있는 매개로서 역할을 수행하기도 한다. 즉 공간은 사회에 대해 이동과 고착, 연결과 단절과 같은 이중적이면서 상충되는 역할을 하는 매개체라 할 수 있다. 다시 말해, 장소와 영역이 이러한 공간의 이중적 속성 중에서 고착과 단절의 측면을 강조하는 차원이라면, 네트워크는 이동과 연결의 측면을 강조하는 차원이라 할 수 있다.

최근 국민국가의 영역성을 절대시하는 영역화의 함정에 빠져 방법론적 영역주의에 지배된 기존 사회이론들을 비판하면서, 장소와 영역보다는 네트워크적 연결성을 강조하는 '관계론적 전환'(relational turn)이라 불리는 학문적 경향이 등장하고 있다. 이 입장의 학자들은 기존의 경제적 구조주의와 방법론적 개인주의를 비판하면서, 다양한 행위자들이 네트워크적 연결을 통해 관계를 형성하고, 이 관계들이 행위자들의 인식의 방식, 담론, 행동 등에 미치는 중요한 영향을 미친다고 강조한다(Dicken et al, 2001). 네트워크적 연결성을 중심으로 사회공간적 과정과 관계를 이해하려는 학자들에 따르면, 행위자들은 네트워크적 연결망을 통해 서로 영향을 주고받고, 또한 그런 네트워크의 확장을 통해 무한하게 상호 연결된다. 따라서 영역적 경계나 장소적 뿌리내림은 별로 중요하게 고려할 필요가 없는 개념으로 취급되곤 한다(Latour, 1993). 샐리 등(Sallie et al, 2005) 같은 경우는 네트워크적 접근을 바탕으로, 스케일적 담론이 상이한 크기의 영역적 단위들이 수직적 위계적으로 중첩되어 있다는 인식을 확대재생산하는 데 기여한다고 비판하면서, 네트워크적 연결성을 바탕으로 사회공간적 관계의 수평적 확장성을 인식할 필요가 있다고 주장한다.

페인터(Painter, 2006)는 기존의 연구들에서 영역을 경계성, 내적 통일성, 정치적 자결, 주권 등으로 특징지으면서 변화에 저항하는 속성을 가진 것으로 보면서, 또 그 반면 네트워크를 연결, 흐름, 이동, 혼성적 정체성으로 특징지으면서 역동적이며 탈영역화의 속성을 가진 것으로 바라보면서, 영역과 네트워크를 상충되고 대당의 관계에 있는 것으로 개념화하는 경향이 있음을 비판한다. 그는 네트워크와 영역에 대한 이러한 이분법을 넘어서기 위해, '네트워크적 영역성'이란 개념을 제시한다. 여기서 영역은 네트워크적 연결을 방해하거나 저항하는 기능을 가진 공간성으로 개념화되지 않고, 네트워크 효과의 결과물로 이해된다. 즉 영역은 선명하고 견고한 경계에 의해 구분되는 공간적 범위가 아니라, 영역성을 형성하는 행위자들 사이의 권력관계가 네트워크를 통해 수행되고 재생산되는 영향권으로 개념화된다. 예를 들어, 국가의 영역은 단순히 지도상의 국경과 국제법에 의해 만들어지는 것이 아니라, 국가의 통치성이 특정의 공간적 범위 안에서 발휘될 수 있도록 만드는 여러 정치, 제도, 행정, 군사적 네트워크의 작동을 통해서 국가의 영역성이 수행되고 지속적으로 재생산되어야 영역이 유지될 수 있는 것이다.

이와 함께 네트워크적 연결성도 영역을 약화시켜서 탈영역화를 초래하는 동인이라기보다는, 오히려 영역화를 초래하기도 하는 힘으로 이해된다. 네트워크는 끊임없이 새로운 개체를 그 연결망에 참여시키면서 그 범위를 계속하여 확대할 수 있는 속성을 지니지만, 실제로 나타나는 네트워크적 연결의 패턴을 보면 그 연결의 밀도와 빈도가 특정의 결절점(node)들을 중심으로 강하게 나타나는 불균등한 연결성을 보여주는 경우가 많다(Painter, 2006). 즉 네트워크 상의 연결이 모든 곳에서 균등하게 일어나는 것이 아니라, 특정의 장소와 위치를 중심으로 강하게 국지화되는 경향을 보인다는 것이다(<그림 2> 참조). 이는 강하게 연계를 맺는 기업들이 특정의 도시를 중심으로 집적하면서 산업 클러스터를 만드는 예에서도 잘 나타난다(구양미, 2010; 정은진, 박삼옥, 송경은, 2006; 박삼옥, 2002). 즉 네트워트적 연결은 특정의 장소와 지역을 벗어나 전 세계로 뻗어나가면서 탈영역화하는 특성을 보이기도 하지만 동시에 특정 지역을 중심으로 강하게 국지화되면서 영역화 또는 재영역화하는 특성을 보이기도 한다는 것이다.

사회적 행위자들과 힘들의 네트워크를 공간상에 펼쳐보면, 이 연결성은 모든 공간에서 균등하게 퍼져 분포하지 않고, 매우 강한 공간적 불균등성을 보인다. 즉 네트워크의 결절과 연결이 공간상의 특정 지점들을 중심으로 불균등하게 집중하는 것이 보편적인데, 이를 통해 네트워크 관계의 국지화가 일어난다. 국지화된 네트워크적 연결성은 현실에서 다양한 모습으로 나타나는데, 국지적 노동시장, 국지화된 기업 간 거래관계, 국지화된 정보의 공유, 국지화된 주택시장 등이 그 예라고 할 수 있다.

이처럼 네트워크적 연결성이 국지적으로 형성되면 이들 국지화된 네트워크에 자신의 생존과 재생산을 의존하는 행위자들이 등장하기 마련이다. 국지적 네트워크에 의존하는 이들 행위자들은 그 네트워크의 국지성으로 인해 이동성이 제약되며, 그 결과 공간상의 특정 지점을 중심으로 국지적으로 고착되기에 이른다.

<그림 2> 네트워크의 국지화와 장소의 형성

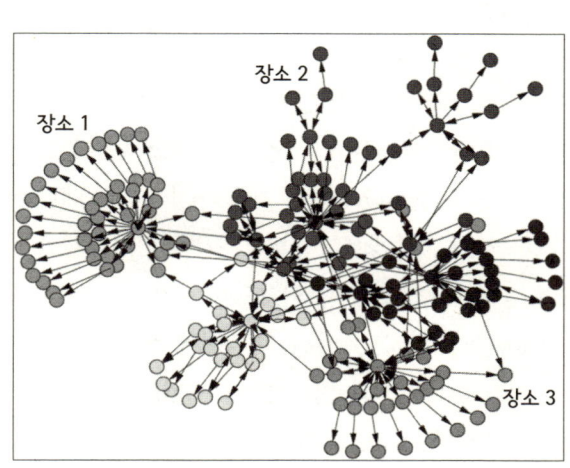

이러한 행위자들과 사회적 관계의 국지성은 장소 형성의 중요한 기반이 된다. 국지화된 네트워크를 바탕으로 일상적으로 만나고 접촉하는 행위자들은 장소감을 발달시키고, 그 장소에 대한 소속감과 정체성을 형성할 수 있기 때문이다. 이처럼 특정 장소를 기반으로 형성된 국지적 네트워크와 장소적 정체성에 의존적인 행위자들은 '의존의 공간'(space of dependence)을 형성하는데, 이때의 의존의 공간이란 행위자들이 자신의 생존, 재생산, 정체성의 유지를 위해 특정의 국지화된 사회적 관계에 의존해 있을 때, 이 사회적 관계들이 뻗어 있는 공간적 범위를 지칭한다(Cox, 1998b).

<그림 2>는 국지화된 네트워크를 중심으로 장소와 의존의 공간이 형성되는 과정을 잘 보여준다. 하지만 그림에서 보듯, 모든 국지화된 네트워크가 장소로 발전하지는 않는다. 이는 장소의 형성이 국지화된 네트워크에 기반하고 있지만, 그 둘의 관계가 매우 우발적이기 때문이다. 즉 장소의 형성은 국지화된 네트워크의 기능적 작용에 의해서만 발생하지 않고, 역사적 과정과 문화적 정체성 형성과 깊이 관련된다.

(4) 스케일

전통적으로 스케일(scale)이라는 용어는 지도학적 개념으로, 한국, 일본과 같은 동아시아에서는 '축척'(縮尺)으로 번역되고, 지표상의 실제적 거리를 지도 위에 축소하여 보여주는 비율을 나타내는 것으로 사용되었다. 하지만 사회공간적 차원의 하나로 논의되는 scale이라는 개념은 지도학적 개념이라기보다는, 자연 혹은 인문적 사건, 과정, 관계들이 발생하고, 펼쳐지며, 작동하는 공간적 범위를 의미하는 것이다(McMaster & Sheppard, 2004). 예를 들어 우리가 매년 봄에 경험하는 황사는 몽고나 중국 내륙에서 발생하여 한국, 일본에까지 영향을 미치는 자연현상으로서 그것은 동아시아적 스케일에서 작동하는 것이라 할 수 있다. 또한 어떤 정치적 혹은 경제적 과정이 지방적(local) 범위에서 주로 작동하는지, 그보다 큰 국가적(national) 범위에서 발생하는지, 혹은 지구적(global) 범위에서 작동하는지 등을 지칭할 때 스케일이라는 용어를 사용한다.

그런데 인문 혹은 자연현상이 작동하는 공간적 범위로 이해될 수 있는 스케일은 단지 존재론적인 차원의 문제가 아니라 인식론적인 문제이기도 하다. 왜냐하면 특정 인문 혹은 자연현상의 작동범위는 존재론적으로 주어지고 물질세계의 구조와 질서에 의해 선험적으로 정의되는 것이 아니라, 정치 사회 문화적 과정들을 통해 만들어지고 재편성되는 것이기 때문이다(Smith, 1993; Swyngedouw, 1997; Brenner, 2000; 2001; Marston, 2000; 류연택, 2007). 여기서 중요한 것은 스케일이 현실을 인식하는 하나의 틀을 만들어주는 방법이고, 이 인식의 틀은 사회적으로 구성된다는 것이다(Delaney & Leitner, 1997: 94~95). 어떤 사회적 현상이 어떠한 공간적 스케일의 것인지를 규정하는 것은 사람들이 그 현상을 인식하고 해석하는 방식에 매우 큰 영향을 줄 수 있고, 따라서 상충되는 이해를 가진 행위자들은 그 현상을 자신에게 유리하게 이용하기 위해 그 현상이 발생하고 작동하는 공간적 스케일을 상이한 방식으로 규정하려 할 수 있다. 즉 스케일은 여러 사회세력들 간의 권력투쟁과 논쟁정치(contentious politics)의 중요 대상이며, 그 과정을 통해 물질적 담론적으로 구성된다는 것이다(정현주, 2008).

스케일 논의의 학문적 의미는 스케일 간의 관계를 어떻게 인식할 것인지와 관련된다(Brenner, 2001). 장소나 영역의 차원이 수평적 측면에서의 공간적 차별화와 주로 관련된다면, 상이한 지리적 스케일에서 일어나는 사회과정들은 수직적 측면에서 차별화되는 것으로 이해된다. 그런데 이런 지리적 스케일에 따른 수직적 차별화에 대해 기존의 사회과학적 논의에서는 보다 큰 스케일의 과정이 보다 작은 스케일의 과정보다 큰 추동력과 영향력을 가져서, 하향적인 위계의 성질을 지닌 것으로 이해하곤 했다. 세계체계론이나 최근의 각종 세계화 논의에서 이야기되듯, 글로벌 스케일에서 일어나는 과정이 국가나 로컬한 스케일의 과정을 추동하고 야기하는 것으로 이해하는 것이 그 한 예다. 하지만 최근 이러한 인식론을 비판하면서, 스케일 간의 수직적 관계를 하향적인 위계의 관계로 보기보다는, 서로 영향을 주고받는 '다중스케일'의(multi-scalar) 과정으로 이해하자는 주장이 폭넓게 제기되고 있다(박배균, 2001; 2005; 박경환, 이영민, 2007).

3) 소결: 다중스케일의 네트워크적 영역성

'영역화의 함정'이나 '방법론적 국가주의'에 빠지지 않고, 국가와 지역 간의 관계를 제대로 인식하려면 장소, 영역, 네트워크, 스케일의 사회공간적 차원들이 서로 복잡하게 뒤엉키고 형태전환하는 역동적 상호작용 과정을 이해하고, 이를 바탕으로 지역을 연구하고 분석해야 할 필요가 있다. 이 네 가지 사회공간적 차원들 간의 관계를 다중스케일의 '네트워크적 영역성'이라는 틀로 살피고, 이를 <그림 3, 4, 5>를 통해 도식화하여 간단히 설명하겠다.

(1) 장소와 스케일의 정치

네트워크의 국지화와 그를 통해 형성된 장소에는 그 장소에 기반하여 구조화된 사회공간적 관계에 의존적인 행위자들이 존재한다. 장소의존적 이해에 묶인 이 행위자들은 자신들이 의존한 국지적 관계가 계속 유지되고 확대재생산되기를 바란다.

그런데 '의존의 공간'은 외따로 격리된 섬이 아니기에, 더 넓은 공간적 스케일에서 움직이는 가치의 이동과 흐름에 영향을 받을 수밖에 없다. 자본주의적 경쟁의 상황에서 새로운 축적의 조건을 찾아 끊임없이 이동하는 자본의 속성 때문에 자본주의 공간경제는 항상 불안정하다(Harvey, 1982). 이런 상황에서 의존의 공간에 고착적 이해와 장소적 정체성을 가진 행위자들은 자신들의 이해와 정체성을 지키기 위해 자신들이 기대는 국지화된 사회적 관계를 보호하고 지킬 필요를 가지고, 이를 위해 여러 가지 정치 행위를 펼친다.

그들이 사용하는 정치적 전략 중의 하나가 의존의 공간을 뛰어넘는 정치적 연대와 네트워크의 형성을 통해 다른 공간적 스케일에 있는 행위자들이나 권력을 동원하는 것이다. 이러한 정치적 연대와 네트워크가 형성되는 공간적 범위를 '연대의 공간(space of engagement)이라 한다(Cox, 1998b). 즉 특정 장소에 고착되어 있던 행위자들은 스케일의 정치를 통해 보다 넓은 공간적 스케일에서 연대의 공간을 형성할 수 있는 것이다. <그림 3-1>은 A에 의존하던 행위자들이 보다 스케

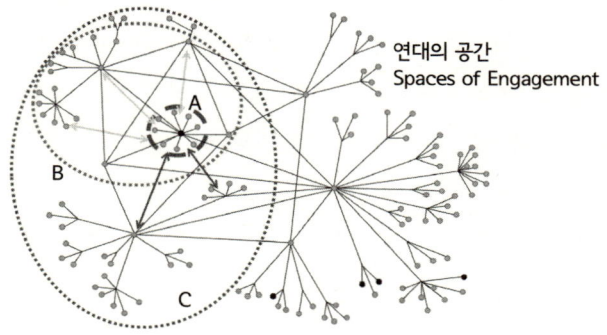

<그림 3-1> 연대의 공간과 스케일 정치 1

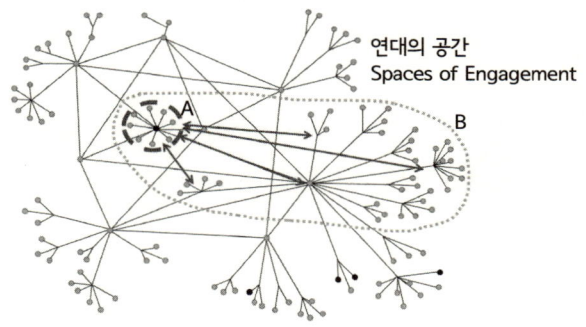

<그림 3-2> 연대의 공간과 스케일 정치 2

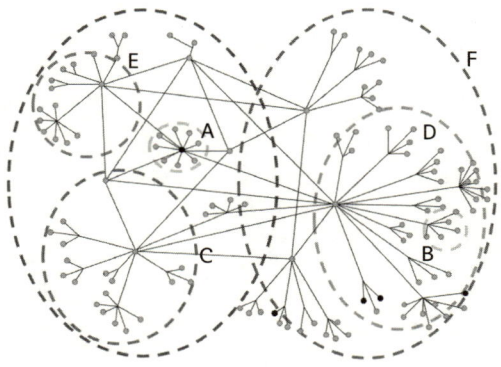

<그림 4> 다양한 지리적 스케일에서 구성되는 장소들

일이 큰 B, C의 행위자들과 연대의 공간을 형성하는 경우를 보여준다. 많은 경우이 연대의 공간이 일시적으로만 형성되고 사라지지만, 어떤 경우에는 이 연대의 공간이 지속화 공고화되면서 의존의 공간이 펼쳐지는, 혹은 장소가 만들어지는, 공간적 스케일 자체가 확장되는 결과를 초래할 수도 있다. <그림 3-2>는 연대의 공간이 생성되는 방향이 상황과 조건에 따라 다양할 수 있음을 보여준다.

(2) 사회공간적 관계의 다중스케일적 성격과 영역화의 정치

<그림 4>에서 보듯, 네트워크의 국지화는 다양한 지리적 스케일에서 형성될 수 있다. 그림에서 A, B, C, D, E, F는 이들 국지화된 네트워크를 바탕으로 상이한 스케일에서 형성된 장소를 표현한 것이다. 여기서 E는 A, C를 포함하고, F는 D, B를 포함하는 큰 스케일에서 형성된 장소이다. 그리고 A와 C는 서로 포섭의 관계에 있지 않아서 동일한 공간적 스케일의 장소라 할 수 있지만, D는 B를 포함하는 보다 큰 공간적 스케일의 장소이다.

그런데 이러한 장소들 중 일부에서 장소의존적 행위자들이 그들의 기반인 의존의 공간을 보호하기 위해 영역화 정치를 동원할 수 있다. 즉 다른 스케일에서

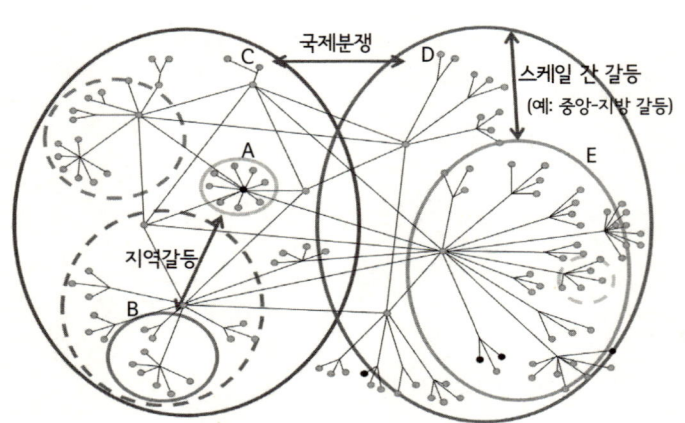

<그림 5> 네트워크의 영역화

작동하는 힘과 권력을 동원하려는 스케일의 정치 대신에, 다양한 영역적 이데올로기를 동원하여 의존의 공간 내부의 행위자들의 내적 단합과 통일성을 진작하여 자신들의 장소의존적 이해와 정체성을 지키려는 전략을 사용하는 것이다. 이러한 영역화 정치의 결과로 장소는 영역으로 변환될 수 있다. <그림 4>에서 점선인 A, B, C, D, E가 <그림 5>에서는 실선으로 바뀌었는데, 이는 경계와 영역성이 뚜렷하지 않았던 의존의 공간으로서의 장소가 영역화의 정치를 통해서 경계와 영역성이 훨씬 더 뚜렷해진 영역으로 변화하였음을 표시한 것이다.

<그림 5>에서 가장 큰 두 개의 타원인 C, D를 근대적 영역국가를 의미하는 것으로 본다면 A, B, E는 국가 내부에서 지역주의 정치, 분리주의 운동 등과 같은 영역정치가 활성화된 곳으로 볼 수 있다. 이러한 영역화된 공간들 간에는 쉽사리 긴장관계가 형성되는데, <그림 5>는 이를 좀 더 구체화하여 예시하였다. 즉 국가 내부의 장소인 A, B 간에는 지역갈등이, 근대적 영역국가인 C, D 사이에는 국제분쟁이, 국가스케일인 D와 그보다 작은 지역스케일인 E 사이에는 스케일 간 갈등(가령 중앙정부-지방정부 간 갈등)이 발생할 수 있다는 것이다.

'다중스케일의 네트워크적 영역성'은 <그림 3>, <그림 4>, <그림 5>를 통해 도식적으로 설명된 사회공간적 과정에만 국한되지 않고, 훨씬 다양한 양상과 형태로 발현될 수 있다. 다만 이 도식화를 통해 보여주려는 것은 1) 영역은 사회적 힘과 제도들의 네트워크를 통해 작동하고, 네트워크는 공간적으로 국지화되면서 영역화되는데, 2) 이러한 '네트워크적 영역성'은 다양한 공간적 스케일에서 나타날 수 있고, 3) 더 나아가 사회적 연대의 공간적 확대 혹은 집중을 통해 권력관계에 영향을 주려는 '스케일의 정치'가 작동하면서 다양한 스케일의 영역화된 힘들이 상호작용하는 다중스케일적 과정이 나타날 수 있다는 것이다. 다시 한번 강조하지만, 위의 도식화는 장소, 영역, 네트워크, 스케일의 사회공간적 차원들이 작동하는 방식과 과정들을 모두 설명해주지 못하고, 다만 그들이 구체화되어 나타나는 하나의 방식만을 도식화하여 보여준 것이다. 하지만 필자는 이러한 설명을 통해 지역의 문제를 이해하고, 국가와 지역 간의 관계를 설명하는 대안적 접근법이 보다 구체적이고 명확하게 전달될 수 있기를 기대한다.

IV. 한국 발전주의 국가에 대한 사회공간론적 해석

한국에 대한 사회과학 연구에서 가장 중요한 주제 중의 하나가 한국의 자본주의 발전을 설명하는 것이다. 그간 역사학 사회학 경제학을 중심으로 한국의 자본주의 발전에 대한 다양한 주장들이 제기되었다. 그중 국내뿐만 국제적으로도 중요한 영향력을 행사하는 주요 관점 중의 하나가 '발전주의 국가론'(developmental state thesis)을 중심으로 한국의 자본주의 발전을 설명하는 접근법이다.

발전주의 국가론은 일본 한국 대만 싱가폴 등 동아시아 신흥발전국들에서의 경제적 고도 성장을 설명하기 위해 제시된 논의이다. 특히 찰머스 존슨(Johnson, 1982)은 1960, 70년대 일본의 고도성장을 설명하면서, 사회의 사적 이해로부터 자율성을 유지하는 국가 관료들이 시장행위에 적극 개입하면서 국가의 경제성장을 주도하고, 동시에 시장의 힘을 억제하기보다는 시장을 통해서 경제성장을 추진한 것을 중요한 원인으로 꼽았다. 그리고 이러한 역할을 수행할 역량을 지닌 국가를 '발전주의 국가'(developmental state)라고 불렀다. 이후 서구의 지식사회에서 발전주의 국가론은 신고전경제학에 입각하여 동아시아 신흥공업국의 경제성장을 자유무역의 역할로 해석하던 자유주의적 입장과 대립각을 형성하면서 동아시아 경제성장을 설명하는 중요한 한 해석의 틀로 자리를 잡았다. 이 입장은 한국의 학자들에게도 영향을 주어, 한국 자본주의의 발전에서 국가의 역할에 대한 국내학자들의 논쟁을 촉발하기도 하였다.

하지만 이 발전주의 국가론은 사회적 힘으로부터 자율성을 지닌 국가관료가 시장에서의 경제활동을 통제할 수 있음을 강조하여, 베버주의적 국가론에 입각하여 국가와 사회를 분리된 것으로 바라본다는 비판에 직면하기도 하였다. 사회과학계에 널리 알려진 이러한 비판과 더불어, 발전주의 국가론은 사회공간론의 관점에서도 몇 가지 심각한 문제를 지닌다.

첫째, 발전주의 국가론이 상정하는 발전주의 국가의 공간성은 국민국가의 영역 내에서 배타적으로 작동하는 발전주의적 조절의 질서이다. 여기서 국가의 경계를 중심으로 내부와 외부, 즉 국내와 국제가 엄밀히 구분되고, 국내적 차원에서 국가를 중심으로 형성되는 발전주의적 조절의 질서에 초점을 두어 동아시아 국가의 경제성장 혹은 자본주의 발전을 설명한다는 측면에서 영역적 함정에 깊이 빠져 있다 할 수 있다.

둘째, 발전주의 국가론은 국가스케일에서 형성되는 정치 사회 경제 문화 역사의 과정들에 강조점을 두면서, 국가보다 큰 동아시아, 환태평양, 글로벌 스케일에서 이루어진 지정학적(geopolitical)이고 지경학적(geo-economic)인 관계와 과정, 그리고 국가보다 작은 도시나 지역적 스케일의 과정들에 대해서는 큰 관심을 기울이지 않는다는 측면에서 방법론적 국가주의에 매몰되어 있다. 한국의 자본주의 발전에는 발전주의 국가를 중심으로 형성된 정치경제적 과정뿐만 아니라, 한미 간에 또 한중일 간에 형성된 복잡한 지정학적이고 정치경제적인 과정, 그리고 중앙과 지방 간의 복잡한 권력관계가 동시적으로 영향을 미쳤다. 그런데도 발전주의 국가론은 오로지 국가 차원의 과정에만 초점을 두는 경향이 있다.

특히 한국사회에서 국가와 지역 간의 관계는 전통적으로 지역에 대한 국가의 우위라는 방식으로 설명되어왔다. 국가가 중앙집권적이고 권위적인 정치권력을 바탕으로 경제활동에 적극 개입하던 발전주의 국가 시절의 국가와 지역 관계는 국가에 의해 지역이 만들어지고 통제되는 일방향적인 관계로 개념화되어 왔다. 따라서 많은 연구들이 국내와 국제적 차원을 엄밀히 구분하여 국내적 차원에서 이루어지는 국가 자본 노동 간의 상호작용과 세력관계, 그리고 그 결과로 형성되는 국가적 차원의 조절의 메커니즘에 강조점을 두고, 동시에 이러한 국가적 차원의 조절 메커니즘이 국토공간 전체에 걸쳐서 전일적으로 작동하며, 지역은 이러한 국가적 차원의 과정의 수동적 반영물 정도로 이해하는 경향을 보였다(<그림 6> 참조).

그런데 이러한 국가스케일 중심적 이해방식은 국가와 사회 행위자들의 장소적 의존성과 공간적 뿌리내림이 다양한 지리적 스케일에서 나타날 수 있음을 간과하였고, 그 결과로 한국사회의 정치 경제 사회 문화의 과정들을 이해함에 있어서 중앙정부관료, 전경련, 기업의 본사, 중앙정치인 등과 같은 국가스케일의 행위자들에만 주목하고, 그 외의 다양한 초국가적이고 지방적인 행위자들과 과정의

<그림 6> 한국 자본주의 연구에서의 영역적 함정

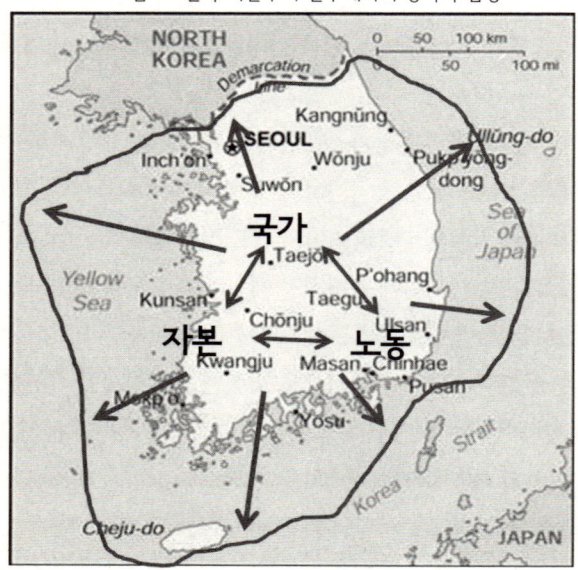

<그림 7> 다중스케일의 네트워크적 영역성

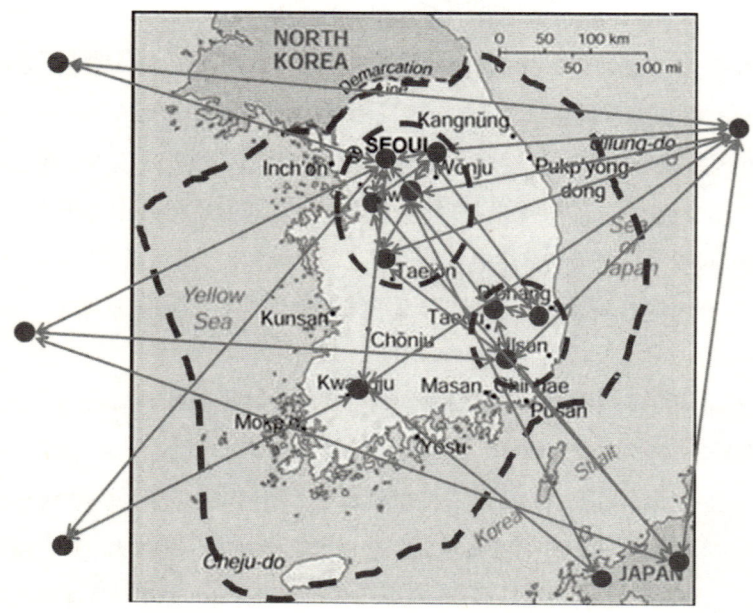

중요성을 경시하는 경향을 초래하였다. 또한, 국가영토 기반의 사회가 특정의 역사적 시간대에서 지니는 동질성에만 초점을 두다 보니, 공간적 불균등성이 사회적 과정에 미치는 효과에 대한 인식이 부족하였다.

특히 다양한 지리적 스케일에서 나타나는 공간적 불균등성과 그로 인해 파생되는 연결성, 이동성, 영역성의 공간적 차이가 사회 정치 경제 문화 과정들에 미치는 영향을 간과하였다. 예를 들어, 기존의 연구들은 글로벌 스케일에서 나타나는 불균등발전, 국제적 분업, 자본과 국가의 초국가적 연결성, 그리고 로컬한 스케일에서 나타나는 연결성의 지역/도시 간 차이, 국가의 공간적 선택성, 지역 불균등발전, 정치적 동원의 지역적 차별화 등과 같은 힘과 과정들이 한국 자본주의의 발전에 어떠한 영향을 주었는지 제대로 설명하지 못하였다.

필자는 여기서 발전주의 국가론이 지닌 이러한 문제점을 극복하기 위해, 앞에서 제시한 '다중스케일의 네트워크적 영역성' 개념에 기반한 인식론을 바탕으로 한국 자본주의 발전의 정치경제적 과정을 설명하기 위해 필요한 몇 가지 중요한 요소들을 지적하고자 한다(<그림 7> 참조).

첫째, 발전주의 국가의 네트워크적 영역성을 이해하는 것이 중요하다. 근대 국민국가는 기본적으로 영역 공동체이므로, 발전주의 국가를 설명하려면 그 영역성의 이해가 기본이다. 그런데 국가의 영역성은 주어진 것이나 절대적인 것이 아니라, 네트워크적 사회적 관계를 바탕으로 국가의 통치성이 작동할 수 있게 해주는 각종 제도와 장치들이 만들어지고 강화됨을 통해 구성되고 재생산되는 것이다. 따라서 발전주의 국가의 영역에 기반한 조절적 행위는 국가의 영역성을 구성하는 다양한 정치 사회 경제 제도 네트워크에 대한 이해에 기반해야 한다. 이와 함께 국가적 스케일 이외에도 다양한 지리적 스케일에서 형성된 장소나 영역이 존재할 수 있고, 이들 다양한 장소/영역적 공동체는 다양한 스케일의 네트워크망을 통해 연결된다. 그런데 이들 장소, 영역, 스케일을 뛰어넘거나 가로질러서 형성되는 네트워크는 정보 사람 물자 자본의 이동과 흐름을 촉진시킨다.

네트워크는 특정 장소나 영역을 중심으로 국지화함을 통해 장소적 고착성과 영역성을 형성하고 강화하는 힘이 될 수 있지만, 동시에 여러 장소, 영역을 뛰어넘는 흐름과 이동을 촉진하여 장소적 고착성과 영역성을 약화시키는 힘이 되기도 한다. 따라서 국가 지역 도시 등 다양한 스케일의 장소와 영역을 뛰어넘거나 가로질러 만들어지는 네트워크가 기존에 형성된 발전주의적 조절의 장소성과 영역성을 어떻게 약화시키고 변형시키는지에 대한 이해도 필요하다.

둘째, 발전주의 국가의 초국가적 연결성에 대해 깊이 탐구할 필요가 있다. 네트워크적 영역성의 관점에서 보면 국가의 영역성을 국내와 국제라는 엄밀한 이분법적 구분에 기반한 것으로 이해하기보다는, 초국가적으로 형성된 네트워크 망 속에서 국가스케일의 네트워크를 중심으로 형성된 영역화의 힘과 제도들이 작동하는 과정으로 이해할 필요가 있다. 따라서 국가 경계를 관통하거나 뛰어넘어 형성되는 기업의 초국가적 네트워크, 국가엘리트들의 글로벌한 정책 네트워크, 글로벌한 자본순환의 네트워크 등이 한국 발전주의 국가의 의사결정과 행위에 어떠한 영향을 주었는지 이해하는 것이 중요하다. 관련하여, 제솝과 썸(Jessop & Sum, 2006)은 동아시아 발전주의 국가의 경제성장을 국내 차원의 정치경제적 과정에 국한하지 않고, 동아시아 국가와 그들 수출품의 주요 시장인 미국 및 유럽 간에 형성된 '수출주의적 축적체제'의 틀로 설명하였고, 글래스만과 최영진(Glassman & Choi, 2010)은 냉전시기 미국을 중심축으로 일본과 한국의 자본가 및 정부 엘리트들이 서로 연결된 글로벌 생산네트워크와 '초국적 계급동맹'이 한국의 경제성장에 미친 영향을 논하기도 하였다.

셋째, 국가와 지역 관계에 대해 다중스케일적 관점에서 바라볼 필요가 있다. 이를 위해서는 우선 지역 혹은 지방을 단순히 국가의 행정구역에 의해 주어진 것으로 보는 방법론적 영역주의는 지양하고, 지역을 사회적 관계들이 특정한 장소를 중심으로 공간적으로 구체화되고 물화되어 구성된 것으로 파악해야 한다. 따라서 지역에 대한 연구는 이러한 지역의 생산과 재생산에 영향을 주는 정치 사회 경제 문화적 과정과 그러한 과정을 이끌어내는 정치적 행위에 대한 연구를 전제로 해야 한다. 국가-지역 관계를 이해함에 있어 국가(혹은 중앙) 중심적인 사고를 벗어나기 위해, 국가의 행위를 국가스케일의 정치 사회 경제적 과정의 결과로만 인식하지 말고, 글로벌, 국가, 지역, 도시 등 다양한 지리적 스케일에서 작동하는 사회적 세력과 힘들이 국가 안에서 또 국가를 통해서 상호작용하면서 구성되는 것으로서 살피는 게 마땅하다.

이런 관점을 바탕으로 지역은 국가에 대해 수동적인 입장에만 있지 않고, 영역화된 정치적 동원의 과정을 통해 국가적 차원의 과정에 영향을 주기도 하는 것으로 바라봐야 한다. 또한 국가-지역 간의 관계는 국가와 지역스케일에서 일어나는 과정에 의해서만 영향을 받지 않고, 그들보다 더 크거나 더 작은 공간적 스케일에서 일어나는 과정에 의해서도 영향을 받기 때문에, 국가와 지역의 상호작용 과정은 국가/지역/도시를 뛰어넘고 다양한 스케일을 가로질러 형성되는 사회적 연결망과 권력투쟁의 과정 속에서 형성되는 것으로 파악함이 바람직하다.

V. 결론

이 논문에서 필자는 한국의 사회과학이 지역문제에 대해 만족스러운 분석과 해법을 제시하지 못했으며, 그 주된 요인으로 근대국가의 영역성을 선험적으로 주어져 절대적 의미를 지닌 것으로 바라보는 '영역적 함정'과 정치 사회 경제 과정을 국가스케일을 중심으로 바라보는 '방법론적 국가주의'의 강력한 영향력을 꼽았다. 그에 따라 한국의 사회과학은 중앙의 입장에서 기술관료적 경제적 합리성을 바탕으로 지역의 문제를 접근하였고, 그러다 보니 국가의 정책을 중심으로 복잡하게 표출되는 지역 간 또 국가와 지역 간의 복잡한 정치경제적 상호작용의 과정을 제대로 이해하지 못하였다.

이런 문제의식 속에서 국가와 지역 간의 관계를 제대로 이해하기 위한 방법으로 공간과 사회 사이의 내재적 연관성을 강조하는 사회공간론 관점을 지역연구에 적극 도입하기를 주장하였다. 특히 사회공간론 관점을 보다 구체화하기 위해 장소 영역 네트워크 스케일이라는 사회공간적 관계의 네 차원이 어떻게 서로 중첩 결합하며 역동적으로 상호작용하는지를 '다중스케일의 네트워크적 영역성'이라는 개념을 중심으로 살펴보았다. 또한 이 개념을 바탕으로 한국 자본주의 발전을 사회공간론적 관점에서 이해해볼 가능성을 간단히 탐색해 보았다.

사회공간론의 관점에서 보았을 때, 한국 사회과학의 주요 분석의 대상인 한국은 하나의 사회공간이다. 그런데 이 사회공간은 그 자체로 하나의 완결된 일체성을 지닌 덩어리가 아니다. 한국이라는 사회공간은 지구, 동아시아, 환태평양 등 보다 "더 큰" 사회공간의 일부이면서, 도시 지방 마을 아파트단지 등과 같은 수없이 많은 "더 작은" 사회공간으로 구성된다. 즉 한국이라는 사회공간은 수없이 다양하고 쪼개진 사회공간의 일부이자, 그 전체이기도 하다. 이와 관련해 사회적 공간의 다중성에 대한 르페브르의 다음 문구는 한국이라는 사회공간을 둘러싼 부분과 전체의 변증법을 이해하는 데 도움이 된다.

> 우리가 맞닥뜨리고 있는 것은 하나의 사회적 공간이 아니라, 매우 많은, 참으로 무한한 다중성을 가지고 있으며 셀 수 없을 정도로 많은 사회적 공간이다. 어떤 공간도 성장과 발전의 과정 속에서 사라지지는 않는다. 또한 전지구적인 것일지라도 지방적인 것을 말살시킬 수 없다. 따라서 사회적 공간, 특히 도시 공간은 고도의 다양성을 지닌 채 등장하며, 그리고 그 사회적 공간은 전통적 유클리디안적 수학에서 이야기되는 동질적이고 등방위적인 구조를 가지고 있다기보다는 여러 개의 얇은 층으로 만들어진 패스츄리와 유사한 구조를 가지고 있다. (Lefebvre, 1991: 85)

사회공간론 관점은 지역연구를 수행함에 있어서 공간적 차별성, 공존성, 다중성이 정치 사회 경제 문화 역사의 과정들과 어떻게 서로 결합되어 작용하는지 탐색하는 데 많은 도움을 줄 수 있다. 이를 통해 우리는 영역적 함정에 빠지지 않고 국가와 지역 간의 관계를 이해할 가능성을 발견할 수 있다. 그리고 이러한 이해는 글로벌, 국가, 지역, 도시, 마을 등의 다양한 공간적 스케일에서 차별화되어 이루어지는 사회적 과정들이 영역화된 관계와 네트워크적 연결성을 통해 다중스케일적으로 상호작용함으로써 국가 속의 지역 또 지역들로 구성된 국가라는 다층적인 사회공간을 구성한다는 사실을 설명하는 데 이바지하기 때문에, 세계화와 지방화 시대를 맞이하여 변화하는 한국 사회의 모습을 이해하는 데 필수적이라 할 수 있다. 결국 지금 필요한 사회과학 연구는 탈공간화된 역사주의에 매몰되어 한국을 한 덩어리의 동질적 공간으로 간주하면서 이 공간의 역사적 시간대에 따른 변천을 탐구하는 것이 아니라, 한국을 무한한 이질성과 다중성을 지닌 사회적 공간들이 서로 겹치고 얽히면서 만들어내는 장소로 바라보면서 한국과 한국인의 삶을 탐색하는 연구이다.

1부
국가공간과 지역

2장
지역균형과 국가공간론1

박배균 (서울대 지리교육과 교수)

I. 서론

한국사회에서 지역균형은 매우 중요한 정치경제적 의미를 지닌다. 대한민국 헌법 제123조 2항은 "국가는 지역 간의 균형 있는 발전을 위하여 지역경제를 육성할 의무를 진다"고 명시하는데, 이처럼 지역균형을 헌법조항에 명시한 국가는 전 세계적으로 드물다. 이는 지역균형의 가치가 한국사회에서 매우 중요하게 받아들여지고 있음을 의미한다.

하지만 지역균형의 정치경제적 의미를 깊이 있게 천착하는 학문적 연구는 드문 형편이다. 한국사회에서 대부분의 지역균형 논의는 1) 지역균형을 도덕적이거나 정치적 당위의 문제로 바라보면서 지역균형의 필요성을 주장하거나, 2) 경제적 효율성과 기술관료적 합리성을 바탕으로 국가정책의 차원에서 지역균형을 다루는 경향을 보이기 일쑤였다. 그로 인해 지역균형이라는 담론이 한국 국가의 중요한 정책적 기조로 자리 잡는 정치경제적 과정, 이 담론을 둘러싸고 펼쳐지는 다양한 사회세력들 간의 복잡한 경합과 타협의 과정, 그리고 이러한 정치경제적 과정이 한국의 민주주의와 사회적 공공성에 미치는 영향에 대한 객관적이고 학문적인 성찰이 충분히 이루어지지 못했다. 이러한 문제의식을 바탕으로 이 연구는 한국사회에서 지역균형이 지니는 정치경제적 의미를 국가론적 관점에서 해석하

---

1 2장은 박배균(2012b)을 본 편집서의 기획의도에 맞추어 고쳐 쓴 글이다.

고, 그를 바탕으로 지역균형정책의 대안적 방향성을 모색하려고 한다.

일반적으로 보아 지역균형은 특정의 공동체적 가치를 지향하는 정치적 담론으로, 자유 평등 시민권처럼 근대 국민국가의 기본원리를 구성하는 담론들과 어비슷한 정도의 보편성을 인정받는 가치라고는 말할 수 없다. 즉 지역균형은 자유 평등 시민권 등 보다 보편적인 가치의 하위 범주로서, 국가와 사회에 따라 지역균형의 가치가 인정받는 정도는 상이하다. 한국처럼 지역균형의 중요성이 헌법적으로 인정받을 정도로 매우 중요하게 취급되기도 있지만, 지역균형의 담론을 자유 평등 등 보다 보편적 가치에 부수적인 것으로 취급하여 덜 중요하게 받아들이는 국가도 많다. 즉 지역균형의 중요성이 사회적으로 받아들여지는 정도는 정치 경제 사회 역사적 조건에 따라 매우 상이하며, 그것이 국가의 중요한 정책기조가 되는가 아닌가 또한 우발적이다. 이는 마치 인종 종교 등과 관련된 가치가 사회마다 상이한 정도의 중요성을 가지고 받아들여지는 것과 같다 할 수 있다. 그렇다면 한국에서 지역균형의 가치가 헌법적으로 인정될 정도로 중요하게 받아들여진 정치 사회 경제 역사 문화적 배경은 무엇인가? 지역균형을 도덕적이거나 정치적 당위의 문제로 바라보면서 그 중요성과 필요성을 역설하는 학문적 관점으로는 이 질문에 대한 적절한 해답을 제공하기 힘들다.[2]

지역균형이란 가치를 보편적인 당위로 받아들이는 관점과 일단 거리를 두고 나면 지역균형을 둘러싼 사회정치적 논쟁에 대한 여러 질문들이 새로 생겨난다.

---

[2] 지역균형의 당위적 필요성을 강조하는 입장의 배후에는 한국사회에서 지역격차의 문제가 객관적으로 아주 심각하다는 문제의식이 깔려 있다. 지역격차 문제가 심각하다는 데는 필자도 인정하고 공감하지만, 그것이 한 국가의 헌법에서 지역균형의 중요성을 언급할 정도로 객관적으로 심각한지에 대해서는 쉽게 공감하기 어렵다. 한국의 학계에서 지역격차의 정도를 밝히기 위한 수많은 실증적이고 계량적인 연구들이 이루어져 왔지만, 그 결과가 하나로 수렴되기보다는 학자들의 관점과 정치적 성향에 따라 지역격차의 심각성을 강조하거나(김용웅 등, 2011; 초의수, 2000), 아니면 지역격차의 문제가 크지 않음을 밝히는(김광호, 2008; 문형표, 2003) 식으로 양분된 경향을 보인 것이 사실이다. 이런 상황에서 한국에서 지역균형의 가치가 헌법에 포함된 배경을 지역격차의 객관적 심각함으로부터 유추하는 것은 정치경제적 현실을 왜곡하는 단순한 설명방식일 가능성이 크다. 따라서 이 장에서 필자는 지역격차의 객관적 상황에 대한 분석보다는 지역균형정책 형성의 정치적 과정 분석에 초점을 두고자 한다.

한국에서 지역균형의 가치를 비중 있게 만든 정치 경제 사회 과정은 무엇인가? 지역균형은 사회세력들의 어떠한 경합과 타협 과정 속에서 국가의 주요 정책 과제의 하나로 자리 잡았는가? 국가의 실천적 행위에서 지역균형에 대한 수사적 강조와 지역균형을 이루려는 실제 행동 사이의 괴리는 존재하지 않았는가? 만약 괴리가 존재했다면, 이는 어떠한 정치 경제 사회 과정의 결과인가? 지역균형의 가치를 강조 지지하거나, 혹은 그에 반하는 세력들의 물질적 담론적 배경은 무엇인가? 지역균형의 가치를 강조하고 지지하는 것이 사회의 민주주의와 공공성의 발전에 반드시 도움이 되는가? 이러한 질문들이 암시하는 것은 지역균형의 가치를 절대시하지 말고, 국가 안에서 또 국가를 통해서 작동하는 다양한 사회세력들 간의 전략관계적 상호작용을 객관적으로 이해하면서 지역균형의 가치가 한국 사회에서 차지하는 정치경제적 의미를 파악해야 한다는 점이다.

이러한 전략관계적 관점에서 지역균형을 둘러싼 국가의 행동을 바라보면, 경제적 효율성과 기술관료적 합리성만으로 지역균형을 바라보고 설명하는 접근도 쉽사리 문제시된다.

지난 10여년간 지역균형 관련 주요 논쟁 중 하나는 수도권 규제가 경제적 효율성과 기술관료적 합리성의 관점에서 과연 타당한가이다. 수도권 규제의 필요성을 역설하는 쪽은 지역균형의 가치를 당위적으로 받아들이는 관점을 바탕으로 수도권과 지방의 격차가 심해지기 때문에, 수도권의 성장을 규제하는 정책을 계속 펴는 것이 당연하다는 주장이다. 특히 지역균형론자들은 지역 간 수평적 형평성의 추구가 도덕적으로 정당할 뿐만 아니라, 국가 공동체의 유지와 발전을 위해 필수적임을 강조한다. 또한 헌법적인 이념, 사회정의, 수도권의 경쟁력 제고, 지방의 자립적 지방화를 위해 지역균형발전은 부정할 수 없는 가치라고 바라본다(김용웅 등, 2011: 5). 하지만 지역균형의 담론이 그 정치공동체를 구성하는 세력들 사이의 어떠한 전략관계적 상호작용을 통해 형성되었고, 그러한 세력관계는 어느 정도로 중요한 정치경제적 실제이며, 그렇기 때문에 지역균형의 가치를 지향하기 위한 수도권 규제정책이 어떠한 정치적 중요성을 가지는지 등에 대한 논리적인 설명 없이, 절대시된 지역균형의 가치를 당위적으로 앞세우면서 수도권 규제철폐의 부당성을 역설하는 경향을 보여준다.

반대로, 수도권 규제의 철폐를 주장하는 측에서는 경제적 합리성, 효율성의 관점에서 지역균형론자들의 당위론적 주장을 비합리적인 것이라 치부하면서, 혁신적 지식의 창출, 해외자본의 유치, 기술력 수준 등에서 대한민국에서 가장 경쟁력이 높은 수도권 지역에 보다 많은 투자를 집중하여 향후 나라의 성장동력으로 삼는 것이 경제적 효율성의 측면에서 더 유리하며, 국가 전체적인 관리와 조절의 측면에서 보다 합리적이라고 주장한다. 또한, 이들은 국민경제의 효율성이란 관점에서 보면 지역 간 자원배분의 격차로 인한 문제는 자본과 노동과 같은 생산요소의 이동성을 높임으로써 해결할 수 있고, 특정 지역의 과밀문제는 조세부과와 같은 외부효과의 내부화를 통해 해결할 수 있는데, 지역격차를 해소하기 위한 지역균형정책을 사용하면 지역을 인위적으로 차별화할 수밖에 없어서 시장의 왜곡과 국민경제의 비효율성을 초래할 것이라고 주장한다(정준호, 2010).[3] 이들은 수도권 규제가 국가적 차원의 경제적 효율성을 저하시킴을 증명하는 각종 실증적 자료들을 제시하고, 이러한 '객관적' 사실(fact)을 균형론자들이 외면한다고 답답해하면서, 수도권 규제철폐의 필요성을 역설한다. 하지만 이들은 시장에서의 경제활동, 자본의 움직임 등을 보여주는 자료들만을 객관적 사실로 인정하고, 국가라는 정치공동체를 구성하는 여러 사회세력들 사이의 권력관계, 그들 간의 전략관계적 상호작용 또한 정치경제적 실제(reality)를 구성하는 중요한 객관적 사실임을 인정하지 않는다는 점에서 한계를 지닌다.

---

3 이런 주장에 대한 정준호(2009)의 비판이 인상적이다. 정준호(2009)는 지역균형정책에서 추구하는 균형(balance)은 신고전경제학에서 전제하는 시장에서의 균형(equilibrium)이 아니라고 강조한다. 시장에서의 균형은 경제적 의미로 시장기제 내에서 하나의 점을 가정하는 것이지만, 지역균형에서의 균형은 국가라는 하나의 정치공동체를 유지하고 지탱하기 위해 도덕적 이데올로기적으로 요구되는 정치·사회적인 민주주의의 확대와 권력관계의 조화를 함의한다. 즉 지역균형은 중앙과 지방 간 역할과 기능 분담을 통한 견제와 균형, 경제활동 분포의 재배치를 통한 견제와 균형 등을 광범위하게 포괄하는 것이다. 이런 관점에서 정준호(2009)는 단지 국민경제의 효율성이란 차원에서만 지역경제의 필요성과 유용성을 논의해서는 안 되고, 국가라는 정치공동체의 유지와 발전을 위해 필요한 민주주의의 신장, 국가권력의 정치적 정당성 확보 등과 같은 정치·사회적 차원의 가치와 의미 속에서 평가해야 한다고 주장한다.

필자는 이 장에서 지역균형의 문제는 절대적인 당위의 관점에서 접근해서도 안 되고, 경제적 효율성과 기술관료적 합리성의 관점에서 접근해서도 안 된다고 문제제기하면서, 지역균형 담론을 둘러싼 사회세력들 간의 세력관계, 전략관계적 상호작용을 이해함이 중요하다고 주장한다. 특히 이러한 사회세력들 간의 경합과 타협의 과정이 어떻게 지역균형과 관련된 국가의 법적 제도적 행정적 장치에 반영되고, 동시에 그런 장치들로써 매개되는지를 이해해야 한다. 이러한 분석을 위해 영국의 정치사회학자인 봅 제솝(Bob Jessop)을 비롯한 일군의 영미 학자들에 의해 제시된 전략관계론적 국가론과, 이를 공간적으로 재해석한 닐 브레너(Neil Brenner)의 국가공간론이 제공하는 이론적 자원을 적극 활용한다. 특히 지역균형과 관련된 한국 국가의 법적 제도적 정책적 실천들을 자본주의 국가가 수행하는 축적전략과 헤게모니프로젝트라는 관점에서 바라보면서, 이러한 국가프로젝트가 국가 안에서 또 국가를 통해서 작동하는 사회세력들 간의 전략관계적 상호작용에 의해 형성되는 과정에 주목한다. 이를 통해 지역균형의 정책과 담론이 한국 국가의 중요한 국가프로젝트의 하나로, 그리고 사회세력들에게는 중요한 정치적 동원의 수단으로 자리 잡는 과정을 살핀다. 또한 이 과정의 이해를 바탕으로 지역균형정책이 어떻게 특정 정치경제적 이익을 위해 왜곡되고 호도되었는지 살피며, 나아가 지역균형정책의 대안적 방향성을 모색할 것이다.

II. 지역균형정책을 바라보는 전략관계적 접근

1) 국가에 대한 전략관계적 접근과 국가공간론

한국의 지역균형정책을 경제적 효율성이나 기술관료적 합리성보다는 그를 둘러싼 정치적 과정과 세력 관계를 중심으로 이해하기 위해서는 국가에 대한 전략관계적 접근법이 매우 유용하다. 제솝(Jessop, 1990)은 폴란챠스의 국가론에 영향을 받아, 전통 맑스주의 국가론이 지닌 경제환원론 혹은 계급환원론과 거리를 두며 동시에 국가 관료의 자율성을 강조하는 베버주의적 국가론도 비판하면서, 국가와 그것을 둘러싼 사회 세력들의 전략적 행위(예컨대 축적전략, 헤게모니프로젝트)를 중심으로 국가의 행위를 분석할 것을 주문한다.

제솝이 제시한 전략관계적 국가이론에서 핵심 개념은 '국가의 전략적 선택성'(strategic selectivity)이다. 자본주의 국가는 항상 특정 사회 세력과 행위자들의 이해를 다른 것에 우선하여 배려하는 선택성을 보이는데, 이것을 설명함에 있어 제솝은 국가가 자본의 계급적 이해에 복무하기 때문이라거나, 자본축적의 요구에 의해 그럴 수밖에 없다는 식의 경제(혹은 계급)환원론을 거부한다. 대신, 국가 안에서, 그리고 국가를 통해서 작동하는 여러 사회세력들 사이에 끊임없이 지속되는 사회정치적 투쟁과 전략적 상호작용을 통해 국가의 선택성이 구성된다고 하면서, 이를 '전략적 선택성'이라고 부른다. 즉 자본의 축적을 지속해야 하는 경제적 필요성, 기존 사회 정치 질서의 정당성을 지켜야 하는 정치적 필요성에 의해 제약을 받지만, 역사 사회 정치 지리의 조건과 상황 속에서 여러 사회 세력들이 복합적이고 어떤 경우에는 우연적인 판단을 바탕으로 선택하는 전략들과 그들의 상호작용을 통해 국가의 선택성이 만들어지는 것이다. 이런 의미에서 제솝은 "국가를 정치적 전략"(the state as political strategy)이라고 인식하며, 국가의 권력이라는 것도 국가 그 자체가 가진 것이 아니라, 국가 안에서 혹은 국가를 통해서 작동하는 사회 세력들이 지닌 권력에 기인하고, 이들 사회세력들이 특정한 국면에 특정한 방식으로 서로 연관되고 상호작용함을 통해 국가의 제도화된 능력과 의무가 규정된다고 설명한다.

브레너(Brenner, 2004)는 제솝의 전략관계적 접근법 위에서 국가이론의 공간화를 시도한다. 특히 그는 먼저 국가의 행위를 공간적 관점에서 설명하는 '국가공간 프로젝트'(state spatial project), '국가공간 전략'(state spatial strategy)이라는 개념들을 제시한다. 국가는 하나의 의지를 가지고 행동하는 통합성 높은 행위자가 아니다. 국가조직 간에 혹은 구성원들 간에 갈등이 존재하고, 국가가 내놓은 여러 정책들 간에 논리적 모순이 존재한다. 따라서 국가는 자신의 통합성을 유지하기 위해 기능적인 통일성, 작동의 일체감, 조직적 일관성을 높이기 위한 일련의 활동들을 펼쳐야만 하는데, 이들 활동을 제솝은 '국가프로젝트'라고 불렀다(Jessop, 1990). 마찬가지로 국가의 공간적이고 영역적인 통합성도 선험적으로 주어지지 않고, 국가의 능동적인 노력에 의해 만들어지고 유지되는 것인데, 이러한 국가의 행동을 '국가공간 프로젝트'라고 한다.

'국가공간 전략'은 자본축적과정에서의 경제적 위기에 개입하거나 이를 조절하는 행위로서 축적전략(accumulation strategy)이나 헤게모니프로젝트(hegemony project)의 형태로 나타난다. 자본의 축적과 정치적 경쟁의 지리적 패턴을 조절하기 위한 국가의 산업정책(수출주도산업화 혹은 수입대체산업화), 주택정책, 노동정책, 지역개발정책 등과 같이 직간접적인 공간적 효과를 지닌 국가의 각종 정책들을 국가가 기획하고 집행하는 것이 국가공간 전략의 대표적인 예라고 할 수 있다.

그런데 이러한 '국가공간 프로젝트'와 '국가공간 전략'은 특정의 지역, 공간, 스케일이 다른 것들에 비해 특별히 더 배려되는 결과를 초래하는데, 이를 국가의 '공간적 선택성'(spatial selectivity)이라고 한다. 브레너는 이 '공간적 선택성'을 전략관계적 과정의 결과로 이해한다. 즉 국가 안에서 또 국가를 통해서 작동하는 여러 사회 세력들 간의 전략관계적 상호작용을 바탕으로 특정의 축적전략과 헤게모니프로젝트를 반영하는 국가공간 프로젝트와 국가공간 전략이 형성되고, 이들 공간 프로젝트와 전략은 특정한 공간적 선택성을 띤다는 것이다.

2) 공간적 케인즈주의와 지역균형정책

이러한 국가공간론의 관점에서 지역균형정책을 바라보면, 지역균형정책이란 국가의 지방행정조직 구성방식, 중앙정부와 지방정부 사이의 관계설정, 지방정부들 간의 수평적 관계조정 등에 영향을 미치는 '국가공간 프로젝트'와 축적과정의 지리적 패턴과 산업과 인구의 지리적 배치에 영향을 미치는 산업정책, 노동시장정책, 주택정책, 지역정책, 하부구조 투자정책 등과 같은 '국가공간 전략'이 변증법적 상호작용을 통해 결합되어, 국가의 의사결정과 행동이 지역 간 경제성장의 격차를 줄이는 방향으로 '공간적 선택성'을 나타내도록 조절하는 방식을 지칭

<표 1> 공간적 케인즈주의에서 나타나는 국가의 공간적 선택성

	국가공간 프로젝트	국가공간 전략
스케일적 차원	국가의 행정, 조절적 역량이 국민국가적 스케일로 집중화됨 → 지역과 지방은 국가적 스케일의 중심에서 추동되는 거시경제적이고 거시분배적인 필요에 종속됨.	국가적 스케일이 정치경제적 과정의 가장 핵심적 수준으로 구성됨 → 국민경제가 경제적 조직, 축적, 조절의 핵심적인 지리적 단위가 됨.
영역적 차원	상대적으로 획일화된 영역화된 행정의 구조가 전체 국토공간에 걸쳐서 수립됨 → 전체 지역과 지방을 아우르는 사회복지와 사회적 하부구조 제공의 일관된 기준이 수립됨. 이를 통해 개별 지역과 지방이 집합적이고(collective) 공공적인(public) 공간-경제 속으로 점차 통합됨.	전체 국민적 공간경제를 아울러 산업과 하부구조 투자를 균형화하기 위한 재분배 정책이 동원됨 → 전후 기간 동안 대부분의 서유럽 국가에서 케인즈주의적 개입주의 정책이 일인당 소득의 지역 간 수렴을 이끌어내는 핵심적 요인이었음.

자료: Brenner(2004, 132)

하는 것이라 말할 수 있다. 그런데 전략관계적 국가론의 관점에서 보았을 때, '국가공간 프로젝트'와 '국가공간 전략'이 국토공간을 보다 균등화하는 '공간적 선택성'을 나타내도록 하는 것은 베버주의 국가론자들이 주장하듯 능력 있는 관료집단의 자율적 의지에 의해서 만들어지는 것이 아니라, 국가 안에서, 그리고 국가를 통해서 작동하는 여러 사회세력들 간의 전략관계적 상호작용과 경합의 과정을 통해 우발적으로 구성되는 것이다.

브레너(Brenner, 2004)는 2차 세계대전 이후부터 1970년대 초반까지 서구유럽 국가에서 나타났던 국가공간 프로젝트와 국가공간 전략을 공간적 케인즈주의(spatial Keynesianism)라고 일반적으로 명명하면서, 지역균형정책을 국가공간론적 관점에서 설명한다. '공간적 케인즈주의'라는 용어는 Martin(1989), Martin & Sunley(1997) 등이 쓴 개념인데, 이는 2차 세계대전 이후 서유럽의 케인즈주의 복지국가가 지역경제를 안정화하고, 지역 간 부의 분배를 이루기 위해 취한 일련의 정책, 사고, 담론적 프레임을 지칭한다. 그런데 여기서 케인즈주의라는 용어를 사용하는 것은 이러한 지역정책들이 모두 케인즈주의적 경제이론에서 직접적으로 유래해서 그런 것이 아니라, 이러한 지역정책을 둘러싼 정치적 과정들이 케인즈주의 복지국가의 광범위한 제도와 조절의 매트릭스에 뿌리내리고 있음을 밝히기 위한 것이다(Brenner, 2004: 115).

공간적 케인즈주의는 전후 서유럽에서 케인즈주의 복지국가가 확립되고 포디즘적 도시화 과정이 본격화되면서 나타나기 시작한 여러 조절적 딜레마에 대응하는 과정에서 생겨났다. 즉 전략적이고 우발적으로 구성된 국가공간 프로젝트와 국가공간 전략의 다면적이고 다중스케일적이며 모순적인 조합의 결과물로 파악될 수 있는 것이다. 이전에는 주로 농업문제 혹은 도농 간 격차의 문제로 인식되던 지역불균형은 구상과 실행의 공간적 분리에 기초한 포디즘적 공간분업에 의해 더욱 확대 심화된다. 즉 포디즘적 도시화의 결과로 이전과는 비교할 수 없을 정도로 심화된 지역격차의 문제에 직면한 것이다. 하지만 케인즈주의 복지국가의 제도와 조절 매트릭스 하에서 이러한 지역격차의 심화는 큰 정치적 쟁점이 될 수밖에 없었다. 특히 부의 재분배와 복지의 증진, 사회적 통합의 진작 등에 대한 사회적 합의를 바탕으로 포디즘적 축적체제의 조절적 기반을 형성하고, 국가의 헤게모니적 리더십과 정치적 정당성을 확보하였던 케인즈주의 복지국가의 제도적 프레임 하에서 이러한 지역격차의 심화는 정치사회적 갈등의 주요 원천이 되었고, 이는 궁극적으로 국가적 차원에서 경제적 생산을 최대화하는 데 장애로 작용하여 거시경제적 효율성을 떨어뜨리는 요인이 되기도 하였다. 국가는 이러한 포디즘 도시화의 조절적 딜레마에 대처하기 위한 다양한 공간프로젝트와 공간전략을 때로는 임기응변적이거나 우발적으로, 때로는 사회세력들 간의 권력관계를 고려한 전략적 선택에 의해 수행하지 않을 수 없었다. 바로 이런 국가의 행위들이 다층적으로 결합해 공간적 케인즈주의를 탄생시킨 것이다.

결국 공간적 케인즈주의는 국가의 전체 영토에 걸쳐서 사회경제적 역량과 하부구조 투자를 고르게 하여 도시성장을 균등하게 확산함을 통해 불균등한 공간적 발전의 패턴을 약화시키려는 정치적 목표와, 이를 바탕으로 국민경제 전체의 산출과 소득을 최대화하는 경제적 목표 하에 등장하였다. 이를 위해 국가는 국가적 차원에서 국가의 조절역량을 집중화하고, 전 국토에 걸쳐 국가의 행정체계를 획일화하는 공간 프로젝트를, 그리고 국가적 스케일을 사회경제적 활동의 가장 중요한 수준이 되도록 만들고, 자본투자와 하부구조 건설의 전 국토에 걸쳐 균등화하는 공간전략을 수행하였다(Brenner, 2004: 134). 즉 국가공간 프로젝트는 국가의 영역적 조직을 집중화되고 획일화된 틀로 구성하는 것을 목표로 하고, 국가공간 전략은 사적 자본과 공적인 하부구조 투자를 성장하는 도시 중심지에서 저발전된 주변부로 이전하는 것을 목적으로 하였다. 따라서 공간적 케인즈주의는 자본투자, 하부구조 제공, 공공서비스의 지리적 분포를 조정하여 형평하고 균형 잡히고 상대적으로 획일적인 국민국가의 공간적 틀을 구성하려는 국가 프로그램이라 할 수 있다(Brenner, 2004: 116).

전후 서유럽 국가에서 구현된 공간적 케인즈주의는 각 국가 내부에서 지역격차를 줄이는 데 큰 기여를 하였다. 공간적 케인즈주의를 실천하기 위한 국가공간 프로젝트와 국가공간 전략의 결과로 1) 도시와 지역들이 중앙정부의 조절적 통제에 점차로 종속되고, 하나의 포괄적인 국민경제적 프레임 속에 통합되었고, 2) 지역격차가 경향적으로 감소하였으며, 3) 도시와 지역 발전의 패턴이 점진적으로 안정화되었고, 4) 일인당 소득수준이 개별 국가 영역 내에서 점차로 수렴되는 양상을 보여주었다(Brenner, 2004: 134).

3) 한국 지역균형정책에 대한 함의

2차 세계대전 이후의 시기부터 1970년대에 걸쳐 서구 유럽의 국가들에서 일반적으로 채택되었던 지역균형정책을 전략관계적 국가론에 입각하여 공간적 케인즈주의로 해석한 이러한 설명방식이 한국 지역균형정책의 해석에 주는 함의는 무엇인가? 이에 대한 답을 하기 위해서는 한국 지역균형정책과 서구의 공간적 케인즈주의가 어떤 차이를 보이는지 이해하는 것이 중요하다.

전후의 서유럽 국가들이 그랬듯 대한민국에서도 1960년대 이후 국가주도의 압축적 경제성장이 본격화한 시기에 행정조직의 중앙집중화와 다양한 지역균형정책들이 추진되어, 일견 서구형 공간적 케인즈주의가 나타난 듯 보이기도 한다. 특히 5·16 쿠데타 이후 군사정권에 의해 지방자치제도가 개편되면서 고도로 중앙집권화된 행정조직이 수립되어 국가스케일 중심의 집중화와 전 국토에 걸친 행정적 획일화가 달성되었다. 또한 70년대 들어 국토 전체의 이용을 중앙정부가 종합적이고 일관되게 계획하고 관리하기 위한 국토종합계획이 실시되기 시작하였고, 수도권을 비롯한 대도시 지역으로의 인구와 산업의 집중을 억제하고 지방으로 인구와 산업을 분산하기 위한 다양한 보정적 지역정책이 제도화되었다.

하지만 한국의 지역균형정책을 서구의 공간적 케인즈주의와 같은 것으로 취급하기는 힘들다. 가장 근본적 차이는 공간적 케인즈주의는 부의 분배와 국가적인 사회통합을 중시하는 복지국가의 제도적 조절적 시스템과 사회적 합의를 전제로 한 것이지만, 60, 70년대 한국에서 실시된 지역균형정책은 국가주도의 압축적 경제성장, 권위주의적 정치체제, 억압적 노동통제 등을 특징으로 하는 발전주의 국가에 의해 추진된 것이라는 점이다. 즉 일부 정책적 메뉴가 비슷했을지는 모르지만, 한국의 지역균형정책과 서구의 공간적 케인즈주의는 그들을 둘러싼 제도 및 조절 상황, 사회세력들 간의 권력관계, 거시경제적 조건 등에서 판이하게 다른 상황에 처해 있었고, 그러다 보니 국가 행위의 구체적 성격, 방안, 내용, 그리고 그것의 효과에서 매우 다른 양상을 보여줄 수밖에 없었다. 특히, 부의 재분배와 사회적 평등을 강조하는 사회적 합의가 공간적 케인즈주의 등장의 중요 기반이었는데, 한국에는 지역균형정책을 도입할 때 그러한 사회적 합의가 존재하지 않았다. 게다가 압축적 경제성장을 추진하던 한국의 발전주의 국가는 대도시 성장을 억제하고 지역격차를 줄이려는 보정적 지역정책을 사용하기는 하였지만, 국가공간 전략의 더 큰 강조점은 한정된 자원을 이용하여 최대한의 자본축적을 이루어내기 위해 남동임해공업단지의 건설과 같이 전략적으로 선택된 지역에 집적경제를 발전시키는 것에 두어졌다. 따라서 지역균형을 추구하는 정책들의 실효성은 줄어들 수밖에 없었다.

필자가 앞에서 지적하였듯 지역균형의 가치나 유용성은 단지 경제적 효율성이나 기술관료적 합리성으로 판단될 수 있는 것이 아니라, 그것이 국가라는 정치적 공동체의 안정과 통합, 그리고 민주주의의 발전에 어떠한 역할을 하는가에 중점을 두어 평가되어야 한다. 이런 관점에서 한국사회에서 지역균형의 가치가 지니는 의미를 평가하기 위해서는, 한국에서 지역균형정책이 도입되어 제도화되고, 확대재생산되는 과정에 대한 이해가 선행되어야 한다. 즉 지역균형정책의 도입, 제도화, 실행을 둘러싼 국가의 행위를 전략관계적 관점에서 이해하고, 그를 바탕으로 지역균형이 한국이라는 정치적 공동체의 유지와 발전을 위해 지니는 민주적 의미를 평가할 필요가 있다는 말이다.

III. 한국 지역균형정책에 대한 국가공간론적 해석

본 절에서는 앞에서 논의된 국가공간론적 관점을 바탕으로 한국의 지역균형정책을 살펴볼 것이다. 특히, 지역균형정책이 한국에 도입되는 과정, 그리고 지역균형에 대한 담론이 정치 사회적으로 확산되고 동시에 왜곡되는 과정을 국가 안에서, 그리고 국가를 통해서 작동하는 사회세력들 간의 전략관계적 상호작용, 경합, 타협의 과정에 초점을 두어 논의하고자 한다.

1) 지역균형정책의 도입을 둘러싼 국가-사회 간 관계

1960년대와 70년대 한국에 지역균형정책이 도입된 과정을 국가공간론적 관점에서 이해하기 위해 필요한 핵심 질문은 다음과 같다.
 ✔ 어떠한 정치 사회적 조건 속에서 한국 국가는 수출주의와 성과주의를 기치로 국가주도의 압축적 경제성장을 추진하기에 정신없던 시기에 지역균형정책을 도입하였는가?
 ✔ 어떠한 정치 사회적 조건 속에서 한국의 국가는 사회계층 간 형평을 추구하

는 복지와 분배 정책에 우선하여 지역 간 형평을 추구하는 지역균형정책을 먼저 제도화하였는가?

✔ 발전주의 국가의 축적전략과 헤게모니프로젝트는 지역균형정책과 어떠한 모순적 관계에 있었는가?

이러한 질문에 답하기 위해서는 그 당시 한국 국가의 공간프로젝트와 공간전략과 관련된 사회 세력들의 전략관계적 상호작용은 어떠하였으며, 그 속에서 지역균형정책은 어떠한 위치에 있었는지 살펴볼 필요가 있다.

(1) 발전주의 국가의 공간전략

한국의 발전주의 국가는 60년대는 수출주도 산업화, 70년대는 중화학 공업화를 바탕으로, 자본과 노동의 집약적 동원을 통해 효율적인 경제개발을 추진하는 축적전략을 추진하였다. 그런데 축적전략은 성장모델의 제도화이고, 성장모델은 자원의 동원과 배분의 방법을 포함하기 마련이다. 따라서 그 과정에서 필연적으로 공간적인 요소 또한 포함하게 된다. 자원이 공간 위에 불균등하게 분포하며, 경제활동은 특정한 종류의 자원들이 특정한 공간에서 특정한 방법으로 결합하는 것을 조건으로 하기 때문에 공간적 차원이 없는 성장모델이란 존재할 수 없다. 따라서 성장모델의 제도화인 축적전략은 성장모델의 공간적 차원의 제도화이기도 하다(손정원, 2006: 47).

① 발전주의 축적전략의 공간성

산업화에 필요한 기본적인 자원이 절대적으로 부족했던 한국의 발전주의 국가는 자본과 노동의 집약적 동원을 통해 수출의 증진과 중화학 공업의 발전을 도모하면서, 공간적으로는 제한된 가용자원을 소수의 장소에 집중시키는 방식을 이용하였다(손정원, 2006: 48). 산업활동에 필요한 기본적인 하부구조, 노동력 등을 특정 공간에 집중하는 것은 자원과 자본이 부족한 후발산업국의 산업화에 있어서는 매우 효율적이고 가장 가능성이 높은 방식이라 할 수 있다. 또한, 기존의 도시지역에 산업시설이 입지하여 산업활동에 필요한 인프라를 기존 도시공간에 기생하여 해결할 수 있었던 경공업과 달리, 중화학공업의 육성은 거대한 기반시설을 필요로 하기 때문에 자원과 자본의 공간적 집중을 절대적으로 필요로 하였다. 특히, 대규모 토지, 교통, 에너지, 용수가 필요한 중화학 공업의 육성을 위해서는 그에 맞는 기반시설이 제공되어야 했고, 이러한 기반시설에 투자할 자본이 제한된 상황에서, 특정지역에 선택적으로 투자를 집중하여 필요한 기반시설을 갖추는 것이 필요했다. 포항, 울산, 창원 등과 같이 이 시기에 건설된 대표적인 공업도시들은 대부분 소규모 어촌이었던 곳을 국가가 대규모 공업도시로 전환한 경우들이고, 이러한 전환의 과정에서 도로, 공업용수, 항만시설, 공업단지 등 기반시설이 포괄적으로 건설되었다(손정원, 2006: 58).

산업활동을 특정 공간에 집중하는 방식은 자본유치에도 꼭 필요했다(손정원, 2006: 60). 중화학공업은 그 당시 한국의 경제상황에서 이윤율이 낮은 부문이었기에, 추상적인 경제계획만으로 자본을 유인하기는 어려웠다(Amsden, 1989). 그런 상황에서 경제계획을 공업단지 건설과 같은 공간계획으로 구체화시킴으로써 국내외 자본에게 투자 대상이 되는 산업활동을 지원하려는 국가의 의지를 보여줄 수 있었고, 이를 통해 해외 자본을 유치할 수 있었다(오원철, 1996a: 59~60).

이러한 공간전략의 결과로 60년대와 70년대의 기간 동안 산업화는 흔히 '산업화의 섬'이라 불리는 몇몇 도시지역과 산업단지를 중심으로 이루어졌다(손정원, 2006). 예를 들어, 1972년부터 1976년 사이에 전체 신규 산업단지의 87.5%를 국가가 개발하여 공급할 정도로 국가가 산업입지에 절대적인 영향을 미쳤는데(김덕현, 1992), 이렇게 건설한 국가 산업단지들이 대부분 흔히 남동임해공업단지라고 불리는 남동해안지역에 집중되었다. 손정원(2006: 56)에 따르면, 제1차 국토종합개발계획 기간 동안 국가가 지정한 17개의 국가산업단지 중에서 9개가 전 국토면적의 10%에 불과한 이 남동해안지역에 위치할 정도로 산업활동의 공간적 집중도는 높았다.

② 발전주의 헤게모니프로젝트의 공간성

일본 한국 대만 싱가포르 등 동아시아 사회에서 발전주의 국가가 등장하던 시기의 공통된 상황은, 외부로부터 주어진 군사적이거나 경제적 도전에 의해 국가와 민족의 존속이 위협받는 비상상황이었고, 그 결과 국가와 민족의 생존을 보장하는 것이 가장 중요한 국가적 민족적 과제로 국민 혹은 민족구성원들 사이에 널리 받아들여졌음이다. 따라서 발전주의 국가가 자신의 정치적 정당성을 얻을 수 있는 가장 중요한 근거는 경제성장과 산업화를 통해 국가의 존속을 유지할 수 있게 하는 자신의 능력이었다(Castells, 1992). 한국의 경우에도 박정희 정권이 국민들로부터 정치적 정당성을 확보하고 지배엘리트가 자신들의 헤게모니를 유지할 수 있는 가장 중요한 방법은 경제성장과 산업화를 성공적으로 달성하는 것이었다. 따라서 자본과 노동의 집약적 동원을 통한 수출산업화와 중화학 공업화는 한국 발전주의 국가의 축적전략이면서, 동시에 헤게모니프로젝트였다.

자본과 노동의 집약적 동원을 보다 원활하고 효과적으로 수행하기 위해 사적 자본과 노동계급의 반발을 억누를 수 있는 권위주의적이고 억압적인 정치체제가 필요하였다. 그리고 권위주의적이고 억압적인 정치체제의 정치적 정당화를 위해 민족주의 정서가 적극 동원되었다. 특히 조국근대화라는 민족적 염원의 달성을 위해 전 국민이 협동단결할 필요가 있고, 이를 위해서는 정치적 억압과 독재는 어쩔 수 없는 필요악이라고 정당화되었다(Glassman, Park & Choi, 2008). 즉 경제적 민족주의가 발전주의 축적전략과 억압적 정치체제를 정당화하는 헤게모니프로젝트로서 적극 동원되었던 것이다. 권태준(2006: 308)은 당시의 경제적 민족주의를 '함께 잘살기'라 정의하고, 5·16 쿠데타 직전의 장면 정권의 경제적 무능력과 비교하면서, 쿠데타 이후 재건국민회의를 거치며 구성된 개발체제는 "적어도 집권 초기 10년 동안 실적으로써 대중적 기대에 부응"했다고 주장한다. 여기서 '함께'의 주체는 '우리/민족'이라 여겨지는 공동체적 집단으로 볼 수 있다. 요컨대, 당시 경제적 민족주의는 '함께 잘살기' 믿음이었고, 계층, 계급, 산업부문, 지역 등을 초월하여 모두 함께 잘살기 위한 산업화를 추진하겠다는 언명이었다. 이러한 믿음과 언명을 바탕으로 자본과 노동의 집약적 동원, 억압적이고 권위주의적 정치체제 등이 정당화될 수 있었다.

경제적 민족주의 혹은 조국근대화의 담론을 동원한 헤게모니프로젝트에는 공간적인 특성도 강하다. 조국 근대화라는 이데올로기는 국가 영토 전체의 총량적 실적, 공업화의 성과를 강조했고, 그에 관련하여 국토 전체는 하나의 동일하고 균등한 공간이라는 심상적 공간을 국가스케일에서 생산하였다. 김동완(Gimm, 2013)에 따르면, 공업화나 산업화의 성과는 모두 수량화되어 국가스케일에서 집계되었는데, 이는 지역이나 도시스케일의 실제 경제 상황을 은폐하는 효과를 지녔다. 특히 국가의 총량적 경제성장을 자신의 지역과 도시의 경제성장과 동일시하는 효과를 가졌다. 따라서 당시 조국근대화와 공업화를 통한 경제성장은 국가스케일로의 동일시라는 착시를 가져왔고, 전 국토의 동질적인 근대화에 대한 전망을 낳았다. 함께 잘 살 수 있다는 믿음은 지역의 경제성장이 지체됐다는 식의 상상, 즉 국가보다 작은 스케일의 지역을 국가와 별도로 상상하는 지역주의적 프로젝트가 성립되지 못하도록 막았다(김동완, 2009b). 즉 국가주도의 경제개발 프로젝트와 그 연장선 위에서 만들어졌던 '함께 잘살기' 믿음은 불균등발전을 인식하는 순간을 가로 막았고, 정치적 — 특히 공간적인 차원에서의 — 균열을 방지하는 효과를 냈다. 이것은 국가스케일에서 모든 것은 동일하고 균등하다는 심상적 공간(mental space)을 생산하고, 그것을 상상하도록 만드는 과정이었다.

그러나 이러한 헤게모니프로젝트는 매우 불안정하고 일시적인 효과를 지니는 것에 불과하였다. 경제성장으로 인해 증진된 부를 국민들에게 실질적으로 분배할 수 있는 복지체계(혹은 국가로 하여금 그러한 복지체계를 갖추도록 강제할 사회적 합의나 세력균형)를 갖추지 못한 상태에서 동일하고 균등한 하나의 국가 영토라는 심상적 공간에 기반한 조국근대화 담론은 권위주의 정치체제, 억압적 노동통제, 고도의 노동착취에 기반한 발전주의 축적전략에 국민들을 지속적으로 동원하는 데 한계를 보일 수밖에 없었다. 조국근대화, 선성장 후분배의 담론, 반공 및 반북 이데올로기 등을 동원한 헤게모니 전략이 박정희 정권의 초기에는 어느 정도 효과적이었다. 하지만, 민정이양 약속 번복, 대일수교, 삼선개헌, 유신 등을 거치면서 정권의 정치적 정당성이 크게 훼손되었고, 게다가 고도의 경제성장을 구가함에도 노동자들의 임금수준은 같은 속도로 상승하지 않아 경제성장의 실질적 혜택으로부터 소외되는 집단이 늘어나면서 조국근대화 담론에 기반한 헤게모니프로젝트는 그 실효성을 급격히 상실하였다(손정원, 2006).

이에 따라 배제적 헤게모니 전략의 비중이 점점 커져갔다. 특히 유신이 실시되면서 배제적 헤게모니 전략의 사용이 매우 늘어났는데, 예를 들어 반공이나 반북 이데올로기를 이용하여 정치적 반대세력, 민주화 운동 및 노동운동 세력을 친공 혹은 친북 세력으로 몰아 정치적으로 탄압하였다. 이러한 배제적 헤게모니 전략은 공간적 차원에서 나타나는데, 지역주의적 동원전략이 그것이다(손정원, 2006). 조국근대화 담론을 바탕으로 하나의 동일하고 균등한 국가영토라는 심상적 공간을 상상하게 하는 헤게모니프로젝트와 정반대로 지역주의 동원전략은 국토 내의 지역을 의도적으로 구분하여 박정희 정권의 정치적 기반인 영남권의 지지를 보다 확고히 하고, 김대중으로 대표되는 정치적 반대세력의 정치적 기반인 호남을 다른 지역으로부터 단절시킴으로써 정권유지에 필요한 최소한의 지지를 확보하려는 시도였다.

(2) 발전주의 국가의 공간프로젝트

한국의 발전주의 국가는 자신의 공간적이고 영역적인 통합성을 확립 유지하기 위한 공간프로젝트를 시행하였다. 특히 고도로 중앙집권적인 국가 영토성의 확립을 중요한 공간프로젝트의 내용으로 삼았다. 경제발전과 산업화가 국가스케일의 제도적 장치와 네트워크에 의해 지배되었는데, 산업단지의 건설과 관리를 위한 법적 제도적 장치가 중앙정부에 설치되었고, 산업단지의 구체적 입지도 국가스케일의 총량적 공업화의 적합성과 효율성에 따라 결정되었다. 나아가 이러한 중앙집권적인 산업화의 실효성을 높이고자 지방자치제를 실질적으로 폐기하여 고도로 중앙집권적인 행정체계를 마련하였다.

1961년 5·16 군사쿠데타를 통해 집권한 '군사혁명위원회'는 포고령 제4호를 통하여 전국의 지방의회를 해산하였다. 같은 해 5월 22일 '국가재건최고회의'는 포고 제8호를 통하여 지방의회의 동의가 필요한 사항에 대해, 읍·면에서는 군수, 시에서는 도지사, 서울특별시와 도는 내무부장관의 승인을 얻어 시행하도록 하였다. 그러나 이 '임시조치법'은 '지방자치법'이 개정되면 폐지해야 하는 임시 법률이었다. 이후 1962년 '신헌법'을 제정하기까지 최고회의는 지방자치제의 부활을 공공연히 표방했고, 내실 있는 지방자치제 실시를 위해 노력한다는 언급을 하기도 했다. 또한 같은 해 12월 17일 국민투표로 확정된 헌법 개정안에는 제109조에 지방자치단체에 관한 규정을, 제110조에는 의회에 관한 규정을 두고 지방자치에 관한 헌법적 규정을 마련하기도 했다. 하지만 정작 지방자치제 시행을 위한 지방자치법은 1960년대는 물론 박정희 체제 내내 제정되지 못했다. 게다가 유신헌법에서는 부칙 제10조에서 "이 헌법에 의한 지방의회는 조국통일이 이루어질 때까지 구성하지 아니한다"고 명문화하여 지방자치 논의 자체를 거부했다.

물론 자유당 시절 지방자치제가 보여 준 부정적 시각이 지방자치를 무력화하는 이러한 시도에 면죄부를 준 점도 있지만, 이는 기본적으로는 당시의 축적전략과 헤게모니프로젝트와의 연관성 속에서 인식될 필요가 있다. 이에 관해 김동완(Gimm, 2013)은 지방정치의 활성화와 지방자치제라는 제도적 장치는 지역 혹은 도시스케일에서 작동하는 영역화된(territorialized) 이해집단들에게 활동의 공간을 열어준다는 측면에서 국가스케일로의 불균등한 권능 배치에 위협적인 요소가 될 가능성이 컸다고 바라본다. 즉 조국근대화와 경제적 민족주의 이데올로기에 결합되어 있는 국민경제라는 국가스케일에서 구성된 '상상의 경제'(imagined economy)가 지방분권과 각 지역에 기반한 영역적 이해의 성장으로 인해 국가 내부에서부터 무너지는 상황을 지방자치제 자체를 폐지함으로써 막을 수 있었다는 것이다. 물론 지방자치제의 폐지가 이러한 효과를 의도하고 이루어진 것은 아닐 수 있지만, 그것을 통해 한국의 발전주의 국가가 결과적으로 자신의 축적전략과 헤게모니프로젝트의 수행을 위해 필요한 내적 통일성과 영토적 응집력은 확보, 유지할 수 있었던 것은 사실이라 할 수 있다(Gimm, 2013).

그런데 흥미로운 사실은 당시 한국의 발전주의 국가가 이러한 국가스케일 중심적이고 중앙집권적인 통치체제의 구성을 통해 국가의 내적 통일성을 높이려 시도했지만, 이와 동시에 지역차별적 엘리트 충원이라는 일견 국가의 내적 통일성을 약화시킬 것 같은 국가프로젝트를 실시하여 중앙정부 관료집단의 일사불란한 행정적 동원체계를 만들려고 했다는 사실이다(손정원, 2006). 손정원(2006)에 따르면, 지역차별적 엘리트 충원은 지역 간 갈등을 발생시킴으로써 국가통합성 유지에 장애가 될 수도 있지만, 당시 한국의 국가형성이 완성되지 않았고 관료적 통합성이 약한 상황에서 당장 필요한 행정적 효율성 확보를 위해 도움이 되는 국가프로젝트였다. 그런데 손정원(2006: 65)은 이러한 지역차별적 엘리트 충원의 방식이 당장 필요한 관료조직의 통일성과 행정적 동원의 효율성은 보장해 주었지만, 궁극적으로 국가의 내적 통합과 영토적 통일성을 약화시키는 요인이 되었다고 주장한다. 지역차별적 엘리트 충원의 방식을 통해 국가기구인 정당과 행정부, 의사 국가기구인 경제계에 광범위한 영남인맥이 형성되었고, 이 영남인맥은 공식적인 채널보다 훨씬 효율적인 정보전달의 통로가 되었다. 이 사적인 의사소통 체계는 아직 공적인 의사소통 체계가 제대로 확립되지 않았던 한국 국가의 관료조직 내에서 정책의 조율과 국가조직의 관리에 중요한 역할을 수행하였다. 동시에 이 사적인 정보전달의 통로를 통해 국가 관료와 사적인 경제행위자들 간에 발전주의 국가의 축적전략과 관련된 긴밀한 정보교류와 합의가 이루어 질 수 있어서, 에반스(Evans, 1995)가 말한 '스며든 자율성'(embedded autonomy)을 한국의 발전주의 국가가 가질 수 있는 기반이 되기도 하였다. 하지만 이러한 사적 명령체계는 동시에 국가조직의 공식적인 의사소통 채널을 거부하고 약화시킨다는 측면에서 국가의 내적 통일성을 궁극적으로 약화시킬 수밖에 없는 모순적인 역할을 하였다. 특히, 지역차별적 엘리트 충원의 방식은 60년대 후반 이후 지역격차의 심화와 함께 호남소외론과 지역주의 정치의 등장에 중요한 근거가 되어, 실제로 국가의 영토적 통일성을 저해하는 결과를 초래하였다.

(3) 발전주의 공간성의 내적 모순과 지역균형정책

한국 발전주의 국가의 공간전략과 공간프로젝트에 대해 앞 절에서 논하였는데, 이를 바탕으로 한국 발전주의 국가의 공간적 선택성을 정리하면 <표 3>과 같다. 공간적 케인즈주의에서 나타나는 국가의 공간적 선택성을 정리한 <표 2>와 마찬가지로, <표 3>에서도 발전주의 국가의 공간프로젝트와 공간전략을 스케일적 차원과 영역적 차원으로 나누어 정리해 보았다.

간단히 요약하면, 한국의 발전주의 국가는 스케일적 차원에서는 국가스케일을 중심으로 경제적 축적과 조절, 그리고 정치행정적 체계가 조직되고 이루어지도록 하는 공간프로젝트와 공간전략을 사용하였다. 특히 공간전략과 관련하여 발전주의 국가는 1) 국가스케일에서 구성된 국가-자본 성장동맹을 바탕으로 자본과 노동의 집약적 동원을 통해 2) 국가 차원의 총량적 경제성장을 추구하였고, 3) 이를 뒷받침하고자 경제민족주의, 조국근대화의 이데올로기를 바탕으로 국가스케일에

<표 2> 한국 발전주의 국가의 공간적 선택성

	국가공간 프로젝트	국가공간 전략
스케일적 차원	지방자치제의 폐지, 행정체계의 중앙집권을 통해, 국가의 행정, 조절적 역량이 국민국가적 스케일로 집중화됨 → 지역과 지방은 국가적 스케일의 중심에서 조직되는 발전주의적 정치경제의 필요에 종속됨	국가주도 경제성장 - 국가적 스케일에서 구성된 국가-자본 성장동맹 - 자본과 노동의 집약적 동원을 통해 국가적 차원의 경제성장 추구 국가스케일에서 총량적 경제성장과 수출증진 추구 헤게모니프로젝트로서 경제민족주의, 조국근대화 이데올로기 동원 → 국가적 스케일에서 하나의 단일하고 균등한 영토라는 심상공간 창출 → 국민경제가 경제적 조직, 축적, 조절의 핵심적인 지리적 단위가 됨
영역적 차원	행정조직/체계의 전 국토적 표준화 국가주도 산업화에 필요한 단기적인 행정관료적 효율성을 확보하기 위해, 지역차별적 엘리트 충원 방식 사용 → 엘리트 충원을 둘러싼 지역 간 갈등 초래. 국가의 영토적 통일성 저해	효율적 경제성장을 위해 자원과 투자의 영역적 집중 → 산업화의 전국토적 균등한 확산이 아니라, '산업화의 섬' 생산 지역주의적 정치적 지지 동원 → 국가 하부 스케일에서 영역적으로 차별화된 정치경제적 이해의 창출

서 하나의 단일하고 균등한 영토라는 심상적 공간을 생산하려 하였다. 이를 통해 국가적 스케일에서 규정되는 국민경제가 경제적 조직, 축적, 조절의 핵심적인 지리적 단위로 인식되게 만들었다. 공간프로젝트와 관련해 발전주의 국가는 지방자치제의 폐지, 행정체계의 중앙집권화를 통해 국가의 행정 및 조절 역량이 국민국가 차원으로 집중되게 하여, 결과적으로 지역과 지방이 국가스케일의 중심에서 조직되는 발전주의적 정치경제의 필요에 종속되도록 만들었다.

<표 3> 지역균형 관련 헌법 개정 과정(헌법 제5호 ~ 헌법 제8호)

이승만 정권	박정희 정권		
헌법 제5호 (1960~62)	헌법 제6호 (1962~69)	헌법 제7호 (1969~72)	헌법 제8호(유신헌법) (1972~80)
제9장 경제	제4장 경제	헌법 6호와 동일	제11장 경제
제84조 대한민국의 경제질서는 모든 국민에게 생활의 기본적 수요를 충족할 수 있게 하는 사회정의의 실현과 균형 있는 국민경제의 발전을 기함을 기본으로 삼는다. 각인의 경제상 자유는 이 한계 내에서 보장된다. 제85조 광물 기타 중요한 지하자원·수산자원·수력과 경제상 이용할 수 있는 자연력은 법률이 정하는 바에	제111조 ①대한민국의 경제질서는 개인의 경제상의 자유와 창의를 존중함을 기본으로 한다. ②국가는 모든 국민에게 생활의 기본적 수요를 충족시키는 사회정의의 실현과 균형 있는 국민경제의 발전을 위하여 필요한 범위 안에서 경제에 관한 규제와 조정을 한다. 제112조 광물 기타 중요한 지하자원·수산자원·수력과 경제상 이용할 수 있는 자연력은 법률이 정하는 바에		제116조 ①대한민국의 경제질서는 개인의 경제상의 자유와 창의를 존중함을 기본으로 한다. ②국가는 모든 국민에게 생활의 기본적 수요를 충족시키는 사회정의의 실현과 균형 있는 국민경제의 발전을 위하여 필요한 범위 안에서 경제에 관한 규제와 조정을 한다. 제117조 ①광물 기타 중요한 지하자원·수산자원·수력과 경제상 이용할 수 있는 자연력은 법률이 정하는 바에 의해 일정한 기간 그 채취·개발 또는 이용을 특허할 수 있다. ②국토와 자원은 국가의

일정한 기간 그 채취·개발 또는 이용을 특허할 수 있다. 제86조 농지는 농민에게 분배하며 그 분배의 방법, 소유의 한도, 소유권의 내용과 한계는 법률로써 정한다.	일정한 기간 그 채취·개발 또는 이용을 특허할 수 있다. 제113조 농지의 소작제도는 법률이 정하는 바에 의하여 금지된다. 제114조 국가는 농지와 산지의 효율적 이용을 위하여 법률이 정하는 바에 의하여 그에 관한 필요한 제한과 의무를 과할 수 있다. 제115조 국가는 농민·어민과 중소기업자의 자조를 기반으로 하는 협동조합을 육성하고 그 정치적 중립성을 보장한다.		보호를 받으며, 국가는 그 균형 있는 개발과 이용을 위한 계획을 수립한다. 제118조 농지의 소작제도는 법률이 정하는 바에 의하여 금지된다. 제119조 국가는 농지와 산지 기타 국토의 효율적인 이용 개발과 보전을 위하여 법률이 정하는 바에 의하여 그에 관한 필요한 제한과 의무를 과할 수 있다. 제120조 ①국가는 농민·어민의 자조를 기반으로 하는 농어촌개발을 위하여 계획을 수립하며, 지역사회의 균형 있는 발전을 기한다. ②농민·어민과 중소기업자의 자조조직은 육성된다.

자료: 김영수(2000)

　　발전주의 국가의 공간프로젝트와 공간전략이 국가스케일 중심으로 축적, 조절, 정치 및 행정 조직 등이 구성되도록 만들었지만, 공간적 케인즈주의와 같이 영역적 차원의 균등화, 획일화를 이룩하지는 못하였다. <표 3>에서 정리된 바와 같이, 발전주의 국가의 공간 프로젝트가 영역적 차원에서는 행정조직과 체계의 전국적 표준화를 어느 정도 달성하기는 했지만, 지역차별적 엘리트 충원의 방식에 의존하여 궁극적으로는 국가의 영토적 통일성을 저해하는 결과를 초래하였다. 또한 발전주의 국가의 공간전략은 영토적 차원에서 특정 지역에 자원과 투자를 집중하는 방식을 사용하다 보니, 산업화의 전국토적 균등한 확산을 달성하기보다는 몇몇 선별된 '산업화의 섬'을 중심으로 경제성장이 집중되는 현상을 낳았고, 국가 지배엘리트가 지역주의에 기반한 정치적 지지를 동원하다 보니, 정치경제적 이해가 국가 하부 스케일에서 영역적으로 차별화되는 결과를 초래하였다.

한국 발전주의 국가의 이러한 공간적 선택성은 심각한 내적 모순을 지녔다. 그것은 국가의 공간프로젝트와 공간전략이 스케일적 차원과 영역적 차원에서 서로 충돌하는 결과를 초래하기 때문이다. 즉 스케일적 차원에서 한국의 발전주의 국가는 국가와 자본의 성장연합에 기반하여 자본과 노동의 집약적 동원을 바탕으로 국가스케일에서의 총량적 경제성장을 추구하면서, 이를 국가스케일에서 정의된 하나의 단일하고 균등한 국가영토라는 심상공간의 창출을 통해 정당화하고, 동시에 중앙집권화된 정치체제의 수립을 통해 국가의 내적 통일성을 유지하였지만, 영역적 차원에서는 지역격차의 심화와 지역차별적 엘리트 충원과 지역주의적 동원으로 인해 정치경제적 이해가 영역적으로 차별화되는 경향을 나타내었다. 즉 조국근대화란 미명으로 국민들을 집약적으로 동원하여 경제성장을 추구하였지만, 경제성장의 혜택이 모든 지역의 국민들에게 고루 돌아가지 않고, 그와 더불어 국가 지배엘리트에 의한 지역주의적 동원과 지역차별적 인재등용이 겹쳐지면서, 지역 간 갈등과 지역주의 정치가 등장하기 시작하였고, 그 결과로 국가의 정당성과 헤게모니가 흔들리는 상황이 초래되었다.

1960년대 말부터 모습을 드러내기 시작한 지역주의 정치와 1971년 대선에서 나타난 영호남 분열의 투표패턴은 이러한 위기의 상황을 잘 보여준다. 1960년대 초부터 박정희 정권이 야심차게 추진한 조국근대화 프로젝트는 다양한 지역의 행위자들이 근대화와 발전의 희망을 가지도록 하였으나, 국가프로젝트와 전략의 공간적 선택성은 지역적으로 차별화된 이해관계의 생성을 결과하였다(박배균, 2009). 먼저, 중앙집권적인 국가 형태 하에서, 지역적 이해세력들은 지역개발을 위해 중앙 정부의 자원과 권력을 동원해야 했다. 하지만 국가 축적전략은 뚜렷한 공간적 선택성을 보여서, 산업 및 지역 개발을 위한 국가의 투자와 지원은 수도권과 동남권에 편중되었고, 이로 인해 지역 간 격차의 문제가 발생하였다. 게다가, 지역주의의 동원과 연고주의를 바탕으로 한 인재의 등용을 통해 정당성을 유지하려는 국가의 헤게모니프로젝트의 영향으로 영남에 기반한 영역적 이해가 정치적으로 더 잘 대표되는 지역적 편중성을 보였다. 이러한 조건들이 접합되면서, 지역별로 국가의 조절 방식에 대해 차별화된 이해관계가 생성되어, 호남 지역에서는 호남 소외론이, 영남 지역에서는 박정희 정권 찬양론이 등장하였다. 특히, 60년대 중반부터 호남지역에는 산업화와 인재등용에서의 소외문제가 지속적으로 제기되었고, 급기야 경부고속도로 건설에 대비하여 호남선의 복선화가 지체되는 것을 계기로 호남소외론이 본격적으로 언론과 지역의 지식인들을 중심으로 제기되기 시작하였다(김동완, 2009b). 이처럼 60년대 중반부터 주로 호남지역의 언론과 정치권을 중심으로 제기되기 시작하던 지역 간 격차의 문제는 60년대 후반과 70년대 초반에 이르면 전국적 차원에서 보편적으로 인정되는 중요 사회문제의 하나가 된다. 예를 들어, 조선일보는 1970년 3월 1일 사설에서 "서울을 필두로 한 대도시에 대한 인구집중현상과 그것을 가속화하는 지역 간의 발전과 소득의 격차의 심각함은 새삼 들추어낼 필요조차 없다"라고 기술한다.

이런 상황에서 1967년 대통령 선거에서 야당의 윤보선 후보가 지역격차 문제를 본격적으로 제기하기 시작하였고, 1971년 대통령선거에서는 지역불균형 문제가 핵심 쟁점의 하나가 된다. 바야흐로 정당 정치가 지역주의 담론을 본격적으로 정치적 전략으로 사용하기 시작한 것이다. 권위주의적인 국가의 형태는 억압적 정치 체제와 노동조절의 방식을 통해 정치사회와 시민사회의 미발달, 계급정치의 미성숙을 낳았고, 이러한 상황에서 정당과 정치 세력들은 '독재 대 민주'라는 이데올로기적 대립을 바탕으로 정치적 지지를 얻으려는 균열의 구조를 만들어내었다. 하지만 이 균열구조는 물적 근거가 취약한 것이어서, 정당과 정치세력들은 지속적으로 보완적인 균열의 요소를 모색하였다. 이런 상황에서 지역격차의 심화와 정치경제적 이해의 영역화된 차별화는 정당과 정치세력들의 지역개발 이슈에 대해 관심을 가지게 만드는 중요한 요인이 되었다. '독재 대 반독재'라는 기본적 균열 구조 외에 보완적 균열 요소를 찾던 정치 세력들이 지역개발에서의 격차를 바탕으로 차별적으로 형성된 지역적 이해를 정치적으로 동원하여 자신들의 지지기반을 확보하고자 노력하기 시작한 것이다. 특히, 호남소외론, 박정권 찬양론 등과 같이 지역 간 격차, 지역적으로 차별화된 정치적 이해와 의식을 이용하여 지지를 이끌어내려는 정치 세력들의 '영역화 전략'이 1971년의 대선을 통해 본격적으로 나타나기 시작하였고, 그 결과로 선거에서의 영호남 대립구도가 출현하여, 한국에서 지역주의 정치가 등장하였다(Park, 2003).

이러한 발전주의 국가공간성의 내적 모순으로 인해 발생한 정치적 위기의 상황은 박정희 정권에게 꽤나 부담스러운 것이었다. 특히 1971년의 대선에서 야당 후보였던 김대중과의 대결에서 겨우 승리한 박정희는 자신이 처한 정치적 위기를 극복하고자 여러 가지 대응책을 내놓는다. 유신체제의 수립을 통해 더욱 권위적이고 억압적인 정치체제를 수립하여 정치적 반대와 사회운동을 탄압하였고, 중화학 공업화를 본격적으로 실시하여 산업화를 심화하려 하였다. 이와 함께 경제성장의 혜택을 보다 균등하게 분배하는 모양새를 갖추어 발전주의적 산업화에 대한 국민들의 불만을 무마하고 정치적 정당성을 유지하기 위한 헤게모니프로젝트도 시행되었는데, 그것이 바로 지역균형정책의 도입이었다.

60년대 말부터 대도시 인구집중과 지역격차가 중요 이슈가 되면서, 70년대 들어서 수도권 집중을 억제하려는 정책들이 도입되기 시작한다. 하지만 지역균형정책이 본격적으로 도입된 것은 1971년 제1차 국토종합개발계획을 실시하면서부터이다. 국토종합개발계획은 산업화를 위해 국토공간을 효율적으로 사용하려는 목적의 발로였지만, 더욱 중요한 것은 급속한 산업화의 결과로 초래된 대도시 인구집중과 지역 간 발전과 소득의 격차를 줄여 국토의 균형발전을 추구하는 것이었다. 예를 들어 1971년 시작된 제1차 국토종합개발계획에는 다음과 같은 지역균형의 담론이 적극 사용되었다.

> 국토종합개발계획의 기본목표는 도시지역과 농촌지역이 유기적인 관계를 맺으면서 균형 있게 발전하고 농업과 공업이 병행 발전할 수 있도록, 모든 산업을 조화 있게 배치하여 국민이 보다 안전하고 풍유한 생활을 영위할 수 있도록 국토구조와 환경을 개선하는 데 있다. (대한민국정부, 1971: 8)

그리고 국토종합개발계획이 추구하는 지역균형의 가치는 1972년 발효된 유신헌법에서 '지역균형의 추구'로 명시화되면서 헌법적 가치로 인정받기에 이른다. <표 4>에서 보듯, '균형 있는 경제발전'은 이승만 정권 시절부터 줄곧 대한민국 헌법의 경제조항에서 일관되게 견지한 이념이다. 하지만 국토의 균형발전을 명시

<표 4> 지역균형 관련 헌법 개정 과정(헌법 제8호 ~ 헌법 제10호)

헌법 제8호(유신헌법) (1972년~1980년)	헌법 제9호 (1980년~1987년)	헌법 제10호 (1987년~현재)
제11장 경제	제9장 경제	제9장 경제
제116조 ①대한민국의 경제질서는 개인의 경제상의 자유와 창의를 존중함을 기본으로 한다. ②국가는 모든 국민에게 생활의 기본적 수요를 충족시키는 사회정의의 실현과 균형 있는 국민경제의 발전을 위하여 필요한 범위 안에서 경제에 관한 규제와 조정을 한다. 제117조 ①광물 기타 중요한 지하자원, 수산자원, 수력과 경제상 이용할 수 있는 자연력은 법률이 정하는 바에 의하여 일정한 기간 그 채취·개발 또는 이용을 특허할 수 있다. ②국토와 자원은 국가의 보호를 받으며, 국가는 그 균형있는 개발과 이용을 위한 계획을 수립한다. 제118조 농지의 소작제도는 법률이 정하는 바에 의하여 금지된다.	제120조 ①대한민국의 경제질서는 개인의 경제상의 자유와 창의를 존중함을 기본으로 한다. ②국가는 모든 국민에게 생활의 기본적 수요를 충족시키는 사회정의의 실현과 균형 있는 국민경제의 발전을 위하여 필요한 범위 안에서 경제에 관한 규제와 조정을 한다. ③독과점의 폐단은 적절히 규제·조정한다. 제121조 ①광물 기타 중요한 지하자원·수산자원·수력과 경제상 이용할 수 있는 자연력은 법률이 정하는 바에 의하여 일정한 기간 그 채취·개발 또는 이용을 특허할 수 있다. ②국토와 자원은 국가의 보호를 받으며, 국가는 그 균형있는 개발과 이용을 위하여 필요한 계획을 수립한다.	제119조 ①대한민국의 경제질서는 개인과 기업의 경제상의 자유와 창의를 존중함을 기본으로 한다. ②국가는 균형 있는 국민경제의 성장 및 안정과 적정한 소득의 분배를 유지하고, 시장의 지배와 경제력의 남용을 방지하며, 경제주체 간의 조화를 통한 경제의 민주화를 위하여 경제에 관한 규제와 조정을 할 수 있다. 제120조 ①광물 기타 중요한 지하자원·수산자원·수력과 경제상 이용할 수 있는 자연력은 법률이 정하는 바에 의하여 일정한 기간 그 채취·개발 또는 이용을 특허할 수 있다. ②국토와 자원은 국가의 보호를 받으며, 국가는 그 균형있는 개발과 이용을 위하여 필요한 계획을 수립한다.

제119조	제122조	제121조
국가는 농지와 산지 기타 국토의 효율적인 이용·개발과 보전을 위하여 법률이 정하는 바에 의하여 그에 관한 필요한 제한과 의무를 과할 수 있다. 제120조 ①국가는 농민·어민의 자조를 기반으로 하는 농어촌개발을 위하여 계획을 수립하며, 지역사회의 균형 있는 발전을 기한다. ②농민·어민과 중소기업자의 자조조직은 육성된다.	농지의 소작제도는 법률이 정하는 바에 의하여 금지된다. 다만, 농업생산성의 제고와 농지의 합리적인 이용을 위한 임대차 및 위탁경영은 법률이 정하는 바에 의하여 인정된다. 제123조 국가는 농지와 산지 기타 국토의 효율적이고 균형 있는 이용·개발과 보전을 위하여 법률이 정하는 바에 의하여 그에 관한 필요한 제한과 의무를 과할 수 있다. 제124조 ①국가는 농민·어민의 자조를 기반으로 하는 농어촌개발을 위하여 필요한 계획을 수립하며, 지역사회의 균형 있는 발전을 기한다. ②국가는 중소기업의 사업활동을 보호·육성하여야 한다. ③국가는 농민·어민과 중소기업의 자조조직을 육성하여야 하며, 그 정치적 중립성을 보장한다.	①국가는 농지에 관하여 경자유전의 원칙이 달성될 수 있도록 노력하여야 하며, 농지의 소작제도는 금지된다. ②농업생산성의 제고와 농지의 합리적인 이용을 위하거나 불가피한 사정으로 발생하는 농지의 임대차와 위탁경영은 법률이 정하는 바에 의하여 인정된다. 제122조 국가는 국민 모두의 생산 및 생활의 기반이 되는 국토의 효율적이고 균형 있는 이용·개발과 보전을 위하여 법률이 정하는 바에 의하여 그에 관한 필요한 제한과 의무를 과할 수 있다. 제123조 ①국가는 농업 및 어업을 보호·육성하기 위하여 농·어촌종합개발과 그 지원 등 필요한 계획을 수립·시행하여야 한다. ②국가는 지역 간의 균형 있는 발전을 위하여 지역경제를 육성할 의무를 진다. ③국가는 중소기업을 보호·육성하여야 한다. ④국가는 농수산물의 수급균형과 유통구조의 개선에 노력하여 가격안정을 도모함으로써 농어민의 이익을 보호한다. ⑤국가는 농·어민과

		중소기업의 자조조직을 육성하여야 하며, 그 자율적 활동과 발전을 보장한다.

자료: 김영수(2000)

적으로 언급한 것은 유신헌법에서 비로소 시작되었다. 가령 제117조 2항 "국토와 자원은 국가의 보호를 받으며, 국가는 그 균형 있는 개발과 이용을 위한 계획을 수립한다"와 제120조 1항 "국가는 농민 어민의 자조를 기반으로 하는 농어촌개발을 위하여 계획을 수립하며, 지역사회의 균형 있는 발전을 기한다"는 유신헌법에 처음으로 등장하는 문구이다. 특히 여태까지 농어민의 자조노력을 기반으로 지탱되었던 농어촌경제에 국가가 직접적으로 계획을 세워 개입한다는 것은 균형발전에 대한 의지를 보여주는 것이라고 판단할 수 있다.

간단히 요약하면, 한국에서 지역균형정책이 본격적으로 도입된 것은 발전주의 국가의 공간프로젝트와 공간전략이 지닌 내적 모순으로 인해 발생한 정치적 위기에 대응하기 위한 일종의 헤게모니프로젝트로서 수도권을 비롯한 대도시의 집중을 억제하는 각종 지역정책과 지역균형 담론을 적극 활용한 국토종합개발계획을 1970년대부터 본격적으로 실시한 것에 기인한다.[4] 이와 함께, 수도권인구 과밀집중 억제에 관한 기본지침(1970), 지방공업 개발법(1970), 개발제한구역 제도(1970), 대도시인구 분산 시책(1972), 공장의 지방 이전에 특혜를 주는 지방세법개정(1973), 서울시인구분산계획(1975), 공업배치법(1977) 등과 같이 수도권의 인구

---

[4] 물론 국토종합개발계획의 실시와 유신헌법에 균형발전을 강조하는 조항이 삽입된 결정적 계기가 1971년 대통령선거에서 박정희의 신승으로 대표될 수 있는 정치적 위기 때문이라고 단정할 수는 없다. 그러한 정치적 위기와 상관없는 다른 기술관료적 합리성이 국토종합개발계획의 실시에 큰 영향을 주었을 수도 있다. 하지만 국토종합개발계획이 단지 관료집단의 계획적 합리성에 의해서 실시된 것이라면, 굳이 헌법에 조항을 삽입하면서까지 국가의 의지를 과도하게 드러낼 필요는 없었을 것이다. 또한, 박정희는 '국토종합개발계획'이 발표된 직후인 11월 영산강을 비롯한 호남지역을 직접 방문하여 현장 노동자들을 치하하는 수고까지 보였다(매일경제, 동아일보, 1972. 11. 10). 즉 박정희 정권은 국토종합개발계획과 유신개헌을 통해 지역격차를 해소하고 지역갈등을 치유하려 한다는 정권의 의지를 비판자들에게 보여주고 싶었던 것이다.

및 경제활동 집중을 억제하고, 지방의 산업화와 발전을 촉진하기 위한 다양한 정책들이 실시된다.

하지만 지역균형을 추구하는 일부의 정책이 실시되고 지역균형 담론이 국토개발 정책에서 활용되기 시작하였지만, 이로 인해 지역격차의 문제가 실제로 해결되지는 못하였다. 산업의 공간적 집중을 초래하는 축적전략이 여전히 한창이었고, 부의 분배를 실질적으로 촉진할 사회정책이나 복지정책은 여전히 부재하였다. 게다가 이 당시 지역균형정책들이 일관되고 체계적인 방식으로 제도화되기보다는 절대 권력자의 관심에 따라 즉흥적 일회적 단발적으로 시행된 '보여주기'(showing off) 식 정책인 경우가 많았다. 그러다 보니 대부분의 지역균형정책이 산업화와 근대화를 추진하던 정부가 부담하기 어려울 정도의 높은 재정부담과 사회비용이 요구되는 규범적인 내용만을 강조하는 경우도 많았다(김용웅 등, 2011: 69). 결국 지역균형정책은 전혀 구체적이지 않은 추상적인 선언과 당위의 나열로만 그친 정치적 수사에 불과해서, 그 실효성은 높지 않았다(김덕현, 1992).

하지만 여기서 중요한 것은 발전주의 시기의 지역균형정책이 실효성이 있었는지 없었는지 따지는 것이 아니라, 이 과정을 통해 서유럽의 공간적 케인즈주의를 둘러싼 제도 및 조절 환경(가령 케인즈주의 복지국가)이나 부의 분배에 대한 사회적 합의가 한국에는 존재하지 않았음에도 불구하고, 지역격차를 해소하고 지역 간 균형을 추구하는 지역정책들이 한국에 도입되기 시작했다는 점이다.

IV. 영역정치의 발달과 지역균형담론의 확장 및 왜곡

이 장에서는 발전주의 시기 국가의 공간적 선택성의 결과로 도입된 지역균형정책과 그를 둘러싼 세력관계가 90년대 이후 어떠한 경로의존성을 보이는지 분석한다. 논의의 단순화를 위해 90년대 이후 세계화와 신자유주의화의 과정에서 나타나는 국가의 성격변화가 지역균형을 둘러싼 세력관계에 미친 영향에 대해서는 고려하지 않았다.

1) 지역균형 담론의 확장

　1960년대와 70년대에 발전주의 국가의 공간성이 지닌 내적 모순에 대한 대응으로 도입된 지역균형담론은 80년대의 민주화 시대를 거치면서 확대재생산되어 보다 일관되고 체계화된 방식으로 제도화된다. 이는 80년대를 거치면서 지역주의 정치와 같은 영역정치가 활성화되면서 지역개발, 지역격차 등의 이슈가 중요한 정치적 사안이 된 것의 결과이다.

　1971년 대선에서 뚜렷하게 나타나기 시작한 영남과 호남 사이의 정치의식의 차이는 이후 한국에서 지역주의 정치가 등장하는 시작을 알리는 사건이었다. 국가의 축적전략, 헤게모니프로젝트에 대해 상이한 영역적 이해가 지역별로 형성되었고, 이러한 상황을 이용하려는 정당들의 정치전략이 결합되면서 지역균열의 구도가 정당정치에 깊이 각인되기 시작하였다. 급속한 자본주의의 발달과 극심한 노사갈등을 경험하였지만, 계급 정치가 정당 정치의 주요한 차원으로 성장하지 못하였고, 따라서 정치균열구조의 형성에서도 그 영향은 미비하였다. 그러다 보니, 정당들은 다른 동원의 자원을 탐색했고, 급기야 그들은 지역을 찾아냈다. 특히 발전주의 국가가 추진한 국가 주도 경제성장이 그 공간적 선택성으로 말미암아, 지역 간 격차의 문제를 야기하였고, 이는 국가 정책을 둘러싼 지역 간 갈등과 경쟁의 심화를 초래하였다. 이러한 조건은 계급 정치가 활성화되지 않은 상황에서 정당으로 하여금 지역의 영역적 이해를 동원하여 자신들의 정치적 지지기반을 형성하도록 유도하였다(Park, 2003).

　이 상황은 1980년 5월 광주에서 군부독재에 저항하는 시민들을 폭력과 무력으로 진압하는 사태가 발생하면서 더 심화되었다. 광주민주화 운동 이후 호남의 지역주의는 반독재, 민주화 세력과 결합되면서 저항적 지역주의의 성향을 드러내고, 영남의 지역주의는 기존의 국가 지배엘리트와 더욱 결합되면서 패권적 지역주의의 성향을 드러내었다. 그 결과 80년대에는 지역주의 정치가 더욱 확대, 심화되고, 지역이 한국 정치의 핵심적 균열구조로 자리 잡는다(Park, 2003).

　게다가 1987년의 민주화 투쟁 이후 절차적 민주화가 급진전하자, 그 이전의 한국 정치를 특징짓던 핵심적 균열 구조였던 '독재 대 민주'의 전선이 급격히 약화되었고, 그 대신 지역을 중심으로 하는 균열의 요소가 자리 잡았다. 지역을 중심으로 민주화 운동 세력이 분할되고, 지역적 기반을 가진 정치 세력들의 여럿 등장하였다. 이제 한국에서는 지역적 이해가 정당 정치에서 전면적으로 동원되기 시작하였고, 이에 따라 지역개발 이슈에 대한 정치 세력의 의존 정도도 더욱 높아졌다(박배균, 2009). 이러한 과정의 결과로 지역격차, 지역균형 등이 그 이전과는 비교도 할 수 없을 정도로 중요한 정치적 이슈가 되었다.

이와 함께 국가스케일을 중심으로 중앙집권적인 정치체제를 구축하고 국가스케일에서의 총량적 경제성장을 달성하기 위해 특정 지역에 자원과 투자를 집중하는 발전주의적 공간프로젝트와 공간전략에 대한 사회적 비판이 증가하였다. 사실 70년대부터 반독재와 민주화 운동의 진영에 있던 정치인들과 비판적 지식인들은 권위주의 정권의 산업정책과 지역정책에 의해 초래된 지역격차의 문제를 적극적으로 비판하기 시작하였다. 이들은 산업발전과 지역개발에 대해 절대적 권한을 가진 중앙의 지배엘리트들이 자의적으로 자원과 투자의 지역 간 배분을 결정한 데서 지역격차와 지역갈등의 원인을 찾을 수 있다고 하면서, 지역격차를 권위주의 정권이 국가의 권한을 임의적으로 사용하여 나타난 사회적 문제의 대표적 사례로 삼았다. 그러면서 이 문제의 해결 방안으로 지방자치제의 조속한 실시를 주장하였다(Park, 2008).

박정희 서거 이후 광주민주화 운동에 대한 유혈진압을 바탕으로 정권을 잡은 전두환 정권은 경제구조조정, 정치적 반대세력에 대한 탄압 등을 바탕으로 정권을 안정시키려 했지만, 동시에 국민들로부터 정치적 지지를 얻고 그들의 권력에 대한 정치적 정당성을 얻기 위한 유화적 조치를 취하기도 하였다. 발전주의적 경제성장정책에 대한 국민들의 불만을 누그러뜨리기 위해 국가정책의 목표를 경제성장 위주에서 사회발전이 보다 중시된 것으로 전환하고, 경제개발 5개년계획도 1982년부터 실시된 제5차부터는 명칭을 '경제사회개발계획'으로 바꾸면서, 경제성장보다는 안정 능률 형평 등을 강조하기 시작하였다(김용웅 등, 2003). 이와 함께 지역격차의 문제에 대해서도 더 많은 관심을 두기 시작하였다. 특히 광주민주화 운동을 유혈로 진압하고 정권을 잡은 데 대한 정치적 부담에 시달리던 전두환 정권으로서는 지역균형과 지방자치를 요구하는 야당과 지식인들의 목소리를 마냥 무시할 수 없었다. 그래서 전두환 정권은 '지방의 시대', '지방의 부활' 등과 같은 정치적 슬로건을 사용하고, 박정희 정권에 의해 폐지된 지방자치제의 부활을 약속하기도 하였다(Park, 2008).

이러한 과정의 결과로 지역균형 담론은 정치적 사회적으로 확대재생산되어, 87년 민주화 투쟁의 성과로 헌법이 개정될 때, 지역균형의 가치가 이전의 헌법에 비해 더욱 명시적으로 표시되었다. 앞 장에서 살폈듯, 대한민국 헌법에 지역균형의 가치가 포함된 것은 1972년의 유신헌법에서 여러 경제관련 조항 속에 지역균형에 대한 표현들이 포함될 때부터이다. 그 후 1980년에 개정된 헌법 제9호, 1987년에 개정되어 현재까지 적용 중인 헌법 제10호의 지역균형 조항은 계속 경제 분야에 대한 장에 포함되어 왔다. 특히, 87년 민주화 투쟁의 성과로 이루어진 개헌에서 지역균형에 관한 조항은 대폭 강화되었고, 더욱 명시화되어 표시된다. 예를 들어, 유신헌법에서 "국토와 자원은 국가의 보호를 받으며, 국가는 그 균형 있는 개발과 이용을 위한 계획을 수립한다"(117조 2항), "국가는 농민 어민의 자조를 기반으로 하는 농어촌개발을 위하여 계획을 수립하며, 지역사회의 균형 있는 발전을 기한다"(120조 1항) 정도로 표현되었던 것이, 87년 개헌 이후에는 "국가는 균형 있는 국민경제의 성장 및 안정과 적정한 소득의 분배를 유지하고, 시장의 지배와 경제력의 남용을 방지하며, 경제주체 간의 조화를 통한 경제의 민주화를 위하여 경제에 관한 규제와 조정을 할 수 있다"(119조 2항)라는 조항으로 대표되는 경제민주화의 한 분야로 지역 균형이 다루어지며, "국토와 자원은 국가의 보호를 받으며, 국가는 그 균형 있는 개발과 이용을 위하여 필요한 계획을 수립한다"(120조 2항), "국가는 국민 모두의 생산 및 생활의 기반이 되는 국토의 효율적이고 균형 있는 이용·개발과 보전을 위하여 법률이 정하는 바에 의하여 그에 관한 필요한 제한과 의무를 과할 수 있다"(122조), "국가는 지역 간의 균형 있는 발전을 위하여 지역경제를 육성할 의무를 진다"(123조 2항) 등의 조항에서 나타나듯 지역균형에 대한 가치가 훨씬 구체적이고 명시적으로 표현된다.

그런데 여기서 흥미로운 것은 1987년의 개헌과정에서 지역균형은 중요한 논란거리나 관심사가 아니었다는 사실이다. 어떤 면에서 보면 1972년 개정된 유신헌법에서 명시되기 시작한 지역균형 조항들이 1987년 민주화 시기에 개정된 헌법까지 그대로 이어지면서, 일부 더 강화되거나 더욱 명시화되는 정도의 변화만 겪은 것으로 봐도 무방할 것이다. 다시 말해 한국에서 지역균형의 가치가 정치적으로 인정받은 것은 1970년대 초반이며, 이는 1960년대 말과 1970년대 초의 경제 및 정치 위기에 대한 집권세력의 대응의 결과이다. 그리고 이렇게 정치적 시민권을 인정받은 지역균형 담론은 민주화의 과정을 거치면서 더욱 더 확대재생산되어, 87년의 개헌협상과정에서 여야 간의 특별한 이견 없이 지역균형에 대한 더욱 명시적인 표현을 담은 조항들이 헌법에 포함되기에 이른 것이다.

헌법에 지역균형의 가치가 더욱 뚜렷이 표시된 것과 더불어, 80년대에는 더욱 다양하고 적극적인 지역균형 정책들이 펼쳐진다. 1987년부터 실시된 제6차 '경제사회개발계획'에는 지역 간 균형발전이 중요 정책과제의 하나로 채택되었고, '수도권정비계획법'(1982), '중소기업진흥법'(1982), '특정지역개발계획'(1982), '농어촌소득원개발촉진법'(1983), '수도권정비기본계획'(1984), '도서개발촉진법'(1986), '농어촌지역발전기본법'(1986), '농어촌지역종합개발정책'(1988), '오지개발촉진법'(1988) 같은 지역격차 해소를 위한 다양한 정책이 실시되었다(국토개발연구원 1996). 또 '중부권개발계획'(1988), '서남권개발계획'(1988), '서해안개발계획'(1989) 등 수도권과 영남권에 치중되었던 산업화의 축을 서해안과 중부 내륙 쪽으로 옮겨 지역균형발전을 촉진하려는 지역개발계획이 시행되기도 하였다.

2) 개발정치의 영역화와 지역균형 담론의 왜곡

지역주의 정치와 같은 영역정치는 80년대 한국에서 지역균형 담론이 확산되는 데 큰 기여를 하였지만, 동시에 한국에서 지역균형 담론이 지역적 차원의 개발이익에 포섭되어 왜곡되는 계기를 제공해주기도 하였다. 이와 관련하여서 한국에서 지역주의 정치의 발흥이 단순히 국가적 스케일의 정치경제적 과정의 결과물로만 인식되어서는 안 되고 지역적 차원의 개발정치와 깊이 연관된다는 사실을 강조할 필요가 있다.

흔히들 한국에서 지역적 개발정치의 등장을 지방자치제 실시 이후의 것으로 보는 경향이 있지만, 실제로 지역적 차원의 개발정치는 지방자치제 실시 이전부터 작동하였다. 몇 가지 예를 들면, 1965년 대구에서는 산업단지유치와 지방도 확장을 위한 '대구시발전촉구대회'가 대구시와 대구상공회의소를 중심으로 열렸고, 이들 개발사업에 대한 중앙 정부의 지원을 얻어내기 위해 이 대회에 부총리, 내무부 장관, 건설부 장관 등과 같은 각료들이 초청되었고, 대구시장은 사신을 통해 박정희 대통령의 참석을 요청하기도 하였다(Park, 2003). 비슷한 시기에 광주와 전남 지역에서도 전남도지사, 광주시장, 광주 상공회의소, 지역의 국회의원 등을 중심으로 '아시아자동차 건설 설립위원회(1962)', '광주공업단지 유치 추진위원회(1966. 5)', '광주푸대접 시정위원회(1966. 9)', '호남권익 투쟁위원회(1968)', '전남근대화 촉진위원회(1970)', '전남개발 촉진위원회(1971)' 등과 같은 성장연합을 구성하여, 광주와 전남 지역의 개발사업에 대한 중앙 정부의 지원을 얻어내기 위한 노력들을 전개하였다(정근식, 1991; Park, 2003; 김동완, 2009b).

또한 1960년대 말에 있었던 경부고속도로 건설이라는 당시 역대 최대의 토건사업과 관련해서도 지역적 차원의 개발 정치가 발동하였는데, 광주 전남 지역에서는 경부고속도로의 건설이 지역 간 격차 심화와 광주 전남의 소외를 확대시킨다는 비판 여론이 확대되었고, 이는 당시 광주 전남 지역 출신 국회의원들의 대정부 로비의 주요 이슈였다(김동완, 2009b). 그리고 이러한 과정들은 70년대 초부터 한국의 정당 정치에 본격적으로 등장하기 시작한 지역주의 정치의 형성에서 매우 중요한 기반이 되었다. 이처럼 지역적 차원에서 조직되고 동원되는 개발정치는 권력의 중앙집중화가 극심하였던 1960년대에도 존재하였고, 국가의 의사 결정에 많은 영향을 미쳐 왔다.

이러한 사례를 통해 강조하고 싶은 것은 지역주의 정치의 등장이 발전주의 국가의 공간프로젝트와 공간전략이 지닌 내적 모순에 의해 촉발된 면이 있지만, 이와 더불어 지역 내부의 개발적 이해가 정치적으로 동원되고 영역화한 것에 영향을 받은 바도 크다는 사실이다. 따라서 지역격차, 정권의 편향된 엘리트충원 등을 문제시하면서 등장한 지역주의 정치가 지역균형 담론의 확장에 기여하기도 했지만, 다른 한편으로는 지역적 차원에서 형성된 개발주의적 이해를 대변하여 중앙정부에 압력을 행사하는 수단이 되기도 했다.

민주화의 결과 실시된 지방자치제는 국가 통치의 스케일적 재편을 야기하면서 토건 동맹과 개발 이데올로기가 다양한 지리적 스케일에서 동시적으로 성장하고 확대, 심화되는 결과를 초래하였다. 먼저, 지방자치제의 실시로 지방자치단체장이 선거를 통해 지역민에 의해 선출되기 시작했는데, 이는 지방자치단체의 의사결정에 지대한 영향을 주는 단체장이 자신의 정치적 이해를 위해 지역 차원에서 영역화된 이해의 대변자로서의 역할을 강화하게 만들었다. 그 결과로 지역적 차원에서의 영역적 개발동맹의 결성이 더욱 활성화되었다. 또한 지방자치제의 실시로 자치단체의 재정 자율성과 책임성이 증가함에 따라, 각 지방자치단체는 '민관합동' 등의 방식을 통해 지역개발 사업에 민간 자본을 끌어들이고자 노력하였고, 이는 지역 차원에서 개발 및 토건 동맹이 형성되는 계기로 작용했다. 그 결과 지역 개발 사업에서 수익성의 원칙은 강화되고, 반면 공익성의 원칙은 급격히 약화되었다. 지방자치제 실시는 또한 지역 개발을 위해, 중앙 예산을 확보하기 위한 지방 간 경쟁을 심화시켰는데, 이는 지역균열의 정치 구조 하에서 지역개발 이슈에 목매는 지역구 국회의원들이 지역개발 사업에 더욱 적극적으로 개입하도록 유도하였다(박배균, 2009).

이러한 상황에서 지역균형 담론은 지역 차원의 개발주의 정치세력들에 의해 적극 활용되었다. 지역의 개발동맹이 자신들이 추구하던 개발사업에 대한 중앙정부의 지원을 확보하고 안정화하기 위한 수단으로 지역균형 논리를 사용하는 경우가 종종 발견된다. 결과적으로 지역균형 담론이 지역적 차원의 개발정치와 토건사업을 정당화해주는 논리로 이용되는 것이다. 예를 들어, 김대중 정권 시절인 2002년 4월, '동북아비즈니스허브' 구상의 일환으로 경제자유구역 정책이 처음 제안되었을 때, 경제자유구역 개발의 후보지는 인천이 유일하였다. 하지만 인천에만 경제자유구역을 개발하면, 수도권과 지방 간 격차가 심화된다는 반발이 만만치 않게 제기되면서, 2003년 경제자유구역법이 최종적으로 통과되었을 때는 인천과 더불어, 부산-진해, 광양이 경제자유구역으로 선정된다. 이 과정에서 보듯, 경제자유구역 선정이 중앙정부로부터의 지역개발 특혜로서 인식되면서, 경제자유구역으로 선정되기 위한 지역적 차원의 개발정치가 대대적으로 펼쳐졌다. 결국, 수도권, 영남, 호남과 같이 정치적 상징성이 강한 곳에 하나씩 경제자유구역을 지정해주는 식으로 경제자유구역 정책의 1단계는 마무리되었다. 하지만 1단계 선정 이후에도 여러 다른 지역에서 경제자유구역의 추가적 지정을 요청하였고, 마침내 2008년이 되면 대구-경북, 황해(평택, 당진, 아산), 새만금-군산이 추가로 경제자유구역으로 지정된다. 이 과정에서 '지역균형'의 담론이 지역 차원의 개발세력들에 의해 적극적으로 동원되었음은 불문가지이다.

지역균형의 담론이 토건적 개발주의 세력에 의해 동원된 또 다른 예는 참여정부 시절 혁신클러스터 입지선정 과정이다. 참여정부는 역대 어떤 정권보다 지역균형의 가치를 중시하면서 다양한 지역균형정책을 실시하였다. 또한 참여정부는 지역의 내생적 발전전략을 도모하면서 지역혁신체계의 구축과 지역혁신역량 강화를 새로운 지역정책 패러다임으로 제시하였다. 그리고, 이를 위한 구체적인 정책으로 혁신클러스터의 육성을 추진하였다. 그런데 이 혁신클러스터의 개발과정에서 초기부터 중요한 이슈가 되었던 것이 선택과 집중의 문제였다. 참여정부 초창기에 많은 학자들이 혁신클러스터의 개발에 국가가 중요한 역할을 하는 발전주의적 방식을 따르려 한다면, 국가의 지원과 투자를 소수의 지역에 선별적으로 집중해야만 제대로 성과를 얻을 수 있다는 조언을 하였다. 하지만 개별 지역에서 영역화된 개발주의 정치가 작동하면서, 중앙정부가 지원하는 혁신클러스터를 각 지역으로 유치하기 위한 경쟁이 극심해졌고, 결국 선택과 집중보다는 모든 광역자치단체에 혁신클러스터를 하나씩 나누어주는 방식이 채택되었다. 이 과정에서도 '지역균형'의 담론은 지역에 기반한 개발주의 세력들에 의해 매우 적극적으로 동원되었다. 게다가, 지역균형의 담론이 지역에 기반한 개발주의 세력들에 의해 포섭되면서, 참여정부의 혁신클러스터 정책은 원래 의도와 전혀 다른 결과를 초래하기도 하였다. 지역균형을 위해 실시된 많은 지역사업들이 실제로는 물리적 인프라의 건설에 치중하는 토건사업이었고, 기업도시, 혁신도시, 행복도시, 혁신센터 건립 등 하드웨어 중심의 개발이 압도함에 따라 '신개발주의'라는 비판에 직면하기도 하였다(정준호, 2009).[5]

지역균형 담론이 토건적 개발주의 세력에 의해 포섭되는 왜곡의 과정은 이명박 정부에 의해 실시된 4대강 개발사업에서도 잘 나타난다. 이명박 정부가 출범과 함께 의욕적으로 추진하였던 한반도 대운하 건설 사업은 이명박 정부의 신개발주의적 성격을 드러내는 전형적인 사례로 간주되었고, 이를 반대하는 학자들을 중심으로 전국적 스케일의 반개발연대가 결성되어 광범위한 반대운동이 전개되었다. 이 한반도 대운하 사업에 대한 논쟁정치는 반개발연대의 승리로 돌아가, 2008년 6월 19일 이명박 정부는 대운하 건설 사업의 사실상 철회를 선언하기도 하였다. 이처럼 운하건설사업은 국가적 차원에서는 강력한 저항에 부딪쳐 좌절되었지만, 지역적 차원에서는 다양한 모습으로 계속 진행되었다. 특히, 지역적 스케일에서의 영역적 이해와 결합되면서 한반도 대운하 건설에는 반대진영에 있던 행위자들이 지역적 차원의 소규모 운하건설 사업에는 찬성하는 상반된 모습을 보여주었다. 이 과정에서 4대강 개발사업을 지지하는 논자들과 언론들은 지역균형의 논리를 이용하면서 4대강 개발사업을 정당화하기도 하였다. 예를 들어 한 언론의 기고문에서 국토해양부의 한만희 차관은 4대강 개발이 지역균형에 미치는 효과에 대해서 다음과 같이 강변한다.

이제 4대강 사업이 가져오게 될 지역균형발전 효과에 주목할 필요가 있다.

---

[5] 불필요한 오해를 피하기 위해서, 필자는 여기서 참여정부의 지역정책이 토건적 개발정치의 논리에 의해 완전히 포섭되었다고 주장하는 것은 아님을 분명히 밝힌다. 내생적 발전론에 기반한 참여정부의 혁신 클러스터 정책은 그동안 국가적 차원의 이해와 중앙의 행위자들에 의해 지배되어 왔던 지역정책의 결정과 집행에서 지역적 차원의 힘과 세력들이 참여할 수 있는 가능성을 열어주었다는 점에서 민주주의의 심화와 발전에 큰 기여를 한 것은 사실이다. 하지만 지역 차원의 영역정치를 심화시키는 정치경제적 상황과 풀뿌리 정치의 미발달이라는 조건 속에서 지역 행위자들의 역량 발휘와 정치적 참여를 강조하는 지역발전전략은 지역 차원의 토건적 세력들이 쉽사리 발흥할 수 있는 기회를 제공해 주었음을 부정할 수는 없다.

우리 국토에서 대부분 발전된 도시나 지역은 해변에서 4대강 중류까지 분포한 반면 4대강 중류에서 상류까지는 낙후된 지역으로 방치돼 왔다. 이 때문에 국토 한가운데인 강원, 충청, 호남, 영남의 내륙은 물론 경기 동남부 지역은 살겠다고 가는 사람 없고 갈 이유도 없는 불모지 상태였다. … 이런 상황에서 긍정적이고 의미 있는 큰 변화가 시작되고 있다. 4대강 사업이 낙후지역 발전에 기여하고 있는 것이다…. 4대강은 인적이 드물던 지역에 사람들이 찾아가도록 할 뿐만 아니라 휴식공간이 부족했던 도시민에게도 엄청난 규모의 도시공원을 제공하고 있다. (아시아경제, 2012. 4. 25)

지역균형의 담론이 영역화된 지역개발 세력에 의해 포섭되면서 지역균형의 가치가 손상되는 결과를 초래한다. 과거 권위주의 정권에 의한 발전주의적 축적전략과 헤게모니프로젝트의 내적 모순에 대한 대응적 처방으로 도입되었고, 민주화 운동과 함께 권위주의 국가통치로 인한 사회적 분열을 치유하기 위해 확장된 지역균형정책은 한국 사회의 성원들이 쉽게 거부하기 힘든 도덕적 정치적 정당성을 지닌다. 하지만 토건적 이해를 가진 지역개발세력에 의해 지역균형 담론이 이용되고, 각 지방에서 올라오는 지역균형에 대한 요구가 지역의 토건적 개발사업을 정당화하고 정부의 예산을 각 지역으로 나눠먹기 식으로 가져가서 정부정책의 효율성을 저해하는 결과를 초래하기 시작하면서, 지역균형 담론 그 자체의 가치와 정당성마저도 훼손되는 부작용이 벌어졌다.[6]

---

[6] 다음 인용문들은 지역균형 무용론자들이 이러한 상황을 어떻게 이용하는지 잘 보여준다.

> … 국가균형발전이라는 명분 아래 예산 부풀리기를 위한 부처이기주의와 지방자치단체들의 중앙정부 예산 따기 작전과 어울려 나라살림이 어떻게 돌아가는지 모를 정도로 국토가 누더기가 되고 있다. … 모두 1억 4천만 평 이상의 국토가 파헤쳐지고 있는 것이다. 우리나라 국토면적의 3.7%에 해당되고, 여의도 면적의 140배에 이르고 있으며, 우리나라 농경지 면적의 16.7%에 해당되는 면적이 농림업 외 개발용지로 전환되고 있다. (최상철, 2007: 30)
> 세계 거의 모든 국가가 지역불균형을 극복하고자 하였으나 정도의 차이는 있을지언정 크게 성공한 나라는 없다. 한 나라의 발전과정에서 그 나라의 국가발전을 이끌고 간 지역이 존재하였고, 지역불균형도 존재하였다. 지역불균형을 정치적 구호로서, 득표 수단으로서 과대포장하여 이념적으로 끌고 간 나라의 지역정책은 반드시 실패하였다. (최상철, 2007: 35)

V. 결론 및 제언

본고에서 필자는 지역균형을 도덕적 정치적 당위나 기술적 경제적 관료적 합리성의 차원에서 바라보지 않고, 한국 국가를 둘러싼 정치경제적 과정의 한 차원으로서 바라보려 하였다. 특히 전략관계적 국가론의 관점에 기대어, 국가 안에서 또 국가를 통해서 작동하는 수많은 사회세력들 간의 전략적 상호작용 속에서 지역균형의 정책과 담론이 한국 국가의 중요한 국가프로젝트의 하나로, 그리고 사회세력들에게는 중요한 정치적 동원의 수단으로 자리 잡는 과정을 분석하였다.

간단히 요약하자면, 한국에서 지역균형정책은 발전주의 국가의 공간프로젝트와 공간전략이 지닌 내적 모순으로 인해 지역주의 정치가 등장하고 국가 지배엘리트에 대한 저항이 거세지면서, 이러한 정치적 위기에 대응하기 위한 일종의 헤게모니프로젝트로 도입되기 시작하였다.

80년대의 광주항쟁과 민주화 운동을 거치면서 지역주의 정치와 지역균열적 정당정치가 더욱 활개를 쳤고, 지역균형과 지역발전은 한국사회에서 매우 중요한 정치 및 사회 이슈가 되었다. 특히 민주화 과정을 거치면서, 지역격차로 인한 지역 간 갈등의 문제를 해결하는 것이 민주적인 국가 공동체를 만드는 데 매우 중요한 과제라는 일종의 사회적 합의가 도출되었다. 그 결과로 지역균형정책이 더욱 확대되었고, 지역균형의 담론도 우리 사회에서 더욱 확장되었다.

지역주의 정치와 같이 지역적 차원에서 영역화된 정치적 동원은 지역균형의 담론을 확대 심화시키는 데 기여하기도 했으나, 지역균형 담론이 토건적 개발주

> 우리나라의 지역불균형은 정치적 목적으로 과대 포장되고 있으며 지역갈등 역시 지난 40년간 한국의 역사 속에서 정치적 동기로 왜곡된 바 있다. 영남과 호남을 분열시키고 수도권과 비수도권을 대립시키며, 서울에서도 강남과 강북을 이간시켜 종국적으로 어떠한 나라를 만들려고 하는지 암담할 뿐이다…. (최상철, 2007: 36).

위에서 보듯, 지역균형의 무용성을 주장하는 사람들은 지역균형을 명분으로 실시된 지역사업들이 토건사업으로 귀착되어 국토의 무분별한 파괴를 초래하였다고 비판하고, 이러한 비판을 바탕으로 한국에서 지역균형 담론이 지나치게 정치적으로 동원되어 과도하게 강조되어 있다면서 지역균형의 가치를 약화시키려 든다.

의 세력에 포획되어 왜곡되는 부작용을 낳기도 했다. 특히 지방자치제의 실시는 영역화된 지역개발 정치의 발흥을 더욱 부추겨 지역균형 담론의 왜곡 악화로 이어져, 지역주의 담론이 지역적 차원에서 형성된 개발주의적 이해를 대변하고 개발사업에 대한 더 많은 지원을 중앙정부에 요구하고 압박하는 수단으로 전락하도록 만들었다.

지역균형 담론의 이러한 왜곡은 지역균형의 가치가 우리사회에서 지니는 도덕적이고 정치적인 정당성을 훼손시켜, 지역균형 무용론의 등장을 허용하는 한 조건을 이루었다.

이러한 분석을 바탕으로 지역균형을 위한 몇몇 실천적 제언을 하자면 아래와 같다.

✔ 지역균형의 가치는 한국의 자본주의 발전과 민주주의의 성립 과정에서 국가 공동체의 안정과 유지를 위해 형성된 최소한의 사회적 합의에 기초한 것으로, 결코 훼손되거나 무시되어서는 안 된다. 경제적 효율성과 기술관료적 합리성에 근거해 지역균형정책의 무용성을 주장하기도 하지만, 한국 현대사를 돌이켜보자면 국가의 영역적 통일성과 안정성, 그리고 민주적 발전에 대한 지역균형정책의 기여는 실로 지대하다 할 수 있다.

✔ 지역균형과 지역발전의 담론을 토건적 개발주의 이해와 분리시키려는 의도적 노력이 필요하다. 아무리 지역균형의 가치가 정치적 도덕적으로 정당하다 하더라도, 그것이 지역 차원의 개발주의 정치에 이용되어 토건적 개발사업을 정당화하는 논리로 사용되게 해서는 안 된다.

✔ 이를 위해서 지역 내 풀뿌리 민주주의의 강화가 필수적이다. 한국에서 지역균형 담론이 국가적 스케일의 공공성과 민주주의의 발달에 기여한 바가 크지만, 지역적 차원의 풀뿌리 민주주의의 미발달로 인해 쉽사리 영역화된 개발주의 정치에 포획되는 경향을 보였다. 이제는 지역적 스케일에서 평등 민주 참여의 확대로 지역균형의 가치를 더욱 다듬고 지켜야 할 때이다.

✔ 한국에서 지역균형정책의 실효성을 높이려면 서구 유럽국가에서 2차대전 이후 널리 자리 잡은 공간적 케인즈주의의 사례에서 교훈을 얻을 수 있다. 서구에

서 공간적 케인즈주의가 지역격차의 해소에 실질적인 도움이 되었던 이유는 공간적 형평을 추구하는 정책들이 부의 사회적 분배를 추구하는 각종 복지정책과 사회적 합의에 의해 뒷받침되었기 때문이다. 지역격차의 본질은 사람들의 삶의 질과 기회가 지역별로 차이가 난다는 것이다. 즉 지역격차는 공간적 문제로만 그치지 않고 사회적 불평등의 문제와 밀접히 결합된다. 따라서 지역균형은 공간적 형평만을 추구해서 달성될 수 있는 것이 아니라, 사회적 계층적 형평을 추구하는 복지제도의 구현을 통해 뒷받침되어야 한다. 사회적 복지의 증진은 지역균형정책의 실효성을 높이는 데 필수적이다.

3장
광주: 지역개발 담론과 아래로부터 지역주의1

김동완 (서울시립대 강사)

I. 서론

이 글은 1960년대 광주 지방의 토착 자본과 지식인들이 상상했던 지역의 공동체를 미시적으로 추적함으로써 국가를 중심으로 논의된 기존의 지역주의 연구를 보완하려는 시도이다. 한국의 지역주의 연구는 대부분 '위로부터 지역주의'를 다룬다. 즉 지역주의의 요인을 국가나 자본과 같은 거대한 구조의 산물로 이해하는 경향이 크다. 국가의 지배세력이 권력을 유지하는 도구로 지역주의를 이용했다거나, 자본주의 체제의 불균등발전이 소외된 지역의 지역주의를 낳았다는 식이다. 그리고 지역주의를 인식하는 지표로 선거에서 나타나는 투표행태를 계량화하는 것도 일반적인 경향이다.

그간의 연구가 지역주의에 사회과학 연구대상의 지위를 부여하고, 지역주의의 다양한 측면을 도출하는 등 이론적 진전을 이뤄낸 것은 높이 평가해야 한다. 또한 지역주의가 전근대적인 산물이고 근대화가 진행되면 자연히 사라질 것이라는 근대화론의 그늘을 벗어나게 한 성과 또한 소중하다. 그러나 이러한 접근에서는 지방 행위자들의 역할을 소홀히 다룬다. 연구의 초점이 대부분 구조적 측면에 맞추어져 지방의 주체들을 수동적 대상으로만 규정하는 탓이다. 지방의 행위자들은 오로지 선거 결과를 기술(記述)하는 숫자 정도로 드러나는 데 그친다. 요컨대, 그

---

1 3장은 김동완(2009b)을 이 책의 취지에 맞추어 수정한 것이다.

동안의 지역주의 연구는 국가 수준에서 작동하는 요인과 메커니즘을 통해 지역주의에 접근한 탓에, 지방 행위자의 행태와 역할을 체계적으로 조명하지 못했다.

그에 대한 반성으로 이 글이 지역과 지역주의에 대한 상향식 접근에 천착하는 이유는 지역이 하나의 사회적 영역(territory)이기 때문이다. 영역은 안과 밖을 나누고, 여기와 저기를 가르는 경계의 구성을 통해 사회적 의미를 획득한다. 민족의 지리적 토대로서, 민족을 구획하는 공간적 장치로서 영토를 규정하는 것이 대표적 사례이다. 지역 또한 그 제도적 권능이 근대국가에 미치진 못하나, 하나의 공동체를 구성하기엔 충분한 영역적 특성을 지닌다. 따라서 미리 주어진 고정된 대상이 아니라 사회적 관계 속에서 변화 구성되는 과정으로서 지역을 이해하는 것이 적실하다. 지역은 이미 구획된 행정구역의 평면적 합(合) 이상의 것이다. 국가에 집약된 제도적 권능이 큰 탓에, 선거 집계의 기본단위가 행정구역을 근거로 마련되는 탓에, 선거구를 포함한 법적 제도적 행정구역의 영향력이 크기는 하지만, 지역과 행정구역을 동일시할 수는 없다. 즉 국가나 자본의 동학(動學)을 경계 외부의 힘으로 볼 때, 기존 연구에서 부족한 부분은 경계 내부의 힘에 대한 검토이다.

이 글에서 다룰 내용이 바로 경계 내부에서 지방행위자들이 지역을 구성하려는 힘과 담론에 관한 이야기이다. 즉 1960년대 광주지방의 토착자본과 지방 엘리트들이 박정희 정부의 국가계획에 반응하는 과정을 물리적 상징적 제도적 경계 만들기라는 측면에서 재조명한다. 지역이 먼저 주어지고 거기서 형성되는 이데올로기로서 지역주의를 보는 방식이 아니라, 지역과 그 경계를 구성하는 담론으로서 지역주의를 추적하는 것이다. 이 접근법의 특장(特長)은 그동안 관심 밖에 있던 경계 내부인의 담론에 중요한 지위를 부여한다는 점이다. 이해관계에 따라 협력하고 경쟁하는 담론의 경합을 동태적으로 볼 수 있다는 점도 중요하다. 즉 국가와 자본이라는 거대 구조가 지역을 규정하고 변화시키려는 '위로부터 지역주의'(top down regionalism)에 대해, 경계 내부인 스스로 조직하는 '아래로부터 지역주의'(bottom up regionalism)에 천착할 근거가 된다. 특히 자신들의 경제적 이해관계가 국지적으로 영역화된(territorialized) 행위자들 간에 이루어지는 '영역동맹'(territorial coalition)은 이러한 분석의 초점으로 매우 유용하다.

이 논문의 연구대상인 1960년대 광주는 지방자치제가 폐지된 상황임에도 불구하고, 지방의 토착자본과 지방 엘리트들을 중심으로 강한 지역개발 이데올로기가 작동하던 지방이다(정근식, 1991a). 모든 지역개발 논리가 마찬가지이지만, 1960년대의 한국사회에서처럼 국가가 가진 개발의 자산이 압도적인 상황에서 영역화된 이해관계는 대(對)국가적인 정치 담론으로 쉽게 이어졌다(Park, 2001). 정근식(1991a)과 박배균(2001)의 연구는 당시 상황에서 지방의 영역적 정치(territorial politics)가 작동했던 배경을 개괄하고 있으나 구체적인 경험연구에 한계가 있다. 이 글에서는 기본적인 관점을 이들 연구자와 공유하는 한편, 광주지방의 경험을 구체적으로 추적했다. 광주지방을 중심으로 1960년대 당시 활약했던 영역적 이해관계자들이 어떤 배경과 과정을 거치며 조직화되었는지, 그리고 지역주의 담론은 어떤 계기에서 등장하였는지를 검토했다. 특히 아시아자동차, 호남선 복선화, 호남고속도로 등 국가 개발정책과의 연관 속에서 '전남푸대접 시정대책위원회'와 '호남지방근대화 촉진위원회', 두 조직이 구성되고 활동하는 맥락을 영역적 이해관계와 지역주의 담론의 측면에서 살펴보았다.

이 연구에서 주로 다루는 자료는 크게 정부기록문서, 국회 속기록, 신문, 상공회의소 발행물 등 문서자료와 주요 행위자에 대한 면접 자료이다. 여기에 몇 가지 통계 자료와 지도를 보조 자료로 사용한다. 먼저 정부기록문서는 나라기록포털(contents.archives.go.kr)에서 당시 정책/제도와 조직 기구에 대한 정부문서를 활용했다. 이와 함께 정부 정책의 골간을 이루던 산업 관련 법률 자료 역시 주요 자료로 삼는다. 다음으로 국회속기록은 영역 연합의 주요 행위자로서 호남 출신 정치인들의 발언 내용과 호남 지역 관련 발언 내용을 중심으로 살펴보았다. 이 내용은 국회 웹사이트(www.assembly.go.kr)에 있는 국회정보시스템을 활용하여 1961년 국가재건최고회의부터 9대 국회 마지막 해인 1979년까지 본회의 회의록, 상임위원회 회의록, 예산결산특별위원회 회의록, 특별위원회 회의록, 국정감사자료를 검토했다.

신문 자료의 경우 가장 중점적으로 검토할 대상은 전남지역의 전남일보와 전남매일, 전북 지역의 전북일보다. 그리고 조선일보와 동아일보 아카이브를 활용한다. 전남일보와 전남매일신문의 경우 1961년부터 1971년까지 11년간의 기사 내용을 확인했다. 사설을 제외한 다른 기사의 경우 다른 신문과 비교 검토하여 사실의 정확성을 기했고, 사설의 경우에는 주된 논조를 파악하는 데 노력했다. 조선일보와 동아일보는 각각 온라인 아카이브와 본사 아카이브실을 통해 제공되고 있어 이를 활용했다. 광주 상공회의소 발행물은 1956년 창간한 광주상공회의소『광주상의』를 중심으로 1979년까지의 간행물을 검토하였다.

면접조사의 경우 반구조화된(semiconstructed) 면접을 수행했다. 특히 앞서 조사한 문헌연구에서 영역동맹의 주요한 행위자로 드러난 인물을 중심으로 진행했다. 다만 현재까지 생존자가 많지 않고, 지병으로 인해 면접 자체가 불가능한 경우가 있어 면접조사 대상이 많지는 않았다. 지금까지 면접조사를 진행한 대상자는 총 7명으로 각각에 대한 심층면접을 진행했고, 녹취된 내용을 자료로 삼았다. 면접 대상자는 박○○ 당시 광주상공회의소 상근부회장, 안○○ 당시 전남일보 기자, 고○○ 당시 공화당 전남도당 사무국장, 지○○ 광주지방 변호사회 변호사, 김○○ 前 광주라이온스클럽 회장이다. 이 외에 개인적인 사정상 신상공개를 거절한 두 명의 면접 대상이 있는데, 그 중 한명은 당시 여당 국회의원이었고 다른 한 명은 지역 연구자이다.[2]

II. 이론적 배경

본격적인 논의에 들어가기에 앞서 기존의 지역주의 연구의 공과(功過)를 개괄하고, 분석 프레임에 해당하는 주요 개념들을 살펴볼 필요가 있다. 이는 본연구가 지역과 지역주의에 관한 기존의 이해방식과는 전혀 다른 틀에서 접근하고 있어 개념적인 혼동을 일으킬 수 있기 때문이다.

---

[2] 연구의 신뢰도를 위해 면접 대상자의 당시 직책은 밝혀두지만, 면접 대상자의 프라이버시 보호를 위해 실명은 기재하지 않기로 한다.

우리사회에서 '지역주의' 현상만큼 다방면에 걸쳐 논쟁을 일으킨 사례도 드물다. '지역 간 경제 격차'에서 시작하여, '사회적 거리감'과 '지역감정', '지역주의 정당구조'와 '지역주의 투표행태'에 이르기까지 정치 경제 사회 문화 전 분야에 걸쳐 다루어졌다. 1980년대 중반 이후, 지난 20여년간 사회과학 전 분야에서 이 문제를 다루었다고 해도 무방할 정도이다. 사실 이 전체 논의를 간략히 정리한다는 것은 어려운 일이지만, 지역주의 연구에 대한 메타연구들(김만흠, 1997; 최영진, 1999)에서 분류하고 있는 지역주의 연구의 흐름은 대략 네 가지로 요약된다. 우선 지역주의를 전근대적인 것으로 보고 국가의 근대화가 완결될 때 자연스럽게 사라질 것으로 보는 근대화론이 있다. 여기서 지역주의는 전근대적인 부족주의의 등장과 같다. 다음으로는 지역주의의 기원을 고대 부족국가시대로까지 소급해서 설명하는 역사주의적 접근방법이 있다. 삼국시대부터 호남과 함경도 지역에 대한 중앙정부의 차별이 있었고 이것이 현재까지 이어져 지역주의의 기원이 되었다는 설명이다. 세 번째 접근방식은 박정희 정권의 등장 이후 정치적 경제적 차별에 따른 반발로 지역주의를 이해하는 견해이다. 1960년 제3공화국 등장 이후 정치엘리트의 영남지역 독점과 경제자원의 불평등한 분산은 전라도 지역의 정치적 경제적 소외를 가져왔으며, 이를 통해 호남인들의 정치적 박탈감이 확대되었다는 주장이다. 마지막으로 유형은 소위 비판이론 그룹의 정치경제학적 접근이다. 크게 보면 이들 역시 상기한 경제적 불균형을 주요 논거로 제시한다는 점에 앞선 그룹과 동일하지만, 이들은 상관관계를 기술(記述)하는 것이 아니라 보다 큰 정치경제학적 패러다임 내에서 지역주의 현상을 ― 물론 그 옳고 그름을 떠나서 ― 설명해낸다는 점에서 다르다

서양의 근대화 과정을 지나치게 이상화시킨 근대화론을 제외한 나머지 논의는 각각 나름의 특장(特長)을 가지고 있다. 단순한 집단이기주의를 넘어서, 이것을 형성하고 심화시키는 구조적 요인을 추구했다는 점에서 의의를 가진다. 구체적으로는 국가의 개발전략이나 통치전략, 한국의 자본주의 발전단계와 지역주의를 연관 짓고 있어 논의의 폭이 매우 넓다. 그러나 이러한 장점은 동시에 한계가 되었다. 바로 국가 중심적 접근, 하향식 접근이 가지는 한계라 할 수 있다.

국가 중심적 하향식 접근의 한계는 지역이라는 공간적 개념을 다루고 있으면서도 그 공간적 차원에 대한 고려를 못한다는 점이다. 이것은 전형적인 '영역적 함정'(territorial trap)[3]에 빠져 있기 때문이다. 이러한 논리적 전개에서 특정 지역의 지역주의는 근대국민국가의 영토에 이질적인, 달리 말해 전근대적인 잔재이거나, 지배세력이 조작해낸 '해악적 적폐물'일 수밖에 없었다. 결국 문자 그대로 공간적인 연구 대상에 대해, 철저히 비공간적인 접근을 취하는 모순된 상황이 발생한 것이다. 지역은 관찰자가 지도위에 임의로 설정하는 의미 없는 평면이 된다.

그러나 지역주의 형성 과정에서 지역과 지방 행위자의 역할을 강조하는 대안적 연구 경향도 하나의 흐름을 이룬다. 이에 해당하는 대표적인 연구로는 정근식(1991a)과 박배균(2001)이 있다. 먼저 정근식(1991a)은 "지역감정의 부정적 측면을 모두가 인식하고 있음에도 불구하고" 이 문제가 해결되지 않고 있는 이유는 지역 내부의 요인, 즉 '지역 지배 이데올로기'가 있기 때문이라고 주장한다. 그에 따르면 "전국적 수준의 발전이데올로기가 독점자본의 이해를 보다 충실히 반영하는 것이라면, 지역적 수준의 개발이데올로기는 이 독점자본과 지역토착 중소자본의 관계에 따라 편차는 있지만 후자의 이해가 상당히 반영되는 형태로 형성될 것"이라며, 지역주의의 구체적인 분석은 그 관계를 주목해야 한다고 말한다. 이는 지역 내 행위자를 표면화시키고 지역의 실체에 대해 훨씬 구체적인 분석을 가능하게 한다는 점에서 매우 중요한 이론적 기여이다. 그럼에도 불구하고 모호한 지역 개념에 근거하고 있기 때문에, 지역지배이데올로기와 지역주의를 연결시키지 못하고 있다. 또한 이러한 접근으로는 지역주의의 지리적 근거가 더욱 세분화되거나, 광역화되어가는 최근의 지역주의 전개 양상을 설명하는 데 한계가 있다.

마지막으로 살펴볼 박배균(2001)의 연구는 지리학 논문답게 공간적 차원에 가장 충실하다. 그는 '영역화된'(territorialized) 이해관계와 그에 기반한 계급타협, 그

---

[3] 이는 20세기 사회과학 전반을 장악하고 있던 국민국가 중심의 인식을 비판적으로 표현한 것이다. 즉 모든 학제의 기본 분석단위로 국민국가를 상정하고 국제적 문제는 국가 간 문제로, 국내 지역적 문제는 국가의 하위체계로 분류하는 접근을 말한다(Agnew, 1994).

리고 '지역주의 정당'을 분석하고 있다. 이는 정근식(1991a)에 비해 보다 구체적인 이해관계와 이해당사자들을 분석의 틀 내로 끌어들이고 있고, 중앙정치의 정당 간 관계로 확장하고 있다. 이러한 진전은 영역화된 이해관계와, 이에 기반한 영역적 정치(territorial politics) 개념을 도입하면서 가능했다. 또한 '고정된, 그리고 주어진 지역' 가정을 깬다는 측면에서, 그리고 국가와 지배세력이 영향을 미치는 타자(他者)로서 지역 개념을 극복한다는 의미에서 기여를 하고 있다. 그러나 이러한 영역적 이해관계가 '영남' 혹은 '호남'으로 재현되는 과정이 생략되어 있다. 이는 지역주의 담론을 외적으로 주어진 것, 더 정확히는 중앙정치에서 만들어진 것으로 설정된 탓이다.

결국 문제는 지역의 개념 정의이다. 상기한 대부분의 연구에서 지역에 대한 명쾌한 정의를 찾아보기 어렵다. 이는 지역을 천부(天賦)의 구획으로 이해하고 당연시한 탓이다. 하지만 지역은 경계(boundary)와 면(surface)을 가지는 영역(territory)으로서 사회적인 구성물, 사회적 공간(social space)이다. 그리고 그 나름의 사회적 속성, 즉 영역성(territoriality)를 가진다(Sack, 1986). 영역성은 지리적 범위를 기준으로 특정 형태의 분류체계를 가진다. 즉 이는 공간 상에서 위치를 분류하여 사람과 사물의 범주화를 시도하는 것이다. 또한 영역성은 영역 경계부에서의 의사소통을 중요한 근거로 한다. 즉 경계부에서 의사소통하는 과정을 통해 피아(彼我)를 식별할 수 있어야 한다는 것이다. 나아가 영역성은 영역 내부 혹은 외부의 사물들에 대해서 접근을 통제하려한다(Sack, 1986: 32). 이렇게 볼 때 영역과 영역성의 핵심은 경계의 사회적 구성이다. 영역으로서 지역을 다룬 연구에서도 경계에 대한 강조는 마찬가지이다. 대표적인 지역주의 연구인 파씨(Passi, 2003)는 지역이 구성되는 과정을 세 가지 차원에서 검토하고 있는데, 그 모두가 경계를 짓는 방식과 연관되어 있다. 그는 경계가 구성되는 방식을 크게 물리적 상징적 제도적인 차원에서 제시한다. 즉 하나의 지역이 구성되는 과정은 — 지역마다 각각의 정도 차이는 있겠지만 — 물리적 경계, 상징적 경계, 제도적 경계가 형성되는 과정과 동일하다는 것이다. 결국 지역은 경계가 구성되는 사회적 과정, 사회관계의 변화와 공진화해온 역사적 과정을 기반으로 형성된다고 볼 수 있다.

그러나 이와 동시에 영역으로서 지역은 통치의 문제이며 권력의 문제이다. 임의의 개인이나 집단이 쉽게 결정할 수 없는 사회적 전략관계의 문제이기도 하다. '장소', '지방', '도시' 등의 지리적 공간 개념에 비해 영역이 가지는 차별성은 권력이다(Hassner, 1997). 점(點)의 이미지를 가지는 공간적 개념과 달리 경계를 긋는 영역은 그 내의 범위를 통제함으로써 사람과 사물을 통제하는 데 사용되는 전략이다. 여기서 경계는 내부와 외부의 의사소통이 이루어지는 선(線)이며, 이곳에서 피아(彼我)가 식별된다. 이처럼 영역성이 통치와 권력의 문제인 탓에 영역을 만들고 영역성을 부여하는 사회적 과정은 당대, 그 사회의 가장 치열한 전략적 층위에서 이루어지게 마련이다. 국가의 작동과정이 영역화의 과정과 쉽게 연결되는 까닭도 여기에 있다.

지역을 위와 같이 개념화하고 나면, 지역주의의 정의도 간명해진다. 지역주의와 지역의 관계는 민족주의와 민족국가의 관계와도 유사한데,[4] 지역주의는 역사적으로 누적되어 온 지역의 층위들 위에 새로운 층의 경계를 형성하려는 일체의 기획이라 볼 수 있다. 이는 새로운 물리적 경계를 긋는 작업일 수도 있으며, 기존의 경계에 새로운 상징을 부여하는 작업일 수도 있다. 그리고 그 어느 것이거나 간에 이 경계를 반영하는 새로운 조직과 제도의 등장을 수반한다. 아울러 이러한 지역주의적 기획은 경계의 내부와 외부 모두에서 일어날 수 있다.

경험적으로 볼 때 지금까지 지역 외부의 지역주의는 대체로 국가의 기획이라 볼 수 있다. 키팅(Keating, 1998)은 이를 두고 '위로부터 지역주의'라 불렀다. 그는 영국의 지역화 과정을 '위로부터(top-down) 지역주의'와 '아래로부터(bottom-up) 지역주의'로 나누고 지역 구성의 두 가지 방향을 구분한다. 국가계획에 의한 지역화 과정을 의미하는 '위로부터 지역주의'와 지방행위자들의 반응으로서 '아래로부터 지역주의'를 구분하는 논리는 앞서 언급했던 지역 내/외부의 지역주의적 기획과 동일하다. 다만 국가에 중심적 지위를 부여하고 있다는 측면에서 차이가 있을 뿐이다. 하지만 이 연구에서 사례로 삼은 1960년대 광주 지방의 경험 역시 국

---

[4] 여기서는 앤더슨(2002)의 '상상의 공동체'로서 민족과 민족주의의 관계를 가정한다.

가계획과 지방행위자들의 반응이라는 구도를 동일하게 보여주고 있으므로 키팅의 표현을 빌어 쓰도록 한다.

이렇게 볼 때 본 연구에서 주목하는 대목은 '아래로부터 지역주의'가 발생하는 논리적 개연성에 있다. 이를 해명하기 위해서는 이해관계의 '영역화'(territorialization)와 영역화된 이해관계를 기반으로 하는 영역동맹(territorial coalition)이 유용하다(Cox, 1998b). 영역동맹은 '영역화된 이해관계'(territorialized interest)를 가지는 ― 주로 자본과 노동의 계급타협으로 구성되는 ― 행위자들의 연합체로 정의할 수 있다. 콕스가 '장소의존성'(local dependence)이라 명명한 성질을 가지는 행위자들은 ― 설혹, 계급대립이 존재하더라도 ― 서로 연대하게 된다는 것이 영역동맹의 핵심 논리이다(Cox, 1998b: 2). 영역동맹은 지방의 행위자들이 모두 자신의 활동과 재생산을 국지적 시장, 기업관계의 지리적 근접성, 지역 노동시장, 특정 지역의 교통망, 영역화된 사회관계망 등에 의존하는 성향, 즉 장소의존성을 근거로 한다. 장소의존성을 가진 행위자들은 장소에 고착되는 경향이 있고, 자신이 고착한 장소의 흥망성쇠가 스스로의 이해관계에 결정적인 영향을 미치기 때문에 그 행위자들은 연합의 형태를 띠기도 한다. 이것이 영역동맹이다.5 요컨대, 영역동맹은 특정 장소에 대한 의존성으로 인해, 이해관계 실현을 위해 의존의 공간을 공유하는 경제적 이해관계자(stakeholders)의 정치적 결사로 정의할 수 있다.

물론 영역동맹의 형성이 그 자체로 '아래로부터 지역주의'로 이어진다고 보기는 어렵다. 그러나 특정 장소에 의존적인 성향이 있는 영역동맹의 특성을 생각한다면, 의존하고 있는 장소(혹은 도시)를 포함하는 지역화를 꾀할 가능성이 크다. 더군다나 국가계획에 의한 개발이 주요한 시대, '위로부터 지역주의'가 해당 도시의 경제적 성장에 결정적인 요인으로 인식되면 될수록, '아래로부터 지역주의'를 하나의 전략으로 선택할 가능성은 더욱 크다. 하나의 도시를 넘어서는 지역화 전

---

5 다만 '자본과 노동 간 계급동맹'이라는 고정된 틀에 영역동맹을 가둘 필요는 없어 보인다. 콕스의 표현대로 "주로" 계급동맹의 형태로 나타나는 것이 사실이지만, 개발연대 초기 1960년대의 한국사회에서 자본과 노동의 대립구도를 정형화시킬 수 있는지도 의심스럽고, 실제 광주지방의 사례분석 단계에서도 노동자 단체의 역할을 강조할 만한 증거를 확인하기 어려웠다

략을 통한 새로운 연대의 모색도 이러한 맥락에서 이해할 수 있다.[6]

이상에서 살펴본 바와 같이 이 연구의 초점은 영역동맹이 지역주의 전략을 취할 때, 다시 말해 '아래로부터 지역주의'가 작동할 때 구체적인 경험 속에서 어떻게 경계가 구축되어 나가는지를 확인하는 데에 있다. 경험연구에서 물리적 상징적 제도적 측면에서 경계가 만들어지는 과정을 영역동맹과 관계 속에서 확인함으로써 기존 지역주의 논의에서 누락되어 있던 지방행위자의 역할을 확인하는 것이다. 1960년대 광주를 중심으로 한 영역동맹의 형성과 '아래로부터 지역주의' 담론은 이러한 맥락에서 이해할 수 있을 것이다.

III. 광주 영역동맹 형성의 역사적 배경: 전남 방직과 호남 비료

1) 전남방직의 본사 이전: 광주 경제의 위기를 알린 상징적 사건

해방 이후 50년대 광주의 제조업체는 거의 변화가 없었다(광주시사편찬위원회, 1995: 525~6). 일제하와 비교해 성냥공장이 새로 등장한 게 고작이었다. 사실 1930년대 일본인 자본은 주로 대규모 방직, 제사 공장을 광주에 설립했다. 이에 반해 한국인 자본은 대부분 영세 식료품업에 집중되어 있었다. 해방 후에도 광주 최대업체였던 전남방직은 귀속재산 불하과정에서 "타지역 출신에게" 불하되었다(광주시사편찬위원회, 1995: 700). 그러나 그 소유주가 누구인지는 문제가 되지 않았다. 다만 전남방직이 본사를 서울로 옮긴다는 사실이 충격적이었다.[7]

---

[6] 콕스는 이를 '연대의 공간'(space of engagement)이라는 개념으로 설명하기도 한다(Cox, 1998b: 2).
[7] 당시 광주상공회의소 기관지였던 『광주경제』 창간호에서는 다음과 같이 적고 있다. "전남방직회사의 서울 이전은 당지(當地) 상공업계의 하나의 커다란 충격이었다. 상공회의소를 비롯한 각 기관은 그 이전의 보류를 권유하였으며 그 이유로서 그 법인영업세가 소관세무서의 당해세 총액의 3분의 1을 담당하고 있다는 점이였으며 또 월간 1억 5천여만 원의 당좌거래를 지적하였던 것이다." (광주상공회의소, 1956: 1)

당시 광주 상공회의소의 입장은 매우 간명했다. 이 공장이 전남의 면화와 인력을 바탕으로 광주에서 성장한 전남의 대표적인 기간산업체일 뿐 아니라, 광주 전남의 지역사회에 미치는 경제적 파급효과가 컸다. 전남방직과 일신방직이 분리되기 전이었으므로 본사를 서울로 이전할 경우 약 6천만 환의 예금 감소, 9천억여 환의 대출금 감소, 년 3천여만 환의 지방세 세입 감소가 예상되었다.8. 광주 법인세의 1/3을 차지하고, 1955년 현재 2,689명의 고용을 창출하던 방직업체가 본사를 서울로 이전한다는 것은, 경제적 손실을 떠나 상징적으로도 의미가 컸다. 그러나 전남방직은 원사 및 외화도입의 어려움을 이유로 1956년 10월 본사를 이전했다.

당시 광주 지방의 대표기업이라 여겼던 전남방직의 본사이전은 광주상공회의소 월보(月報)에 적힌 내용 그대로 '충격'이었다. 그러나 이들은 이 문제를 계기로 그들이 의존하고 있던 도시, 광주에 닥친 위기를 진지하게 성찰했던 것으로 보인다.9 광주 전남은 일제강점기 일본으로 면화와 생사(生絲)를 수출하는 생산기지였다. 그러나 해방 이후 모든 기업입지 조건이 바뀌어 버린 셈이다. 일본에 대한 접근성 이점(利點)은 사라졌고, 서울을 중심으로 한 원조경제에 영향을 받게 되었다. 전남방직의 본사 이전은 이러한 변화를 실감하게 하는 큰 사건이었다.

2) 호남비료공장 유치와 영역동맹의 태동

1955년에는 광주 전남으로의 비료공장 유치 운동이 일어난다. 이 일대는 곡창지대로 비료 소비가 많아 일찍이 비료공장 건설을 희망하는 지방 여론이 높았다. 그러나 정부의 입지 선택이 청주로 결정되자, 광주 전남 지방의 실망감은 매우 컸다고 한다. 이런 상황에서 자발적인 공장 건설 움직임이 일어났고, 그 성과가 1955

---

8 당시 전라남도 금융기관의 대출총액은 40억 7천 4백만 환이었고, 광주시 지방세 징수총액은 1억 3천 7백만 2천환이었다(금호박인천선생기념사업회, 2001: 94).
9 "생산의 전 과정에 걸쳐 도는 기업 전반에 걸쳐서의 온갖 문제를 해결하는 데는 중앙과의 절충 이외에는 없으며 … 광주시내 각계의 만류에도 불구하고 전남방직회사는 난관에 봉착한 동사 운영의 원활을 기원하여 서울 이전의 용단을 내린 것이다." (광주상공회의소, 1956)

년 12월 호남비료주식회사의 창립이었다.[10] 호남비료공장 창립 과정에서 주도적인 역할을 했던 인물이 바로 이문환(李文煥)이다. 이문환을 중심으로 지역 자본을 동원했으나 비료공장을 설립하기에는 턱없이 부족했다.

농민들에게 추후에 비료로 배당을 받을 수 있다는 조건 하에 주식을 판매하였지만 해외 차관 없이는 불가능한 상황이었다. 여기서 이승만 정권과 긴밀한 관계에 있던 유태계 오스트리아인 아이젠버그[11]가 루르기(LURGI)사(社)를 끼고 서독 차관을 도입하도록 도와준다. 물론 그는 루르기사의 한국법인인 아이젠버그사(社)를 통해 공장건설권을 차지했다. 하지만 호남비료공장은 1960년이 되면서 주식 공모에 차질이 생겨, 공사 중단 상태에 빠지고 말았다.

그러던 중에 5·16 쿠데타가 성공했고 군사정부는 즉시 '호남비료주식회사 정부 인수에 관한 입법'조치를 취한다. 이로써 정부가 직접 호남비료공장을 건설하도록 한 것이다. 그러나 동시에 호남비료공장은 공기업으로 전환된 셈이다. 물론 일반적인 경우 공기업이냐 사기업이냐 하는 문제가 농민들 입장에서는 중요한 일이 아니겠지만 광주 전남의 농민들이 '쌈짓돈'을 내어 마련한 자금이 일부분 포함되어 있는 상황에서는 그리 단순한 일이 아니었다. 특히 이문환을 비롯한 광주 전남의 토착 자본의 입장에서는 큰 좌절감을 경험한 사례였다(정근식, 1991a).

10 "곡창지대에 비료공장을 만들어줘야 할 거 아니냐. 일정때는 흥남서 비료를 풍요롭게 쓸 수 있었는디 해방되고 나니까 농민들이 비료에 목이 타. 그렇게 비료공장을 하나 만들어야겠다는 정부안이 나왔는데. 그러면 당연히 곡창 전남으로 와야할 거 아니냐 그랬는데, 충주로 발표를 해불었어. 그러니까 이 지방 실망이 이만저만이 아니지. 그러면 어째야 할 것이냐. 무연탄에서 요소를 빼내는 것이 독일에서 연구가 되었다고 한다. 그럼 우리는 화순 탄광이 있지 않나. 그런데 이것도 안 해주니 방법이 있어야 될 거 아니냐. 그래가지고 나온 안이 도민들이 돈을 내가지고 비료공장을 만들자 이렇게 된 것이예요." (박○○, 전 광주상공회의소 상임부회장)
11 슐 아이젠버그(Shoul Eisenberg)는 유태계 오스트리아인으로 이승만 정권시절부터 고위관계자들과 긴밀한 연계를 가지고, 서독기업의 '한국특수'를 주도했던 인물이다.

IV. 광주의 영역동맹 형성과 좌절

1) 아시아자동차 공장유치운동과 영역동맹의 형성

63년 선거를 통해 박정희가 집권하자 앞서 언급한 대로 개발체제의 산업화 전략이 본격화된다. 이런 상황에서 광주 일대 지방자본의 선택은 자동차 공업이었다. 1960년대 들어 외자도입에 의한 산업화 추진이 이루어지자, 광주를 중심으로 하는 일군의 자본가들도 다시 외자도입을 통해 자동차 공장을 설립하고자 한다. 그것이 1962년 7월 6일 만들어진 '아시아자동차 건설설립추진위원회'이다(광주상공회의소, 1976: 377). 아시아자동차를 설립한 인물은 호남비료의 사장이었던 이문환이었다. 그는 1961년 8월 자동차국산화 제작계획을 세우고 공장건설 기초조사에 착수한다. 같은 해 11월 이문환은 외자도입과 공장건설을 위한 예비 교섭을 위해 서유럽과 미국을 방문했으며, 62년 1월에는 미국 군납 차량 회사인 윌리스 사(社)와 특허권 및 군수차량 군납에 대한 협정을 체결했다. 또한 뉴욕 주재 아이젠버그 사(社)와 제1차 조립공장 건설비 3백만 달러를 직접 투자할 것에 합의를 본 후 2월에 가칭 아시아자동차공업사를 설립했다(광주상공회의소, 1976: 377).

1962년 7월 이문환은 "그 공장을 전남에 세우는 데 최대의 노력을 경주하고 있다"며 "도민의 적극적인 협조를 바란다"고 말한다(전남일보, 1962. 7. 5). 이에 따라 광주상공회의소는 광주근교에 부지를 확보하고 1962년 7월 6일 "아시아자동차공장 건설추진위원회"를 구성하여 공장 설립을 촉구했다. 같은 해 8월 7일 미국 윌리스 사(社) 간부와 아이젠버그가 광주와 나주를 답사했다. 이 자리에서 이문환은 "지금 서둘고 있는 공장이 전남의 어딘가에 세워질 것은 틀림없는 일이다. … 현재 광주와 나주의 두 군데가 그 부지로 물망에 올랐다"고 말한다. 아울러 "정부와 지원회사 측에서 자재수송에 용이한 인천이나 부산 근교지를 택하라고 종용했던 것이나 고향을 위한 내 고집의 작용으로 이와 같은 결정을 보게 되었다"고 부언한다(전남일보, 1962. 8. 8). 그리고 다음 날인 1962년 8월 9일 서울로 이동한 이들은 광주를 최종 후보지로 결정한다.

아시아자동차(주) 설립과 공장유치운동은 이문환을 포함한 광주일대의 지방자본이 영역동맹의 형태를 띠는 최초의 사업이었다. 이전에 호남비료 유치운동에서도 이와 유사한 움직임이 있었지만, 아시아자동차 유치에서 보여 준 체계적인 대응은 아니었다. 따라서 '아시아자동차공장 건설추진위원회'를 중심으로 한 아시아자동차 유치운동은 광주지방의 영역적 이해관계가 동맹의 형태로 구체화되는 계기가 되었다고 평가할 수 있다. 그리고 당시 영역동맹은 지역주의에 기대기보다는 국가의 정책과정에 직접 개입하는 방식을 택하고 있다. 즉 이문환의 — 독일인 아이젠버그를 포함하여 — 개인적인 네트워크를 활용하거나 광주상공회의소가 직접 정부부처에 제안하는 방식을 취하는 특징을 보인다.

2) 정책변화에 대한 영역동맹의 대응: 광주공업단지유치위원회

아이젠버그의 방문과 아시아자동차 회사의 설립으로 일단락되는 듯했던 아시아자동차 광주유치에 문제가 생긴다. 미 국방성 당국이 군납 이전에 우선 시설부터 갖추기를 요구했다. 그러던 차에 한국 정부 역시 사전에 군납을 보장받아야 한다는 전제를 달고, 그 전까지는 건설을 불허하겠다는 방침을 밝힌 것이다. 이에 광주상공회의소는 이러한 정부의 방침에 대해 순수 민간차원에서 이루어지는 외자도입이니 허가해 달라고 건의한다. 그리고 아시아자동차 이문환은 미 국방성과 군 차량 군납 교섭을 위해 다시 미국을 방문하여, 미 국방성의 현지조사단이 1962년 11월 광주를 답사하도록 했다. 다시 광주상공회의소는 63년 2월 12일 아시아자동차회사의 시설허가를 촉구했고, 공장 유치에 대한 건의서를 최고회의의장, 내각수반, 상공부장관에 제출했다(광주상공회의소, 1976: 378).

그런데 1963년은 국내에 미약하게나마 존재했던 자동차 산업이 크게 위축되었던 해다. 국가적인 외환위기 상황에서 자동차 부품을 수입해 조립하던 새나라자동차는 그간 '자동차공업육성법'으로 인한 특혜시비에 휘말리며 문을 닫는다(오원철, 1996b). 또한 중대형 자동차 생산은 여전히 계획상으로만 존재하던 때였다(오원철, 1996b: 106). 이런 상황에서 광주상공회의소는 64년 4월과 6월에 '자동차

완전국산화공장 조속 건설에 관한 건의서'를 대통령, 국무총리, 경제기획원 장관 등에 제출했고 10월 26일에는 서독 MAN 사(社)와 자동차공장 건설에 관한 협정 체결에 조인했다. 그러나 서독정부에서 재정 부담에 난감을 표하자, 그 해 12월 21일 프랑스의 FIAT사(社), SIMCA사(社), 시아베 은행과 협정을 체결하고 65년 2월 두 회사 대표와 한국에서 공장건설에 관한 예비협정을 체결한다. 그리고 65년 8월에는 프랑스 건설업자들이 방한하는데, 이들과 장기차관 및 특허권기술협조 계약을 체결한다(광주상공회의소, 1976: 379).

그러나 당시 정부에게 이런 아시아자동차 설립 움직임이 달가운 일만은 아니었다. 문제는 신진자동차 중심의 자동차 일원화정책이었다. 1964년 6월 김정렴 당시 상공부 차관은 자동차공업종합육성계획 수립을 지시한다. 이 안은 한국의 자동차 수요가 커질 때까지 1) 자동차 조립공장은 1개로 하고, 2) 이 조립공장을 모체로 해서 부품업체를 계열화한다는 내용이었다. 즉 상당 기간 동안 신진자동차의 독점을 보장한다는 계획이었다. 이 육성계획으로 신진자동차는 큰 혜택을 보게 되었다(오원철, 1996b: 110~1). 그러나 1966년 4월 11일 광주를 찾은 박정희 대통령이 아시아자동차회사를 광주지구에 유치한다고 확약하면서 추진이 본격화된다. 상공회의소는 매우 발 빠르게 움직였는데, 같은 해 5월 22일 '광주공업단지 유치추진위원회'를 구성하고 자동차공장 건설 후보지로 광주지구를 지정해줄 것과, 광주공업단지를 조성해 줄 것을 경제기획원, 건설부, 교통부, 아시아자동차 측에 건의했다. 아울러 이문환 사장에게는 광주시 광천동 상무동 일대 30만평의 부지를 책임지겠다는 각서를 전달했다(광주상공회의소, 1976: 380).

광주상공회의소는 1966년 5월 말 현재 유덕동 광천동 일대 주민들의 기공 승락서를 받아 이문환 사장에게 전달할 수 있었는데, 모두 618필지에 대상인원 354명, 면적은 359,847평이었다. 하지만 이러한 순조로운 진행이 오래가지는 못했다. 1966년 8월 새해예산에서 광주 공업단지와 영산강종합개발 사업 등 이 지방에 관련된 예산이 삭감된 예산안 발표가 있었고, 신진자동차의 차관에 대한 정부 지불보증 문제가 불거지면서 광주공업단지와 아시아자동차 유치 전망이 어두워진다. 한창 고무되었던 광주 전남의 분위기에서 터져 나온 일련의 정부 방침들이 "푸대접"받고, "소외"받는 지역으로서 호남이 구성되는 직접적인 계기가 되었다. 그 최초의 경험은 전남개발계획 예산 삭감과 신진자동차 문제이다.

3) 영역동맹의 좌절

(1) 전남개발계획의 예산삭감과 신진자동차 문제의 대두

1966년 8월 13일 광주 전남 지방 언론은 일제히 광주공업단지와 아시아자동차 예산이 삭감될 위기라는 기사를 싣는다. 그동안 광주 전남의 각계에서 노력을 해왔던 광주공업단지는 물론이고, 해안지역을 따라 조성되리라 생각했던 임해공업단지, 농촌 지역의 소득증대에 도움이 될 것이라던 가내공업센터 설치자금 등 '전남공업화'에 관련된 예산이 삭감되었다는 보도였다. 하지만 엄밀히 말해 이 내용은 정부의 공식적인 발표에 따른 것이 아니라 당시 공화당과 정부의 '정부-여당 연석회의'의 검토사항을 두고 작성한 기사였다.

"전남 공업화 계획 좌절?"(전남일보, 1966. 8. 13), "전남공업화 예산액의 삭감"(전남일보, 1966. 8. 16 사설), "전남푸대접 시정"(전남일보, 1966. 8. 25 사설), "전남 공업단지 좌절될지도: 임해공업단지 등 13개 사업도"(전남매일신문, 1966. 8. 13), "전남 소외에 빗발친 여론: 전남공업단지 조성비 불계상(不計上)에"(전남매일신문, 1966. 8. 19), "신진특혜설과 전남푸대접론"(전남매일신문, 1966. 8. 21 사설) 등 이 문제에 대한 기사가 지방신문을 뒤덮었다. 지방언론사 역시 영역적인 이해관계에 얽혀 있는 행위자로서 보는 것이 타당하긴 하지만, 이러한 문제제기는 비단 지방신문에 국한되는 문제가 아니었다. 광주 전남의 국회의원이라면 여야를 가리지 않고 예산 삭감에 대한 탄원을 제기하는 형편이었고, 변호사 협회나 YWCA와 같은 단체에서도 이 문제에 적극 개입했다.

(2) '푸대접론'의 등장

이러한 문제들에 대해 조금 더 신중하게 접근할 수도 있었지만, 같은 해 5월 겪었던 양수기 파동으로 인해 정부에 대한 인식이 좋지 않을 때였다.[12] 1966년 5월

가뭄대책 때부터 시작한 '푸대접'론이 8월 들어 '공업화의 좌절'이라는 형태로 발전한 것이다. 문제는 개발 사업의 예산 삭감뿐만이 아니었다. 이와 함께 신진자동차의 일본차관 도입이 알려진 것이다. 이 차관 도입은 자동차공업 일원화 정책과 맞물려 아시아자동차의 존립 자체를 위협했다. 물론 아시아자동차는 광주공업단지와 '전남 공업화'에 직결되는 매우 중대한 사안이었다.

당시 차관에 관한 국가의 권한은 절대적이었다. 1962년 7월 18일 공포된 '차관에 대한 지불보증에 관한 법률'이 그 권한을 제도적으로 보장하고 있었다. 이 법은 차관을 받기에는 보잘 것 없었던 당시 한국 기업인들이 정부에 지불보증과 후취담보(後取擔保)를 요구하면서 제정되었다. 대외적인 신용도가 낮았던 한국 기업이 공장 건설에 필요한 외화를 도입하려 할 때 정부의 대외보증이란 선택이 아닌 필수사항이었기 때문에(이상철, 2003: 111~112), 민간기업의 도입 차관에 대한 지불보증은 당시 정부로 하여금 외자를 심의하고 배분할 권한을 가지게 했다.

문제는 당시 정부가 신진자동차 공장은 소형 자동차 공장으로, 아시아 자동차 공장은 중대형 자동차공장으로 인가했다는 것이다. 이러한 전제 하에서 아시아 자동차는 71년부터 연간 25,000대의 완전 국산화된 자동차를 생산하여 국내수요와 군납은 물론 해외수출을 담당한다는 조건하에 지급보증을 받을 계획이었다. 그러나 신진자동차가 일본의 차관을 도입하면서 소형 자동차는 물론 중대형 자동차 공장까지 갖추게 되었다. 애초에 하나의 공장이라는 의미의 자동차 일원화 정책은 포기했지만, 자동차의 종류를 나누어 자동차 일원화 정책을 유지한다던 정부 정책에도 모순된 상황이었다. 신진에는 차관 도입을 위한 지급보증이 이루어졌으나 아시아자동차는 여전히 대기 중인 상황이었으니, 신진자동차의 등장은 지방 기업인들과 주민들에게 큰 위협이 되고 있었다. 게다가 이 과정에 신진자동

---

12 당시 전남매일신문 부국장이었던 고○○은 다음과 같이 말하고 있다. "호남푸대접론이라. 그게 농업개발비 예산배정 때문에 처음 나온 말이라니까. 내가 기억하기로는 가뭄이 들어가지고, 지하수 뽑아 올리는 관정사업비 배정을 적게 해준다 해서 나온 얘기여. 농지는 호남에가 더 많은데 왜 호남에 이것밖에 안 해주느냐. 그래서 관정사업비 배정가지고 나온 얘기야." 고○○, 2008. 11. 13 구술.

차와 정부의 유착관계가 정치적인 쟁점이 되고, 신진자동차의 공장이 "영남에 입지할 것"이라는 보도가 이어지면서 '푸대접'론이 재차 촉발되었고 '전남푸대접 시정대책위원회'가 조직되었다.

　신진자동차 문제는 광주 지방 자본가들은 물론 YWCA와 같은 시민단체, 광주 지방 변호사회나 의사협회 같은 지식인 그룹에 '조국근대화' 대한 의문을 갖게 했다. 앞서 언급했듯 조국근대화라는 대의에 동의했던 이들에게 지역 혹은 도시 수준에서 나타나는 불균등의 문제를 각성시킨 셈이다. 여기에 결정적인 역할을 하고 있는 것이 전남일보와 전남매일신문이다. 이들은 지역주의 담론을 주도하면서 신진자동차를 '영남' 기업으로, 신진자동차의 공장입지를 '영남지역'에 대한 입지로 규정하면서, 지역스케일 차원에서 나타나는 불균등을 담론화하고 있다. 결국 이 문제는 '전남 푸대접론'을 촉발시켰고, 본격적인 지역 구성작업, 즉 지역주의 담론 형성의 촉매가 되었다.

V. 지역주의 담론형성과 호남 만들기

1) 영역동맹의 지역 구성 전략: '전남 푸대접론'

　국가계획으로부터 '전남'이 푸대접받고 있다는 주장은 이미 1964년 10월 25일자 전남매일신문에서 "전남은 푸대접받고 있다"는 기사로 나타났다. 그러나 3년이 지난 1966년 다시 등장한 '전남 푸대접'론은 처음 제기되었을 때와는 그 성격이 사뭇 달랐다. 박정희 정권이 등장하여 제1차 경제개발 5개년계획이 끝나는 해였고, 몇몇 특정 공업단지를 중심으로 한 산업화 전략이 공간적으로 편중되었다는 불만이 제기되던 때였다. 그런 상황에서 광주와 전남의 산업화 계획에 대한 예산 삭감, 신진자동차에 대한 차관보증은 '전남푸대접 시정대책위원회'를 중심으로 한 정치적 요구로 이어지기 충분했다. 이제 영역화된 이해관계를 중심으로 영역동맹의 활동이 본격화되기 시작한 것이다. 이러한 활동은 영역동맹이 국가 계획 상 전남의 위치를 현실로 체험한 후, 지역주의 담론으로 전환하게 되는 분기점이 되었다.

(1) 주요 행위자와 제도: 전남푸대접 시정대책위원회의 구성

영역화된 이해관계가 드러나는 데는 계기가 필요하다. 어떤 행위자가 영역적 이해관계를 갖는지, 그리고 그 계기에 얼마나 민감하게 반응하는지는 구체적인 위협이 닥쳤을 때 알 수 있다. 신진자동차 차관보증 문제와 광주공업단지 예산 삭감은 광주 지방의 영역적 이해관계와 그 행위자들을 식별할 좋은 계기였다. 여기서는 이들 각각의 행위자를 보다 구체적으로 살펴보려 한다. 당시 영역동맹으로 볼 수 있는 행위자들로는 여야 국회의원을 포함한 광주 전남의 정치인 그룹, 지역주의 담론을 주도하는 지방언론, 상공회의소로 대표되는 지방자본이 있다.

신진자동차에 대해 문제제기 한 그룹은 광주 전남의 야당 정치인들이었다. 전남 보성출신 국회의원으로 국회 재정경제위원회 소속이었던 민중당(民衆黨) 이중재 의원은 신진자동차에 대한 정부의 1,395만달러 차관 승인에 대해 다음과 같이 비판하고 있다. "7월 14일 각의(閣議)에서 결정된 것인데 차관측인 일본의 '도요다회사는 신진공업에 대한 공장건설의 자금조달로 … 그에 앞선 6월 21일 250만 불을 한국은행의 신진공업 구좌 전입시킨 것은 외환관리법 무역법을 무시한 것으로 … 공화당의 정략이 숨어 있는 예증이다(전남매일신문, 1966. 8. 18)." 이 사안에 대한 정치인들의 초기 대응은 불법비자금에 관한 문제제기로서 지역주의와는 거리가 있었다.

그러나 전남일보와 전남매일신문은 신진자동차 문제가 폭로되기 이전인 1966년 8월 13일부터 광주공업단지 예산을 문제 삼아 조국근대화에서 소외되는 호남문제를 부각시켰다.[13] 흥미로운 것은 지방언론의 담론화 작업이 진행된 이후 여

---

[13] "신문에서 푸대접이라 하면서 푸대접이란 의식이 생긴 거야. 우리가 못 살고 있다는 잠재의식이 있는 데다가, 그 잠재의식을 깨운 거야. 호남 푸대접론을 내세워가지고 그 아픈 마음을 긁어버린 거야. 그 한에 불을 붙인 거야." (당시 공화당 전남도당 사무국장 고○○. 2008. 11. 13 구술)

야를 불문하고 — 물론 문제제기 방식에는 다소간 차이가 있었지만 — 공업화의 공간적 불균등 문제를 거론하고 있다는 점이다. 그해 이중재 의원은 9월 국회에서 신진자동차에 대한 상업차관 지급보증안이 통과된다면 아시아자동차공장 건설은 매우 불투명해 질 것이라 주장하면서 "버림받은 소외지대인 전남의 여야 의원들이 거도적인 분노를 종식시키는 데 합심 합력해서 이 정략의 분쇄에 앞장서야 할 것이라 말했다(전남매일신문, 1966. 8. 18). 민중당 전남지부의 조종한(趙宗漢) 역시 이중재 의원의 논지와 마찬가지로 전남 공업화라는 대의를 위해 전남정치인의 연대를 주장했다(전남매일신문, 1966. 8. 19). 또한 민중당 정책위원회 의장이었던 김대중 당시 국회의원은 성명을 통해 신진자동차공업회사에 대한 정부의 특혜조처를 비판하고 국정감사와 지급보증 동의안 심의를 통해 진상을 규명해야 할 것이라 지적했다(전남매일신문, 1966. 8. 21).

공화당 전남지부 역시 초기 대응은 야당과 크게 다르지 않았다. 공화당 전남지부 허연(許演)은 "전라남도는 농업"이라는 식의 인식을 바꾸고 공업화를 이루기 위해서는 도민 전체의 노력과 결집이 필요하다고 주장한다. 이에 앞서 애초에 공화당 당무회의에서는 광주 전남에 대한 예산 삭감을 두고 전남출신 전국구의원인 최정기(崔貞基) 의원이 "건설 사업비가 지역적으로 편중됐다"고 주장하여 '예산심의 7인소위'로 환송하기도 했다(전남매일신문, 1966. 8. 18).

정치인들의 움직임에 광주를 중심으로 활동하는 지식인 그룹과 — YWCA와 같은 — 시민단체가 가세하면서 운동이 본격화된다. 1966년 8월 20일 민중·신한당의 전남도당 대표를 비롯하여 지방언론, 상공회의소, 노조, 법조계, 종교계 등 12개 분야 60여명이 모여 '전남푸대접 시정대책위원회'(이하 시정위원회)를 발족시킨다. 1966년 8월 22일 시정위원회는 40명의 상임위원으로 구성되는 제1차 상임위원회를 갖고 위원장에 김종순(金宗順) 광주변호사협회장을 선임하고 다음 3개항을 골자로 하는 결의문을 채택한다: 1) 전남 3대공약사업(광주공업단지, 여수 제2정유공장, 영산강유역개발) 이행 촉구, 2) 전남출신국회의원들의 결속촉구, 3) 차별대우시정을 위한 범도민 궐기. 그리고 김종순 위원장과 상공회의소 신태호 부회장을 포함한 대표단 5명이 상경하여 전남 출신 국회의원들을 통해 국무총리실에 이상의 결의문을 전달한다. 아울러 전남출신 여야 의원 전원에게 정부 상대의 적극적인 대응을 촉구하는 격문을 제출했다(경향신문, 1966. 8. 22; 전남매일신문, 1966. 8. 25).

이렇게 볼 때 처음 문제제기를 시작하고 담론 형성에 결정적인 역할을 하고 있는 여야 정치인들과 지방언론은 영역동맹의 성격을 아주 잘 드러낸다. 다음으로 광주상공회의소를 중심으로 한 광주의 지방 자본은 아시아자동차와 광주공업단지를 유치할 때와 마찬가지로 적극적으로 시정위원회에 참여하고 있다. 이들은 상공회의소 부회장 신태호를 대표단에 포함시키는 한편, 여러 실무진을 파견하여 구체적인 건의안 마련에 개입했다. 물론 아시아자동차 유치과정에서 이문환을 중심으로 광주상공회의소가 직접 개입하는 과정만 보더라도, 이들의 역할을 충분히 가늠할 수 있다. 다음으로 이 단체를 주도했던 지방 변호사회, 의사협회, YWCA 등 민간단체들은 상공회의소와 같은 수준의 '대체불가능한 장소의존성'이 있다고 보기는 어렵지만, 고장에 대한 지식인의 실천이라는 측면이 강했던 것으로 보인다.[14]

(2) '전남 푸대접' 담론이 구성하는 지역의 경계: 포섭과 배제의 논리

시정위원회의 조직화 과정에서 그들이 밝히고 있는 운동의 근거는 앞서 살펴본 대로 1) 여수에 세우기로 한 당초의 제2 정유공장 건립예산 4억 6천만원을 2억 6천만원으로 삭감했고, 2) 광주공업단지조성비 예산 3억 6천만원을 6천 4백만원

---

[14] 광주지방 변호사회와 광주 YWCA는 광주에 근거지를 두고 있긴 하지만 기업가나 정치인에 비해 광주의 경제개발과 직접적인 이해관계에 있다고 보기 어렵다. 당시《전남일보》기자였던 안○○은 전남푸대접시정대책위원회 위원장이었던 김종순 변호사와 YWCA에 대해 이렇게 회고한다. "김종순 변호사라고 해서. 제2대 국회의원인가 했어요 나주에서. 나주에서 했는데. 굉장히 과거 자유당 시절에 국회의원 출신인 데다가 변호사를 하면서 자기 고집이 셌죠. 야물았어. 긍께 군사정권에서도 함부로 하지 못하지. 그 뒤 홍남순 변호사나 이런 사람들이 뒤따랐지. … 다른 사람들이야 군사정권 무서워서 말도 못 하재. 그래서 변호사나 종교적인 성직자. 이 사람들은 아무리 군사정권이어도 못 잡아 넣었거든. 잡아넣으면 종교탄압이라 그래붕께. 그래가지고 그분들이 앞에 섰고."

으로 삭감했으며, 3) 영산강유역개발사업비 2억원이 6천만원으로 삭감되었다는 점과, 4) 신진자동차에 차관도입 특혜로 인해 아시아자동차 공장유치가 어려워졌다는 것이다. 이러한 문제들은 당시 상공회의소나 지방언론에서 지속적으로 제기하고 문제삼아왔던 사항이다. 어떤 정치집단이건 쉽게 간과할 수 없는 문제제기들이었다는 점에서, 정치인들이 여야를 불문하고 깊숙이 참여할 수밖에 없었던 상황이었다.

'시정위원회'는 15일 신한당(新韓黨) 전남 도당(道黨)이 제의한 것으로 18일 민중(民衆) 신한(新韓) 양당 간에 원칙적인 합의를 본 것이다(조선일보 1966년 8월 20일자). 처음 모임을 제안한 것은 신한당 전남도지부였다. 여기에 18일 공화당 전남 도지부(道支部)와 민중당 전남 도당도 이에 호응하여 3당 간 합의에 도달했다. 이런 과정을 통해 18일 오후 3당이 합의한 바, 공화당 도지부 위원장 김우경(金遇敬) 의원이 위원장으로 있는 '전남개발촉진위원회' 안에 시정위원회를 두기로 결의하고 19일에는 광주상공회의소 회장단과도 합의, 각계각층을 망라한 전남차원의 운동으로 이끌어나가기로 했다.

하지만 공화당 전남지부의 입장에서 '푸대접'이란 표현은 지나치게 과격했다. 때문에 '소외'로 개칭을 요구하는가하면 최종적으로는 '소외'라는 표현도 삭제하여 '전남개발촉진위 긴급대책위원회'라는 이름으로 바꾸도록 했다. 이 이름을 사용하는 데 합의한 후 공화당 김우경 의원 명의로 초청장을 발송하기까지 했는데, 돌연 공화당 전남지부가 탈퇴를 선언한다(동아일보, 1966. 8. 22). 18일까지 공화당 전남도지부가 회의에 참석했으나 20일에 중앙당의 지시로 불참했다는 기사가 보도되기도 했다(조선일보, 1966. 8. 21). 회의에 대한 불참이 영역동맹에서 이탈로 보기는 어려웠다. 야당의 공동투쟁위 구성 제의에 대해 공화당 전남도지부는 "어디까지나 당 기구를 통해서 공업화를 실현하는 데 예산투쟁을 한다"는 원칙을 세우고 "이미 7인 소위(小委)로 환송해버린 이 예산안이 돌아오는 18일의 당무회의에서 재심을 촉구할 것이며 … 분과위와 예결위에 이르기까지 이 예산투쟁을 계속할 것을 다짐"하고 있다(전남일보, 1966. 8. 18).

그럼에도 불구하고 여당의원들은 '푸대접'받고, '소외'당하는 전남에 속할 수 없는 입장에 있었다. 이들과는 반대로 변호사협회나 YWCA는 '푸대접'과 '소외' 주장을 앞서서 하게 되었다. 이러한 사실은 '전남 푸대접론'이 구성하는 지역의 경계와 상징을 극명하게 보여 준다. 즉 시정위원회라는 제도 형성 과정이, 전라남도 행정구역의 물리적 경계에 '푸대접'과 '소외'의 상징적 경계를 중첩시킨 결과이다. 물론 여기서 소외란 박정희 개발체제의 조국근대화, 즉 근대화로부터 소외를 말한다. 이 스토리라인을 따라서 변호사협회나 YWCA는 담론연합의 틀에 진입했던 것에 반해, 여당정치인들은 영역동맹으로 함께 출발했음에도 담론연합의 밖으로 배제되었던 셈이다. '푸대접', '소외' 등의 표현은 단순한 표현이 아니라 전남지역의 영역성을 구축하는 강력한 담론이었다.

(3) "푸대접받는" 전남에 대한 정부의 대응

지역주의 담론과 전남 지역의 구성에 대한 정부 — 여당의 반응은 일단 "성공적"이었다(조선일보, 1966. 8. 24). 8월 23일 청와대에서 열린 정부 — 여당 연석회의에서는 대통령의 간단한 지시가 있을 뿐이었다. 박정희 대통령은 "여수에 세울 제2정유공장의 실수요자를 빨리 선정하고 구라파에 가있는 아세아자동차공업의 실수요자(이문환)가 귀국하면 곧 일을 시작할 수 있도록 조처하라"고 지시하는 한편, 1억 달러가 소요될 영산강 개발계획에 대해서도 "투자효과 평가를 빨리 내리라"는 말을 한다. 하지만 이러한 언급이 정부 전략에 전향적 수정을 뜻하지는 않는다. 이는 당시 공화당 대변인의 논평에서도 잘 나타난다. 그 골자는 산업시설 입지는 산업 부문에 따라, 입지 여건에 따라 차이가 나는 것은 당연하고, 전라도 지역이 1차적인 공업시설 대상지에서 제외된 것은 사실이나 2차적으로 공업단지를 확정하여 진행 중이라는 것이다(조선일보, 1966. 8. 21). 즉 그간의 산업입지의 불균등은 경제적 합리성에 따른 불가피한 일이라는 지적이다.

하지만 야당의 주장은 매우 다르다. 같은 날 민중당은 성명을 통해 박정희 정권의 "지역적 편파주의는 명백하다"며 "호남지방에 대한 푸대접은 장관을 비롯한 고위직 기용이 어렵다는 얘기에도 나타나 있다"고 주장한다. 나아가 '지역적 편파주의'는 전남에 국한된 것이 아니라 경남북과 다른 지방의 차별로 나타나 있다고 지적한다. 이런 의미에서 시정위원회의 운동을 "지방색을 띤 것이 아니라 지방색을 타파하려는 움직임으로" 평가하고 있다(조선일보, 1966. 8. 21).

1966년 12월 아시아자동차에 대한 외자도입인가가 외자도입심의회에서 통과되었다. 이로써 자동차공업일원화는 폐기된 셈이다. 이러한 요구에 대한 반응이었는지, 다른 의도된 목적이 있었는지는 불분명하지만, 오원철은 아시아자동차의 가장 큰 강점이 '푸대접'론에 있었다고 평가한다. "호남지방에도 고용을 증대시키기 위해 자동차 공장을 세워야 한다"는 논리가 힘을 얻었다는 것이다. 신진자동차가 국산화를 시행하지 않고 있는 상황에서, 신진에 대한 특혜시비에다 '푸대접'론까지 아시아자동차에 유리한 상황이었다고 한다(오원철, 1996b: 112). 요컨대 '전남 푸대접론'에 대한 국가의 대응은 즉각적이고 간단했다. 시정요구는 수용하되, 전략의 수정은 없었다. 물론 당시 박정희 체제가 아시아자동차 설립을 인가한 데는 신진자동차의 불법행위와 정부방침 불복도 큰 변수였지만, 조국근대화 전략에 위협이 되는 지역주의 담론을 불식시켜야 했다. 공화당의 논평에서 전라도 지역에 대한 산업화를 약속하는 것은 이러한 맥락에서 이해할 수 있다.

2) '전남 소외'에서 '호남 소외'로: 호남지방근대화촉진위원회

(1) 경계 확장의 배경: 경부고속도로와 호남선

소외의 영역이 전남에서 호남으로 변화하는 계기가 있었는데, 바로 호남선 복선화 문제였다. 이러한 문제제기의 배경에는 1968년 2월 1일 경부고속도로 기공식이 있었다. 경부고속도로의 경우, 1967년 11월에 경부고속도로 계획단을 발족시킨다는 보도가 난 뒤 3개월여 만에 공사를 시작하게 된 것이다. 1967년 12월 8일 국회 건설위원회에서 김대중 의원은 경부고속도로와 호남 푸대접을 거론하고 있다. 소위 '경상도 정권'이라 불리고 있는 데도 불구하고 투자는 계속 '경상도'로 집중되고 있느냐며 문제시한다. 중부지방이나 '전라도' 지방에서는 당시 정권에 대해 푸대접이란 말이 나오고 있었고, 특히 '전라도'에서는 정부에 대해 "불평을 하는" 상황에서 고속도로 건설은 부적절하다는 발언이다(《국회 건설위원회 회의

록》, 1967. 12. 8).

경부고속도로 계획이 본격화된 1968년 1월 광주 지방 언론은 다시 '푸대접'을 거론하기 시작한다. 그 중에서도 눈에 띄는 것은 전남일보의 '전남의 길' 연재물이었다. "경부고도는 트인다는데: 목포-부산 간 준(準)고속도로"라는 제목의 기사에서는 "경부간 고속화에는 5백여 억 원 뿌려놓고" 전남에 계획된 고속도로가 올 예산에는 계상도 되지 않고 있다고 지적하는가 하면, '광주시 순환도로'라는 기사에서는 광주시내 도로가 30년 전 노폭(路幅) 그대로라는 푸념이다(전남일보, 1969. 1. 10; 1968. 1. 14). 가장 큰 문제는 호남선 복선화였다. 해방 이후 호남선 복선화에 대한 약속이 수십 년간 번복되고 있을 때였다.15 박정희 정권을 '경상도 정권'이라 비꼬던 시기에 발표된 경부고속도로 건설계획은 광주 영역동맹을 자극하기에 충분했다. 게다가 전라남북도를 관통하는 호남선 철도 복선화가 수십 년째 지체되고 있었다. 이에 광주 지방 영역동맹은 호남선 복선화를 위해 또 다시 지역스케일 구성전략을 추진하게 되는데, 소외의 스케일과 영역이 '호남'으로 이동, 확장된다.

(2) 주요행위자와 제도: 호남지방근대화촉진위원회의 구성

호남선 복선화는 광주지방의 자본과 지방언론, 국회의원 등 앞서 거론한 광주지방 영역동맹에 있어 중요한 사안이었다. 경부고속도로의 건설은 조국근대화로부터 소외를 한층 더 강화할 것이라는 위기의식 때문이었다. 그런데 이 사안에 대한 최초의 대응은 의외의 단체에서 시작되었다. 바로 '재건국민운동 전남지부'였다. 1968년 1월 17일 '재건국민운동 전남지부'는 전남도청 회의실에서 긴급회의를

15 당시 광주상공회의소 상근부회장이었던 박○○은 다음과 같이 진술한다. "일정(日政)때 호남선 철도가 만들 때는 3년인가 걸렸다고. 곡괭이가지고 삽 가지고 할 때 그만치 걸렸다고. 그런데 한국정부가 들어서서 복선화하는 데 30년 걸렸다고. 안 해줘. 투자를 안 해줘요. 대통령선거나 국민투표나 있으면 말이지 그때 착공식해요. 그때 몇 키로 해요. 그리고 안 해부러. 그리고 다음 선거 때 또 그 담에 몇 키로 해요. 이래 가지고 30년인가 40년이 걸렸어요. 목포까지 하는 데. … 그런데 안 그래도 차이가 나는디. 어디는 고속도로를 놓는데 철도 복선화도 안 되고 있다고 생각해봐요. 얼마나 불안하겠어."

갖고 호남선 복선화 촉구결의문을 채택한다(전남매일신문, 1968. 1. 20). 결의문에서는 "호남선 복선화가 초시급을 요하는 사업"이라며, 이를 촉진하기 위한 범도민적 운동을 "애국적이며 합리적인 민주방식으로 전개"하겠다고 주장한다. 그리고 이 결의문을 정부 관계부처에 제출하면서 이의 추진을 위해 도민의 연판장(連判狀)을 받을 것이며 경우에 따라서는 보다 강력한 2차 연계운동을 전개할 것이라 입장을 밝힌다.

한편 광주변호사회는 1968년 1월 20일 광주 호남동 YWCA 3층에서 가칭 '호남권익보장투쟁위원회'를 발기하기로 한다.16 이 위원회는 1968년 1월 19일 교통부 순시에서 '대국토건설'의 일환인 호남 고속도로 계획과 호남선 복선화 계획을 건설부와 협조하여 촉진시키라 지시한 직후에 구성되었다. 1967년 1월 20일, 광주변호사회는 호남동 YWCA 3층에서 가칭 호남권익보장투쟁위원회를 발기하기로 결정한다. 초대 위원장 오필선 변호사를 필두로 김종순, 최봉수, 윤재원, 이기홍, 김득룡, 지○○(이상 변호사회 소속 변호사)가 구성하는 7인위원회가 구성되고 여야정치인, YWCA, 광주상공회의소 등이 참여하는 위원회를 구성하기로 한다. 그러나 1월 21일 김신조를 포함한 남파 무장간첩의 '1·21 청와대 습격사건'이 발생하면서 위원장으로 내정되었던 오필선은 물론 공화당의 정치인들이 사의를 표명한다. 그후 호남권익보장투쟁위원회가 호남지방근대화촉진위원회로 개명하고 조직을 재정비하게 된다.

이런 움직임이 있은 후, 다음 달인 2월 1일 대전을 방문했던 박정희는 호남선 복선화에 대한 입장을 다시 밝힌다. 당시 박정희는 대전-이리 간 공사와 대전 철도공작소 건설을 지시했는데, 현재 익산시에 해당하는 이리시가 호남에서도 전북, 전북에서도 최북단에 위치한 도시라는 것이 문제였다. 당장 기공을 해달라는 요구였으나 그 기공시기도 다음 해였고 그 연장 역시 이리시까지로 되어 있었으

---

16 이 위원회에 대한 이하의 서술 내용은 동위원회가 개명(改名)한 '호남지방근대화촉진위원회'(1968)에서 발행한 책자 『호남의 소외』와 동(同)위원회 위원이었던 지○○ 변호사의 2008. 12. 23 구술 참고.

니 광주 전남의 여러 단체에서는 다양한 방면으로 그 활동을 지속한다.

정치인들 역시 이 문제의 해결을 정부에 요구한다. 1968년 2월 22일 국회 건설위원회에서 김대중 의원은 경부고속도로 건설과 호남선 복선화를 연계시키는 발언을 한다. 당시 "우리나라에서 가장 불유쾌한 정치적 시비 거리로서 대두되고 있는" 것이 박정희 정권의 '전라도에 대한 차별정책'이라는 것이다. 그 대표적인 예로 호남선의 복선화 문제를 제시한다. 비료나 연탄 등 필수물자를 운송하고 나면 여타 물자를 운송할 여력이 없다는 것이다. 이러한 기반시설의 용량부족은 공업입지에 심각한 약점으로 작용하고 있다는 것이 그의 주장이다.

그러던 중에 1968년 6월 10일 '호남권익보장투쟁위원회'는 그 이름을 '호남지방근대화촉진위원회'(이하 호남근대화위원회)로 개칭하고 변호사였던 윤재원을 위원장으로 추대한다. 이 단체의 구성원들은 주로 광주지방변호사회 소속 변호사들과 의사협회, YWCA 등으로 과거 '전남푸대접시정대책위원회'와 유사하다. 상공회의소 역시 직원을 파견하고 연구원을 채용하여 호남 소외에 대한 근거를 마련하는 데 힘쓴다.

이 시기 행위자들은 '재건국민운동 전남지부'를 제외하고는 '전남푸대접시정대책위원회'와 같다. 다만 표면화된 담론이 '푸대접'론에서 '근대화론'으로 바뀌었다는 점에 차이가 있다. 사실 이러한 담론의 변화는 담론연합의 측면에서 보았을 때 매우 중대한 변화일 수 있다. 이것이 실질적인 스토리라인에 변화를 가져왔을 경우에 말이다. 하지만 여기서 근대화론은 스토리라인의 변화라고 보기 어려운 측면이 있다. 오히려 호남소외에 대한 그들의 주장은 '전남 푸대접'론에 비해 더욱 체계적이고 명확하다. 이들은 소외의 대상을 전남에서 호남으로 상향 확장했을 뿐만 아니라 소외의 근거를 매우 일관된 논리로 제시하기까지 한다. 광주 전남의 여당정치인들이 이 모임에서 다시 한 번 물러나는 데는 무장간첩 침투라는 외적 변수도 있겠지만, 호남소외라는 스토리라인에 접근할 수 없는 개발체제의 담론연합에 속해 있었기 때문이다. 동일한 상황에서도 야당 국회의원들의 참여는 지속되고 있었다는 사실이 이를 방증한다.

(3) '호남' 소외론이 구성하는 지역과 경계

호남근대화위원회의 주장은 『호남의 소외』라는 소책자에 구체적으로 소개되고 있다. 이 팜플렛의 권두사에 따르면 산업경제의 지역 간 균등발전이라는 관점에서 "700여만의" 전남북 '호남' 주민의 요구라고 주장한다(호남지방근대화촉진위원회, 1968: 7). 아울러 호남근대화위원회의 보다 구체적인 목적을 다음과 같이 밝히고 있다.

> "요지음 호남지방 개발에 있어서 이의 원칙에 벗어난 소외된 점이 없지 않을 뿐 아니라 **특히 산업경제 사회 문화의 원동력이 될 교통망의 근대화 개발 시책에 있어 당초의 공약이 구두선(口頭禪)에 지나지 아니한 점을 목전(目前)에 보고** 호남민들은 수수방관할 수 없는 시점에 놓여 있다." (강조는 필자)

이와 함께 '푸대접'을 시정하기 위해 필요한 산업, 인재등용 등에서의 소외를 정책적으로 해결하라는 요구를 한다. 교통망의 문제에 있어서는 호남선 복선화와 호남고속도로 건설의 조기 실현을 제시한다. 이 두 가지를 호남의 근대화를 해결하기 위한 가장 필요한 사회간접자본으로 거론한 것이다. 그리고 그 배경에는 정부의 경부고속도로 건설 추진이 있음은 의심의 여지가 없다. 호남선 복선화와 대전-목포 간 고속도로 건설을 제2차 경제개발 5개년계획 사업 중에 포함시켜 1971년까지 완공해 달라는 그들의 핵심적 건의사항은 이를 잘 드러낸다. 위원회가 두 교통 기반시설의 조기완공을 종용하는 이유는 경부고속도로 완공에 비해 시기가 늦어질 경우 그만큼의 경제적 격차가 가속적으로 발생한다는 것이다. 아울러 호남선 복선화는 1968년 현재 증가하는 철도 물동량을 감당하기 위해서라도 불가피하다는 것이다(호남지방근대화촉진위원회, 1968: 157~8).

호남근대화위원회의 구성은 '호남'을 새로운 경계로 구성한다는 점에서 큰 의의가 있다. 이들은 '소외'받는 지역의 경계를 전남에서 호남으로 확장시켰다. 물론 이는 호남선과 호남고속도로라는 전라남북도를 관통하는 선형(線型)의 기반시설을 요청하기 위해서였다. 과거 '전남푸대접시정대책위원회'가 공업단지라는 개발의 섬을 유치하기 위해 광주 전남을 주요한 영역적 경계로 삼았다면, 호남근대화위원회는 '호남'을 새로운 지역스케일로 구성하고자 했고, 그 영역적 경계는 소위 '전라도' 전역에 해당했다.

    호남근대화위원회에 와서 '전남 푸대접'이라는 스토리라인은 '호남 소외'로 재구성된다. 여기서 경계와 상징은 전남푸대접론과는 사뭇 다른 특성을 갖게 된다. 호남은 전남에 비해 그 물리적 경계가 명확하지 않은 역사적 개념이다. 이를 전라도 혹은 전라남북도와 동일한 대상으로 보기도 하지만 호남이라는 지명이 쓰인 기간 중 행정구역 자체의 변화도 매우 큰 편이다. 일례로 일제강점기에 전라남도에는 제주도까지 포함되어 있었다. 그러나 '호남'이 지역 내부자들 스스로 정체성을 확인할 수 있는 '상상의 경계'로 작동하고 있다는 점은 명확하다. 단순히 호남 사람이니까 같이 가자는 주장이 아니라, 전라남도와 북도가 모두 고속도로도 없고, 복선화된 철도도 없는 소외된 지역이라는 담론으로 호남을 재구성했던 것이다. 따라서 '호남 소외론'은 호남을 새로운 지역스케일로 구성하고, 근대화로부터 소외된 지역이라는 영역성을 부여하게 되었다. 호남소외론과 호남근대화위원회에 이르러서는 영역동맹의 작동보다는 담론연합의 진화가 더욱 큰 추진력을 내는 형태를 띤다. 이는 광주지방 변호사회와 YWCA의 주도 하에 호남근대화촉진위원회의 구성되었다는 측면에서도 잘 드러난다.

VI. 결론

    지금까지 대부분의 지역주의 연구에서 지역은 '주어진' 것이자 대상이고 타자였다. 또한 지역은 동질적인 대상이었고, 지역 내 정치과정은 인식과 관찰의 대상이 아니었다. 지역 내부의 행위자와 논리는 ― 특히 선거와 투표행태를 통한 연구에서 ― 쉽게 무시되었다. 이런 논리적 전제를 가지고 특정 지역에서만 나타나는 현상을 설명하기는 쉽지 않다. 지금껏 호남의 지역주의를 설명하는 핵심적인 변수가 김대중이라는 개인의 존재였던 것도 이러한 한계 때문일 것이다.

물론 김대중의 존재는 호남 지역주의에서 매우 중요하다. 김대중이라는 국회의원, 신민당 대통령 후보는 그 자체만으로도 지역주의의 조건이 될 수 있다. 하지만 그것만으로는 불충분하다. 일례로 윤보선 대통령이 출마했던 제6대 대통령 선거에서 충청남북도를 보면 박정희 후보(43.3%)가 윤보선 후보(42.2%)에 비해 높은 득표율을 보이고 있다. 여기에 대해서 여러 반론이 가능하겠지만 출신지와 지역주의의 관계를 선거에서 득표로만 해석할 수 없다는 것은 분명해 보인다.

따라서 이 연구에서는 "왜 호남지역에서만 지역주의가 발생했나?"라는 질문을 "왜 호남이 소외지역으로 재구성되었는가?"라는 질문으로 대체했다. 충청, 강원, 영남, 호남, 경기 지역으로 나누어 놓고 이 중에서 영남과 호남을 골라내는 것이 아니라, 호남이라는 역사적인 지역이 이 시기에 들어 소외와 푸대접의 대명사로 재구성된 이유와 메커니즘을 추적했다.

대자본화를 시도한 광주지방 토착자본이 당시 국가적 성장궤도에 동승하기 위해 벌였던 사업을 확인했다. 본문에서 살펴보았듯 호남지역주의는 애초에 광주지방의 개발 담론에서 시작되었다. 여기서 개발담론의 주역은 이문환, 박인천 등 이 지방 토착자본과 전남일보, 전남매일신문으로 대표되는 지방언론, 그 외 광주 전남에 지역구를 둔 여야 국회의원들이었다. 특히 이문환은 호남비료에서부터 아시아자동차까지 국가의 산업화 전략에 민감하게 반응했고, 이를 이용하여 대자본으로 도약하려 시도했다. 이에 광주의 지방언론들이 호응했고, 박인천을 중심으로 한 광주상공회의소 역시 이문환을 뒷받침하기 위해 힘을 모은다. 물론 여야 구분 없이 이 지방에서 활동하는 정치인이라면 정부부처로 요구사항을 전달하는 매개자 역할을 자임했다. 이러한 영역동맹의 작동 결과 호남은 "근대화의 세례를 받지 못한" 소외지역으로 구성되었고, 지역 내외의 언론과 국가로부터 이러한 상징에 대한 승인과정을 겪었다.

이 연구에서 살펴본 내용이 지역주의를 이해하는 유일한 방식이라 단정할 수는 없다. 그러나 지역주의를 선거의 투표 행태로만 이해하고, 선진국의 투표 행태에서 찾아보기 어려운 청산의 대상으로 보는 시각은 오히려 지역주의의 본질을 왜곡시킬 우려가 있다. 사실 지역개발과 연관된 지역주의 이데올로기는 자본주의 국가 일반에서 확인할 수 있는 보편적 현상이기 때문이다. 그리고 지방자치제 실시 이후 한국에서도 다양한 형태로 나타나는 현상이기 때문이다. 따라서 본 연구에서 확인한 광주지방의 '아래로부터 지역주의'는 기존의 국가 중심 설명에 대한 보완으로서, 또한 현재 우리사회에서 나타나는 지역주의 현상에 대한 하나의 접근 방식으로서 의의를 가진다.

4장
불균등발전과 국가공간
불균등발전론의 재구성을 위한 시론

김동완 (서울시립대 강사)

I. 서론

해방 이후 한국의 경제성장이 본격화하면서 거기에는 늘 지역 간 불균등발전이라는 그림자가 따라 붙었다. 국가의 총량적 성장 속에서 지역 간 분배의 형평성이 늘 문제였다. 마침 지역 간 성장격차는 한국 정치의 핵심의제였고, 이른바 지역주의 정치구도를 낳은 배경으로 꼽히곤 했다. 그런데 흥미로운 것은 불균등발전에 대한 어떤 객관적 지표나 기준이 없다는 점이다. 지역 간의 경제적 격차를 기준으로 판단한다면 완전한 균형상태를 제외하고는 모두 불균형한 상태일 것이다. 결과를 두고 평가하는 것은 끊임없는 상대론으로 빠질 뿐이다. 결국 중요한 것은 균형 혹은 균등이라 불리는 상태에서 멀어지도록 만드는 힘과 메커니즘, 실재하는 불균등발전의 구조를 발견하는 일이다. 그러나 불균등발전의 실재 발견은 간단한 일이 아니다. 이 구조는 늘 현실화되는 것도 아니고, 현실화되었다고 해서 모두 인식되지도 않기 때문이다(바스카, 2007). 이는 우리의 불균등발전 연구를 보아도 잘 나타난다.

한국의 지역 불균등발전 연구에서 박정희 시대는 1960년대(1961~1971년)와 유신체제로 나뉜다. 1960년대는 흔히 경공업 중심의 산업화로, 1970년대는 중화학공업 중심의 산업화로 규정되기 때문에 1960년대는 수도권 중심, 1970년대는 동남해안권의 개발을 특징으로 한다.

그러나 대개의 경우 논의의 초점은 1970년대로 수렴한다. 즉 1960년대는 제외되는 경우가 많고, 기껏 다뤄지더라도 이전과 이후를 잇는 점이지대로 정의된다. 이를테면 '독점자본주의' 형성과정이라거나(정기화, 1989; 허석렬, 1988), 70년대 본격적인 불균등발전을 예비하는 기간이라는 설명이다(김왕배, 1991; 이주재, 1992). 혹은, 최병두(1994)와 서민철(2007)처럼 애초에 연구 범위를 1980년대 이후로 한정시킨다. 이러한 현상은 불균등발전의 구조 해명에서 '국가 중심', '자본 중심'으로 대별되는 두 전통 모두에서 발견된다(윤상우, 2005 참조). 즉, 양자는 대자본의 등장과 국가의 '크게 밀어붙이기'(big-push)가 공간적으로 귀결되는 형태를 주목해 1970년대를 강조한다. 그러나 불균등발전의 핵심 의제가 경중의 문제, 상대적인 문제가 아니라면 1970년대 이전의 시기에 대한 분석과 설명이 필요하다. 불균등발전 문제가 미처 현실로 드러나지 않았거나, 우리가 인식하지 못한 것일 수 있기 때문이다. 그렇다면 1960년대를 포함해 그 이전의 시기들은 불균등발전의 구조가 부재했는가? 혹은 그것이 현실화되지 않았는가? 본고에서는 현실화한 불균등발전의 구조를 다른 인식론적 지평에서 확인할 수 있다는 가정 하에, 이를 확인하고자 한다.

여기서 우리는 두 가지 이론적 수정을 고민할 수 있다. 하나는 인식의 대상인 불균등(공간의 불균등) 문제를 다르게 정의하는 방식이고, 다른 하나는 불균등발전의 구조를 인식하는 자본/국가의 대립을 해소시키는 방식이다. 이 연구에서는 공간의 불균등을 재정의할 이론적 자산으로서 정치지리학계에서 최근 논의 중인 스케일 개념을 도입하여 첫째 문제에 도전하고, 전략관계적 국가론에서 발전한 국가공간론을 재구성해 둘째 수정을 진행한다. 이러한 이론적 작업은 1970년대 이전 시기 중 산업화의 역동(力動)이 고조되었던 1960년대에 적용된다. 물론 박정희 체제 수립 이전의 복잡다단한 불균등을 살펴볼 필요는 있겠지만 우선은 1960년대로 연구 범위에 제약을 둔다. 구체적으로는 1960년대의 불균등발전이 어떻게 현실화되었는지 불균등의 대상을 다각적으로 재구성해 살펴보고, 왜 그것이 문제시되지 않았는지를 국가공간의 정합성(coherence) 차원에서 검토할 것이다.

II. 불균등발전과 국가공간

1) 불균등발전론의 이론적 배경

 기존 연구를 검토하는 방향은 크게 두 가지이다. 우선 지역 간 불균등발전을 판단하는 지리적 단위를 되짚어 봐야 한다. '불균등발전'이 지리적으로 불균등한 분포를 인식한 결과라 했을 때, '불균등'한 지리적 단위가 이론사적으로 어떻게 변천해 왔는지 확인하고 발전적으로 재구성할 필요가 있다. 두 번째는 지역 간 불균등발전의 원인과 메커니즘 진단에서 국가와 자본의 역할 문제다. 이는 사회과학 전반에 걸쳐 논쟁이 진행될 만큼 큰 이슈로서 간단히 다룰 문제는 아니지만, 본고에서는 불균등발전론 내에서 전개된 흐름을 중심으로 검토하겠다.

(1) 불균등발전의 지리적 단위: 영역과 스케일

 원래 불균등발전론은 지역 간 관계가 아니라 국가 간 관계(선진 자본주의 국가와 후발 산업국 간의 격차)에 초점을 뒀다. 신고전경제학과 종속이론 간의 대립이 첨예하던 초기 논쟁에서는 불균등발전의 단위가 국민국가에 한정되었다. 불균등의 단위로서 지역 연구는 국가 간 불균등 이론을 지역에 원용하는 형태였다. 신고전경제학의 입장에 선 허쉬만(Hirschman, 1958)의 적하효과(trickling down effect)나 알론조(Alonso, 1968)의 지역 격차 역U자 가설이나, 종속이론을 발전시킨 '지역 간 부등가 교환론'(Lipietz, 1980)과 내부식민지론(internal colonialism; Hechter, 1975) 등이 이에 해당한다. 그렇게 불균등발전 연구가 국가에서 지역으로 관심영역을 확장했으며, 국가 내의 불균등 문제를 본격적으로 다루는 시초가 된다. 비록 국가 단위의 문제를 지역 단위로 동형(homomorphic) 전환했다는 본질적인 한계는 있지만(서민철, 2007), 불균등발전의 지리적 단위로 지역을 채택했다는 의의가 있다.

 한편 비슷한 시기에 아글리에따(1994)에서 시작된 조절이론 전통이 불균등발전 연구에 도입되었다. 처음에는 유연적 전문화나 신산업지구 형성을 축적체제(accumulation regime) 이행으로 설명하려는 목적이었지만, 1990년대에 이르러서는 지역 불균등발전의 논의를 조절이론의 틀에서 설명하려는 노력으로 이어졌다 (서민철, 2007). 지역 불균등발전 연구에 처음 도입된 조절이론은 주로 파리학파의 성과였다. 리피에츠(Lipietz, 1980)는 파리학파 조절이론가이면서 불균등발전에 관심을 가지고 있었고 생산양식의 접합에서부터 조절공간(space of regulation) 개념까지 지속적인 연구를 진행했다. 이런 조절이론의 영향은 지리학으로도 확장되어, 티켈과 펙(Tickell & Peck, 1992) 이후 영역(혹은 지역)의 분화와 조직화를 자본축적의 전제로 인식하는 경향이 생겨나게 했다.

국가에서 지역까지 불균등발전 연구의 지리적 대상이 이동했다는 것은 단순히 크기가 작아졌다는 이상의 의미를 가진다. 이는 20세기 사회과학 전반을 장악하고 있던 국민국가 중심의 인식, 이른바 '영역적 함정'(territorial trap; Agnew, 1994)[1]에서 벗어나는 과정이다. 한 국가를 기본적인 인식의 단위로 둘 때는 영토 내부의 영역(지역)의 질적 차이는 탈색되고, 그 내부 영역을 하나의 실체로 인식하기 어려워지는 덫에 빠진다. 매시의 공간분업론 이후 신지역주의에 이르기까지 지역은 구체적인 지리적 실체로서 시민권을 획득하게 되었고, 이는 불균등발전 연구에 있어서도 중요한 변화였다.

그러나 '영역적 함정'에서 벗어난 인식론의 도약은 여기서 그치지 않았다. 경계와 면을 가지는 영역으로서 지역이 동질적인 평면이 아니라는 문제가 제기됐다. 유클리드 기하학에서 출발하는 이런 동질적 평면의 이미지는 다양한 추상수준의 지리가 동일한 평면위에 혼재할 수 있다는 주장에 직면했다. 여기서 등장하는 것이 바로 스케일(scale) 개념이다.[2] 스케일은 본래 지도에서 축척을 뜻한다. 흔히 보

---

1 본고에서는 영토와 영역을 구분해서 사용한다. 모두 영어로는 territory로 동일하지만 국내에서 영토는 국가의 경계라는 쓰임새가 많아 혼돈의 우려가 있어 불가피하게 분리했다. 즉 영역은 보다 일반적 의미에서 경계를 가지는 평면의 지리적 영역을 의미하는 의미로 사용할 것이다.

2 스케일의 번역은 다소 애매한데, '규모'라 번역하기도 하고 '스케일'이라는 표현을 그대로 쓰는 경우도 있다. 본 연구에서는, 규모라고 표현했을 때 물리적인 크기로 뜻이 축소되는 경향을 감안해, 스케일이라는 표현으로 대신한다. 보다 자세한 사항은 스케일 관련 논문들(Taylor, 1982; Smith, 2000; Swyngedouw, 2004; Brenner, 2004)을 참조.

는 인터넷 지도에서 축척을 바꾸어 볼 때 드러나는 장소들이 달라지듯, 사회관계의 지리도 스케일에 따라 그 형태를 달리함을 함축하는 개념이다. 하나의 영역 속에 존재하는 여러 스케일의 행위자들, 혹은 단일한 관계나 행위자 일지라도 그 자체로 여러 스케일에 등장하는 소위 다중스케일(multi-scalar)의 사회관계와 장소들이 있다. 스케일 개념의 등장은 불균등발전론에서도 매우 중요한 의미를 가진다. 즉, 자원의 불균등한 배분이 단순히 평면의 영역을 대상으로 해서 이루어지는 것이 아니라 그 영역에 스며든(embedded) 여러 스케일의 관계들 속에서 나타나기 때문이다. 따라서 특정 장소에 대한 미시적인 분석에서나, 전체적인 영역 조직화의 양상을 분석할 때에도 다양한 스케일에서 이해하는 것이 중요해졌다.

(2) 불균등발전의 메커니즘: 자본에서 국가로, 다시 공간적 사유로

앞서 우리는 불균등발전의 비교 대상으로서 혹은 불균등발전을 구성하는 지리적 단위로서 지역이 등장하는 과정을 살폈다. 특히 티켈과 펙(Tickell & Peck, 1992)은 매시(Massey, 1984)의 공간분업론 위에 조절이론을 성공적으로 안착시키며 불균등발전론을 한층 더 정교하게 만들었다.

그런데 역설적으로 지역화된 축적체제(accumulation regime)와 다중스케일의 조절을 강조하면 할수록 조절 주체의 모호함이 장애물로 떠올랐다(서민철, 2006). 이러한 문제는 티켈과 펙이 의지했던 파리학파 조절이론에 내재한 문제기도 했다(Jessop, 2000: 440~446 참조). 특히 다른 사회적 관계에서보다 공간적인 조절에서 국가의 매개가 상대적으로 중요하다는 점은 일찍이 다양한 학문 분야의 여러 학자들이 지적해온 사항이다. 르페브르(Lefebvre, 2009)는 사회적 공간생산에서 국가의 역할을 강조했고, 키팅(Keating, 1997)의 연구에서는 지역이 하나의 사회적 구성물이 되는 데 있어 국가만큼 유효하고 강력한 매개가 없음을 지적하고 있다. 리피에츠(Lipietz, 1980) 역시 "국가의 개입은 현재의 공간을 '계획된 공간'으로 대체하는 것"으로 조직화된다며, 자본주의 발달에 필요한 지역 간 노동분업을 조정하고 촉진하는 것이야말로 — 유일하지 않지만 매우 결정적인 — 국가의 역할로 보았다.

결국 조절양식의 공간적 이해에 대한 첫 돌파구는 — 국가를 조절의 주체로 강조하는 — 독일의 조절학파에서 제솝(Jessop)으로 이어지는 '재구성학파'(조명래, 1996)에서 발견된다. 존스(Jones, 1997)는 제솝(2000)의 전략관계적 국가론을 적극적 검토해, 국가의 전략 선택성(strategic selectivity)³을 공간적으로 해석, '공간선택성'(spatial selectivity)을 제시한다. 그는 대처 정권의 국가형태를 슘페테리언 근로국가(Workfare State)로 규정하고, 당시 '두 국민'(two nations) 전략의 공간선택성으로 남북 간 불균등발전을 설명한다. 존스의 기여는 불균등발전론에 국가론을 적극적으로 도입, 자본의 불균등 지리를 생산하는 국가조절의 구체적인 모습을 보여준 데 있다. 하지만 존스는 국가의 어떤 과정들이 선택성에 영향을 주는지를 명쾌하게 제시하지 못했다. 구체적으로는 제도 분석의 장치가 없고 제도를 형성하는 세력관계의 변화를 개념틀 내로 담아내지 못했다(서민철, 2006).

두 번째 돌파구는 국가의 스케일 조정(rescaling) 테제에서 생겨난다. 스케일 조정은 영역적 함정에서 풀려난 연구자들이 그동안 단일한 지리적 스케일로 상상했던 국가를 스케일 분화라는 측면에서 검토한 결과이다(Jones & MacLeod, 1999; Brenner, 2004). 이렇게 보면 지방분권이나 국제적 협력의 틀은 국가의 스케일 분화 내지는 스케일 조정인 셈이며, 다양한 스케일에서의 조절 주체로 국가를 사고할 수 있는 가능성을 열었다. 이제 자본축적에 국가가 접합하는 방식은 무엇인가에서 자본 국가 공간의 삼각관계를 고민해야 하는 단계에 이른 셈이다. 요컨대, 지역불균등발전 연구의 전개 방향은 자본축적 중심의 단선적 논리에서 출발해 정치적인 과정이 어떻게 결합하는지를 해명해 온 역사라 봐도 무방했다. 지리를 생산하는 권력논리에는 — 독자적인 역사적 전개과정을 가지는 — 영토 논리와 자본논리가 있으며, 이 두 논리는 특정 시공간에서 뒤엉켜 현실화된다는 하비(2005)의 지적이 설득력 있는 이유이다.

---

3 전략관계적 국가론에서 축적체제는 다양한 축적전략의 경합과 상호작용 속에서 구성된다. 이때 국가는 역사적으로 진화해온 국가형태를 가지는데, 이 국가 형태는 특정 축적전략에 친화성을 가진다. 이것이 전략 선택성이다.

2) 국가의 공간생산: 불균등발전 설명을 위한 새로운 언어

불균등발전론의 발전사에서 국가와 공간, 그리고 자본의 삼각관계에 관한 본격적인 이론 작업은 브레너(Brenner, 2004)에서 시작된다. 국가공간론(state/space theory)이라 불리는 그의 프레임은 르페브르의 국가공간론, 제솝의 전략관계적 국가론, 서양 정치지리학의 국가 스케일 조정(rescaling)의 세 가지 이론적 자산에 기대고 있다.

(1) 국가공간론의 개념들

브레너(2004)의 작업은 먼저 르페브르의 국가공간론에서 국가와 공간의 관계를 규명하는 데서 시작한다. 그는 르페브르의 대표작인 『공간의 생산』, 그리고 1976년부터 1978년까지 3년에 걸쳐 4부작으로 출판한 대작 『국가』(*De L'État*)를 독해하며, "새로운 형태의 국가, 새로운 형태의 정치권력은 그 나름의 공간 구획 방식을 가진다"는 르페브르의 테제를 받아들여 국가를 하나의 공간 프레임으로 바라보기 시작한다(Lefebvre, 1991: 281). 르페브르는 국민 만들기(nation building)가 영토에 대한 지배에서 기인한다고 본다(같은 책: 111~2). 이 과정은 매우 다양한 형태의 국민 동원 이데올로기뿐만 아니라 대외적인 국경 확정, 대내적인 영토 조직화 등 폭넓은 정치활동을 포함한다. 따라서 르페브르의 국가공간론에서 국가는 경제 조절의 주체인 동시에 공간의 생산자로 개념화된다(Lefebvre, 2009: 201~22). 한편 르페브르는 마르크스의 생산양식 분석에서 생산관계와 생산양식의 거처(居處)가 생략되었다며, 하나의 생산양식이 공고해지려면 공간(그리고 사회적 시간)의 특수한 형태를 발생시켜야 한다고 역설한다(같은 글: 217). 이 과정에서 공간을 파열시키는 자본의 개별적 공간생산을 조절하며, 대규모 기반시설을 구축해 자본주의를 존속시키는 결정적인 역할을 국가가 수행한다.

그런데 브레너는 르페브르의 — 다소 헤겔주의적인 — 국가론은 취하지 않는다. 대신에 제솝의 전략관계적 국가론을 받아들여 공간 분석의 골격을 잡는다. 제솝(2000)의 국가형태(state form), 국가프로젝트(state project), 국가 전략(state strategy)을 공간화하여 각각 국가공간형태(state spatial form), 국가공간프로젝트 (state spatial project), 국가공간전략(state spatial strategy) 개념을 제시한다(Brenner, 2004: 88).[4] 제솝(2000: 497~9)은 국가를 사회로부터 분리된 형태로 규정한다. 그러나 이 두 체계를 완전히 고립시키는 것이 아니라 두 체계 간 관계가 발생하는 계기를 제시함으로써 공진화와 자율성의 틀을 마련한다. 그가 제시하는 두 가지 상호작용의 계기는 구조적 결합(structural coupling)과 전략적 조정(strategic coordination)이다. 전자가 두 체계 간 관계에서 공진화하는 구조라면, 후자는 주체나 세력의 관점에서 그 구조에 개입하기 위한 적극적 시도이다. 이때 국가형태의 변화는 구조적 결합의 과정에서나 전략적 조정의 과정에서 공히 일어나지만 구조적 결합이 자연발생적인 진화론적 관계라면 전략적 조정은 국가의 전략적인 변형에 가깝다. 여기서 전략적 조정에 해당하는 국가의 세 가지 프로그램이 국가프로젝트, 헤게모니프로젝트, 축적전략이다. 먼저 국가프로젝트는 국가의 목표를 규정하고 국가 기구 간의 통합성을 제고함으로써 국가가 사회에 효과를 가지게 하는 전략적 실천과 담론이다. 이는 다시 국가의 정치적 대표 형태와 국가 개입의 통치 형태에 각각 연관되는 정치프로젝트와 통치프로젝트로 나뉜다(지주형, 2009: 180). 다음으로 축적전략과 헤게모니프로젝트는 국가권력을 규정하는 사회적 세력균형을 형성하는 프로그램들로 각각 자본분파들의 경제성장 모델과 사회를 조직화하는 권력 행사 방식으로 정의된다(같은 글: 181).

브레너 역시 국가공간의 형태에서 논의를 시작한다(Brenner, 2004: 92). 국가공간의 형태는 자본순환의 공간에서 분리되는 영토의 조직논리에 근거한다. 만(Mann, 1988)의 지적처럼 근대 세계체제에서 국가다움(statehood)을 지탱하는 공간논리의 기본이 영토성이라는 것이다. 마치 국가형태가 사회로부터 자율적인 국가다움의 논리이듯, 영토 조직에 근거한 국가공간 역시 자율적인 형태를 가진다는

---

[4] 브레너는 축적전략과 헤게모니프로젝트를 대상으로 하는 국가의(혹은 국가를 통한) 시도들을 국가전략으로 정의한다. 그러나 필자의 견해로는 축적전략과 헤게모니프로젝트를 통칭 국가전략으로 규정하는 방식은 헤게모니프로젝트의 공간생산을 도외시하도록 만든다. 때문에 본고의 분석틀에서는 국가전략이라는 표현 대신 축적전략, 헤게모니프로젝트를 그대로 사용하겠다.

입장이다. 여기에 영미의 지리학의 스케일 개념과 국가의 스케일 조정(rescaling) 테제를 적극 도입한 그는 영토를 다형적이고 입체적으로 인식했다. 국가공간의 형태를 영역적인 조직화와 스케일의 분화라는 두 차원에서 검토한 이유도 거기에 있다. 특히 스케일과 영역의 사회구성론적 입장에 서서 공간을 끊임없이 변화하는 하나의 과정(process)으로 인식함으로써, 서로 자율적인 국가체계와 사회체계 간 관계에 대한 제솝의 논의에 맞춰 공간적 차원을 덧붙일 수 있었다.

핵심은 구조적 결합(structural coupling)과 전략적 조정(strategic coordination) 개념이다. 브레너는 국가공간에서 이 둘을 구분한다. 영토 조직과 스케일 분업의 틀이 가지는 하위체계 간 관계, 그리고 여기서 일어나는 제도적 조정이나 국가개입을 구조적 계기에, 여러 스케일에 걸쳐 승계된 공간조직을 전방위적으로 변형시키는 전략적 프로그램을 전략적 계기에 둔다(Brenner, 2004: 94). 이 전략적 계기에 해당하는 국가의 프로그램들이 국가공간프로젝트와 국가공간전략이다(같은 책: 89~94). 먼저 국가공간프로젝트는 국가의 제도적 공간에 개입해 행정구역과 같은 영토의 조직화와 분권의 형태를 조형하는 프로그램이다. 여기에는 통치의 일상적인 실천이나 재정관계, 정치적 대표 형태, 서비스 공급, 정부 간 관계의 지리 등이 포함된다. 이에 반해 국가공간전략은 마치 축적전략이나 헤게모니프로젝트처럼 특정 형태의 경제적 개입을 촉진하고 정당화하는 것으로, 산업개발의 지리와 기반시설의 투자, 정치 투쟁의 지리 등에 영향을 주는 전략적 실천이다. 다시 말해 축적전략과 헤게모니프로젝트의 ― 스케일과 영역(지역)으로 특정화되는 ― 지리를 결정하고 원활히 작동하도록 만드는 국가 프로그램이다.

<그림 1>은 브레너(2004)가 르페브르의 국가공간론과 제솝의 전략관계적 국가론을 교차해 국가공간의 프레임을 구성하는 논리적 흐름이다. 국가형태에 대응하는 국가공간형태를 정의하고 여기서 국가형태에서 국가프로젝트와 전략을 추론해가는 제솝의 논리를 공간형태에 적용함으로써 국가의 공간프로젝트와 공간전략을 도출하는 것이다.

마지막으로 그는 영역과 스케일 차원에서 국가공간의 형태, 프로젝트, 전략을 경험적으로 분석하기 위한 매개변수를 제안한다. 이 매개변수는 정량화가 어려

운 공간생산의 특징을 이념형적으로 구분짓는 역할을 한다. 먼저 (1)의 '중앙집권적/분권적' 항목은 국가공간프로젝트가 국가공간의 스케일 분업 형태를 국가 중심으로 만드는지, 스케일 분점의 형태로 만드는지를 검토하는 항목이다. 중앙정부를 중심으로 한 집권화인지 지방정부의 다양한 스케일로 국가권력이 분점되는 형태인지를 비교한다. 이에 반해 (2)는 영역적 형태로서 전국적으로 동질적인 행정제도를 갖추는지, 특정 지역을 대상으로 하는 맞춤형 제도를 생산하는지에 관한 항목이다. 마찬가지로 (3)은 국가의 공간전략이 국가 도시 지역 등 특정 스케일을 중심으로 하는지, 여러 스케일의 연계를 강조하는지 살피는 것이고, (4)는 영역적인 측면에서 균형 지향인지 집중(불균등) 지향인지 검토하는 항목이다. 이상에 제안된 매개변수들은 다시 스케일 차원에서 '중앙집권, 특정 스케일 중심', '분권, 스케일 분점', 영역 차원에서 '동질적 행정, 균형 지향', '맞춤형 행정, 집중 지향'의 형태로 국가공간프로젝트/국가공간전략의 짝을 이룬다.

그는 케인즈주의 복지국가들에서 출발해 신자유주의 전성기까지 서유럽 국가공간을 분석한다. 복지국가의 분배전략, 내생적 성장전략, 그리고 그의 표현대로 '입지경쟁'(locational competition) 전략으로 변화하는 국가공간전략을 시기별로 나누고 각각의 특징을 도출했다. 그 결과 복지국가의 분배전략 속에서 형성된 역

<그림 1> 브레너의 국가공간 프레임이 도출되는 과정

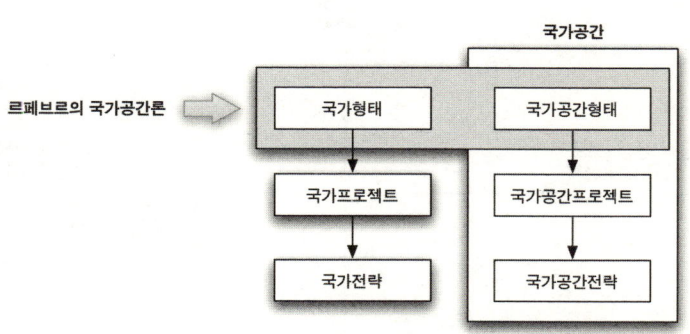

출처: 브레너(2004: 97) 수정

사적 국가공간은 <그림 2>의 2사분면에 속해 있지만, 지구화(globalization)와 신자유주의의 등장 이후 4사분면을 향하고 있다는 결론을 내린다.

(2) 국가공간론에 대한 비판적 고찰

브레너의 프레임은 르페브르와 제솝을 성공적으로 결합시킨 것으로 평가되며, 분석 프레임이 구체적인 탓에 여러 후속연구를 낳고 있다. 특히 이 연구의 관점에

<표 1> 국가공간 분석의 매개변수

	국가공간프로젝트	국가공간전략
스케일 차원	(1) 중앙집권적/분권적	(3) 특정 스케일 중심/스케일 분점
영역 차원	(2) 동질적 행정/맞춤형 행정	(4) 균형 지향/집중 지향

출처: Brenner(2004: 97) 수정

<그림 2> 국가공간 분석의 매개변수

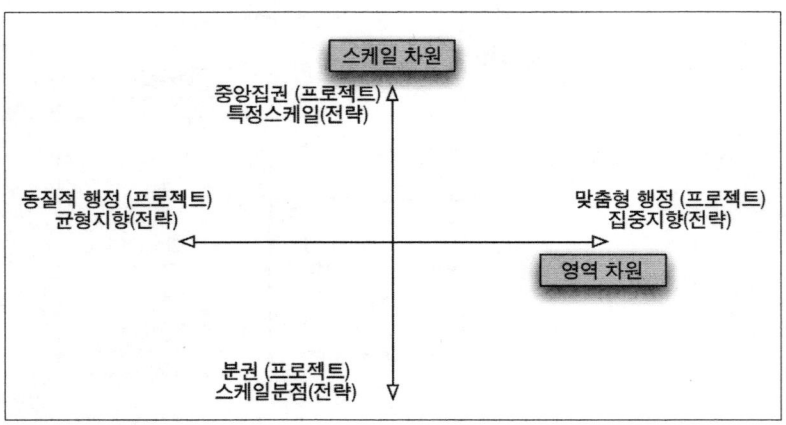

출처: Brenner(2004: 102) 수정

서는 국가공간 프레임을 통해 평면적인 불균등발전 이해를 다차원적인 분석으로 도약시키는 장점이 있다. 어디가 잘 살고, 어디가 못 사느냐의 문제, 그리고 그 원인은 국가가 정책을 잘 못 편 것이냐, 자본주의 보편적 특징이냐는 식의 접근을 새로운 시각에서 재해석하게 한다. 영역과 스케일의 도입은 불균등발전의 지리를 입체적으로 드러냈고, 전략관계적 국가 관점으로 불균등의 지리적 생산을 ― 정태적 인과관계가 아니라 ― 동태적인 과정의 문제로 재규정했다. 그러나 <그림 2>의 분석 프레임은 ― 브레너 스스로 인정하듯 ― 서유럽의 경험에 맞추어져 있다. 그는 <그림 2>를 설명하면서 1사분면과 3사분면이 "논리적으로 불가능하고, 경험적으로 일어나기 어려운" 조합이라고 평가한다(같은 책: 104). 여기서 논리적 가능성의 판단 근거는 무엇인가? 직접적으로 밝히고 있지는 않지만 다른 곳에서 언급한 내용을 보면 국가공간프로젝트와 국가공간전략은 상호 간에 ― 충분조건은 아니지만 ― 필요조건으로 작용한다(Brenner, 2004: 88). 이러한 주장은 제숍이 국가형태, 축적전략, 헤게모니프로젝트 간의 정합성이 전략적 실천의 성과를 결정짓는다고 서술한 것과도 일맥상통한다(제숍, 2000: 285~314). 특히 1사분면을 보면, 국가스케일에 제도가 집약된 중앙집권적 대표 형태가 영역적으로 편중된 개입 형태와 접합되기 어렵다는 논리적 판단이다(앞의 책: 479~80). 하지만 일일이 거론하기도 어려운 많은 연구에서 우리의 경험은 이러한 논리적 전개를 기각시킨다. 대표 형태와 개입 형태는 자본축적의 순환체계를 국가에 매개하는 역할을 하기 때문에 축적전략의 전략적 실천을 위해 정합성을 가져야 한다(제숍, 2000: 244). 위의 그림에서 제시된 바, 한국 개발연대(開發年代)의 국가공간은 "논리적으로 불가능하고, 경험적으로 일어나기 힘든" 매우 이례적인 현상이다. 본 연구의 문제의식은 이 이례성을 국가공간론의 보편적 문제의식 속에 포함시키면서도, 한국 불균등발전의 특성을 드러내는 데 있다. 게다가 브레너 스스로 이 프레임은 중범위(meso-level) 분석틀임을 분명히 밝힌 만큼 '동아시아 발전국가'로 지칭되는 우리의 경험을 분석하기 위해서는 브레너 논의의 한계를 분명히 할 필요가 있다.

첫째, 공간이라는 수식어가 개념을 협소하게 만든다. 브레너는 자신의 개념도구를 국가공간이라는 추상에서 도출한다. 이때 제숍이 전략관계적 국가론에서 국가형태-국가프로젝트-국가전략을 추론하는 논리전개를 원용했다. 그래서 국가형태-국가공간형태, 국가프로젝트-국가공간프로젝트, 국가전략-국가공간전략 간의 관계가 명쾌하지 않다. 일례로 국가프로젝트는 직접적으로 영역을 재조직하거나 스케일 분업 구조를 바꾸는 공간 정책이 아니라 하더라도 공간성을 내포할 수 있다(손정원, 2006: 52). 국가공간전략의 경우도 마찬가지이다. 비공간적인 축적전략 혹은 헤게모니프로젝트 역시 국가공간과 사회공간 간 접합을 강화, 변형하기도 하고, 때로는 기존의 공간조직을 극복하지 못하고 와해될 수도 있다.

둘째, 브레너(2004)의 국가공간론은 국가공간 생산의 사회적 혹은 심상적 계기는 적극적으로 인식하기 어렵다. 그는 르페브르를 인용하지만 여전히 선택성 개념도 사용한다. 그러나 선택한다는 논리는 주어진 지역들 중에서 어떤 지역이 국가전략에 적합했는지를 가늠하는 것이다. 여전히 공간은 국가개입의 효과이거나 결과로 인식된다. 공간의 대립을 생산과정에서 화해시키는 르페브르의 논리에 비해 공간이 주는 함의를 축소시키는 것이다. 르페브르(Lefebvre, 1991)에 있어서 공간은 자연과 구분된다. 공간은 자연 그 자체가 아니라 공간생산의 결과 나타나는 국가이고 사회이다. 즉, 국가가 어떤 프로젝트나 전략을 수행한다는 것과 국가가 공간을 생산한다는 것은 동일한 차원에 있다. 때문에 공간생산의 논리에서 국가공간은 물리적인 동시에 사회적이고 심상적이다(Lefebvre, 2009: 224~5). 특히 본고에서는 심상 공간(mental space)에 주목한다. 심상공간이 담론과 상상의 장이라고 볼 때, 이는 제솝(2000: 300~14)이 세심하게 강조하고 있는 헤게모니프로젝트의 공간생산에서 결정적인 요소이기 때문이다. 이를 생략한 추론에서 한국의 불균등발전은 '논리적 불가능'으로 보이게 마련이다.

국가공간은 국가가 주도하는 대규모 건조환경(built environment) 건설인 동시에, 하부구조적 권력(Mann, 1984)의 영토 내 충진 과정이며, 공간을 조직화하는 '국가의 시선'(스콧, 2010)이기도 하다. 동시에 인민의 영토적 상상을 이끌어내는 헤게모니프로젝트로서 통합의 기제이다. 이렇게 보면 브레너(2004)의 '공간 수식어는 불필요한 제약을 준다. 국가공간은 국가과정에서 나타나는 명시적인 공간프로젝트나 공간전략으로 축소시키기 어렵다. 브레너(2004)의 논거들이 주로 공간적인 배분정책과 입지정책에 집중되어 있는 것은 — 애초의 기획과는 달리 — '공간'이라는 수식어가 인식의 범위를 한정짓는 탓이다. 본고에서는 명시적으로 공간을 거론하지 않는 국가프로젝트와 국가전략(특히, 헤게모니프로젝트)에 더 주목한다. 왜냐하면 기존의 불균등발전 연구에서 가장 간과되었던 공간생산의 계기들이기 때문이다. 따라서 국가의 공간생산을 국가공간전략과 국가공간프로젝트에 의해 생산되는(혹은 선호되는) 지역이나 스케일로만 볼 것이 아니라 비공간적인 전략과 프로젝트의 공간까지 포함할 수 있게 확장해야 한다.

(3) 분석대상과 분석틀 구성

앞서 언급한 대로 브레너(2004)의 추론과정은 오히려 국가의 공간생산을 공간정책으로 축소하는 한계를 보였다. 그리고 르페브르의 공간생산이 가지는 역동을 가려서, 비교적 긴 기간의 구분점을 두고 각 기간을 정태적으로 분석하는 — 전형적인 전략관계적 국가론의 — 방식을 따른다. 다소 정태적인 분석틀일지라도 지난 40여년의 서유럽 변화 속에서 국가형태와 조절양식의 거시적 변형을 분석하는 데는 문제가 없었지만, 빠르게 변화했던 개발연대의 한국적 경험을 분석하기에는 한계가 분명하다. 본 연구에서는 이 문제를 완화시키기 위해 국가-사회 체계 간 구조적 결합(coupling)보다는 전략적 조정(coordination)에 초점을 두고, 기왕의 국가공간을 변형시키려는 국가 프로그램들을 이미 그 자체로 역동적 개념인 공간생산의 틀에서 살펴볼 것이다.

제솝의 전략적 조정은 국가프로젝트, 축적전략, 헤게모니프로젝트의 세 가지 프로그램으로 압축된다. <그림 3>은 이 글의 분석틀을 전략적 조정에 초점을 두고 도해한 것이다. 먼저 축적전략은 하나의 성장모델로서 특정 자본분파의 헤게모니를 관철시키는 헤게모니프로젝트와 연관되어 있다(제솝, 2000: 288). 다음으로 국가프로젝트는 정치적 대표 형태를 구성하는 정치프로젝트와 사회 개입의 방식을 설계하는 통치프로젝트로 나누어진다(지주형, 2009). 이 글에서는 세 가지 전략적 계기의 공간생산을 스케일 분업과 영역 조직화의 차원에서 평가하고 이들 간 정합성 검토를 진행한다. 이를 통해 대상 시기의 국가공간이 가지는 특징을 파악하고 당대의 불균등발전이 어떤 공간 논리에 의해 안정화되었는지 검토할 것이다. 다만 공간생산의 특성을 규정하는 매개변수는 <표 1>에서 브레너에 의해 제시된 것을 원용해 평가한다.

이 연구의 분석 대상은 1960년대 박정희 정권기 한국의 국가공간이다. 1960년대는 크게 두 가지 이유에서 매우 중요하면서도 매력적인 시공간을 연출한다. 우선 산업화가 시작된 시기이다. 1960년 현재로 전체 국민소득의 10.8%에 불과하던 제조업 비중은 제 2차 경제개발5개년계획이 끝난 이듬해인 1972년 현재 25.2%로 증가한다(한국은행, 1973). 같은 시기 농어업의 비중이 46.6%에서 25.2%로 감소한 것과 비교하면 급격한 공업화를 경험한 시기이다. 이와 함께 농촌인구의 이동이 시작된 시기로서 1960년대 현재 도시인구 비중이 28%였던 것에 반해 1970년에 이르면 41.2%로 나타난다(통계청, 2009). 이러한 지표상의 변화를 볼 때 1960년대는 본격적인 산업화와 인구이동이 국가 영토조직에 큰 변화를 일으키는 시기였으며, 당시의 인구이동과 도시화는 산업공간의 형성과 임노동 관계로 농촌 인구가 편입되는 과정이다. 1960년대를 공간생산 측면에서 보면 1950년대의 연장선상에서 전략적 조정을 위한 국가 프로그램이 왕성하게 일어난 시기였다. 게다가 상당히 높은 수준의 경제성장률을 유지하면서도 불균등발전에 따른 정치적 균열이 표면화되지 않는 안정적인 성장의 시기였다. 1970년대 이래로 지역 간 균형발

<그림 3> 국가공간 분석의 개념틀

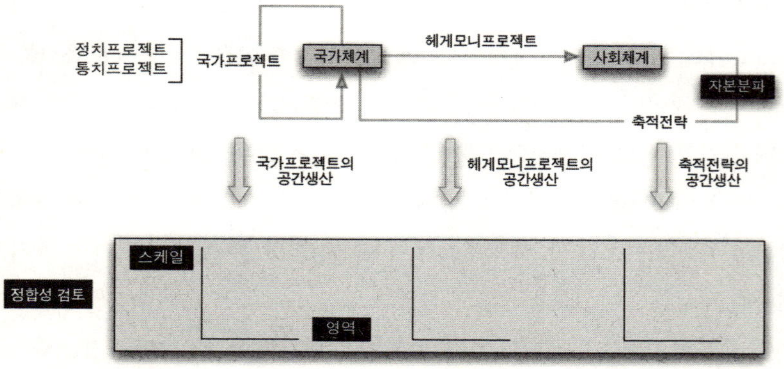

전이 정치적 정책적 화두였던 걸 생각하면 이례적인 시기로 보인다. 서울과 울산 등에만 제한적으로 국가주도 산업화가 진행되었다는 점을 고려하면 이 시기 공간생산의 특징은 매우 독특하다.

문제는 당시의 국가프로젝트와 헤게모니프로젝트, 그리고 축적전략을 어떻게 식별하는 가에 있다. 사실 전략관계적 국가론에서 가장 어려운 부분인데다, 국내 연구는 많지도 않다. 그나마 지주형(2009)은 박정희 개발체제 20년을 개괄하고 있는데, 정치프로젝트와 통치프로젝트를 분리해 국가프로젝트 전반을 규정해 두었다. 때문에 이 연구에서 제시하는 정치프로젝트와 통치프로젝트를 비판적으로 검토하면서 분석대상을 도출해 나가는 방식이 유용해 보인다. 지주형의 연구에서 제시된 내용 중에서 1960년대에 해당하는 것을 추려보면 군부독재와 '한국적 민주주의', 그리고 중앙집권적 성장연합의 수립이다. 다소 추상적인 이 정치프로젝트의 핵심에 경제기획원을 중심으로 한 관료제 구축이 있었다는 것은 어렵지 않게 알 수 있다(김낙년, 1999; 윤상우, 2001; 김시윤, 2004 참조). 그러나 이 글에서는 또 하나의 정치프로젝트로서 지방자치제 폐지에도 주목한다. 지방자치제 폐지가 국가공간에서 가지는 의의는 뒤에 상세히 살펴보겠지만, 단순히 정부 간 역할 분담에 국한시킬 사소한 일이 아니다(김동완, 2009c).

그런데 지주형(2009)이 제시하는 통치프로젝트, 그리고 그것과 구분되어 있는 축적전략/헤게모니프로젝트 범주는 재론이 필요하다. 우선 박정희 개발체제에서 국가는 "청와대가 직접 경제운영에 개입하고 정치논리/권력이 경제논리/권력 위에 서 있는 접합 형태"였다고 평가한다(지주형, 2009: 184). 그리고 경제기획원이 조정하는 산업정책, 금융정책 등을 통치프로젝트의 핵심으로 꼽고 있다. 이러한 국가의 산업화 정책들 역시 이용우(1994), 김시윤(2004), 김낙년(1999) 등에서 공통적으로 확인되는 중요한 국가적 개입 형태들이다. 여기서 지주형(2009)은 산업화 전략 및 정책을 축적전략에서 분리시켜 해석하고, 자본의 미성숙을 근거로 축적전략이 뚜렷하지 않다고 평한다. 그러나 당시 국가-자본 관계를 중상주의적 레짐과 중장적 보조자로 본다면(권태준, 2006), 위에서 제시된 공업화 전략과 정책들은 축적전략의 하나로서, 이를 실현하기 위한 국가의 전략적 개입이다. 역으로 자본가들을 산업화의 중요한 보조자로서 활용했던 측면에서 당대의 자본가들을 조직해낸 방식을 하나의 통치프로젝트로 해석할 부분도 있다. 나아가 당시 공업화의 형태를 정당화했던 경제적 민족주의에 연결시킴으로써 헤게모니프로젝트의 측면까지도 검토할 수 있다. '조국 근대화'와 경제적 민족주의는 당시 공업화 정책의 어두운 측면을 정당화시키는 중요한 계기였기 때문이다(지주형, 2009; 이용우, 1994; 김호기, 1998). 이쯤 되고 보면 국가프로젝트(정치프로젝트/통치프로젝트)와 헤게모니프로젝트, 축적전략 간의 구분은 분석적 차원에서만 가능하다는 것을 알 수 있다(Jessop, 2002: 42). 각각의 차원은 분석적으로는 구분 가능하나, 경험적 수준에서는 긴밀한 상호작용 속에 중첩되어 있다. 따라서 경험적 수준에서 이들 간의 구분은 어렵고도 위험하다. 공업화 전략과 산업 입지 정책 등을 경제기획원과 따로 떼어놓을 수 없고, 대자본을 육성하려는 국가개입을 자본축적과 그 전략에서 배제시키기는 어려운 일이다.

이 글에서는 국가프로젝트, 헤게모니프로젝트, 축적전략을 경험적 차원에서 인지할 수 있는 몇 가지 국가 프로그램을 통해 분석하고자 한다. 국가의 프로그램들을 국가의 세 프로젝트 중 어느 하나에 배타적으로 할당하지 않고, 각 프로그램들이 국가프로젝트, 헤게모니프로젝트, 축적전략으로서 실제 기능한 바를 검토하는 방식이다. 그 결과를 종합해 세 차원에서 생산된 국가공간을 확인함으로써, 1960년대 국가공간 생산과 불균등의 형태를 입체적으로 파악하고, 공간의 정합성도 평가할 수 있다.

III. 1960년대 개발체제의 공업화 전략과 국가공간

박정희 개발체제[5]는 줄곧 군부 엘리트와 관료가 과다 성장한 과대성장국가

---

5 당시의 국가권력을 규정하는 다른 표현으로는 '발전국가'나 '개발독재'가 있다. 그러나 발전국가론은 기본적으로 시장 메커니즘의 존재를 가정하고 있다는 측면에서 비판의 여지가 많고(권태

(overdeveloped state)의 성격을 유지했다(최장집, 1993). 때문에 1960년대의 실정에서 특정 자본분파의 축적전략이 해당 분파의 헤게모니 하에서 국가를 통해 추진된다고 보기는 어렵다. 당시 개별 자본가들이 차관도입의 선을 대거나 산업정책에 조언을 할 처지는 되었지만 군부의 대등한 파트너 역할을 하지는 못했다. 대신 권태준(2006: 194)은 군부 중심의 중상주의 국가와 중상적 보조자 관계를 맺었다고 본다. 즉, 박정희와 군부세력은 경제성장을 체제유지의 기본으로 중상주의적인 축적전략을 수립하고 재벌을 그 보조자로 선택하여 전체적인 개발체제를 완성해 갔다는 관점에서 1960년대 '주식회사 한국'(Korea, Inc.)의 형성을 이해할 수 있을 것이다. 다음에서 분석한 공업화 프로그램의 공간생산과정을 보면 통치프로젝트로서 산업화 정책들이 경험적 수준에서 당대의 축적전략과 치밀하게 얽혀 있으며, 나아가 당시 집권세력의 체제 정비과정에서 나타나는 정치프로젝트에도 영향받는 사실을 알 수 있다. 또한 각각의 공간생산은 극히 중앙집권적이고 특정 장소에만 맞추어진 ― 반(反) 보편적인 ― 경향을 띠었던 것으로 나타났다. 우선 다음에서는 당시 개발체제의 공업화 전략에 대해 자세히 살펴보자.

1) 복선형 산업화와 불균등발전: 두 개의 공업화 전략과 두 개의 공간생산

1960년대의 축적전략에서 분명한 사실은 내포적 공업화 전략과 수출주도형 산업화 전략이 공존했다는 점이다. 이른바 '복선형 산업화'(이병천, 2003) 가설이다. 공간생산의 측면에서 보면 내포적 공업화 전략과 수입대체 산업화 전략은 각각 직간접적으로 울산과 구로를 공업화의 기지를 생산했다. 그런데 복선형 공업화는 처음부터 기획된 전략이라기보다 외적 환경변화에 대응한 변화였다. 이미 그 자체로 '시행착오적 진화과정'(장하원, 1999: 82)에 가까웠다. 이러한 특징은 1960년대 공업공간 생산과정에서 잘 볼 수 있다.

준, 2006), 개발독재론은 중상주의적 국가성격을 규정하는 등 분석적으로 유의미하지만 1960년대에 적용하는 데는 논쟁이 있다. 따라서 본 연구에서는 개발독재론의 기본적인 골격은 원용하되 독재라는 표현 대신 군부 중심의 개발체제라는 표현으로 대체한다.

5·16 쿠데타로 집권한 박정희 체제는 1962년 1월 5일 '제1차경제개발 5개년계획'을 발표한다. 그 내용과 목표는 다음과 같다(조희연, 2007). 첫째, 경제발전에 애로가 되고 있는 전력과 석탄 등의 주요 에너지원을 확보한다. 둘째, 시멘트, 비료, 정유를 만드는 공장 등의 기간산업을 확충하고 사회간접자본을 충족시킨다. 셋째, 농업생산력을 높여 농가의 소득을 올리고, 국민경제의 구조적인 불균형을 시정한다. 넷째, 수출 진흥을 주축으로 국제수지를 개선한다. 다섯째, 과학기술을 진흥하는 등 자립경제를 확립한다. 이처럼 당시 개발체제가 천명한 '내포적 공업화 전략'(기미야 다다시, 2008)은 수입대체를 중심으로 한 자립경제를 주창하고 있다. 내포적 공업화 전략은 1964년 수정계획의 수립과 함께 — 최소한 대외적으로는 — 수출중심 산업화 전략으로 대체되어 산업화의 성패를 논하기는 어렵지만, 당시에 내포적 공업화 전략이 요구했던 국가의 공간생산은 상당 수준 진행되었다. 특히 이 전략에서 강조했던 기간산업에 대한 투자는 울산공업센터와 화학공업 5개년계획으로 실현되었다.

그러나 제1차경제개발 5개년계획에서 표방한 내포적 공업화전략은 그리 오래 가지 않아 수정되었다. 야심차게 단행한 1962년 통화개혁은 시작한 1차계획은 미국의 원조중단과 차관공여 불허 위협으로 곧 철회되었다. 게다가 1962년 경제성장률은 목표치 5.7%의 절반 정도인 2.8%에 그쳤다. 이듬해인 1963년에는 연이은 흉작으로 식량사정이 악화되었고, 초기 과도한 투자확대는 정부보유 외환을 고갈시켰다. 이런 상황에서 1964년 이른바 외환파동을 겪게 되었고 미국의 대(對)한국 정책변화와 경제개발계획 수정 권고가 있었다(기미야 다다시, 2008; 이완범, 2006). 경제적 위기와 대미관계는 경제개발 초기에 "정부주도의 경제자립화(농업육성을 통해 국내시장을 확대하고 중화학 공업을 중심으로 수입대체 산업화)를 추진한다는 계획을" 포기하게 했고, 한일회담에서부터 외자도입 중심으로 전략적 수정을 요구했다(이완범, 2006: 154).

한일회담 이후 수출주도산업화가 적극 추진되는데 1960년대를 관통하는 이 전략의 결과, 양적으로는 상당한 수준의 산업화를 이루는데 성공한다. 1963~1969년 사이 제조업 부문 고용인구는 2배로 늘어난 반면, 농업에 종사하는 인구는 그 절대수가 감소했고, 1968년 기준으로 농업부문 1인당 부가가치는 12만 7천원 정도인 데 반해 제조업 부문에서는 34만 원이 되었다. 수출중심 산업화로의 전략적 선회는 다시금 대도시의 공업입지가 중요해지는 계기가 되었고 당대 한국 최대의 도시 서울로의 의존성을 전략적으로 높였다. '구로공단'으로 더 잘 알려진 서울시 구로동의 '한국수출산업공업단지 제1단지'가 1966년 2월에 완공되는 것을 기점 (起點)으로, 1968년 6월 제 2단지 완공, 1973년 9월 제 3단지 완공이 이어졌다. 같은 시기 인천에는 제4, 제5, 제6 수출산업 공업단지가 건설되어 서울 서남부를 거점으로 하는 공업공간이 빠르게 생산되었다.

그러나 우리는 울산공업단지에 대한 투자와 울산의 성장도 60년대를 관통하고 있다는 점에 주목해야 한다. 울산의 발자취는 흔히 거론하는 1960년대 '수출주도 - 노동집약적 경공업' 도식을 무색케 한다. 축적전략의 선회에도 불구하고 울산공업단지는 쇠퇴하지 않고 있으며 60년대 내내 생산력과 부가가치 면에서 성장세를 유지하고 있다. 1960년대 울산공업단지에 대한 정부투자와 중화학 공업부문 공장의 입지를 보면 더욱 분명해 진다. 제1차 경제개발 5개년계획이 시작되던 1962년 경제개발사업의 핵심인 울산공업센터 기공식을 거행하고 공장부지 확보와 부지정지공사, 도로 및 토목 사업, 공업용수개발 및 항만축조사업 등 공업단지 기반을 마련하기 위해 집중적인 투자를 했다. 정부가 울산공업센터 건설에 투자한 금액은 제1차 경제개발 5개년 계획의 총투자액 중 7.7%에 달하고, 광공업 부문만을 보았을 때는 투자총액의 24.8%를 울산공업센터에 투자했다. 2차계획에서도 울산공업센터에 투자된 금액은 외자(外資)와 내자(內資)를 합해 841억 원, 정부 총투자액의 4.6%에 달하는 재원이 조달되었다(장병익, 2007).

울산 공업단지는 그 자체만으로는 성공적이었다.[6] 투자한 만큼 울산공업센터

---

[6] 초의수(1993)에 따르면 부산을 제외한 경남 지역의 부가가치가 1963년 현재 전국 대비 3.6%에서 1968년 현재 전국대비 12.6%로 급증했다. 특히 경남은 사업체 수나 종사자 수의 변화는 거의 없어 경남을 중심으로 고부가가치 산업의 축이 형성되었다고 평가한다. 경남의 지표를 울산에 그대로 대입하기는 어렵겠지만 당시의 공업화 상태를 미루어 볼 때 울산의 산업구조 고도화가 타도시에 비해 빠르게 진행되었다는 추론이 가능하다.

의 생산력도 급성장했다. 1차 경제개발계획이 마무리된 66년까지 울산시의 총생산액은 287억 7천만원. 첫 해인 62년에 2억 2천만원, 63년에 7억 3천만원, 64년에 18억 7천만원, 65년에 109억 9천만원, 66년에 149억 6천만원으로 급진적인 발전을 계속했다. 수출실적도 62년에 26만 달러에 불과했으나 66년에는 30배 가까이 증가한 765만 4천 달러로 성장했다. 1차 경제개발계획 기간에 정유, 비료, 합섬, 알루미늄 공장이, 2차 경제개발계획 기간에는 석유화학계열 공장과 현대자동차가, 3차 경제개발 5개년 계획 기간에는 현대조선소와 추가적인 화학공업 공장들이 들어섰다. 울산상공회의소(1992)의 울산공업사에 따르면 1962년 울산정유공장을 시작으로 1964년 영남화학, 동양합섬, 동양나일론, 1965년 한국석유, 대한제관, 한국비료, 인성산업, 1966년 공영화학, 한국알루미늄, 영남화력, 동창화학 등의 공장 승인이 이어진다.

  이처럼 1960년대의 공업화는 내포적 공업화 전략과 수출지향 공업화 전략이 병렬적으로 진행되었으며, 복선형 공업화의 공간생산에 따른 결과가 구로와 울산의 공업단지였다. 공업화 전략은 중상주의적 지배레짐과 보조자로서 자본이라는 틀에서 통치프로젝트인 동시에 축적전략이었다. 그런데 여기에는 통치프로젝트와 축적전략은 물론 정치프로젝트의 공간생산도 중요한 영향을 끼쳤다. 구로, 울산 두 공업 공간의 입지가 결정되거나, 핵심 제도가 국가스케일에 구축되는 과정에는 통치 및 정치 프로젝트와 축적전략의 공간생산이 중첩되어 있기 때문이다.

2) 공업화 전략의 차원에서 바라 본 국가프로젝트와 공간생산

  여기서는 두 축적전략에 연계된 국가프로젝트들을 모두 검토한다. 먼저 밝혀둘 것은 아래에서 살펴볼 국가프로젝트의 목표가 축적전략의 수행에 국한되는 것은 아니라는 점이다. 앞서 언급한 국가권위주의나 청와대 중심의 강력한 중앙집권체제 구축은 그 자체로 산업화를 위한 것이라기보다는 당시 지배세력이 구축하려 했던 새로운 형태의 정치적 대표 형태로 보는 것이 타당하다. 그러나 전략관계적 국가론이 현실 분석에 기여하는 바는 각각 독립적인 것처럼 보이는 두 차원의 프로젝트를 구조적 정합성 위에 연관지어 올려둔다는 점이다. 우선 1960년 당시의 국가프로젝트는 '개발독재'(이병천, 2003; 권태준, 2006) 혹은 '관료적 권위주의체제' 등으로도 불리는 중앙집권적 권력구조로의 이행이다. 여기서 몇 가지 정책 프로그램이 구체화되는데, 이 중 다음 몇 가지 프로그램들은 의도했거나 의도하지 않았거나 간에 공업화 전략의 공간생산에 중첩되어 구로와 울산에 현실화된 공업공간의 형태에 영향을 미쳤다.

(1) 국가프로젝트로서 경제기획원: 국가스케일로 독점되는 지대

1960년대 경제기획원의 설립은 통치 및 정치 프로젝트 모두에 있어 중대한 변화였다. 경제기획원은 1961년 7월 22일 국가재건최고회의에서 경제계획의 일원화를 목표로 신설되었다(이완범, 2006). 대만이나 일본에도 이와 유사한 경제개발위원회(CEPD), 통산성(MITI) 등이 있었지만, 한국의 경제기획원은 이에 비해서도 강력한 위상과 권한을 가지고 있었다(윤상우, 2001: 168). 일단 경제기획원의 수장은 부총리를 겸하고 있었고, 예산작성에 대한 전권을 재무부로부터 이관받았다. 예산권은 국가의 정책 우선순위, 즉 전략적 선택의 과정에서 가장 강력한 통제력을 미칠 수 있는 것으로서(Peters, 1979: 349), 가치의 권위적 배분을 통제하는 수단인 동시에, 그 자체로 국가적 중대 사안이다. 이러한 점은 외자도입권도 유사하다. 대규모로 도입되는 차관은 국내에서 추출되는 자원의 비중을 축소하면서 사회 부문에 대한 국가의 자율성을 증가시키고 동시에 국가의 총 통화량 통제수단으로서 안정과 성장에 이용된다. 뿐만 아니라 경제기획원은 경제정책의 검열, 계획, 조정에 관한 기능을 총괄함으로써 다른 부처들의 독립적인 사업 능력을 현저하게 제약했고, 국회의 감시 밖에 존재하면서 경제 정책 결정의 독점적 권한을 행사했다(Haggard, 1994; 김시윤, 2004에서 재인용). 비록 경제기획원의 기능과 위상이 과장된 바 없지 않지만 최소한 1960년대 말까지는 청와대 친정체제가 완성되지 않았고, 경제기획원을 중심으로 한 소규모의 관료제가 기민하게 움직였던 것으로 보인다(윤상우, 2001: 169).

단일기구 하에 예산권과 외자도입권이 통합되면 국가기구 간 권력투쟁에서 경쟁할 수 있는 국가기구의 수가 대폭 줄어들게 되고 그 결과 부처 간 세력균형이 단순해지는 한편 위계적 질서가 확립된다(김병국, 1988: 72). 한국의 경제기획원 장관은 부총리를 겸직하고 협의기구를 관장하면서 자신의 기획권과 지휘 감독권을 견고히 하고, 동시에 독과점 기업이 '가격담합'이나 '기업연합'을 통해 시장지배를 꾀할 때 자유재량적인 개입도 가능했다(경제기획원, 1982: 549~611). 경제기획원의 예산권과 아울러 중요한 것은 금융시장에 대한 개입이었다. 여기엔 수출지원금융제도 강화와 이자율 개혁, 차관지급보증 등이 결정적이었다. 그런데 청와대 외에 통제장치가 없었던 경제기획원이 이 두 가지 금융정책 도구를 활용하는 것은 그 자체로 엄청난 지대를 창출했다(김시윤, 2004: 211). 김낙년(1999: 133)에 따르면 국가의 자금통제에서 기인하는 지대가 1960년도 GNP대비 8.0%에서 1970년도 GNP대비 25.9%로 증가하고 있다. 지대는 국가스케일에 쌓이고 지대의 통로는 청와대-경제기획원으로 이어지는 신속한 위계를 따라 결정된다. 특히 경제기획원은 조직구조상 하부 단위를 가지지 않는데 이는 결정 작성의 권한, 즉 지대의 흐름을 결정할 권한을 철저하게 중앙정부에 귀속시키고 계획 작성의 준거를 국가스케일에 두도록 했다.

(2) 정치프로젝트로서 지방자치제 폐지: 국가스케일 중심의 제도화

두 번째로 검토할 국가프로젝트는 지방자치제 폐지이다. 사실 지방자치제의 폐지와 부활은 국가형태 상 커다란 변화임에도 불구하고 국가스케일 중심의 사고에 익숙해진 탓에 부차적인 문제로 다루는 경향이 있다. 그러나 지방자치제는 국가권력의 스케일 분업 혹은 분점이라는 측면에서 접근할 필요가 있으며, 지역정체성에 영향을 줘 영역화된 이해관계가 정치적 힘을 획득하는 토대가 되기도 한다(김동완, 2009a). 따라서 지방자치제 폐지는 국가스케일을 중심으로 국가공간의 통합성을 높이려는 의도에서 이해해야 한다.

1961년 5월 16일 군사쿠데타에 성공한 '군사혁명위원회'는 같은 날 포고령 제4호를 통하여 전국의 지방의회를 해산시켰다. 5월 22일 '국가재건최고회의'는 포고 제8호를 통하여 지방의회의 동의가 필요한 사항에 대해, 읍면에서는 군수, 시

에서는 도지사, 서울특별시와 도는 내무부장관의 승인을 얻어 시행하도록 하였다. 그러나 이 '임시조치법'은 '지방자치법'이 개정되면 폐지해야 하는 임시 법률이었다. 이후 1962년 '신헌법'을 제정하기까지 최고회의는 지방자치제의 부활을 공공연히 표방했고, 내실 있는 지방자치제 실시를 위해 노력한다는 언급을 하기도 했다.7 또한 같은 해 12월 17일 국민투표로 확정된 헌법 개정안에는 제 109조에 지방자치단체에 관한 규정을, 제 110조에는 의회에 관한 규정을 두고 지방자치에 관한 헌법적 규정을 마련하기도 했다. 하지만 정작 지방자치제 시행을 위한 지방자치법은 1960년대는 물론 박정희 체제 내내 제정되지 못했다. 게다가 유신헌법에서는 부칙 제10조에서 "이 헌법에 의한 지방의회는 조국통일이 이루어질 때까지 구성하지 아니한다"고 명문화하여 지방자치 논의 자체를 거부했다.

물론 자유당 시절 지방자치제가 보여 준 부정적 시각이 이러한 퇴행적 시도에 면죄부를 준 점도 있지만, 기본적으로는 국가개입의 효과로 만들어진 지대를 국가 하위의 다른 스케일과 분점하지 않는 효과를 낳았다. 지방정치의 활성화와 지방자치제는 지역이나 도시스케일에서 작동하는 영역화된(territorialized) 이해집단들에게 활동의 공간을 열어준다는 측면에서 국가스케일로에 권능을 집중시키는 국가프로젝트에 반하는 요소이다. 1996년 지방자치제 실시 이후 지역 혹은 도시스케일에서 지방정부와 의회정치를 중심으로 구성되는 국가 하위 스케일의 실체적 합리성, 그리고 거기서 발생하는 새로운 형태의 세분화된 지역주의(김동완, 2009b)는 그 이전 시기의 국가(공간) 형태가 관철시킨 바가 무엇인지 극명하게 보여준다. 결론적으로 지방자치제는 ― 제도 폐지의 직접적인 이유가 무엇이건 간에 ― 1960년대 국가스케일에 집중되어 있는 지대를 지역이나 도시스케일의 정치적 요구 대상에서 제도적으로 배제시키는 장치로 작동했다. 이러한 정치프로젝트는 중앙부처에서도 하부조직이 없었던 경제기획원이 국가 하위 스케일의 정

---

7 1962년 당시 오치성 내무위원장은 "최고회의는 군을 기초적 지방자치단체로 하는 임시조치 법안을 연구 중에 있다"며 새 지방자치법을 성안 중이라 밝히고 있다. 여기에는 도/시군 단위의 2종으로 행정 위계를 구분하고, 단체장은 임명제로 하되 각급 의회 의원은 종전처럼 직선으로 진행할 것이라는 내용이 포함되어 있었다(경향신문, 1962. 6. 2).

치적 과정에서 완벽히 벗어나도록 만들어 축적된 지대의 스케일 간 분산을 막도록 했다.

(3) 중상주의 보조자로서 재벌과 공간성

앞선 두 가지 프로그램은 국가프로젝트로서 스케일 분업을 조형하는 경우였다. 이에 반해 중상주의 보조자로서 재벌이 동원되고 기능하는 과정, 그리고 여기서 생산되는 국가공간은 영역적 측면에서 주목할 필요가 있다. 권태준(2006), 손정원(2008)은 각각 '중상적 보조자', '국가권력의 하부기구' 등으로 당시 재벌기업을 규정하고 이들이 국가 전략 수립의 중요한 파트너였다고 평가한다. 추후에 상술하겠지만 이들의 역할은 해외 자본과의 연계, 외자 도입을 위한 시설검토 등 공업 공간생산에 핵심적인 정보를 제공하는 것이었다.

중상적 보조자로서 재벌에 주목하는 이유는 재벌을 박정희 개발체제의 지배엘리트로서 볼 수 있게 하고, 이는 개발체제 식 관료제 구축의 한 단면으로 의미가 있기 때문이다. 박정희 개발체제의 지배엘리트를 불균등발전의 배경으로 지목한 연구는 여럿 있지만(김문조, 1992; 김용학, 1992; 손정원, 2006), 이 중에서도 김용학(1992)은 "엘리트 충원의 지역 격차"를 두고, ― 조직이론에서 사용되는 개념을 활용해 ― '불확정성'(uncertainty)을 줄이려는 권력 핵심의 미시적 동기가 엘리트 충

<표 2> 1960년대 대기업가 집단의 지역별 분포

	대기업가 (%)	지역비/인구비중	인구 (%) (1970년도 현재)
서울/경기	17.7	0.63	28.3
충청	13.9	1.01	13.8
경상	50.6	1.67	30.4
전라	11.4	0.56	20.5
강원	6.3	0.89	7.1

출처: 최영진(1999: 108)를 수정 (이북 출신 경제인 제외[전체의 21%])

원 상 지역 격차라는 거시적 결과를 낳았다는 해석을 제시한다. 그에 따르면 이 문제는 "조직 내부의 통제에 대한 불확정성"을 줄이려는 개인적인 동기로 해명할 수 있다는 것이다. 이러한 시도를 쿠데타 이후 "정통성이 부족한 상황에서 불확정성을 줄이고 거래비용(transaction cost)을 줄이려는 합리적 선택"으로 규정한다. 아울러 "정당성이 허약한 정권일수록" 미시적 동기가 더 강하게 작동되리라 추론한다. 김용학(1992)의 주장이 중요한 이유는 지배엘리트 구성의 공간성(spatiality)이 국가의 정당성 확보를 위한 정치프로젝트에 의해 생산되었다는 새로운 시각을 제시하기 때문이다.

대개 지배엘리트는 정치엘리트, 행정엘리트, 경제엘리트, 사법엘리트 등을 말한다. 이 중 선출직 국회의원이 중심이 되는 정치엘리트를 제외하고 행정엘리트와 사법엘리트에 대한 기존의 연구 결과는 영역적으로 균등한 분포를 보인다(노병만, 1998; 김동완, 2009a). 그런데 재벌 기업가들인 경제엘리트는 전혀 다른 형태를 띤다. 오갑환(1975)에 따르면 1972년 현재 선정된 대기업 56명 가운데 50명이 자수성가한 창업주들로서 "이들은 주로 5·16 이후부터 60년대에 시작한 경제성장과 월남전 경기 및 수출 붐에 힘입은 것"이라며 당시 기업 창업과 성장의 역동성을 강조한다. 차남희(1981)는 여기에 덧붙여 50년대 대기업가 28명 중에서 70년대까지 기업을 발전시키지 못하고 탈락한 사람이 15명이고, 60년대 급성장한 기업가가 32명이라고 지적하고 있다.

그런데 기업활동의 부침(浮沈)을 지역별로 살펴보면 영역적 불균등 분포가 확연하다. <표 2>에서 보듯 대기업가 비율에서 경상남북도 출신의 비율이 높다. 이러한 영역적 편차는 당시 국가프로젝트로서 지배엘리트 충원의 과정이 생산하는 공간성으로서, 향후 구체적인 공업입지에 영향을 미치는 중요한 변수가 되었다. 이러한 사실에 대해 최영진(1999)는 "60년대 이후 정부주도형 산업화가 이루어지는 과정에서 선택적 배제와 융합이 강력하게 이루어졌다는 점을" 알 수 있다고 주장한다.

그러나 대기업가 집단의 지역별 분포 자체가 지역 간 경제적 격차를 해명하는 직접적인 원인이 아니라는 점도 분명하다. 특히 이들의 고향 혹은 집안이 터한 지역이라 해서 구로와 울산에 공업공간이 형성되었다는 논리는 설득력이 떨어진다. 이러한 분포는 단지 국가프로젝트로서 초기 지배엘리트의 수급과정에서 발생하는 한 층위의 공간생산으로 분석적 수준에서만 유의미하다.

IV. 국가프로젝트의 공간생산과 공업단지

앞서 우리는 공업화 전략의 차원에서 1960년대 국가프로젝트의 공간생산을 검토했다. 여기서 우리는 경제기획원 중심의 경제정책 중앙집권화가 창출하는 지대, 국가스케일로 독점되는 과정, 나아가 관료제 조직화 과정에서 경제엘리트 집단의 영역적 특징을 알 수 있었다. 그러나 이들 국가프로젝트들이 공업화 전략에만 국한되는 것은 아니다. 즉 공업화를 목적으로 진행된 통치프로젝트일 수도 있지만 국가 일반의 구조적 정합성을 제고하기 위한 국가프로젝트로 보는 것이 타당하다. 게다가 이들 프로젝트들이 직접적으로 공업공간을 특정 위치, 특정형태로 생산했다고 보기는 더 어렵다. 국가프로젝트는 특정 맥락에서 여러 가지 형태의 제도적 장치와 행위자들, 네트워크들로 구체화되어 공간을 형성하는데, 이는 경험적이고 구체적인 분석을 통해서만 드러난다. 따라서 1960년대, 나아가 박정희 체제의 공업공간을 대표하는 공업단지들이 특정입지에 특정 형태를 갖게 된 맥락을 추적하면, 국가프로젝트들의 공간생산이 구체적인 공간에서 중첩되는 과정을 밝힘과 동시에, 역으로 공업단지 건설이 통치프로젝트나 정치프로젝트를 어떻게 변형시켜나가는지 검토할 수 있다.

여기서는 공업화 전략의 구체적인 형태로서 두 공업단지의 건설과정을 살펴본다. 각각 60년대의 대표적인 공업화 전략의 일환으로 기획된 공간으로 앞서 살펴본 국가프로젝트와 축적전략의 공간생산과 맞닿아 있다. 또한 이 공업단지 건설은 그 자체로 축적전략의 일환인 동시에, 통치프로젝트의 구체적인 프로그램이기도 하다. 공업단지에 대한 기존의 교과서적 해석은 개발체제의 성장거점 전략이라는 공간적인 개발전략으로 공업단지의 생산을 설명하지만, 이는 다소 피상적인 해석이다. 공업단지, 혹은 70년대 용어로 '산업기지'의 도입과 확산은 단순히 정부 차원의 산업 전략으로 환원되지 않는다. 여기에는 앞서 살펴본 여러 프로젝트들의 공간생산과정, 특히 중상주의적 보조자로서 동원된 재벌과 국가스케일에 저장된 지대, 지대활용을 독점한 경제기획원 등이 모두 이 과정에 개입되어 있다.

1) 내포적 공업화 전략의 조건으로서 울산공업센터

(1) 왜 공업단지인가?: 외자유치와 재벌의 역할

오원철(1995)에 따르면 제1차 5개년계획은 상공부에서 제출한 '화학공업 5개년계획'으로 개별 공장건설 리스트에서 출발했다. 공장목록을 나열한 탓에 '쇼핑리스트'라는 별명이 붙었다고 첨언하고 있다. 오원철(1995: 18)은 처음 제출된 계획 중 미완으로 남아 있던 부분이 "누가", "어디서", "어떻게"라는 물음이었다고 한다. 즉 사업주와 입지, 공장건설방법, 특히 자금조달방법이 미결의 과제였다. 여기서 사업진행주체는 1961년 5월 부정축재 혐의를 받았던 13명의 기업인들로 결정되었다. 물론 이들이 부정축재 했다는 재산은 공업화 자금으로 동원하도록 했다. 이들 기업인들은 현금조달의 어려움을 이유로 보유하고 있는 자금은 공장건설에 쓰고, 공장건설 후 주식으로 헌납하겠다고 건의한다.

부정축재 혐의를 받은 기업인들은 '경제재건촉진회'를 만들어 사업추진 주체가 되었고, 1961년 8월 '한국경제인협회'로 개칭하여 해외 투자유치에 나선다. 미국과 유럽지역으로 나누어 떠난 투자유치단 중 '미주투자유치단장'으로 갔던 이병철은 한국전쟁 중 미 8군 사령관을 지낸 밴플리트 장군의 지원을 받아 미국 기업인을 소개받았다. 여기서 나온 공통된 조언이 "수송, 용지확보 등을 감안해서 임해지역이나 내륙 요지에 특별 공업지구를 먼저 설치해야 한다"는 것이었다(김입삼, 1998). 투자유치단은 "우리가 귀국하면 즉시 적절한 입지 조성 등 투자환경을 갖추어 놓겠다"고 약속하고 대안마련을 위해 피츠버그와 디트로이트 공장 지대를 둘러보았다(오원철, 1995: 23). 이러한 활동의 결과로 등장한 보고서가 '울산공업센터 설립안'이었다. 따라서 공업단지가 1960년대 대표적 공업공간의 형태가 된 배경에는 재벌들의 네트워크를 활용한 외자유치 활동이 있었고, 공업단지 생산의 구체적인 과정에는 국가스케일에 집중된 지대와 이를 독점하는 경제기획원이 중요한 역할을 한다.

(2) '발전의 섬'의 제도적 구축: 경제기획원이 주도한 특정 공업지구

울산공업센터 추진에 앞서 공단 조성을 위한 토지수용법인 '공업지구조성을 위한 토지수용특례법'을 1962년 1월 20일에 공포한다. 같은 날 공포된'도시계획법'이 법적으로 정의되는 도시지역에 대한 계획법이라면 위 특례법은 오로지 울산공업센터만을 위해 만든 법률이었다. 이렇게 단정할 수 있는 이유는 본 법에서 대상지역을 각령으로 규정하도록 하고, 1962년 1월 27일, 즉 법 제정 이후 단 1주일 만에 각령 제 403호로 '특정공업지구 결정의 건'을 통해 울산군 울산읍과 방어진읍을 포함하는 울산공업지구를 결정했고, 이듬해 토지조성이 완료되면서 폐지되었기 때문이다. 특히 1962년 1월 1일 시행된 토지수용법이 이미 수용을 위한 정책수단으로 마련된 상황에서, 개별시설 수용을 넘어서 일정 구역 내 토지와 시설 전체를 일거에 수용하기 위해 특례법을 제정했다는 점은 이 특례법의 정책목표를 잘 보여준다(총무처, 1962). 이에 당시 군사정부는 1962년 1월 울산을 특정 공업지역으로 설정공포(각령 제 403호)하고 다음 달 2월에 울산공업센터 기공식을 추진한다.

토지조성 이후 본격적인 공업지대 조성 작업에서는 경제기획원 산하에 '울산지구 종합공업지대 조성추진위원회'를 설치했다. 이 추진위원회의 업무는 기간산업 종합건설을 위한 지대(地帶) 선정, 건설될 공장의 우선순위 결정, 공장지대 조성을 위한 소요자금의 조달, 공업지대의 도시건설이다(경제기획원, 1962). 이 위원회의 위원장은 경제기획원장이 부위원장은 상공부장관이 맡았고 내무부장관, 교통부장관, 국토건설청장, 경상남도지사, 한국전력 사장, 주택공사 총재 등이 위원으로 참석했다. 이와는 별도로 내각수반 밑에 '울산개발계획본부'를 편성하고, 본부 내에 울산개발위원회, 울산토지조정위원회, 외국기술용역단 등을 설

치했다. 이후 계획추진에 필요한 건설과 부대사업을 효과적으로 지원하기 위해서 1962년 3월 각령 제 504호에 의거 '울산특별건설국'을 설치한다(같은 글). 특히 울산특별건설국은 '지방건설관서설치법' 규정에 의해 국토건설청장 소속 하에 설치되었으며 울산공업지구의 조성 및 도시건설사업을 시행했다. 1966년 설치법이 폐지되었으나 '건설부 및 지방건설공사 사무소설치령'에 근거해 존속하다가 1975년 6월 18일에 가서야 폐지되었다.

이상의 모든 조치들은 오로지 울산공업센터만을 위한 맞춤형 정책들이었다. 경제기획원을 필두로 중앙정부 부처가 동원된 일련의 통치프로젝트였으며 그 기획에서 관리까지 모두 중앙정부 관할 하에 추진되었다. 브레너(2004)가 산업 혹은 개발 프로젝트를 위한 정책 정향이 특정 대상을 하고 있는지 전 영토에 걸쳐 균질적인지를 놓고 국가프로젝트의 공간생산을 평가하고 있긴 하지만 울산공단처럼 특정 장소만을 위한 정책 설계가 이루어진 경우는 찾아보기 드물다. 특히 1962년 5월 31일에 시행된 '울산개발위원회 및 울산개발계획본부설치법'은 1963년 12월 27일 '공업지구 조성을 위한 토지수용특례법'과 함께 폐지될 때까지 앞서 언급한 울산개발위원회의 근거법이 되었다. 이 위원회는 내각 수반을 위원장, 경제기획원장을 부위원장으로 하여 상공부장관, 내무부장관, 재무부장관, 농림부장관, 교통부장관, 체신부장관, 국토건설청장이 참여하는 범내각적 위원회였다. 물론 폐지 이후 대부분의 업무를 울산특별건설국으로 위임했지만 울산개발위원회의 구성은 중요한 시사점을 가진다. 결과적으로 울산공업센터는 당시 강력한 중앙집권화로 국가스케일에 독점된 지대가 실현된 구체적 공간이었다. 울산 이외의 다른 어떤 지역도 위에 열거한 통치프로젝트의 대상이 아니었으며, 공업화의 공간으로 생산되지 않았다. 즉, 울산공업센터는 가시적인 결과는 물론이거니와, 공업화를 영역적으로 고려했을 때 상상할 수 있는 가장 극단적인 형태를 가지고 있었다. 다른 지역과의 형평이나 균형에 대한 고려는 조금도 개입될 여지가 없었다. 경제기획원 중심의 중앙집권화와 지대 창출, 그리고 국가스케일로의 지대 집중을 고려한다면 어떤 한 도시를 선택하는 행위는 — 단순히 정권 실세의 연고라는 식의 단편적 해석이 아니라 — 국가공간의 형태라는 틀에서 이해되어야 한다. .

(3) 왜 울산인가?: 울산 입지의 논리

울산이 공업단지 예정지로 선정된 배경에 관한 여러 가설이 있으나 그 중 설득력 있는 내용은 다음의 두 가지이다. 첫째는, 국가의 통치프로젝트로서 으레 갖추었어야 할 경제적 합리성이다. 울산 앞바다는 조수 간만의 차가 0.85m에 불과하여 항만시설 설치에 유리했고, 서울-부산 간 중심노선에 인접한 지선 상에 위치해 접근성이 좋았다(장병익, 2007).

뿐만 아니라 직접적으로는 일제시대 중화학 공업단지로 계획되어 상당한 기반시설이 설치되어 있었다. 1935년 일본질소, 일본석유 등 일본자본이 강원도 원산에 설립했던 조선석유주식회사는 태평양 전쟁 확전으로 북미로부터 원유수급이 막히자 일본으로의 원유수송거리를 단축시키고 원산공장을 소개(疎開)하려는 목적에서 울산공장 건설을 추진한다(김동욱, 1989). 울산공장의 건설은 1944년 2월에 착공하여 원유처리능력 20만 킬로리터를 목표로(현재 SK에너지 구내에 있는) 고사동 일대에서 추진되었다. 원산공장의 최대 처리능력이 40만 킬로리터였으니 그 절반 수준이지만 작지 않은 규모였다(김동욱, 1989). 일제의 패망으로 중단되었지만 70% 정도의 공정이 진행되었고 이것은 한국전쟁 이후까지도 남아 정부가 관리하고 있었다(김종경, 2011). 이런 배경은 울산이 입지타당성에서 좋은 평가를 받을 만한 경제적 합리성을 제공했다.

울산 공업센터 입지에 대한 두 번째 추론은 경제인협회의 공식요청을 군사정부가 수용했다는 것이다. 당시 경제인협회는 그들의 제안서에서 울산을 직접 거론하고 있다. 김입삼(1998)에 따르면 "이병철 회장은 세계적 규모의 비료공장을, 남궁련 부회장은 정유공장 건설을 추진하면서 적합한 용지물색을 위해 국내외 공업지대와 항구들을" 살펴보았다고 말한다. 울산공업센터 조성에 대한 강한 의지는 이병철 자신의 회고록에서도 쉽게 확인할 수 있다(이병철, 1986). 또한 5·16 쿠데타와 함께 해산된 '한국경제인협의회' 회장이었던 김연수는 이미 울산에 여러 공장을 건설해 두었었는데, 경제인 협회의 제안서를 작성할 때 김연수의 조언이 큰 영향을 주었다(이달희, 2008). 김연수는 삼양사의 사장으로서 1954년 제당공장을 울산에 착공하여 1955년에 준공했을 뿐만 아니라, 1957년에는 자연 한천

(寒天) 및 인조빙(人造氷) 공장도 준공했다.

　김연수 외에도 1950년대 후반에는 대한조선에서 정유공장을 삼성에서는 비료공장 건설을 구상한 일이 있다. 유영휘(1998: 268)는 울산이야말로 재벌들의 "군침을 돋우는 지역이었고 그래서 울산개발을 건의했을 것이라" 추측하고 있다. 잠정적으로는 외자도입과정에서 적극적 역할을 했고, 공업단지 형식의 공간 생산을 조언했던 재벌들의 역할이 울산으로의 입지에 중요한 역할을 했다는 견해는 충분히 설득력 있다.

　요약해 보면, 울산으로의 입지는 통치프로젝트로서 갖추어야 할 계획의 정당성의 차원에서, 그리고 중상적 보조자로서 국가스케일의 지대에 접근 가능했던 재벌의 이해관계 측면에서 설명할 수 있다. 오로지 울산만을 공업공간으로 구성하는 여타의 제도적 정비도 같은 맥락에서 이해할 수 있다. 중요한 점은 울산공업센터를 건설하면서 구축된 가시적 비가시적 공간, 즉 국가프로젝트가 생산한 공간이 일정한 경로를 형성했다는 점이다. 단순히 경남, 경북에 투자를 많이 해두었다는 영역적인 매몰비용을 말하는 것이 아니라, 다른 통치프로젝트의 전범이 되어 공간생산의 규준이 되었다는 의미에서 그렇다. 그 영향은 새로운 공업화 전략의 공간생산에서 잘 나타난다.

2) 공간생산의 정형화: 수출주도 공업화 전략의 공간생산

(1) 수출산업공업단지 건설: 울산의 재현

　수출주의 산업화 전략이 공표되고 난 뒤, 1963년 1월 8일 한국경제인연합회는 박정희 당시 국가재건최고회의 의장이 참석한 경제문제간담회 자리에서, 일본의 수출상품 현황과 재일교포의 기술능력에 대해 설명했다. 그 결과 정부에서는 수출산업개발을 위한 총력지원정책을 채택할 것을 약속하였다(한국수출산업공단 삼십년사 편찬위원회, 1994: 141~142). 그리고 같은 해 3월 수출산업촉진위원회가 구성된다. 이 위원회는 첫 사업으로 1963년 3월 15일 이원만(한국나이론) 위원장을 단장으로 한 '수출산업실태조사단'을 일본에 파견하는데, 1960년대 초반부터

불붙기 시작한 일본의 수출상황을 시찰하고 재일동포 기업가들을 유치하기 위해서였다. 이 자리에서 재일동포 기업가들이 요구했던 사항이 바로 서울 인근의 공업단지 조성이었다(같은 책: 145~146). 수출중심 전략에 대한 정부와 기업인들의 사전 조율이 있었고, 이를 추진하기 위한 일본 내 동포들의 자본 유치가 필요했다. 그 결과로 나타난 것이 수출산업공업단지이다. 기업인들 차원에서 수출산업촉진위원회를 구성했다면, 정부 측에서는 '수출산업공업단지 육성위원회'를 조직하고 이를 관리 운영할 '한국수출산업공단'을 설립했다.

부정축재 환수, 통화개혁, 금리 현실화 등 일련의 내자 동원 정책이 실패한 상태에서, 미국과 일본의 외자유치는 산업화를 위해 필요한 조치였다. 결국 재일동포 기업가들의 요구대로 서울의 구로동과 인천 부평이 수출산업공업단지로 지정되었고, 이듬해 1964년 9월 14일 맞춤법안으로서 '수출산업 공업단지 개발조성법'이 제정되었다.

이 일련의 과정, 즉 조사단을 파견해 외국 자본과 접촉한 것, 도입 조건으로 공단 조성을 제안하면 이를 위한 법안을 마련하는 것까지 수출산업 공단조성은 울산의 공간생산과 무척 닮았다. 이 법은 국유지를 중심으로 노동력 위주의 공장 공간을 생산하는 제도적 장치이다. 비록 이 법이 일반적인 수출산업 공단을 모델로 제시하고 있긴 하지만, 그 실상은 서울 중심의 성장거점 만들기로서 울산에 적용한 형식을 서울에 이식하는 실험이었다. 1960년대에 지정된 수출산업공단이 구로 인근인 인천지역의 공단들뿐이었음은 당시 이 법안의 목표지가 어디인지를 분명히 보여준다. 또한 이 법에는 사업주체인 '한국수출산업공단'에 재정 지원과 면세 혜택을 주고, 수출공단에 입주하는 해외 교포 기업의 재산반입을 우선 처리하는 한편, 국공유지 취득과 사유지 수용을 통해 용지를 확보한다는 내용이 포함되어 있는데(한국수출산업공단 삼십년사 편찬위원회, 1994), 이것 역시 울산공업센터에서부터 형성된 국가-도시스케일 간 분업구조와 동일하다.

(2) 모방된 공간, 그러나 스케일의 한계: 도시 공업단지의 좌절

1960년대 후반 상공부 주도 아래 각 시·도 지방정부도 대거 공업단지 건설에 나

섰다. 1967~69년 사이 광주 대전 전주 청주 대구 춘천 등 도청 소재지에 공업단지 조성이 추진되고, 1970년부터는 이리 원주 목포 등 지방 중소도시로까지 공단 개발이 확대되었다.

공업단지의 모방과 적용 속도는 급격했다. 울산과 구로에서의 공업화(당시로서는 근대화의 실험과 기획)가 지방도시들도 확산된 것이다(김동완, 2009b). 그러나 지방공단의 경우 중앙정부의 지원이 미약하여 지방정부가 입주기업체에 선분양금을 받고 부족하면 지방정부 재원을 보태 개발하는 방식이었다. 개발 초기에는 부동산 투기 붐이 일어나 민간자본이 유치되는 듯했지만, 당시 민간자본에도 한계가 있었고 1970년대에는 투기 붐이 사라지면서 선분양 후개발 방식이 차질을 빚었다. 결국 공단조성은 지연 또는 중단되고, 설혹 조성되었다 하더라도 대규모 미분양사태를 면하지 못했다(유영휘, 1998: 54).

이런 결과를 초래한 원인은 재원조달 방식과 법적 근거에 있다. 1970년 '지방공업개발법'이 제정되기 전까지 지방공단은 1962년 제정된 '도시계획법'에 근거했다. 도시계획법은 토지개발에는 유용했지만 재정지원을 보장해주는 장치는 아니었기 때문에, 민간공업단지와 지방공업단지의 재원 부족은 심각했다(유영휘, 1998: 55).

즉, 지방의 도시정부가 추진했던 공업단지는 권능과 재원에서 중앙정부에 턱없이 모자랐고, 어떤 지대도 창출하지 못했기 때문에 기업체를 입지시킬 유인이 없었다. 이러한 상황은 1960년대 내내 지속되었으며 1960년대 말 광주를 중심으로 개발지향적인 지역주의 담론이 형성되기 전까지 특별한 정치적 대응도 취하기 어려웠다(김동완, 2009b). 도시나 지역스케일의 사회관계들이 정치적으로 표출되기 위한 제도적 장치가 지방자치 철폐로 사라지면서, 시장이나 도지사보다도 국회의원의 역할이 강조되었던 것도 결국엔 국가스케일에 독점되어 있던 지대에 접근하기 위한 방책이었다. 스케일 간 분업구조에서 국가스케일의 권한 독점, 지대 독점은 결국 중앙정부나 국가적 시책에 편승하는 지역개발이데올로기로 나타났다(정근식, 1991 참조).

(3) 1960년대 국가프로젝트가 생산한 공간의 형태와 정합성

결과적으로 1960년대 개발체제가 추진한 통치프로젝트와 정권 초기 안정화를 위해 추진한 정치프로젝트는 축적전략 상 집중적인 자원이 투하된 세 공업단지에서 중첩되었다. 한편으로는 울산, 구로, 인천의 세 공업단지 각각을 위한 제도적 장치를 마련하고, 다른 쪽에서는 명목상의 공단개발을 도시계획 차원에서 추진하는 이원적 추진체계를 구성한 것이다. 따라서 1960년대 산업화를 지원하는 국가프로젝트는 국가스케일에 제도적 장치를 밀집시키면서도 특정 거점을 지향하는 형태의 국가공간을 생산한다. 즉, 중앙집권화와 이를 기반으로 한 국가프로젝트를 진행시키면서도, 특정 도시나 지역만을 위해서 영역적 불균등의 극단을 보여주는 맞춤형 프로젝트들로 일관했다. 브레너(2004)의 진단대로라면 경험적으로 찾아보기 어렵고, 논리적으로도 불가해한 경우가 우리 1960년대를 특징짓는 국가공간이다. 즉, 공간적 정합성이 극단적으로 나쁜 한 사례로 볼 수 있다.

그런데 우리는 한 가지 의문을 해결해야 한다. 왜 1960년대는 불균등발전의 문제나 지역주의 정치가 나타나지 않았을까? 1960년대는 국토종합개발계획 개념조차 없어 몇몇 공업공간을 제외하고는 산업화와 근대화에서 배제되었던 시기였다. 고도성장의 중요한 10년간 공간을 둘러싼 갈등과 정치적 담론이 없었던 이유는 국가프로젝트와 축적전략이 생산한 공간을 보충하는, 그리하여 공간적 정합성을 유지시키는 제3의 차원이 있다는 암시이다. 여기서 주목하는 것은 바로 '조국근대화' 담론의 공간성, 즉 헤게모니프로젝트로서 '조국 근대화'의 공간생산이다.

3) 헤게모니프로젝트로서 '조국 근대화'의 공간생산: 총량적 실적주의와 국가스케일로 종합

(1) 헤게모니프로젝트로서 조국근대화와 경제민족주의

헤게모니프로젝트의 공간생산은 브레너의 분석틀에서는 심도 깊게 논의되지 못한 주제로서 앞서 언급한 "논리적으로 불가능한" 국가공간이 어떻게 존재할

수 있었는지를 해명할 열쇠가 될 것이다. 제숩(2000: 288~311)은 헤게모니프로젝트는 — 경제적 헤게모니를 넘어서는 — "헤게모니를 가진 특정 계급의 정치적 지적 도덕적 대변자들이 다양한 세력을 호명하고 조직할 때, 특수이익과 일반이익의 갈등이라는 추상적 문제를 해결"하기 위해 작동시키는 구체적인 프로젝트로 설명하고 있다. 축적전략이 한 국가 혹은 국제적 경쟁에서 경제적 팽창과 직접 연관되어 있는 반면 헤게모니프로젝트는 (비록 경제적으로 규정되며 경제와 관련이 있다 할지라도) 주로 비경제적 목표와 연관된다는 설명이다(같은 책: 301). 하지만 한국의 개발체제에 있어 이러한 일반적인 구분은 어려워 보인다. 당시 축적전략의 경제적 성과는 경제적 민족주의를 지탱하는 국가정당성의 핵심이었기 때문이다(권태준, 2006; 김일영, 2006; 윤상우, 2006). 1960년대 개발체제는 권력을 장악한 지배세력이 어떤 정치적 기획을 하더라도 "국민경제의 자립과 국리민복(國利民福)이 그 정당성의 근거인 시대"(권태준, 2006: 170~171)에, '국익'을 경제성장으로 정의하는 일종의 동원체제였다. 이러한 특징이 당시의 축적전략과 헤게모니프로젝트, 특히 헤게모니프로젝트에 미묘한 특수성을 낳는다. 즉, 1960년대 박정희 경제개발은 공업화와 그를 통한 근대화 프로젝트였고, 조국근대화는 가장 강력한 헤게모니프로젝트였다(조희연, 2010).

1967년 실시된 한 전문가 설문은 당시 공업화에 대한 당대 담론생산자들의 입장을 잘 보여준다. 홍승직(1967: 161~176)에 따르면 1967년 현재 지식인들이 바라본 근대화의 과제 중 단연 으뜸인 것은 공업화와 경제성장이었다. 전체 설문대상자 중 29.6%가 공업화를, 22.6%가 국민생활수준 향상을 꼽았다. 게다가 경제발전을 위해 개인의 자유를 희생시킬 수 있냐는 질문에 60.7%가 그럴 수 있다고 답해 당시 경제성장에 대한 인식, 나아가 이들이 생산했던 담론의 방향을 단적으로 보여주고 있다.

(2) 조국근대화로서 공업화의 요체: 수출주의와 실적주의

당시의 공업화는 수출주의를 요체로 했는데, 수출 성과는 국가스케일에서 집계되고 공표되었다. 이른바 총량적 실적주의가 경제개발 프로젝트를 평가하는 근거

가 되었다. 축적전략의 변화에서 설명했듯, '자립화 정책'은 한일회담을 전후로 대외의존적 수출주도적 공업화로 전환된다(이대근, 1987). 5개년계획에 대한 보완계획에서 이러한 전환의 전조가 보이지만, 수출주의가 본격화된 것은 1964년 6월 수출진흥종합시책을 마련한 뒤의 일이다. 같은 해 10월 5일 박정희는 자립경제 기초 확립의 제 1 과제가 "수출 진흥을 통한 외화의 획득"이고, 경제시책의 최우선 목표를 '수출 제1주의'로 삼는다고 밝힌다. 1964년 중반부터는 소위 '수출 드라이브'가 본격화되었다. 당시는 '돌격내각'이라는 닉네임을 얻은 정일권 내각이었는데, 저돌적인 추진력을 가진 장기영 부총리와 '수출장관'이라는 별명을 가진 박충훈 상공부 장관(차관은 김정렴) 등이 그 추진세력이었다(이완범, 2003: 190). 그 성과는 비교적 빨리 나타났다. 그해 11월 수출 1억 달러를 달성하면서 같은 해 12월 5일을 '수출의 날'로 제정했다. 이듬해인 1965년 초 박정희는 연두교서를 통해 "증산, 수출, 건설"을 구호를 내세우며, "수출 아니면 죽음"이라고 호소한다. 여기서 '증산'은 곧 공업제품의 증산이고, '수출'은 공산품의 해외수출이며, '건설'은 공업화와 수출을 위한 사회간접자본의 건설이었다(권태준, 2006: 151).

수출주의와 따로 떼어 놓고 생각할 수 없는 것이 실적주의이다. 양적 성장목표를 달성하느냐 못하느냐가 사업 성패를 가늠하는 상황에서, 수출실적과 같은 지표에 사활을 걸게 되는 것은 당연했다. 물론 여러 연구에서 당시의 공업화 전략이 단순한 수출지향적인 공업화가 아니라 수입대체화 전략을 병행해 사용했다는 지적을 하기도 한다(유철규, 2003; 장하원, 1999).

그러나 박정희 개발체제의 헤게모니를 유지해주던 정당성이 경제적 민족주의였고, 그 성과를 보다 분명하게 드러낼 수 있는 방식이 계량화된 실적을 공표하는 것이었다는 점을 생각하면 이미 '수출 드라이브'는 단순한 경제정책 이상이었다. 이러한 원리는 박정희의 국정 수행방식에서도 잘 드러난다. 그는 수치화하는 방식을 주로 사용했다. 오원철(2006: 18)은 박정희가 수량적인 방식을 선호했던 이유에 대해 이렇게 밝히고 있다. "수치로 표시하면, 국민들은 알아보기 쉽다. 목표가 달성되었을 때의 수준을 현재와 비교할 수 있고 진행과정도 수량적으로 판단할 수 있기 때문이다."

"공업화 = 근대화"라는 전망을 수출주도 공업화로 실현해 나가며, 엄격한 실적주의를 적용해 개발체제의 헤게모니를 관철시켜 나가는 방식은 최소한 1960년대 내내 지속되었고, 유효한 헤게모니프로젝트로서 작동했다(조희연, 2010). 권태준(2006: 308)은 당시의 경제적 민족주의를 "함께 잘살기"(shared growth)라 정의하며, 5·16 쿠데타 직전의 장면정권의 경제적 무능력과 비교하고 있다. 쿠데타 이후 재건국민회의를 거치며 구성된 개발체제는 "적어도 집권 초기 10년 동안 실적으로써 대중적 기대에 부응(副應)"했다는 것이다. 여기서 함께의 주체는 '우리/민족'이라 여겨지는 공동체적 집단이다. 요컨대, 당시 '상상의 공동체'를 지탱하던 경제적 민족주의는 "함께 잘살기" 믿음이었고, 조국근대화 전략은 ― 계층, 계급, 산업부문, 지역 등의 차이를 초월하여 ― 모두 함께 잘살기 위한 산업화를 추진하겠다는 선언이었다.

조국근대화 전략은 그 자체로 "공업화 = 근대화"라는 논리 하에 국가의 근대화를 실현하겠다는 강력한 담론이다. 따라서 이는 국가스케일 중심의 심상 공간(mental space; Lefebvre, 2009)을 형성하고 동시에 전 영토의 동질적 이해관계를 강조한다. 국가스케일의 총량적 집계는 지역이나 도시스케일의 실제 경제를 은폐하는 효과도 낳는다. 특히 당시의 경제적 민족주의처럼 위로부터 민족주의의 성격이 강력하면, 국가 이외의 ― 지역이나 도시 같은 ― 지리적 공동체를 상상하기 어렵도록 만들며, 국가의 총량적 경제성장을 ― 계급, 계층의 초월은 물론이거니와 ― 자신의 지역과 도시의 경제성장과 동일시하는 효과로까지 이어진다.[8]

따라서 당시 조국근대화와 공업화를 통한 경제성장은 국가스케일로의 동일시라는 착시를 가져왔고, 전국토의 동질적인 근대화에 대한 전망을 낳았다. 함께 잘 살 수 있다는 믿음은 국가에서 분리된 별도의 지역을 상상하지 못하도록 막았다. 때문에 지역의 경제성장이 지체됐다는 식의 상상, 즉 지역주의적 ― 국가 하위 스

---

8 제이콥스(Jacobs, 2004)는 이런 종류의 은폐와 착시를 환율로 설명하고 있다. 국가스케일의 경제 상태를 나타내는 환율지표는 각 지역과 도시의 객관적 상태를 망각하게 하고, "국가적으로 경제 상태가 낙관적이므로 내 도시, 내 지역도 괜찮을 것"이라는 착시를 준다는 것이다. 이러한 주장은 본고에서 지적하고 있는 총량적 실적주의에도 잘 적용될 수 있다.

케일의 ― 프로젝트가 성립하기 어려운 환경을 창출했다(김동완, 2009a). "함께 잘살기" 믿음은 불균등발전을 인식하는 순간을 가로 막았고, 정치적 ― 특히 공간적인 차원에서의 ― 균열을 방지하는 효과를 냈다. 결국, 축적전략과 동일선상에서 진행되었던 통치프로젝트의 합리성, 즉 비용과 편익을 따지는 계산의 준거가 영토 전체였고, 계산의 시점(視點)도 국가스케일에 있었으며, 특정 도시 외에는 공업화의 공간생산에서 소외되었지만 공간의 정합성이 유지될 수 있었다.

V. 결론

이상에서 살펴본 내용을 토대로 1960년대 개발체제의 공간생산을 정리해 보면 다음과 같다. 자본이 미성숙한 상태에서 추진된 공업화는 축적전략과 통치프로젝트를 사실상 결합시켰다. 게다가 초기 중앙집권화 프로젝트까지 더해져 당시 국가프로젝트의 공간생산은 국가스케일 중심적이었다. 영역적으로는 발전의 섬들만을 공업화, 나아가 근대화의 대상으로 설정하는 극단적인 불균등 성장을 꾀했다. 단순히 거점에 자본을 투자하는 차원이 아니라 당시 근대화를 위한, 공업화를 위한 제도적 장치들을 그 거점에 특화시켜 구축하는 독특한 공간생산을 보인다. 국가스케일 차원에서는 영역적 균형성을 추구하고, 도시스케일 차원에서는 도시별 특성화된 발전을 특징으로 하는 서유럽의 경험과는 전혀 배치되는, 그리고 논리적으로도 정합성을 기대하기 어려운 이러한 공간생산이 10년 간 유지된 배경에는 헤게모니프로젝트의 공간생산이 있다. 총량주의와 실적주의로 대표되는 수출주도 산업화와 민족주의의 결합은 국가스케일로의 상상, 함께 잘 살 수 있다는 믿음을 강조했고, 몇몇 도시에 집중된 근대화의 세례를 전 영토의 그것으로 인식하는 착시를 일으켰다. 자칫 붕괴되기 쉬운 형태의 국가공간이 나름의 정합성을 띠면서 유지된 데에는 헤게모니프로젝트의 접합이 있었다.

다시 이 연구의 핵심 질문으로 돌아가 보자. 우리가 정치적으로나 학술적으로 인식했던, 그리고 문제시했던 불균등발전은 자본이나 국가의 작용에 대한 결과나 반작용이었다. 또한 평면적인 불균등에만 주목하고 있었다. 그러나 축적전략, 국가프로젝트, 헤게모니프로젝트의 공간생산 차원에서 새롭게 정의한 불균등은 단순히 영역적인 불균등이 아니라 영역과 스케일이 조직화되는 방식, 분업의 구조를 인식하게 함으로써 불균등의 새로운 형태를 인식하게 도와줄 수 있었고, 1960년대 국가공간의 정합성을 확인하도록 했다. 그러나 이 연구에서는 공간생산이 국가프로젝트 일반에 어떤 영향을 끼쳤는지는 구체적으로 밝히지 못했는데, 이는 1960년대 후반 헤게모니의 위기와 지역주의의 등장을 구체적으로 기술해야 하는 문제이기 때문이다. 이처럼 짧은 논문으로 개발체제의 공간생산이란 방대한 주제를 다뤄 생기는 한계가 있지만, 국가공간 프레임을 활용한 다양한 후속연구들이 채워줄 것으로 기대한다.

| 2부 |
지방정치와
토건국가

5장
한국형 토건국가의 출현[1]

박배균 (서울대 지리교육과 교수)

I. 서론

이명박 정부의 국정운영 방향에 대한 여러 가지 비판이 있지만, 가장 대표적인 것은 국정이 지나치게 토건과 건설사업 중심으로 이루어지고 있다는 것이다. 특히, 한반도 대운하 개발 사업 및 4대강 정비사업의 무리한 추진, 수도권 규제완화, 건설경기 부양과 부동산 투기억제 완화를 주 내용으로 하는 부동산 정책 등 이명박 정부가 강력하게 추진하고 있는 각종 정책들이 건설과 개발사업 중심으로 이루어지고 있다는 비판들이 줄기차게 제기되고 있다. 국가의 토건지향적이고 개발 중심적인 정책들의 문제들을 비판하고, 새로운 정책적 대안을 제시하는 것은 매우 중요하고 의미 있는 작업이다. 하지만 이런 작업은 그동안 많은 학자들과 시민단체들에 의해 이루어져 왔기 때문에, 본 논문에서 필자는 한국 국가의 토건지향성이 어떠한 과정을 통해 형성되어 왔는가를 분석하고 설명함으로써, 토건국가의 문제를 극복하기 위한 보다 근본적 처방을 찾는 데 도움을 주는 시사점을 발견해보려고 한다. 이를 위해서는 다음의 질문에 먼저 답할 필요가 있다. 토건지향적 정책들이 이명박 정부라는 개별 정권의 이념, 정책적 방향성에 기인하여 발생한 것인가? 아니면 정권이나 집권 정치세력이 누구인가에 상관없이, 한국의 국가가 지니고 있는 구조적이고 전략적인 선택성의 문제인가?

[1] 5장은 박배균(2009)을 본 편집서의 기획의도에 맞추어 고쳐 쓴 글이다.

필자는 토건지향적 국가 정책과 그로 인해 파생되는 문제들이 특정의 개별 정권이 지니는 정책적 방향성과 이념적 지향에 기인하고 있다기보다는, 한국 국가의 전략적 선택성에 기인한 문제라고 진단한다. 이는 한국 국가의 토건지향적 선택성이 이명박 정부 이전부터 지속적으로 확대 강화되고 있었고, 현재 진행 중인 다양한 토건적 개발사업에 대해 여야를 아우른 대부분의 정치세력들이 근본적인 입장 차이를 보이지 않기 때문이다. 사실 국가의 토건지향성에 대한 문제제기는 현재의 이명박 정권보다 진보적이라고 여겨진 노무현 정권 시대에서 시작되었다. 새만금 사업, 경인운하 건설, 방폐장 건설, 수도권 신도시 건설, 행정중심 복합도시, 기업도시, 혁신도시, S-프로젝트 등 김대중 정권과 노무현 정권에 걸쳐 추진되었던 각종 지역개발사업에 대한 저항과 비판이 비등하면서, 일부 학자들이 국가의 토건지향성을 '신개발주의'라는 개념을 이용하여 사용하여 설명하고 비판하였다(조명래, 2003; 변창흠, 2005; 홍성태, 2005).

따라서 필자는 이명박 정부라는 특정의 개별 정권의 토건지향적 정책을 평가하는 것보다는 한국 국가가 토건지향성을 지니게 된 과정을 인과적으로 설명하는 것이 보다 중요한 학문적 작업이라 판단한다. 이런 판단 아래, 본 장에서 필자는 한국 국가의 토건지향적 성향의 형성과정을 설명하는 것을 목적으로 하고, 특히 영역적 이해에 기반한 개발주의 정치의 활성화가 국가의 토건지향성 형성에 어떠한 영향을 미쳤는지에 초점을 두어 분석하고자 한다.

II. 신개발주의 논의에 대한 비판적 검토

신개발주의 논의는 2000년대 이후, 새만금, 방폐장 건설 등의 국책 사업들을 둘러싼 개발과 보전 사이의 갈등이 심화되면서, 보전보다는 개발을 선호하는 정부의 입장을 일부 진보적 학자들이 '신개발주의'라 지칭하고 비판하면서 생겨났다. 특히 조명래(2003: 50)는 "겉으로는 보전과 환경의 가치를 강조하면서 실제로는 개발을 더 부추기는 이러한 현상을 우리는 '신개발주의'라 부른다"고 하였는데,

이는 상대적으로 진보적이고 시민사회의 참여에 관용적이었던 김대중, 노무현 정부 하의 국책 사업들이 환경이나 보전의 가치보다는 개발 가치를 지향하는 성향을 보이는 일견 모순적 현상을 설명하기 위해 '신개발주의'라는 용어가 사용되었음을 보여준다. 이런 문제의식을 바탕으로 조명래(2003: 50)는 신개발주의를 "경제를 여전히 팽창시키고 있는 우리 사회의 '발전 관성'이 새로운 방식으로 작동하는 현상으로, 그 특징은 신자유주의 시대의 시장 논리에 따라 환경을 이용, 활용하는 데 있다"고 정의한다. 한국 국가의 토건 중심적이고 개발지향적인 정책들을 '신개발주의'로 비판하는 이러한 시도 이후, 생태나 환경의 가치보다는 개발을 선호하고, 삶의 질이나 지역적 공동체의 보호보다는 양적 성장과 공간과 장소의 상품화, 국토의 균형발전보다는 국가 경쟁력을 선호하는 국가 정책의 지향성을 비판하는 '신개발주의론'과, 국가의 인프라 건설 지향적 성격을 공격하는 '토건국가론'이 2000년대 중반 들어 본격적으로 대두하기 시작하였다.

신개발주의와 토건국가론에서 제기하는 중요 논점은 크게 두 가지로 정리될 수 있다. 첫째, 신개발주의는 발전주의 국가가 주도하여 경제성장을 추진한 이래 지속되어온 개발주의 헤게모니가 공간과 환경에 대한 상품화를 가속화하는 신자유주의와 결합되면서 등장하였다는 것이다. 이와 관련하여 조명래(2003: 34)는 '개발주의'를 "자연환경이나 자연 자원을 착취하고 이용하며 이를 통해 기술, 경제, 산업의 진흥을 도모하는 행위와 이를 둘러싼 가치를 이념화하는 표현"이라고 정의하면서, 이러한 개발주의 이념이 지난 30~40년간 한국 사회의 정치와 경제, 일상 문화의 기본 이념을 이루면서, 개인의 행태로부터 국가 정책 전반으로 확산된 헤게모니적 담론과 이념으로 작용하고 있다고 주장한다. 그리고, 그는 이러한 개발주의는 발전주의 국가가 강력한 지도력과 대중에 대한 억압적 통치를 바탕으로 자본주의적 산업화를 주도하는 과정에서, 국가가 인위적으로 경제를 일구어내는 경제개발이라는 사회 변화 속에서 성장하고 구체화되었다고 지적한다(조명래, 2003: 37). 이러한 개발주의적 이념이 90년대 이후, 시장에서 개인의 자유를 최대한 허용하는 것이 인간복지 개선의 최선책이라는 신자유주의 이념과 결합하면서, 공간과 환경의 상품화 및 개발주의적 이념의 공고화가 나타나는데, 이러한 경향이 '신개발주의'라는 것이다.

둘째는 신개발주의 등장과 확산의 물적 기반은 발전주의 국가 이래로 성장하고 공고화해 온 토건동맹이고, 이 토건동맹은 정치, 국가(특히, 정부 산하 개발 부서의 핵심 관료, 개발 행위를 담당하는 공사, 국토 개발 관련 연구 기관 등), 자본(특히, 건설 및 개발 관련 자본), 언론, 학계에서의 토건 이해세력들 사이의 유착관계에 기반하여 구성되었다는 것이다(홍성태, 2005; 최지훈, 2003; 오관영, 2003; 정규호, 2003). 이처럼 토건동맹이 국가의 국책사업 시행에서의 의사 결정과 행위에 막대한 영향을 미친다는 사실을 강조하여, 일부 학자들은 한국의 국가를 '토건국가'라고 부르기도 하였다(홍성태, 2005).

필자는 지난 40여년간 한국 국가행위의 주요 경향 중의 하나인 '개발주의'와 '토건지향성'을 학문적인 관점에서 체계적으로 분석한 연구가 드문 실정에서, 신개발주의론과 토건국가론에서 제기하는 이러한 주장들은 한국 국가의 독특한 선택성을 설명하는 데 매우 유용한 틀이라고 생각한다. 이와 더불어, 국가의 토건지향성은 한국뿐만 아니라, 일본, 대만과 같은 동아시아 발전주의 국가에서 일반적으로 발견되는(물론, 그 구체적인 발현 형태는 다르겠지만) 경향성이라 할 수 있다. 하지만 동아시아 발전주의 국가에 대한 논의들에서 국가의 이러한 성향에 대한 연구가 거의 없는 현실에서, 동아시아 발전주의 국가가 어떠한 정치 경제 사회 공간의 과정을 통해 토건지향적이고 개발주의적 성향을 보이는지 분석하고, 개념화하려는 시도는 동아시아 사회의 이해에 기여하는 매우 중요한 학문적 논의가 될 수 있을 것이다. 이러한 기여에도 불구하고, 기존의 신개발주의론과 토건국가론은 몇 가지 점에서 아쉬운 점을 보인다.

첫째, 신개발주의를 '개발주의'적 이념과 담론이 사회를 관통하고, 이에 신자유주의 이데올로기가 덧붙여져 나타나는 현상으로, 즉 담론의 헤게모니화에 의한 결과로서 인식하는 설명이 미흡하다. 신개발주의 등장의 물질성, 그 존재론적 기반에 대한 이해가 필요한 것이다. 개발주의의 헤게모니화에 기반이 되는 물적 조건은 무엇이고, 이런 개발주의 담론이 어떤 정치경제적 과정을 통해 신자유주의와 결합하는지에 대한 체계적인 설명과 경험적 분석이 모자란 것이다. 신개발주의 관련 기존 논의들에서는 개발주의 확산의 물질적 기반을 개발동맹 혹은 토건연합의 구성으로 설명한다. 하지만, 이들 개발동맹과 토건연합이 어떠한 정치경제적 이해와 사회적 관계를 바탕으로 형성되었고, 이들이 어떠한 과정을 통해 국가의 선택성에 영향을 주었는지에 대한 구체적 설명은 부족할 따름이다.

이와 더불어, 더 중요한 문제점은 개발동맹의 형성과 작동을 국가스케일에 국한하여 바라보는 경향이 있다는 것이다. 물론 국가 차원에서 개발 및 토건 사업의 지속과 확대에 정치경제적 이해를 가진 세력들이 형성, 발달시킨 것은 사실이지만, 현실에서 벌어지는 대부분의 토건적 개발사업들이 도시나 지역 차원에서 형성된 영역화된 이해에 기반하여 추진되는 경우라는 사실에 주목할 필요가 있다.

흔히들 한국에서 지역적 개발정치의 등장을 지방자치제 실시 이후의 것으로 보는 경향이 있지만, 실제로 지역적 차원의 개발정치는 지방자치제 실시 이전부터 작동하고 있었다. 몇 가지 예를 들면, 1965년 대구에서는 산업단지유치와 지방도 확장을 위한 '대구시 발전촉구대회'가 대구시와 대구상공회의소를 중심으로 열렸고, 이들 개발사업에 대한 중앙 정부의 지원을 얻어내기 위해 이 대회에 부총리, 내무부 장관, 건설부 장관 등과 같은 각료들이 초청되었고, 대구시장은 사신을 통해 박정희 대통령의 참석을 요청하기도 하였다(Park, 2003). 비슷한 시기에 광주와 전남 지역에서도 전남도지사, 광주시장, 광주 상공회의소, 지역의 국회의원 등을 중심으로 아시아자동차 건설설립위원회(1962), 광주공업단지 유치 추진위원회(1966. 5), 광주푸대접 시정위원회(1966. 9), 호남권익 투쟁위원회(1968), 전남근대화 촉진위원회(1970), 전남개발 촉진위원회(1971) 등과 같은 성장연합을 구성하여, 광주와 전남 지역의 개발사업에 대한 중앙 정부의 지원을 얻어내기 위한 노력들을 전개하였다(정근식, 1991; Park, 2003; 김동완, 2009a).

또한 1960년대 말에 있었던 경부고속도로 건설이라는 당시 역대 최대의 토건사업과 관련해서도 지역적 차원의 개발 정치가 발동하였는데, 광주 전남 지역에서는 경부고속도로의 건설이 지역 간 격차 심화와 광주 전남의 소외를 확대시킨다는 비판 여론이 확대되었고, 이는 당시 광주 전남 지역 출신 국회의원들의 대중앙정부 로비의 주요 이슈였다. 그리고 이러한 과정들은 70년대 초부터 한국의 정당 정치에 본격적으로 등장하기 시작한 지역주의 정치의 형성에서 매우 중요한 기반이 되었다. 이처럼 지역적 차원에서 조직되고 동원되는 개발정치는 권력의 중앙집중화가 극심하였던 1960년대에도 존재하였고, 국가의 의사 결정에 많은 영향을 미쳐 왔다.

지역적 차원의 영역정치가 중요하게 작동하는 또 하나의 사례는 최근에 이슈가 되었던 운하건설사업과 관련된 논쟁 정치이다. 이명박 정부가 출범과 함께 의욕적으로 추진하였던 한반도 대운하 건설 사업은 이명박 정부의 신개발주의적 성격을 드러내는 전형적인 사례로 간주되었고, 이를 반대하는 학자들을 중심으로 전국적 스케일의 반개발연대가 결성되어 광범위한 반대운동이 전개되었다. 이 한반도 대운하 사업에 대한 논쟁정치는 반개발연대의 승리로 돌아가, 2008년 6월 19일 이명박 정부는 대운하 건설 사업의 사실상 철회를 선언하기도 하였다. 이처럼 운하건설사업은 국가적 차원에서는 강력한 저항에 부딪쳐 좌절되었지만, 지역적 차원에서는 여전히 다양한 모습으로 진행되고 있다. 더욱 문제가 되는 것은 지역적 스케일에서의 영역적 이해와 결합되면서 한반도 대운하 건설에는 반대진영에 있던 행위자들이 지역적 차원의 소규모 운하건설 사업에는 찬성하는 상반된 모습을 보여주고 있다는 것이다. 이는 운하건설이라는 토건적 개발사업에 대한 지역적 차원의 개발적 이해세력의 집단적 지지가 여전히 강고하게 존재하고 있음을 뜻하는 것이고, 이는 향후 국가의 정책결정에 중요한 영향을 줄 수 있는 잠재적 요소라 할 수 있다.

토건국가라는 용어 자체가 선진국 중 건설산업의 비중이 특히 높은 일본에서, 건설업이 가지고 있는 사회정치적인 부정적인 측면을 강조하기 위해서 사용된 말이다(우석훈, 2004: 142). 특히 머코맥(2002)은 일본 국가가 겪고 있는 채무의 위기를 지적하면서, 그것의 원인이 일본이 지니는 '토건국가'라는 체제에 있고, 이 체제는 정치인과 관료, 금융기간, 건설업체로 구성된 '철의 삼각구조'(Iron Triangle)에 의해 유지되고 있다고 주장한다. 이러한 주장들은 <표 1>의 자료에서도 잘 뒷받침되는데, 한국과 일본은 다른 OECD회원국에 비해 건설업이 GDP에서 차지하는 비중이 상대적으로 높은 것으로 나타난다.

위의 사례들에서 보듯, 지역적 차원에서 형성된 영역화된 이해와 그에 기반한 개발정치가 국가의 의사결정에 큰 영향을 미침을 인정한다면, 국가 차원에서 형성된 토건동맹에서만 신개발주의의 물적 조건을 찾는 게 많은 한계를 지님을 알

<표 1> OECD 국가별 GDP에서 건설업이 차지하는 비중(1980~2000)(단위: %)

	1980	1985	1990	1995	2000
한국	8	7.3	11.3	11.6	8.4
스페인	8	6.4	8.6	7.5	8.4
아이스랜드	10.3	9.2	9.2	7.5	8.3
폴란드				7.1	8.1
오스트리아	8.1	6.8	6.9	7.8	7.8
아일랜드	10.4	6.2	5.4	5.3	7.7
포르투갈	6.1	5	5.9	6.6	7.7
그리스	9	6.8	7.8	6.4	7.5
일본	8.9	7.5	9.6	7.9	7.2
체코			10.8	8.7	7.1
네덜란드	7.2	5.2	5.9	5.4	5.8
호주	8	6.8	6.6	6.2	5.6
핀란드	7.3	6.9	8.3	4.5	5.5
룩셈부르크	7.4	4.3	6.8	6.2	5.5
슬로바키아				5.1	5.4
덴마크	6.4	4.9	5	4.5	5.2
독일	7.6	5.9	6.1	6.7	5.2
헝가리				4.6	5.2
터키	5.7	6.1	6.4	5.5	5.2
영국	6.1	5.6	6.7	5	5.2
멕시코	6.2	4.3	3.9	3.9	5.1
벨기에	7.5	5.3	5.5	5.2	5
캐나다	7.2	6	6.8	4.9	5
이탈리아	7.2	6.5	6.1	5.1	4.8
프랑스	6.6	5.4	5.7	5.2	4.6
미국	4.9	4.7	4.3	3.9	4.4
뉴질랜드	4.9	5.4	4.1	4.2	4.3
노르웨이	5.2	4.9	4.6	4.5	4.1
스웨덴	6.6	5.7	6.7	4.4	4

출처: 한국은행(2004)

수 있다. 물론 신개발주의에 대한 일부 논의들에서 지역 차원에서 형성된 개발 연합의 문제를 거론하고 있기는 하지만, 이러한 지역적 차원의 개발동맹이 어떤 정치 경제 사회 과정을 통해 형성되고 작동하는지에 대한 명확한 설명이 부족한 편이다. 또한, 이러한 지역적 차원의 개발 동맹을 지방자치제의 실시와 함께 중앙에서 형성된 개발 동맹이 확장된 결과로 바라보기도 한다(조명래, 2003). 그러다 보니, 지방자치제 실시 이전부터 토건적 개발사업의 추진에서 지역적 차원의 영역적 정치가 많은 영향을 미쳐왔음을 간과하는 오류에 빠지기도 한다. 요약하면, 신개발주의에 대한 기존의 논의들에서는 개발주의의 확산이 단지 이념의 문제가 아니라, 각 지역적 차원에서 형성된 영역화된 이해라는 물질성에 기반한다는 사실에 대한 이해가 부족하다고 할 수 있다.

둘째, 신개발주의와 토건국가에 대한 논의는 국가의 선택성에 대한 것인데, 개발과 토건지향적인 국가의 선택성이 어떠한 메커니즘을 통해 형성되었는지에 대한 국가론적 설명이 부족하다. 개발 혹은 토건동맹의 존재에 대한 논의 외에는 한국 혹은 동아시아의 국가들이 어떠한 정치경제적 과정을 통해 토건지향적인 성격을 지니게 되었는지에 대한 명확한 설명이 제시되지 않고 있다. 토건지향적 국책 사업들은 경제 성장에 도움을 줄 수도 있지만, 국민경제 전체 차원에서의 자본축적에 방해가 될 수도 있다. 또한, 토건 사업의 무리한 추진으로 인해 발생하는 사회적 갈등은 국가의 헤게모니적 정당성 확보에 도움이 되지 않을 수도 있다. 이러한 한계가 존재함에도 불구하고, 왜 그리고 어떠한 과정을 통해 한국 국가는 자본축적이나 기존 정치체제의 정당성 확보에 해가 될 수도 있는 토건적 개발사업에 치중하는 선택성을 보여주는가에 대한 설명이 필요하다. 단지 천민자본주의이기 때문인가? 혹은 정치적 집권세력의 무지와 무능력, 그리고 도덕적 불감증의 결과인가? 이 둘 다 답이 아니라면, 우리는 국가가 토건지향적 선택성을 지니게 된 과정에 대한 보다 체계적이고 분석적인 설명을 제시해야 한다.

이런 문제의식 위에서 필자는 한국 국가의 토건지향적 개발주의 성향이 어떠한 정치 경제 사회 과정을 통해 형성되었는지를 1) 전략관계적 국가론과 2) 영역적 이해에 기반한 개발정치에 대한 이론화를 바탕으로 설명하고자 한다.

III. 국가에 대한 전략관계론적 이해

전략관계적 국가론은 영국 사회학자 밥 제솝(Bob Jessop)의 이론이다. 전략관계적 국가이론의 핵심 개념은 '국가의 전략적 선택성'(strategic selectivity)이다. 자본주의 국가는 항상 특정 사회 세력과 행위자들의 이해를 다른 것에 우선하여 배려하는 선택성을 보이는데, 이를 설명하면서 제솝은 국가가 자본의 계급적 이해에 복무하기 때문이라거나, 자본축적의 요구에 의해 그럴 수밖에 없다는 식의 경제(혹은 계급)환원론을 거부하고, 국가 안에서, 그리고 국가를 통해서 작동하는 여러 사회세력들 사이에 끊임없이 지속되는 사회정치적 투쟁과 전략적 상호작용을 통해 국가의 선택성이 구성된다고 하면서, 이를 '전략적 선택성'이라고 호칭하였다. 즉 자본의 축적을 지속해야 하는 경제적 필요성, 기존 사회정치 질서의 정당성을 지켜야 하는 정치적 필요성에 의해 제약을 받지만, 역사 사회 정치 지리의 조건과 상황 속에서 여러 사회 세력들이 복합적이고 어떤 경우에는 우연적인 판단을 바탕으로 선택하는 전략들과 그들의 상호작용을 통해 국가의 선택성이 만들어지는 것이다. 이런 의미에서 제솝은 "국가를 정치적 전략"(the state as political strategy)이라고 인식하며, 국가의 권력이라는 것도 국가 그 자체가 가지고 있는 것이 아니라, 국가 안에서 혹은 국가를 통해서 작동하는 사회 세력들이 지니고 있는 권력에 기인하고, 이들 사회세력들이 특정한 국면에 특정한 방식으로 서로 연관되고 상호작용 함을 통해 국가의 제도화된 능력과 의무가 규정된다고 설명한다.[2]

이러한 전략관계론적 입장에서 보았을 때, 한국 국가의 신개발주의와 토건지향성을 설명하려면 다음 질문들에 대한 답이 필요하다.

✔ 토건지향성을 한국 국가 형태와 국가 행위의 선택성을 규정하는 주요 특징 중 하나로 본다면, 이런 경향을 만들어낸 정치경제적 과정은 무엇인가?

✔ 국가를 둘러싼 여러 사회적 세력들 간의 전략관계적 상호작용을 통해 구성

---

[2] 전략관계적 국가이론에 대한 보다 구체적인 논의는 이 책의 2장을 참조할 것.

되는 국가의 축적전략과 헤게모니프로젝트와의 관련 속에서, 국가의 토건지향적 선택성이 어떻게 발현되는가?

✔ 국가의 토건지향성은 이후 사회세력들의 전략관계적 상호작용에 어떠한 영향을 주는가?

✔ 이러한 끊임없는 변화와 상호작용의 과정 속에서, 국가의 토건지향성은 어떻게 변화하면서 발현되는가?

IV. 영역적 이해의 동원과 개발정치

위의 질문들에 대한 충분한 답을 하기 위해서는 '개발주의'라는 국가의 전략적 선택성에 영향을 주는 주요한 세력이라 할 수 있는 토건 동맹에 대한 보다 체계적인 분석이 필요하다. 특히, 토건 동맹의 구성 행위자들이 어떠한 이해에 기반하고, 어떠한 메커니즘을 바탕으로 동맹을 구성하고 있는지, 그리고 이러한 토건 동맹이 국가 행동에 어떻게 영향을 주는지에 대한 이해와 설명이 요구된다. 토건 동맹에 대한 기존의 논의들은 토건 활동을 주도하는 정치, 관료, 언론, 학술계의 주요 행위자들이 어떠한 제도적 조직적 이해에 기반하여 토건 동맹을 형성하고 개발주의적 사업을 추진하는지 밝히는 데 치중하고 있다(홍성태, 2005). 필자는 이러한 시도가 토건 동맹의 형성과 작동의 중요한 한 측면을 설명하는 데 많은 기여를 하고 있음을 인정한다. 하지만, 동시에 기존 논의들이 토건 동맹 형성의 매우 중요한 요소인 영역적 이해에 기반한 개발주의 정치의 역할에 대해 충분한 주의를 기울이고 있지 않음을 지적하지 않을 수 없다.

토건지향적 개발주의의 설명에서 영역적 이해에 기반한 정치적 행위를 반드시 거론해야 하는 이유는 토건 사업이 필연적으로 지니는 '장소기반적'(place-based) 성격 때문이다. 국가의 토건 사업은 다른 국가 활동에 비해 장소성과 공간적 선택성이 매우 뚜렷하고 직접적으로 드러나는 분야이다. 토건 사업이 국가 전체적 차원에서 가져다주는 혜택과 피해도 존재하지만, 토건 사업의 영향과 효과는 국지적 차원에서 더욱 뚜렷하게 나타난다. 따라서 장소에 고착된 이해를 가진 행위자들은 그 특정 장소에서 벌어지는 토건 사업이 자신에게 미치는 긍정적 혹은 부정적 효과에 매우 민감하게 반응하고, 그 결과로 특정의 토건 사업에 대해 매우 첨예하게 찬성하거나 반대하곤 한다.

특히 토건 사업은 필연적으로 장소의 교환가치와 사용가치 사이의 괴리와 그로 인한 갈등을 수반한다. 특정 장소에 고착적이고 의존적인 행위자들은 그 장소로부터 나름의 방식으로 상이한 사용가치를 얻으며, 또한 그 장소에 존재하는 토지와 부동산에의 소유관계에 따라 토건적 개발 사업으로부터 상이한 교환가치를 얻는다. 이러한 장소에 대한 가치의 차별화는 토건 사업의 장소성과 맞물려 토건 사업을 중요한 정치적 이슈로 만드는 데 핵심적인 조건이다. 이러한 토건 사업과 개발 행위의 장소성과 그로 인해 야기될 수 있는 정치적 각축과 갈등의 과정을 고려했을 때, 토건 동맹의 형성과 국가의 토건지향성에 대한 설명에서 토건 사업과 관련된 영역적 이해의 요소는 필연적으로 고려되어야 할 부분이다.

그렇다면, 영역적 이해에 기반한 정치적 행위는 어떠한 과정을 통해 나타나는가? 데이비드 하비와 케빈 콕스에 따르면 영역적 정치는 자본주의에 내재한 이동성과 고착성 사이의 모순적 상호작용에 의해 발생한다. 하비(Harvey, 1982; 1985; 1989)는 자본주의 경제에서 자본 간의 경쟁적 관계에 주목하여, 자본가들이 경쟁에서 이기기 위해 사용하는 두 가지 상이하고 모순적인 방법을 언급하는데, 하나는 남들보다 우수한 기술을 개발하거나, 더 효율적인 기업 조직을 만들어 내거나, 자원, 인프라, 시장, 노동력 등에의 접근이 용이한 더 좋은 입지를 선택하여 경쟁에서 이기는 방법이고, 다른 하나는 기존에 확보해 놓은 우수한 기술과 입지에 대한 독점적인 통제권을 강화하여 다른 자본가들이 이들 기술과 입지에 접근하기 어렵게 만들어 자신의 경쟁적 우위를 지속하려는 방법이다. 하비에 따르면, 자본주의 경쟁 속에서 나타나는 이러한 모순적인 관계가 궁극적으로 영역화된 정치를 등장시키는 조건이 된다.

전자의 축적전략이 공간적으로 표출되면, 자본의 끊임없는 이동성 추구와 그로 인한 자본주의 공간경제의 항시적인 불안정성을 야기한다. 후자의 축적전략의 공간적 표현은 특정 장소나 지역을 중심으로 생산활동, 기술, 사회적 관계, 소비패턴, 노동과정, 계급관계, 문화 등이 '구조적으로 응집된 시스템'(structured coherence)을 만들어 기존에 확보해 놓은 우수한 기술과 입지의 이점에 대한 독점적인 통제권을 강화하는 것이다. 이 두 가지 상반된 경향은 서로 모순적이어서, 특정 장소나 지역에 형성된 '구조화된 응집'의 상태는, 요동치는 자본주의 공간경제의 특성으로부터 비롯된 지속적인 불안정과 재구조화의 압력에 의해 끊임없는 와해의 위협을 받는다. 하비에 따르면, 이러한 지속적인 불균형과 위기의 국면은 그 지역이나 장소에서 조직된 '구조화된 응집의 시스템'에 의존적인 자본가와 노동자들에게는 견디기 힘든 상황으로 다가오고, 이러한 장소의존적인 행위자들이 이 위기의 국면에 대응하는 과정 속에서 영역화의 정치가 만들어진다.

이들 자본가들과 노동자들은 자신들이 의존하고 있는 '구조화된 응집'의 경향을 보호하고 지켜내어, 자기 도시와 지역 경제 내에서 자본의 순환과 축적이 지속될 수 있도록 노력한다. 그런데 이 과정은 고도로 정치적인 과정인데, 이는 많은 경우 도시나 지역의 경제를 지키고 살리려는 정책의 집행과 실행의 과정이 도시나 지역 내의 모든 사회집단과 이해 당사자들에게 실질적인 혜택을 균등하게 돌려줄 수 있는 과정이 아니기 때문이다. 게다가, 도시나 지역의 경제를 지킨다는 명분 하에 추진되는 이러한 정책들이 그 도시와 지역의 거주자들에게 추가적인 비용이나 세금과 같은 형태로 나타나 경제적 부담을 가중시키는 상황이 된다면, 그 도시나 지역에 있는 여러 상이한 이해 당사자들은 쉽사리 갈등과 충돌에 휩싸일 수 있다. 이러한 상황을 돌파하기 위해, 도시나 지역의 경제를 지키려는 세력들은 도시와 지역이 잠재적으로 지니고 있는 영역적 이해와 정체성을 강조하면서 계급적이거나 혹은 다른 여타의 사회적 차이에서 비롯되는 정치적 이슈들을 사상시키려는 노력을 하게 되고, 이러한 도시정치의 결과로 각 도시와 지역에서는 '지역화된 계급연합'(regional class alliance)이 형성될 수 있다. 그리고 이러한 계급연합들은 새로운 자본이나 투자, 기술 등을 자신의 도시로 끌어들임을 통해 자신들이 의존하고 있는 도시의 '구조화된 응집'의 상황이 지속되도록 하기 위해 서로 경쟁, 갈등하게 되고, 이를 통해 도시 및 지역 간의 경쟁과 갈등이 야기될 수 있다(Harvey, 1985; 1989). 즉 도시나 지역을 중심으로 영역성이 표출되고, 이를 바탕으로 사람들이 정치적으로 동원되면서, 영역의 정치가 등장하는 것이다.

콕스는 이동성과 고착성 간의 모순이 영역 정치의 등장에 필수적 조건이라는 하비의 논의를 바탕으로, 국지적 장소에서 의존적인 행위자들이 자신들의 장소 의존적 이해를 보호하거나 증진시키기 위해 성장연합정치와 같은 개발정치를 만들어낸다고 주장한다(Cox & Mair, 1988; Cox, 1993). 장소의존적인 이해가 반드시 장소에 대한 교환가치와만 관련되는 것은 아니다. 즉 장소의 사용가치와도 관련

<그림 1> 운하사업에 대한 지역적 차원의 개발주의적 대응

<그림 2> 한반도 대운하 사업과 관련된 여주 지역의 플래카드(2007년 2월)

되기 때문에, 장소의존적 이해를 지키기 위한 행위가 반드시 개발정치를 야기하는 건 아니다. 하지만 많은 경우, 보다 큰 자본 흐름의 순환 속에서 만들어진 가치를 지역으로 끌어들이거나, 지역에서 만들어진 가치를 지역 내로 포획하기 위한 행위들은 장소의 사회적 물리적 인프라를 개선함으로써 외부의 자본을 지역으로 끌어들이려는 개발정치의 형태로 나타나곤 한다.

이 과정에서 지역에서 장소의 교환가치보다는 사용가치에 기반한 장소의존적 이해를 가진 행위자나 혹은 장소고착적 이해가 덜한 행위자들의 정치적 참여와 동의를 끌어내기 위해 영역적 정체성과 이념이 강화되고, 그 결과 영역화 과정이 일어난다고 콕스는 주장한다(Cox, 1997; 1998a). 여기서 영역화란 '영역'(territory)이 만들어지는 사회정치적 과정을 말하는데, 특히 장소기반적 이념과 정체성을 바탕으로 장소의 경계성과 배타성을 강화하여, '우리'와 '남'을 구분하고, 이를 바탕으로 특정 장소 안의 관계적 특성을 특정 방향으로 규정하려는 시도를 의미한다(Sack, 1986).[3] 영역화 과정은 장소 안의 단결과 통합을 높이고, 다른 장소들과는 영역적 경쟁과 갈등을 강화하는 결과를 낳는다. <그림 2>에서 보여주는 슬로건은 한반도 대운하 사업에 찬성하지 않으면 여주라는 장소의 영역적 이해에 반하는 것으로 간주하겠다는 선언을 보여주는 것으로, 영역화 과정의 대표적인 사례라 할 수 있다. 이러한 영역화 과정은 지역 내에서 특정의 개발 사업에 대한 반대나 이견이 제기되기 힘들게 만들어, 지역 주민들로부터 개발사업에 대한 전폭적인 지지를 이끌어내는 경우가 많다.

---

[3] 영역은 특정의 개인, 집단 혹은 기관에 의해 점유되어, 경계를 통해 외부와 구분되는 공간으로(Storey, 2001), 선험적이거나 자연적인 과정을 통해 만들어져서 주어진 것이 아니라, 사회정치적 과정을 통해 만들어지는 것이다. 이와 관련하여, 색(Sack, 1986)은 영역의 형성을 권력을 둘러싼 갈등과 투쟁의 관점에서 바라보면서, 개인이나 집단이 특정 지역을 경계 지우고, 그에 대한 통제권을 주장함을 통해, 사람, 사건, 그리고 그들 사이의 관계들에 영향과 통제를 행사하려는 시도라고 바라본다. 이 관점에서 영역을 바라보게 되면, 영역을 만들고 경계를 설정하는 것은 특정 목적을 달성하기 위한 정치적 전략인데, 경계의 설정은 경계를 통해 '우리'와 '남'을 구분하는 배제와 포섭을 행하고, 이 구분을 통해 권력 투쟁에서 유리한 고지를 차지하려는 동기에 의해 영역이 형성된다는 것이다.

이들의 논의를 요약하면, 장소에 고착적 이해를 가진 행위자들이 항상적인 불안정과 변화의 상황에 처해 있는 자본주의 공간경제에서 자신들의 장소고착적인 이해를 보호하거나 증진시키려고 노력하는 과정에서 타 지역과의 경쟁에 돌입하고 영역적 정체성과 이익을 정치적으로 동원하게 되면서, 영역화된 정치가 발생한다는 것이다. 이러한 논의에 기반하여 보았을 때, 장소적 고착성과 개발 효과의 국지성이 강한 토건 사업은 필연적으로 장소고착적 이해를 가진 행위자들의 이해관계와 매우 직접적인 관계에 있다 말할 수 있다. 그리고, 장소고착적 이해를 가진 행위자들은 국지적 차원에서 성장연합 혹은 개발동맹을 형성하여, 자신들의 장소고착적 이해를 증진시켜 줄 수 있는 토건사업의 유치를 위해 적극 노력할 가능성이 크다.

V. 영역 정치와 국가의 토건지향성

그런데 이러한 영역적 이해에 기반한 개발정치는 모든 자본주의 국가에서 나타난다. 하지만, 그것이 발현되는 구체적인 방식과 형태는 매우 다양하다. 또한, 어떤 국가에서는 영역적 이해에 기반한 개발정치가 국가의 행위에 중요한 영향을 미치지만, 다른 어떤 국가에서는 그것이 국가의 의사결정과 행위에 미치는 영향이 별로 크지 않다. 왜 이러한 차이가 발생하는가? 그리고 어떠한 조건에서 영역적 이해에 기반한 개발정치가 국가의 행위, 특히 국가의 전략적 선택성에 영향을 주게 되는가? 한국 국가의 토건지향성을 설명하기 위해서는 이러한 질문에 대한 답을 줄 수 있는 개념적 틀이 필요하다.

브레너(Brenner, 2004)가 주장하듯 자본주의 국가의 행위는 공간적 선택성을 지닌다. 국가 안에서 혹은 국가를 통해서 작동하는 여러 사회세력들의 각축 과정을 통해 국가의 정책이나 전략들이 특정의 지역이나 공간적 스케일을 다른 것들에 비해 보다 큰 혜택을 부여하는 경향이 필연적으로 나타난다. 국가 행위의 공간적 선택성은 매우 다양한 모습으로 나타나는데, 지역 및 도시 정책과 같은 명시적인 공간정책을 통해서 특정의 지역과 도시가 다른 지역과 도시보다 더 많은 국가의 지원과 혜택을 받는 형식으로 나타나기도 하고, 산업, 무역, 투자정책과 같은 비공간적인 정책을 통해 암묵적인 방식으로 특정의 지역과 도시가 더 혜택을 받게 되는 방식으로 나타나기도 한다. 이러한 국가 행위의 공간적 선택성은 지역과 도시 사이에 경제성장과 발전의 차이를 야기하는 중요한 요인이 될 수 있다.

지역 간 불균등발전이 국가 행위의 공간적 선택성에 의해 많은 영향을 받는 상황에서는, 국가의 정책과 전략을 타깃으로 하는 지역 간 경쟁과 갈등이 유발될 수 있다. 국가의 공간적 선택성에 의해 불이익을 받는 지역과 도시들이 국가의 정책과 전략에 대해 비판과 도전을 일삼을 것이고, 반면 혜택을 받는 도시와 지역들은 현재 작동하고 있는 국가의 공간적 선택성을 유지하고자 정치적으로 노력할 가능성이 크다. 이러한 국가의 정책과 전략을 타깃으로 지역 및 도시 간의 경쟁이 발생하고, 갈등이 심화될 경우, 특정 지역을 중심으로 그 지역에 기반한 영역적 정체성과 이해를 동원함을 통해 그 지역의 장소기반적 이해를 지키고 확대하려고 하는 영역화 정치가 발생할 수 있고, 그 결과는 지역 간 갈등의 심화, 지역주의 정치의 등장, 중앙-지방 간 갈등의 심화 등으로 나타난다.[4]

이러한 지역 간 혹은 스케일 간 갈등의 상황은 국가 공동체 유지에 심각한 위협으로 작용하고, 이를 해결하기 위한 헤게모니프로젝트로서 국가는 지역 간 경쟁과 갈등의 상황을 누그러뜨리기 위한 각종 공간전략과 공간프로젝트를 시행한다. 이는 정도의 차이는 존재하지만 모든 자본주의 국가가 지역 간 격차 해소, 지역 간 갈등 완화를 위한 다양한 정책들을 시행하고 있다는 사실에서 잘 드러난다.

그런데 영역적 이해의 정치적 동원의 정도에 따라 국가가 시행하는 공간전략과 공간프로젝트의 양상이 보다 더 개발주의적이거나 덜 그렇거나 한다. 지역 수준에서 동원되는 영역적 정치의 강도가 매우 높아서, 지역 간 경쟁 및 갈등, 중앙-지방 간 갈등의 정도가 매우 높을 경우, 국가 수준에서 다양한 지역적 이해와 요

---

4 박배균(Park, 2003)은 한국의 지역주의 정치를 국가의 공간적 선택성에 의해 야기된 불균등발전과 그로 인해 파생된 영역화 정치의 결과로 해석하는 대표적인 사례연구이다.

구를 원활하게 조정하는 것은 쉽지 않고, 그 결과 국가 정책의 상당 정도가 영역적 요구를 충족시켜주는 토건지향적인 모습을 띨 가능성이 크다. 반면, 지역 수준에서 영역적 이해가 동원되기는 하지만 그 정도가 약하고, 계급 인종 종교 등 다른 정치적 동원의 기제가 더 중요한 이슈가 되는 상황에는, 국가 차원에서 영역적 이해를 조절하기가 쉬워지고, 국가는 지역적 차원의 개발요구에 덜 영향받는 게 상례이다.

그렇다면 어떤 조건들이 영역적 이해의 정치적 동원의 정도를 높이는가? 여러 조건들이 복잡하게 작용하겠지만, 필자는 한국 국가의 토건지향성 설명에 도움이 되는 세 조건만을 언급하고자 한다. 첫째는 정치적 균열구조이다. 특히 정당정치가 어떠한 균열구조를 바탕으로 삼는지가 매우 중요하다. 자유민주주의 정치체제에서 정당은 권력과 표를 얻고자 조직되고 경쟁한다. 따라서 정당은 선거의 승리를 위해 자신의 정치 기반을 조직하고, 그 결과로 이해의 균열구조가 형성된다. 따라서 정당은 정치적 지지를 끌어내기 위해 계급 인종 지역 종교 등 다양한 정치적 균열의 자원을 탐색하는데, 이들 중 지역에 기반한 정치경제적 이해와 정체성 문제가 정당의 지지 기반 형성에서 중요 자원으로 이용되면, 지역과 영역적 이해에 기반한 정치적 균열구조가 형성되는 것이다. 자본주의의 주요 모순이라 여겨지는 계급 간 갈등이 정치적 균열구조의 형성에 영향을 주기는 하지만, 그것이 정치균열구조에서 주요 기반을 이루는지 아닌지는 매우 우연적이다. 만약 노동운동이 강한 계급적 연대를 바탕으로 국가적 차원에서 조직화되어, 특정의 정당과 강한 정치적 결속을 가진다면, 계급 정치가 활성화되고 계급적 이해가 정치동원의 주요 자원으로 사용될 가능성이 높을 것이다(Taylor & Johnston, 1979). 하지만 그렇지 않은 경우는 지역 인종 종교 등 다른 요소가 정치기반 형성의 중요한 자원으로 이용될 가능성이 있다.

한국의 경우, 급속한 자본주의의 발달과 극심한 노사갈등을 경험하였지만, 계급 정치가 정당 정치의 주요한 차원으로 성장하지 못하였고, 따라서 정치균열구조의 형성에서도 그 영향은 미비하였다. 그러다 보니, 정당들은 다른 동원의 자원을 찾게 되었고, 그들이 찾아낸 것이 지역이었다. 특히, 발전주의 국가가 추진한

국가 주도 경제성장이 그 공간적 선택성으로 말미암아, 지역 간 격차의 문제를 야기하였고, 이는 국가 정책을 둘러싼 지역 간 갈등과 경쟁의 심화를 초래하였다. 이러한 조건은 계급 정치가 활성화되지 않은 상황에서 정당으로 하여금 지역의 영역적 이해를 동원하여 자신들의 정치적 지지기반을 형성하도록 유도하였고, 그 결과가 현재 우리가 경험하고 있는 지역균열의 정치이다(Park, 2003).

이처럼 정치균열의 구조가 지역을 중심으로 형성되어 있을 경우, 영역적 이해에 기반한 개발주의적 요구는 정당과 정치인에 의해 더욱 확대재생산되어 국가의 의사결정에 심대한 영향을 미친다. 만약, 계급과 같은 비지역적 요인을 중심으로 정치균열의 구조가 형성된다면, 영역적 이해에 기반한 개발주의 정치에 대한 정당과 정치인의 참여는 많이 약화될 것이고, 이는 국가의 토건지향성도 저하시키는 효과를 지닐 것이다.[5]

둘째 조건은 영역적 이해가 동원되는 공간적 스케일이다. 영역적 이해는 다양한 지리적 규모에서 정의되고 동원될 수 있다. 사실 국민국가의 등장은 국가라는 스케일을 중심으로 영역적 이해를 동원하고 이를 제도화한 결과이다. 계급정치가 활성화되고 사민주의적 정치체제가 들어선다고 해서 영역적 이해가 전혀 동원되지 않는 것은 아니다. 이 경우 영역적 이해는 국가라는 스케일에서 동원되어, 다른 국가와의 축적 경쟁을 벌이는 식으로 표출될 것이다. 하지만, 지역적 차원에서의 영역적 이해 동원의 정도는 상대적으로 약화될 것이다. 반면, 지역주의 정치

---

5   일본의 토건국가도 이런 정치의 영역화의 영향으로써 확대재생산되었다고 볼 수 있다. 일본은 전통적으로 지역구 국회의원들이 자기 지역구에서의 득표와 중앙정부의 지원금을 교환하려고 하는 '이권 유도형 정치'(pork barrel politics)가 매우 활발하다(Fukui & Fukai, 1996). 이런 정치행태는 1993년에 중선거구를 소선거구로 개편하기 전까지 자민당이 장기집권하는 상황에서, 많은 선거구에서 자민당 출신 후보들이 서로 경쟁하게 되고(Grofman et al, 1999; Katz 1986), 그 결과 정당과 정치집단 간의 이념과 정책 차이보다는, 자민당 출신 후보 중 누가 중앙정부를 대상으로 로비를 더 잘 하느냐, 즉 지역구의 이익을 누가 더 잘 대변하는가가 선거 당락의 중요 요인이었다(Grofman, 1999: 390). 다시 말해 영역적 이해를 자극하는 것이 정당 정치에서 매우 중요한 요소가 된 것이다. 이런 상황에서 개별 정치인들은 자기 지역구의 영역적 이해를 잘 대표할 수 있는 토건적 공공사업에 대한 중앙정부의 지원금을 끌어들이는 데 매진하였고, 이것이 일본 토건국가의 성장과 지속에 매우 중요한 기반을 이룬다고 볼 수 있다.

나 지역당의 출현은 영역적 이해가 국가보다 작은 지리적 스케일에서 동원될 가능성을 매우 높여준다.

영역적 이해가 동원되는 지리적 스케일에 영향을 미치는 또 다른 중요한 요인은 국가의 공간적 형태이다. 특히, 국가 조절의 과정이 어떠한 공간적 스케일을 중심으로 이루어지는가가 중요하다. 만약 중앙집권적 통치체제를 가지고 있어서 국가 조절의 과정이 국가적 스케일에서 이루어지고, 지역 차원의 정치적 의사결정이 덜 중요하다면, 지역적 차원에서의 정치의 영역화 과정은 약할 수 있다. 반면, 국가의 분권화가 이루어져 지방 정부의 의사결정이 중요해지면, 보다 작은 지역 차원에서의 영역화 과정이 활성화 될 수 있다. 한국에서 지방자치체 실시 이후 소지역주의가 발흥하고 지역 간 경쟁이 심화되는 것은 국가의 공간/스케일적 형태의 변화에 영향을 받은 것이다.

이와 함께 자본이 조직되는 지리적 스케일도 영역적 이해가 동원되는 지리적 스케일의 크기에 영향을 준다. 자본주의가 발달하면서, 자본의 독점화와 거대화가 심화되고 있지만, 자본이 조직되는 공간적 스케일은 국가마다 상이한 특성을 보인다. 예를 들어, 미국은 영국에 비해 지역에 기반을 둔 국지적 기업이 경제활동에서 차지하는 비중이 높은 편이다. 특히, 전기, 수도, 가스 등을 공급하는 기업들은 대부분 특정의 지역에 기반을 둔 국지화된 자본이어서, 이들이 영역화된 개발정치의 형성에서 매우 중요한 역할을 한다. 반면, 영국은 국가 차원에서 조직되는 기업의 비중이 미국보다 높아 지역 차원에서 영역화된 개발정치가 미국보다 덜 활성화되어 있다(Wood, 1996). 한국의 경우, 경제에서 대기업이 차지하는 비중이 지역에 기반한 중소기업보다 훨씬 크기 때문에, 지역 차원의 영역정치에서 산업자본의 역할이 크지 않은 편이다. 하지만, 지역에 기반을 둔 자본이 존재하지 않는 것은 아니다. 특히, 건설업이나 지방 언론과 같이 국지성을 매우 강하게 가지는 기업들이 존재하고 있고, 이들이 각 지역 토호 세력의 중요 부분을 차지하면서, 영역적 이해에 기반한 개발정치에서 핵심적 활동을 담당하고 있다.

세 번째는 지역이 처한 정치경제적 '실재'(reality)를 해석하는 담론의 구조이다. 지역 차원에서 영역적 정치가 동원될 때, 그 행위자들이 지역의 정치경제적 상황을 해석하는 방식은 그 지역의 실재적 정치경제적 현실과는 다른 경우가 많다. 호남소외론, 지방소외론 등과 같이 한국의 지역에서 유행하는 각종 소외론은 지역 차원에서의 영역정치 동원에서 매우 중요한 역할을 차지하는데, 그렇다고 하여도 이들 소외론은 그 지역의 정치경제적 실재에 대한 정확한 해석에 기반한 것은 아니다. 60, 70년대에 등장한 지역주의 정치의 영향으로 한국의 지역들은 1) 중앙 정부의 개발사업이 지역의 경제발전에 매우 중요한 영향을 주고, 2) 이들 개발사업들의 지역 간 배분은 중앙 정치의 실권자가 어느 고장 출신인지 혹은 지역이 중앙의 권력과 어떠한 관계를 맺는지에 따라 영향을 받는다는 프레임을 바탕으로 자신들의 정치경제적 현실을 해석하여 왔다. 이는 각 지역이 처한 객관적인 경제 조건과 역사적 발전 경로보다는, 중앙 정치와의 관련성을 더 중시하는 해석의 방식인데, 이는 한국에서 나타나는 영역적 개발정치가 대부분 중앙 정부가 수행하는 개발 사업의 지역적 형평성과 공간적 선택성을 이슈로 이루어지면서, 국가 개발사업의 지역 유치가 실제로 그 지역의 삶의 질 향상과 발전에 도움을 줄 것인지에 대한 진지한 고민 없이, 맹목적으로 중앙 정부의 개발사업 유치에 매달리게 하는 결과를 초래하고 있음을 잘 설명해준다.

VI. 한국에서 토건적 신개발주의 국가 형성의 역사적 과정: 시론적 설명

1) 국가주도 경제성장과 '토건지향적 발전주의 국가'의 형성

60~70년대는 한국에서 '토건지향적 발전주의 국가'의 형성기로 2가지의 특징을 보인다. 먼저, 토건 관료와 토건 자본의 성장이다. 국가주도 산업화와 관련하여 대규모의 사회간접자본 투자가 있었고, 각종 산업단지가 건설되고, 다양한 지역개발 사업이 추진되었다. 그 결과로 건설관련 부처와 건설산업이 급속히 성장하였다. 또한, 국가-재벌 간의 성장연합을 기반으로, 토건적 관료와 재벌 산하 건

설업체 간의 유착관계가 강화되었다. 두 번째 특징은 지역개발의존적 정치세력이 성장하였다는 것이다. 이는 이 당시 등장하기 시작한 지역주의 정치의 영향 하에서, 지역적 이해에 기반하여 정치적 지지를 동원하는 메커니즘의 수립된 것과 관련된다. 그 결과로 국가의 지역개발 사업이 정당, 정치인들의 주요 관심사가 되었고, 이러한 개발의존적 정치세력의 성장을 바탕으로, 개발주의 담론이 한국 사회에서 보편적인 이데올로기로 자리 잡기 시작하였다.

이런 두 가지 경향이 그 당시 한국의 국가 전략과 국가 형태와의 관련 속에서 나타난 여러 사회 세력들의 전략관계적 상호작용과 어떠한 관련 속에서 등장하는지 살펴보자. 먼저, 이 당시 한국 발전주의 국가의 국가 전략과 국가 형태는 다음과 같이 요약될 수 있다.

국가 전략과 관련하여, 한국 국가는 1) 60년대는 수출주도 산업화, 70년대는 중화학 공업화를 바탕으로, 자본과 노동의 집약적 동원을 통해 효율적인 경제개발을 추진하는 축적전략을 추진하였고, 2) 헤게모니프로젝트로서는 경제개발과 부의 증대를 통한 정치적 정당성의 확보, 억압적 정치체제의 수립을 통한 정치적 반대의 무력화, 지역주의적 지지기반의 동원, 근대화주의, 반공주의 등의 이데올로기 동원 등과 같은 방법을 사용하였다.

국가 형태는 권위주의적 발전주의 국가라는 큰 틀 아래, 정치활동에 대한 억압을 통해 의회 민주주의를 무력화시킴으로써 정치사회에 대한 국가 부문의 우월적 지위를 확보하는 정치적 대의의 형태를 보였고, 공간적으로는 대외적으로 폐쇄적 조절의 공간 건설, 중앙집권적인 국가 영토성의 확립, 경제에 대한 국가의 개입과 투자에 있어서 강한 공간적 선택과 집중화 경향이라는 모습을 보여주었다.

국가전략과 국가형태의 이러한 조건들은 사회 세력들 간의 전략관계적 상호작용에 영향을 미쳐 1) 토건 관료와 토건 자본의 성장, 2) 개발의존적 정치세력의 등장을 야기하여, 한국에서 발전주의 국가가 토건지향적 성향을 나타내도록 만들었다. 그 구체적인 메커니즘은 다음과 같다.

① 국가 주도 경제개발 전략 하에서, 자원의 효율적 동원과 이용을 위한, 물리

적 인프라 개발이 필수적으로 요구되었다.6 이는 외국 차관의 사용 방식에서 잘 드러난다. 당시 경제 개발을 위해 필요한 자본이 부족한 상황에서, 외국의 차관이 적극적으로 도입되었는데, 도입된 외국 차관의 상당 부분이 사회간접자본 부분에 투자되었다. 예를 들어, 1959~1969년 동안에 도입된 외자의 45.9%가 제조업에, 그리고 47.82%가 사회간접자본 부문에 도입되었다(서울사회과학연구소, 1991: 183). 이러한 물리적 인프라 건설에 대한 막대한 투자는 경제개발에서 국토 공간 개발을 주로 담당하는 건설부처의 역할 증대와 건설산업의 성장을 결과하였고, 이는 이후 한국에서 토건 관료와 토건 자본이 성장하는 계기를 제공하였다.

② 권위주의적인 국가의 형태는 억압적 정치 체제와 노동조절의 방식을 통해 정치사회와 시민사회의 미발달, 그리고 계급정치의 미성숙을 결과하였고, 이러한 상황에서 정당과 정치 세력들은 '독재 대 민주'라는 이데올로기적 대립을 바탕으로 정치적 지지를 얻으려는 균열의 구조를 만들어내었다. 하지만, 이 균열구조는 물적 근거가 취약한 것이어서, 정당과 정치세력들은 지속적으로 보완적인 균열의 요소를 모색하였다.

③ 국가 전략과 형태의 공간적 선택성은 지역적으로 차별화된 이해관계의 생성을 결과하였다. 먼저, 중앙집권적인 국가 형태 하에서, 지역적 이해세력들은 지역의 개발을 위해서는 중앙 정부의 자원과 권력을 동원하여야 했다. 하지만, 국가 축적전략은 뚜렷한 공간적 선택성을 보여서, 산업 및 지역 개발을 위한 국가의 투자와 지원은 수도권과 동남권에 상대적으로 집중되었고, 이로 인해 지역 간 격차의 문제가 발생하였다. 게다가, 지역주의의 동원과 연고주의를 바탕으로 한 인재의 등용을 통해 정당성을 유지하려는 국가의 헤게모니프로젝트의 영향으로 영남에 기반한 영역적 이해가 정치적으로 더 잘 대표되는 지역적 편중성을 보였다. 이러한 조건들이 접합되면서, 지역별로 국가의 조절 방식에 대해 차별화된 이해관

---

6 물론, 이러한 경향은 국가 경제 개발을 위한 필요라는 기능적 측면도 있지만, 동시에 해방과 한국 전쟁 이후 지속되었던 국가 건설, 전후 복구, 국토 재건 등의 국가적 차원의 사업들이 경로의존적으로 영향을 미친 바도 크다.

계가 생성되어, 호남 지역에서는 호남 소외론이, 영남 지역에서는 박정희 정권 찬양론이 등장하였다.

④ 위의 ②번과 ③번 조건이 접합되면서, 정당과 정치세력들의 지역개발 이슈에 대한 관심이 증가하게 되었다. '독재 대 반독재'라는 기본적 균열 구조 외에 보완적 균열 요소를 찾던 정치 세력들이 지역 개발에서의 격차를 바탕으로 차별적으로 형성된 지역적 이해를 정치적으로 동원하여 자신들의 지지기반을 확보하려는 노력을 하게 되었다. 특히, 호남소외론, 박정권 찬양론 등과 같이 지역 간 격차, 지역적으로 차별화된 정치적 이해와 의식을 이용하여 지지를 이끌어 내려는 정치 세력들의 영역화 전략이 1971년의 대선을 통해 본격적으로 나타나기 시작하였고, 그 결과로 선거에서의 영호남 대립구도가 출현하여, 한국에서 지역주의 정치가 등장하였다. 이를 계기로 정치 세력들이 지역 격차, 지역적 소외, 지역 개발 등 지역 차원의 정치경제적 이해, 정서 등을 동원하여 지지기반을 확보하려는 움직임이 시작되었다.

⑤ 60년대부터 추진된 국가주도 산업화와 그들 둘러싼 권위주의적 조절 방식에 대한 사회적 불만이 60년대 말부터 본격적으로 표출되기 시작하면서, 이를 무마하여 정치적 정당성을 유지하기 위한 헤게모니프로젝트의 일환으로 갖가지 지역 및 도시 정책이 70년대부터 실시되기 시작하였다.

✔ 국가주도 산업화에 대한 사회적 불만은 강력한 반공주의와 계급운동에 대한 정치적 탄압의 결과로 계급투쟁으로 전환되지는 못하였다. 하지만 호남소외론 등에서 보듯, 국가주도 산업화의 불형평성에 대한 불만은 지역 격차의 문제를 중심으로 정치권에서 이슈화되기 시작하였다. 이런 상황에서, 국가는 헤게모니프로젝트로서 대도시 지역의 인구와 산업을 지방으로 분산시키는 것을 골자로 하는 지역정책을 70년대 초반부터 시행하였고, 이와 더불어 국토종합개발계획이 실시되었다. 이를 통해, 각종 지역개발 사업이 본격화되었다.

✔ 또한, 경제에 대한 국가 개입의 공간적 선택성으로 인해 대도시(특히 수도권)지역의 인구가 급증하였고, 이는 서울과 같은 도시의 혼잡을 가중시켜, 서울의 공간적 확대에 대한 필요성을 증가시켰고, 또한 도시 지역 노동자의 주거 문제를

발생시켜, 주거 문제 해결을 위한 주택 공급에 대한 필요성을 증가시켰다. 그 결과, 도시지역 재정비 및 주택공급정책이 70년대 들어 본격적으로 시행되었다. 이와 같은 지역, 도시, 주택 정책의 본격적 실시는 대규모 토건 사업의 전면적 실시와 국토 건설에 대한 엄청난 투자를 의미하는 것으로, 이는 건설 관련 국가 예산의 증가와 건설산업의 확대재생산을 초래하여, 국가의 토건지향성을 강화하는 계기가 되었다.

ⓖ 70년대에 들어서는 60년대 말, 70년대 초의 정치경제적 위기를 돌파하기 위해 유신 체제가 수립되었는데, 이 체제가 지닌 공간적 선택성과 정치적 대의의 형태는 토건적 동맹과 개발주의를 강화하는 데 많은 기여를 하였다.

✔ 먼저, 유신체제는 중화학 공업화를 위한 산업단지 건설을 통해 국가 조절의 공간적 선택성을 강화하여, 영남과 호남 간의 격차를 심화시켰고, 국가 엘리트 구성에 있어 영남 출신자들에 대한 편중성을 강화시켜, 지역별로 차별화된 정치경제적 이해와 정서를 한층 강화시켰다.

✔ 또한, 유신 체제 하에서는 대통령 간접 선거의 실시, 야당의 정치 활동에 대한 탄압 강화, 국회의원 중선구제 실시 등과 같은 방식에 의해, 대의 정치가 급격히 약화되었는데, 이는 정당 간 대결에서의 지역주의 정치는 약화시켰지만, 지역 개발 이슈를 중심으로 개별 정치인이 동원하는 소지역주의의 발흥을 초래하였다. 즉 정당 간 대결이 약화된 상황에서, 국회의원 선거에서 개별 후보자들은 자신이 지역 개발을 위해 중앙 권력과의 관계 속에서 어느 정도 역량을 발휘할 수 있는가라는 문제를 부각시켜 표심을 자극하려 하였다. 이러한 과정을 통해 지역 숙원 사업, 지역 개발 사업 등과 관련하여, 지역구 국회의원의 대중앙 로비의 중요성이 강조되었고, 그 결과 중앙-지방을 연계하는 개발 동맹이 등장하기 시작하였다. 즉 지역구 국회의원, 지방자치단체, 지역 내 이익집단(예, 상공회의소), 중앙 관료(건설부, 재경부), 건설업체 간의 연결고리가 지역 개발 사업에서 점차 중요하게 되었고, 이는 토건적 동맹의 심화와 개발주의 담론의 확대재생산을 초래하였다.

60~70년대 형성된 국가의 토건지향성은 80년대 들어서도 지속적으로 강화된

다. 이는 80년대 들어 각종 도시 및 지역개발 사업이 확대된 것과 관련된다. 70년대 들어, 노동 착취, 도시 빈민의 출현 등과 같은 국가주도 산업화의 내적 모순이 본격적으로 표면화되기 시작하였고, 이런 상황에서 억압적 동원체제에 대한 국민적 반발과 민주화에 대한 요구가 전면적으로 확산되었다. 점증하는 민주화에 대한 요구와 권위주의적 조절 체제에 대한 도전이 확산되면서, 이에 대한 대응으로 도시 및 지역개발 계획과 연관된 갖가지 헤게모니프로젝트가 추진되었다. 1) 광주민주화 항쟁의 결과로 지역갈등과 지역주의 정치가 심화되었고, 이에 대한 대응으로 각종 지역개발 정책이 확대 시행되었다. 2) 도시 지역에 주택공급을 확대하기 위해, 도시 지역에서 대단위 아파트 단지의 개발, 공급이 추진되었다. 3) 일종의 헤게모니프로젝트로 86아시안게임과 88올림픽이 추진되었고, 이를 위해 대대적인 도심 재개발 사업이 추진되었다. 이러한 각종 지역 및 도시개발 사업을 통해 토건동맹은 더욱 확대재생산되었다.

이와 함께, 80년대는 지역주의 정치가 확대, 심화되어, 지역이 한국 정치의 핵심적 균열구조로 자리 잡는 기간 이었다. 특히, 광주 민주화 운동을 통해, 호남지역에서는 저항적 지역주의가 심화되었고, 반면 영남 지역에서는 패권적 지역주의가 강화되었다. 게다가, 87년의 민주화 투쟁 이후, 형식적 민주화에서 큰 진전이 발생하면서, 그 이전의 기간 동안 한국 정치를 특징짓던 핵심적 균열 구조였던 '독재 대 민주'의 전선이 급격히 약화되었고, 그 빈 공간을 지역을 중심으로 하는 균열의 요소가 자리 잡게 되었다. 지역을 중심으로 민주화 운동 세력이 분할되고, 여러 지역적 기반을 가진 정치 세력들의 등장하였다. 이제 한국에서는 지역적 이해가 정당 정치에서 전면적으로 동원되기 시작하였고, 이에 따라 지역개발 이슈에 대한 정치 세력의 의존성도 더욱 높아져 갔다.

2) '토건지향적 발전주의 국가'에서 '신자유주의적 토건국가'로의 전환

1990년대 들어 한국의 발전주의 국가는 그 전략과 성격에서 근본적인 변화를 경험한다. 소위 말하는 신자유주의화가 시작된 것인데, 이러한 변화는 대내외적

인 도전에 의해 1960년대에서 80년대까지 작동하였던 "국가에 의한 노동과 자본의 집약적 동원"에 바탕한 발전 모델이 붕괴하고, 축적과 정당성의 위기를 국가 지배엘리트들이 느끼기 시작한 데 기인한다. 80년대 후반 이후, 외적으로 국제적 경쟁의 심화와 냉전의 붕괴라는 상황 속에서 민족주의적 경제 정책 하에서 폐쇄적인 조절의 공간을 형성하였던 한국에 개방과 자유화에 대한 압력이 가해지기 시작하였고, 내적으로는 민주화와 그 결과로 성장한 노동운동에 의해 억압적 노동조절의 체제가 무너지고, 또 경제성장의 결과로 자본의 국가에 대한 자율성이 증가하여 국가에 의한 집약적 자본 동원이 힘들어지게 되었다. 이러한 상황은 국가의 지배엘리트들에게 축적과 정당성의 위기를 초래하였는데, 80년대 후반의 3저 호황 이후 경제 성장률은 저하하고 있었고, 사회운동 세력에 의한 군사정권에 대한 도전은 지속되고 있었다.

이러한 위기에 대응하여, 국가 지배엘리트는 국가 전략의 재편을 시도한다. 먼저, 축적전략의 측면에서는 신자유주의와 세계화의 이데올로기를 바탕으로, 시장친화적인 경제 구조 개편을 통해, 축적의 위기를 돌파하려 시도하였고, 사회운동세력으로부터의 지속적인 도전에 대한 대응적 차원의 헤게모니프로젝트로는 형식적 민주화의 추진, 정치경제적 개혁, 일부 분배지향적 정책의 실시 등이 포함될 수 있다. 그런데 이러한 국가 전략의 재편은 여러 사회 세력들의 전략관계적 상호작용 속에서, 토건적 이해와 개발주의적 이데올로기가 국가와 지방을 포괄하여 심화, 확대, 강화되는 계기를 제공해 주었다.

먼저, 주택 및 지역개발 정책이 확대 실시되었는데, 이는 세 가지 측면에서 관찰될 수 있다. 첫째, 이전의 경제 성장의 결과로 도시 인구가 급증하고, 토건 관료와 건설산업의 유착을 통해 도시 지역의 부동산 투기가 만성화되어, 80년대 말 90년대 초 한국의 도시 주택 가격은 급등 양상을 보인다. 이런 상황에서 도시 중산층과 무주택자들의 분노를 무마하기 위해, 주택 200만호 건설 등 주택 공급 확대 정책이 실시되었다. 둘째, 80년대에 있었던 지역주의 정치의 심화로 인해, 지역적 이해가 정치 균열 구조의 핵심으로 자리 잡게 되었고, 그 결과 정당과 각 정치 세력들이 지역 격차, 지역 개발 등의 이슈를 중심으로 정치적 지지 기반을 강화하고 유지하려는 경향이 노골화되었다. 이에 대한 대응으로 국가는 서해안 개발과 같이 지역 균형 발전을 목적으로 하는 갖가지 지역 개발 사업을 확대하게 되었다. 셋째, 각종 개발 사업의 확대와 더불어, 개발에 대한 각종 규제도 점차 완화되었다. 민주화에 대한 점증하는 요구와 신자유주의 이데올로기의 영향에 의해 정치경제적 행위에 대한 국가의 규제에 대한 사회적 공격이 강화되었고, 이는 준농림지역 개발 규제완화와 같은 각종 개발 규제의 완화를 초래하였다. 이와 같은, 주택 및 지역개발 정책의 확대 실시와 개발 규제의 완화는 토건적 동맹이 지속적으로 성장하는 데 풍부한 자양분을 제공하는 역할을 하였다.

민주화의 결과 실시된 지방자치제와 같은 국가 통치의 규모적 재편과 지역주의 정치의 심화는 토건 동맹과 개발 이데올로기가 다양한 지리적 스케일에서 동시적으로 성장하고 확대, 심화되는 결과를 초래하였다.

먼저, 지방자치제의 실시로 지방자치단체장이 선거를 통해 지역민에 의해 선출되게 되었는데, 이는 지방자치단체의 의사결정에 지대한 영향을 주는 단체장이 자신의 정치적 이해를 위해 지역 차원에서 영역화된 이해의 대변자로서의 역할을 강화하게 만들었다. 그 결과로 지역적 차원에서의 영역적 개발동맹의 결성이 더욱 활성화되었다.

또한, 지방자치제의 실시로 인해, 지방자치단체의 재정 자율성과 책임성이 증가함에 따라, 각 지방자치단체는 '민관합동' 등의 방식을 통해, 지역개발 사업에 민간 자본을 끌어들이려는 노력을 하게 되었고, 이는 지역 차원에서 개발 및 토건 동맹이 형성되는 계기를 제공하였고, 그 결과로 지역 개발 사업에서 수익성의 원칙은 강화되고, 공익성의 원칙은 급격히 약화하게 되었다. 지방자치제 실시는 또한 지역 개발을 위해, 중앙 예산을 향한 지방 간 경쟁을 심화시켰는데, 이는 지역 균열의 정치 구조 하에서 지역개발 이슈에 목메는 지역구 국회의원들이 지역개발 사업에 더욱 적극적으로 개입하도록 유도하였다.

90년대 초에 신자유주의적 전환이 시작되었지만, 그것이 본격화된 것은 1997년의 외환위기 이후였다. 하지만, 신자유주의적 전환이 일어난다고 하더라도, 그것이 신자유주의의 이념형 대로 경제적 조절의 시스템이 변화한다는 것을 의미하는 것은 아니다. 현실에서 "실제로 존재하는 신자유주의"(actually existing neo-liberalism)는 그 이전의 시스템이 만들어 놓은 각종 제도적 틀 및 장치들과의 끊임없는 상호작용 속에서 매우 혼성적인 형태로 나타난다(Brenner & Theodore, 2002; Tickell & Peck, 2003). 한국도 마찬가지여서 발전주의 국가적 조절 프레임의 경로의존성 탓에, 한국의 신자유주의는 '신국가주의적'(neo-statist)인 성향을 강하게 보이는 '발전주의적 신자유주의'의 형태를 보인다.

이러한 혼성적 성향이 국가의 토건지향성과 관련해서는 어떤 식으로 나타날까? 먼저, 이전의 시기에 형성된 토건지향적 개발주의의 경로의존성에 대해 살펴보면, 1) 토건 관료, 토건 산업, 지방자치단체, 지역구 국회의원, 언론, 지식인 등과 같이 국가 및 지방 차원에서 성장해온 토건 이해 집단과 그들 간의 동맹은 그 정치적 영향력을 지속하고 있고, 2) 60년대 이래의 지속적인 토건지향적 개발과 그로 인한 부동산 치부가 신분상승의 주요 수단이 되면서, 부동산 투자가 가장 효과적인 재테크의 수단으로 인식되어, 개인적 차원에서 '부동산 불패 신화', '부동산 투자 지상주의' 등 토건지향적 담론이 지배 이데올로기로 자리 잡았다. 이러한 과거로부터 전해온 경로의존적 성향과 더불어, 새로이 신자유주의적 이데올로기가 확산되면서, 경쟁 시장 기업가주의 등의 담론들이 우월한 지위를 차지한 반면, 공익성의 담론은 급격히 약화되었다. 이 두 가지 조건의 접합은 지역 및 도시개발에서 국가나 지방자치단체가 국가나 지역의 경쟁력 향상이라는 명분으로 토지의 개발에 적극 개입하여, 개발의 공익성보다는, 개발을 통한 수익성과 경쟁력 향상을 지향하는, '신개발주의'적 경향을 초래한다.

이러한 신개발주의는 토지 소유자, 토건 자본, 토건 관료, 지방자치단체, 지역구 국회의원, 언론 등과 같은 국가 및 지방 차원의 다양한 토건적 이해세력들의 광범위한 지지를 이끌어내고, 또한 그것이 표방하는 경쟁, 효율성 등과 같은 신자유주의적이고 시장친화적인 목표로 인해 신자유주의 옹호자들로부터도 광범위한 지지를 받고 있고, 그 결과 한국 국가는 점차로 '신자유주의적 토건국가'로의 변화를 가속화하고 있다.

VII. 결론

이 장에서 필자는 한국 국가의 신개발주의적 지향성이 어떠한 정치 사회 경제 과정을 통해 형성되었는지, 전략관계적 국가론의 관점에서 살펴보았다. 특히 지난 60년대 이후 현재까지 한국 국가의 공간 정책과 그를 둘러싼 복잡한 정치경제적 과정의 결과로, 지역적 차원에서 영역화된 이해의 정치적 동원화가 매우 활성화되었고, 그로 인해 국가의 토건지향성이 강화되었음을 주장한다. 보다 구체적으로 한국 국가의 토건지향성 강화에 매우 중요한 영향을 미친 조건들 세 가지는 아래와 같다.

✔ 정당정치에서의 중심적 균열구조가 지역에 기반하여 형성됨에 따라, 정당과 정치인들이 지역 차원의 개발주의 정치에 쉽게 순응하여, 국가의 의사결정에 영향을 준다.

✔ 계급 정치와 풀뿌리 민주주의의 미성숙으로 인해, 지역 차원에서의 장소적 이해가 강하게 영역화되는 경향을 보인다.

✔ 70년대부터 지속된 지역주의 정치의 영향으로 지역의 정치경제적 현실을 해석하는 담론의 프레임이 '중앙-지방' 관계를 중심으로 매우 정치화되어 있다.

한국 사회과학의 국가 중심적 성향 때문에, 사회과학의 주요 설명에서 지역적 차원의 정치경제적 과정을 인과관계의 중심에 두는 경우는 드물었다. 이러한 경향은 매우 장소적이고 국지적 특성을 강하게 지니기 마련인 토건적 개발사업에 대한 설명에서도 나타나, 그간의 신개발주의론이나 토건국가론에서 지역적 차원의 영역화된 정치는 중앙적 수준에서 일어나는 개발주의 정치의 부산물이나 결과물 정도로 취급되어 왔다. 하지만 이 글에서 필자는 이 지역적 차원의 영역 정치를 토건지향성이라는 한국 국가의 주요 특성을 설명하는 중심적 범주로 설정하려 하였다.

이러한 논의를 바탕으로, 필자는 한국 국가의 신개발주의 정책과 토건적 지향성의 문제를 해결하기 위해서는, '개발주의' 담론에 대한 공격, 중앙 차원의 '토건동맹'에 대한 비판뿐만 아니라, 지역적 차원에서 조직되는 개발정치를 약화시킬 수 있는 방안 마련에도 상당한 관심을 기울일 필요가 있음을 주장한다. 그런데 앞에서 간단히 살펴보았듯 한국 국가의 토건적 개발주의에의 지향성은 한국 자본주의의 발전 과정 속에서 정치 경제 사회 공간적 조건들이 서로 복잡하게 접합하면서 구조화된 결과이기 때문에, 지역개발 방식이나 의사결정 과정의 제도적 개편 정도로는 해결되기 힘든 것으로 보인다. 다시 말해 국가의 토건사업과 개발정책과 직접 관련되지 않은 것처럼 보이는 정치경제 시스템의 보다 근본적인 변화가 선행되어야, 영역적 이해에 기반한 개발정치의 활성화를 저해할 수 있을 것이다. 이러한 방안 마련을 위해서는 지역적 개발정치의 작동 방식, 지역적 이해가 중앙 정부의 전략적 선택성에 영향을 미치는 과정 등에 대한 좀 더 깊이 있는 경험연구들을 축적해야 한다.

6장
포항 1: 기업도시의 사회생태학[1]

장세훈 (동아대 사회학과 교수)

I. 문제제기

지난 반세기 동안 공업도시는 우리 사회에서 근대적 도시의 전형이었다. 이는 공업도시가 근대화의 주된 두 축이라고 할 수 있는 산업화와 도시화의 접점에 놓여 있기 때문이다. 우선 공업도시는 산업화 과정에서 계획적으로 조성된 신흥도시라는 점에서, 전근대적 요소를 내포한 채 공간적으로 팽창한 전통도시와 대비된다. 또한 제조업 중심의 도시라는 점에서, 행정 교역 기능에 치중한 기성 도시들과 차별성을 갖는다. 특히 서울을 중심으로 수도권 위성도시들이 도시화를 선도하는 수도권 일극집중 양상이 두드러진 한국의 도시화에서 공업도시는 지방 도시화의 선봉장으로 불균형한 국토개발의 균형추 구실도 해왔다. 더 나아가 정보사회, 서비스사회로 이행하는 시점에서 공업도시는 산업구조 재편에 따른 도시화의 방향전환을 모색하는 시금석으로 작용할 전망이다.[2]

기업도시는 이러한 공업도시 가운데 소수의 대기업들이 지역경제를 장악해서 기업이 사실상 지역사회에 지배력을 행사하는 도시를 가리킨다. 따라서 기업도

---

[1] 6장은 한국사회사학회, 연세대 사회학과 BK21사업단, 서울대 SSK사업 '국가와 지역' 연구팀 공동주최 학술심포지움 '공업도시 개발과 사회공간적 변동'(2012. 5. 26) 발표 논문을 이 책의 취지에 맞추어 재구성한 것임.

[2] 이러한 점에서 공업도시 연구는 꾸준히 이어져 왔다. 개별 공업도시에 대한 본격적인 연구로 이만형 외(1998), 정건화 외(2005) 등을 들 수 있다.

시에서는 공업도시의 특성이 더욱 집약적으로 드러난다. 특히 지방화 시대를 맞이해서 수도권 집중 억제와 지역균형발전이 요구되면서, 지역사회 발전에서 기업도시가 차지하는 위상과 역할이 주목받고 있다. 그러나 국내의 기업도시 연구는 여전히 빈약한 수준이고, 특히 기업도시의 관건인 기업-지역사회 관계가 체계적으로 다루어지지 못하고 있다.

먼저 기업도시를 국가가 주도적으로 조성한 한국적 특수성에 주목해서 기존의 기업도시 연구는 국가-기업 관계에 천착했다. 국민경제적 차원에서 포항제철의 위상과 역할을 탐색한 류상영(1995), 서울대 사회과학연구소(1987) 등의 연구가 대표적이다. 여기서 기업-지역사회 관계는 국가-기업 관계의 부차적 종속적 요인으로 간주될 뿐이었다.

그 뒤로 기업-도시 관계에 주목한 연구들이 잇따랐지만, 대다수 연구는 '기업 지배적 도시'라는 기업도시의 이미지에 현혹되어, 대기업에 의한 지역사회 지배를 확대해석하거나 기업의 관점에서 기업-도시 관계를 파악함으로써 기업 지배에 대한 지역사회의 대응이나 양자의 긴장 관계에 대해서는 큰 관심을 기울이지 않았다(박재욱, 1996; 1999; 염미경, 1996; 1997; 유성종, 2002; 전상인, 2011). 이들은 기업도시를 기업이 주도하고 지역사회가 이에 수동적으로 끌려가는 일방적인 '기업(지배)도시'로 파악하고 있어, 쌍방향으로 구성되는 '기업-도시(관계)'의 측면을 적극적으로 탐색하지 않았던 것이다.

염미경(2004), 우연섭(2005), 조형제(2000), 최의운(2002) 등은 앞의 연구들과 달리 대기업과 지역사회 간에 서로 밀고 당기는 상호작용 관계를 다룬 점에서, 한 걸음 더 나아갔다고 할 수 있다. 그러나 특정 국면에서 이들 간의 관계를 평면적으로 분석하는 공시적 접근을 취하고 있어, 양자의 힘 관계가 시계열적으로 변모하면서 기업도시 양상을 역동적으로 바꿔놓는 과정을 밝히지는 못했다.

이와 달리 통시적 관점에서 기업-도시 관계를 파악하려는 기업도시 연구도 이어졌다. 그러나 기업도시 문제를 기업-지역사회 차원이 아닌 기업 내 노사관계 차원으로 국한하거나(김준, 2005), 외지인-토착인 엘리트들 간의 관계로 접근함으로써(장세훈, 2010a; 2010b), 이들 역시 기업과 지역사회 관계의 전모를 밝히는 데 한계를 드러냈다.

이러한 점에 주목해서, 이 글에서는 기업과 지역사회 간의 역학관계를 중심으로 기업도시의 역사적 변천 과정을 사회생태학적 관점에서 접근하고자 한다. 특히 기업도시의 대표주자 격인 포항을 사례로 포항제철(현재의 포스코)과 포항 지역사회의 관계를 다루고자 한다.

포항은 1960년대 경제개발계획의 일환으로 정부가 설립한 포항제철을 중심으로 급성장한 한국형 기업도시의 모범이다. 급성장을 거듭한 포항제철은 단기간에 기업 확장, 사업 다각화, 민영화 등을 단행하며 기업-지역사회 관계 또한 꾸렸다. 포항시 또한 포항제철의 설립과 함께 고속성장을 거듭하면서, 군부독재, 민주화, 지방자치 등을 통한 지역사회 권력구조의 변동 과정을 겪으며 기업과의 관계를 재설정해 왔다. 이러한 점에서 포항은 대기업과 지역사회 관계의 역사적 변천 과정을 압축적으로 보여주는 기업도시의 전형적 사례이다.

그렇지만 기업도시로서 포항의 특수성 때문에, 기업-도시 관계가 그동안 소홀히 다루어졌던 것도 사실이다. 실제로 포항제철 스스로 '국가산업의 중추', '국민기업'이라는 자부심이 강해 포항시를 자신의 배후도시로 여기지 않는 등, 지역사회와의 관계 설정에 무관심했다. 그렇지만 포항제철은 포항시 면적의 1/4를 차지하고, 지방세 납부액이 포항시 재정의 1/3에 달하며, 포항 인구의 절반가량이 포항제철의 경제활동에 직접 관련될 정도로 포항시에 막강한 영향력을 행사해 왔다.(서울대 사회과학연구소, 1987) 그 결과 포항시민들에게 포항제철의 상징이나 다름없는 박태준이 강력한 카리스마를 발휘하며 '보이지 않는 실세'로 '체계적 권력'(systemic power)을 행사한다고 여겨져 왔다.[3] 또한 영남 지역의 보수적인 정치성향과 결합되어 지역엘리트를 비롯한 지역 주민들도 포항제철과 후원-지지 관계를 맺으며 일방적으로 끌려다니는 무기력한 존재로 비쳐졌다. 따라서 기업-도

---

[3] 1988년 8월 포항시 20세 이상 시민 500명을 대상으로 실시한 「포항지역민의 지역발전에 관한 의식조사」에서 포항 시민들은 가장 영향력 있는 인물로 박태준(31.8%)을 꼽았고, 포항시민(30.5%), 지역국회의원(14.9%), 기업가(10.6%), 포항시장(6.7%) 등이 그 뒤를 이었다(양만재, 1989: 78).

시 관계의 분석이 불필요하다는 인식이 압도적이었다.

그러나 우리 사회의 압축성장이 포항에도 그대로 적용되어 포항을 둘러싼 주변 환경의 변화와 함께 기업과 지역사회도 크게 변모해 왔다. 따라서 기업-도시 관계도 적지 않은 변화를 겪었을 것이다. 본 연구는 이 점에 착안해서 포항의 기업-도시 관계의 역사적 변천 과정을 탐색해 보고자 한다.

II. 사회생태학적 접근

기업도시에서 기업-지역사회 관계의 변천을 파악할 이론적 자원으로 시카고학파의 생태학적 접근과 신베버주의자들의 도시정치적 접근을 살펴본다.

생태학적 접근은 지역사회 내부의 안정된 평형 상태(stable equilibrium)를 전제하기 때문에, 변화의 원천을 외부에서 찾는다. 이에 따르면, 기업과 지역사회 간 관계도 외부세력인 기업의 침입에서 비롯된다. 그에 따른 내부 반발로 양자 간에 경쟁이 일어난다. 그 과정에서 지역사회는 외부 세력을 격리, 고립, 축출하려 하고 기업은 안착을 도모하는데, 후자가 강력할 경우 이들이 정착에 성공해서 지배적인 지위를 계승하고, 이는 외부 세력에 의한 지역사회의 지배로 이어진다.[4]

이러한 '침입-경쟁-격리-계승-지배' 모델은 자연 생태계의 천이(遷移)를 원용한 것으로, 기업-도시 관계의 변천 과정을 설명하는 데 유용하다. 그러나 내부적으로 균열과 갈등이 없는 평형 상태 및 외부 환경 요인에 의한 변동이라는 전제조건을 그대로 수긍하기는 어렵다. 특히 자연 생태계에 비해 도시에서 사회세력들의 이합집산이 더 극심하다는 점에서, 이론적 보완이 요구된다.

이러한 점에서 도시의 변동 요인을 내부에서 찾는 신베버주의적 접근에 주목할 필요가 있다(Rex & Moore, 1967; Pahl, 1970; Saunders, 1979). 신베버주의자들은

---

[4] 이는 지역사회의 생태학적 과정 모델(McKenzie, 1925; 1933)을 기업도시에 원용한 것이다.

도시가 서로 이해를 달리하는 이질적인 사회세력들로 구성되어 있고, 이들이 갈등·대립, 지배·종속, 상피(相避)를 통한 할거, 격리·배제, 경쟁, 협력 등과 같은 다양한 관계를 맺는다는 점에 주목한다. 이에 따르면, 기업도시에서 기업-도시 관계는 입주와 동시에 내부자가 된 기업이 지역사회 내부의 기존 사회세력들과 힘을 겨루는 도시정치(urban politics) 과정으로 인식된다. 이는 생태학적 접근의 단선적 모델과 달리 기업과 지역사회 간의 역학관계에 따른 복선적 모델을 상정할 수 있어, 기업-도시 관계의 다면적 모습에 대한 보다 현실적인 설명이 가능하다.

그러나 신베버주의의 도시정치 모델은 도시 내부에 치중한 나머지 도시-기업 관계를 둘러싼 외부 배경요인을 경시한다. 따라서 이들도 도시 변동의 외부 변인들에 주목하는 생태학적 접근의 도움이 필요하다.

이상과 같이 생태학적 접근과 신베버주의적 접근이 도시 변동의 각기 다른 일면만을 다루는 외생적 접근과 내생적 접근에 그치기 때문에, 이들의 생태학적 변인과 사회적 변인을 통합한 사회생태학적 접근(socio-ecological approach)[5]을 새롭게 모색할 필요가 있다.

사회생태학적 접근은 자연생태계와 달리 도시라는 인간생태계가 이질적 구성요소들 간의 정치적 역학관계가 복잡하게 얽혀 있다는 점에 주목한다. 그렇지만 도시 역시 외부 환경의 영향으로부터 자유롭지 못하다는 사실을 수용한다. 따라서 사회생태학적 접근에서는 기업도시의 기업-도시 관계를 외부 환경의 변화 요인을 고려하면서 주요 행위 주체들 간의 정치적 힘 관계를 통해 살펴보고자 한다.

그렇다면 기업도시에서 기업-지역사회 관계를 규정짓는 내부, 외부 요인들을 어떻게 설정할 것인가? 외부적 환경 요인으로는 도시를 둘러싼 정치경제적 환경이 중요하다. 이때 정치적 환경으로는 지역정치를 규정짓는 국가기구의 성격이, 경제적 환경으로는 지역경제를 둘러싼 국가경제의 발전 단계가 관건이다. 내부 요인으로는 기업의 조직 구성과 지역사회의 내부 구성 등 행위 주체들의 역량과 위상이 중요하다. 여기서 국영기업화, 민영화, 사업 다각화 등과 같은 기업의 조

---

[5] 사회생태학적 접근과 기존의 사회생태학(social ecology)의 차이는 장세훈(2009: 304~310) 참조.

직 구성은 기업의 역량을 결정짓는 지표가 되고, 지역사회 내에서 엘리트와 대중의 역량 및 관계가 지역사회의 영향력을 나타내게 된다.

이 같은 안팎의 요인들이 결합해서 기업도시 내 기업-도시 관계는 어떠한 형태를 띠는가? 기업-도시 관계는 크게 융합형 분절형 갈등형으로 구분할 수 있다. 기업과 지역사회가 긴밀히 결합한 융합형은 다시 수직적 지배 종속형과 수평적 협력형으로 나뉜다. 또 기업과 지역사회가 서로 별개로 구획되는 분절형은 서로가 상대방을 "소 닭 보듯" 회피한 채 권력을 분점하는 상피적(相避的) 할거형과 한쪽이 다른 한쪽을 고립시키는 격리·배제형으로 구분된다. 그리고 양자가 서로 대등한 수준의 역량을 보유한 채 지속적으로 맞서는 갈등형이 있을 수 있다.

이상의 논의를 위해 이 글에서는 포항제철(포스코)과 포항에 관한 기존의 문헌자료에 더해, 포항지역 엘리트를 대상으로 실시한 면접자료를 보조적으로 활용한다. 면접자료는 각 분야의 지역엘리트 30명을 대상으로 심층면접을 실시한 결과이다(<부표 1> 참조). 이하에서는 이러한 자료를 바탕으로 포항에서 포항제철과 포항 지역사회가 어떠한 관계를 맺어 가는가를 살펴보기로 한다.

III. 포항제철의 설립과 기업도시의 형성: 침투와 초청

1) 지역발전의 열망과 기업 초청

포항제철은 포항이 근대 도시로 성장하는 견인차였다. 그러나 포항제철 이전에도 포항은 경북 연안의 경제적 구심점 역할을 톡톡히 해 왔다. 우선 산이 깊은 경북의 다른 지역에 비해 형산강 하구의 비옥한 평야를 기반으로 상대적으로 농업이 발달했다. 또 조선시대 이래로 원산항과 동래항을 오가는 선박들의 중간 기항지로, 동해안 해상 교역의 거점이었다. 그 결과 포항 부조장은 조선시대 보부상들에게 다섯 손가락 안에 들 정도였고, 포항 죽도시장은 1950년대까지 대구 서문

시장과 함께 경북의 양대 시장으로 손꼽혔다(E-2). 또 일제시대에는 구룡포와 포항 일대에 일본인들이 대거 유입되면서 동남해안의 주요 어항으로 크게 번성했다. 이에 힘입어 포항은 1949년 시로 승격했고, 연안 수송수요가 늘어나면서 1962년 국제개항장으로 지정되는 등 꾸준히 발전해 왔다(포항시사편찬위원회, 1999; 포항지역사회연구소, 2003).

그러나 1960년대 중반까지 포항은 경북 지역에서 대구 다음 가는 맹주일 뿐, 전국적 수준에서는 수많은 지방 도시의 하나였다. 실제로 포항제철 설립 직전 포항시는 그 인구가 7만 명에도 미치지 못하는 중소 항구도시였으며, 독자적인 도시 성장을 기대하기 어려웠다. 국제개항장이라고 해도 연안수송의 물동량이 많지 않아 지역경제의 활성화에 크게 도움이 되지 못했다. 산업구조는 농·어업 위주로, 당시 대다수의 지방 도시들과 마찬가지로 이입인구보다 이출인구가 더 많은 '성장 지체' 상태에 놓여 있었다(양만재, 1989b: 63~64). 그 결과 당시 포항의 대외적 이미지는 동해남부선의 종착지, 울릉도행 여객선의 출발지, 또는 해병대 도시였다(포항로타리클럽, 1983: 13; E-3).

이처럼 완만한 성장 추세를 벗어날 지역발전의 새로운 동력을 갈망했던 포항 주민들에게 국가 차원의 경제개발과 국토건설 방침은 '가뭄 끝의 단 비'와도 같았다. 따라서 정부가 추진하는 종합제철소의 유치에 적극적이었다. 1967년 제철공장 건설 가협정을 조인한 정부가 제철소 후보지 선정 작업을 벌여 후보지를 포항, 월포, 삼천포, 울산, 보성 다섯 곳으로 압축한 상황에서, 제철소 유치로 지역발전의 계기를 마련하려던 이들 도시 간에는 유치 경쟁이 치열했다. 그 중에서 포항 지역사회의 유치 열망이 가장 강렬했다. 당시 포항의 지역유지들은 포항상공회의소를 중심으로 뭉쳐 전국 최초로 제철소 유치 운동을 펼쳤다. 이들은 1967년 2월 포항·영일지구에 '종합제철 유치를 위한 동해지구개발협회'를 구성하고 청와대 등 정부 각 부처에 건의서를 제출했다. 이후 13차례나 서울에 올라가 관계자 면담을 하고 포항 주민, 경북도민 연판장을 작성했으며, 30여 차례의 회의를 개최하기도 했다(김재홍, 2003: 169~172; G-1). 그해 7월 포항이 제철소 입지로 최종 확정된 것이 이들 활동의 직접적인 산물이라고 단언하기는 어렵지만, 제철소 유치에 사활을 건 포항 지역사회의 열의를 확인할 수 있다.6 그 연장선상에서 이들은 입지 선정 다음 날 포항상의 주관으로 대대적인 '범시민 입지결정 환영대회'를 개최하는 등, 제철소에 대한 애정을 대내외적으로 과시했다.

2) 포항제철의 침투

식민지 경험과 국토의 분단, 그리고 한국전쟁을 거치면서, 한국사회는 산업시설이 와해되고 국토가 황폐해지고 다수 국민이 원조양곡으로 끼니를 연명하는 절대빈곤 상황에 내몰렸다. 따라서 산업시설을 복구하고 국토를 재건해서 새로운 성장동력을 찾는 것은 생존을 위한 지상과제였다.

이러한 맥락에서 60년대 초반 군사쿠데타로 권력을 장악한 박정희 정권은 경제개발계획에 매진했다. 문제는 당시 정권이 군부정권이라는 그 태생적 전제와 경제성장이라는 국가목표를 결합시켜 권위주의적 정치체제를 구축한 사실이다. 권위주의적 정치체제는 국가기구가 효율성 제고와 남북한 대치 상황을 앞세워 사회 위에 군림하면서, 그 내부적으로는 대통령을 정점으로 모든 권력을 집중시키는 중앙집권적 권력구조를 갖춘 체제였다. 이는 인적 물적 자원의 체계적이고 신속한 동원을 통해 경제성장을 앞당길 수는 있었지만, 밑으로부터의 민주적이고 자발적인 참여를 가로막는 걸림돌이었다.

정부는 이러한 정치체제를 기반으로 국가 주도형 경제성장 전략을 추진하면서, 특히 철강산업이 근대적 공업화의 주춧돌이자 군수산업의 밑거름이 된다는 생각에서 제1차 경제개발계획에서부터 철강산업 육성에 주력했다. 그러나 종합제철소 건설은 외국의 재원 조달 및 기술 도입 등의 어려움으로 몇 차례 좌절을

---

6 1967년 6월 종합제철소 부지선정에 대한 용역결과 보고서에 따르면, 부지 조성, 공업용수, 항만, 전력 등 4개 부문에서 포항이 1위를 차지하며, 최종 입지로 선정되었다.(이대환, 2004) 그러나 후보지가 다섯 곳에서 포항과 삼천포 두 곳으로 압축된 상황에서 남강을 끼고 있는 삼천포가 공업용수가 풍부해 포항이 불리하다는 얘기를 듣고, 포항시장을 역임했던 박일천은 서울로 올라가 대통령과 담판을 지었다는 이야기가 전해지고 있다(서병철, 2011: 18).

겪어야만 했고, 1967년에야 일본의 기술 제휴와 대일청구권 자금 활용을 통해 종합제철소 건설 방침을 최종 확정지을 수 있었다(POSCO, 2004: 94~101).

강력한 정책 의지를 바탕으로 오랜 산고 끝에 탄생한 만큼 포항제철에는 국가의 성격이 그대로 담겨졌다. 우선 포항제철 건설은 그 사업계획 및 투자 결정, 자금 조달 및 운영 등을 국가가 사실상 전담한 완전한 국책사업이었다. 또 설립 당시 자본금을 재무부(56.2%)와 대한중석(43.8%)이 투자하고, 제철소 운영을 상공부 장관의 권고에 따르도록 조문화하는 등, 정부의 철저한 통제 하에 놓인 완벽한 국영기업이었다(류상영, 1995: 90~95). 여기에 더해 포항제철 설립자 박태준과 대통령 박정희의 개인적 채널을 통해 주요 사안들이 결정되는 등, 대통령 직속부서처럼 작동했기 때문에, 대통령의 의도가 그대로 관철되었다. 즉 포항제철은 중앙집권적이고 권위주의적인 국가기구의 축소판이었던 것이다.

또한 박태준이 군인 출신으로 상의하달 식 군사문화의 화신이었기 때문에, 권위주의적 관행이 포항제철에 그대로 이식되었다. 특히 대일 청구권 자금을 바탕으로 당시 한국경제 상황에 비추어 천문학적 규모의 투자가 이루어졌고, 철강산업이 장기간의 자본회임기간이 필요한 국가 기간산업이라는 사실에 강한 자부심과 막중한 책임을 느낀 그는 '돌진적 근대화' 방식으로 제철소 건설 및 운영을 추진하면서, 이러한 관행이 더욱 철저히 포항제철에 뿌리내리도록 했다(이대환, 2004). 제철보국(製鐵報國)이라는 포항제철의 창립 이념이 이를 잘 보여준다. 결국 당시의 포항제철은 권위주의적 국가기구와 사실상 일체화되었던 것이다.

이처럼 권위주의 정권에 의해 국책사업으로 추진되었기 때문에, 포항제철의 건설은 포항 지역사회를 철저히 무시한 채 이루어졌다. 정부는 1967년 경북 영일군 대송면 일대 232만여 평을 포항철강공단 용지로 편입시키고, 토지보상 기초조사와 개발을 일방적으로 추진했다. 그 결과 개발 전인 1966년 2,012가구 12,858명이 살았던 대송면에서는 개발이 본격화된 1970년에 그 인구가 약 반수에 가까운 6,782명으로 줄어들었다.

정부에서는 토지의 시가표준액을 기준으로 토지보상비를 지급하는 한편, 철거민 대상의 문화주택단지 제공, 주택건립에 필요한 자금의 장기저리 대출 등의 철거이주대책을 강구했다. 또한 포항제철 측에서는 철거민에게 토지수용의 보상책으로 공장 설립 후 이들의 제철소 취업을 약속했다(서병철, 2011: 33~52). 그러나 토지보상비는 시가가 제대로 반영되지 않아 대다수 철거민들은 생활 터전과 생업을 헐값으로 빼앗겼다고 생각했다.[7] 또한 문화주택단지는 충분한 조사 없이 급히 택지로 개발된 탓에 잦은 홍수 피해에 시달렸고, 제대로 된 생활기반시설도 없이 주택만 건립한 상태여서 주민들이 정착하기까지 적지 않은 고통을 겪어야 했다. 더 나아가 철거이주의 대가로 기대했던 제철소 취업은 극소수 청년만이 경비원으로 고용되는 데 그쳐, 주민들의 불만과 원성을 더욱 키울 뿐이었다.

포항제철은 그 규모에 걸맞게 신규 인력의 대규모 충원이 필요했지만, 운영의 합리성과 기술적 전문성을 앞세워 포항 출신자 고용을 전혀 고려하지 않았다. 실제로 포항제철의 운영진은 철저하게 외지인으로 충원되었고, 이들은 포항 지역사회를 알려고 하지도 않았고, 관여할 생각도 없었다(A-5). 가령 박태준은 민족중흥의 대역사가 될 국가 기간산업을 추진하는 데 있어 지역적 입지나 지역 주민의 이해는 고려 대상이 아니라고 여겼다.[8] 박태준의 이러한 생각은 포철의 보편적인 인식으로 자리 잡았다.

3) 침투에 따른 갈등과 지역사회 균열

포항제철의 설립을 바라보는 지역사회의 시각은 양 갈래로 갈라졌다. 이는 제철소 설립에 따른 사회경제적 비용을 전가받은 지역 주민들과 그 수혜를 기대하

---

[7] 당시 주민들의 증언에 따르면, 토지보상 심의위원회와 감정기관인 조흥은행, 한일은행, 농업 협동조합 등 3개 금융기관이 토지 보상가격을 평 당 600원으로 감정했지만, 철거민에게는 평 당 최저 7원에서 최고 300원으로 보상이 이루어졌다. 정부는 그 토지를 10개월 후 포항종합제철에 평 당 1,000원에 매도했고, 포항종합제철은 연관단지 입주업체에게 평 당 3,000원에 다시 매도한 것으로 전해진다(서병철, 2011: 35).
[8] 『박태준 화갑 문집』을 살펴보더라도, 박태준의 기고문이나 연설문, 포철과 박태준에 대한 외부 평가에서 포항에 대한 언급은 전혀 찾아볼 수 없다. 국익의 관점에서 바라본 국가-포항제철의 관계만이 담겼을 뿐이다(박태준, 1987).

는 지역 주민들의 이해가 서로 엇갈렸기 때문이다.

먼저 포항제철이 입지하는 영일군 대송면의 주민들은 철거·이주의 사회·경제적 부담을 짊어져야 하는 데다 정부와 포항제철 모두 이들의 희생과 부담을 외면했다는 점에서, 철거 이주 요구에 반발하고 나섰다. 실제로 이주를 반대하는 일부 주민들이 강제 철거에 나선 공무원을 상대로 낫을 들고 쫓아다니며 철거를 결사적으로 저지하는 등, 산발적이나마 주민 저항이 이어졌다(이기형, 1998; 이대환, 2004: 256~257).

포항제철 측은 이 같은 반발에 다각적인 대책을 마련했다. 먼저 행정부처를 통해 주민들의 불만을 달래는 유화책들이 모색되었다. 지가 심의위원회에는 포항제철 관계자는 빠진 채 경상북도와 영일군이 앞장서서 주민들을 달래며 시세보다 크게 낮은 감정가격으로 보상가를 확정짓곤 했다. 또한 경상북도가 제철소 건설을 통한 지역경제 성장 및 주민복지 증진을 앞세워 주민들에게 지가 인상을 자제하자는 '애향심 운동'을 주도하는 등, 지역사회 안팎에서 주민 반발을 무마시키고자 했다(POSCO, 2004: 105~6; 이기형, 1998: 25~31; 박준무, 1998: 279~83).

이러한 유화책만으로 주민 불만이 가라앉지 않자, 정부는 강압적인 방식으로 저항을 억눌렀다. 먼저 경찰과 중앙정보부가 앞장서서 철거 반대의 주동자들을 개별적으로 불러 조직적 저항에서 이탈할 것을 강요하는가 하면, 이들을 매수해서 철거이주에 앞장서도록 했다. 또 철거 담당 공무원들에게 실적 경쟁을 강요해서, 이들이 주민 반대도 무릅쓰고 똥물을 뿌려가며 집을 헐어버리는 등 강제철거에 나서도록 부추겼다(서병철, 2011: 48~50).

이처럼 정보기관과 경찰, 지방공무원 등 공권력을 앞세워 전 방위로 주민들을 협박하고 회유한 결과, 철거이주 대상 주민들은 일과성 저항에 나섰다가도 결국에는 정부의 국책사업에 순응하지 않을 수 없었다. 그러나 이들과 달리 포항시 주민은 토지수용에 따른 희생 없이 지역경제에 활기를 불어넣어줄 대규모 국책기업이 설립된다는 점에서, 포항제철 유치에 적극적이었고, 설립 이후에도 협조적 태도를 견지했다. 예컨대 부지 매수 단계에서 포항의 지역유지들은 지역발전을 내세우며 행정당국과 협력해 철거이주민들을 달래는 데 앞장섰다(E-2). 또 그 뒤의 도시개발 과정에서도 포항시는 포항제철과 정례적인 의사소통 채널을 두고 지역 현안을 상시 협의하면서 포항제철 건립 당시 박태준이 구상했던 계획을 바탕으로 도시개발을 추진하는 데 적극 협력했다(신희영, 2006: 216~7).

기업도시의 형성 초기 단계에 포항 지역사회는 포항 내부의 적극적 수용과 포항 외부(대송면)의 반발로 양분되는 내부 균열을 경험해야 했다. 그러나 국가기구와 일체화된 포항제철은 강력한 행정력과 물리적 강압을 바탕으로 후자의 저항과 반발을 어렵지 않게 억누를 수 있었다. 또한 전자의 자발적 추종에 대해서는 의도적 무관심으로 일관하며 지속적으로 이들의 암묵적 동의를 이끌어냈다. 포항제철이 이처럼 포항 지역사회의 존재 자체를 철저히 백안시했다는 점에서, 포항제철과 포항 지역사회는 외형상으로는 전자에 대한 후자의 일방적인 '짝사랑'이었지만, 실질적으로는 수직적 지배 종속 관계를 맺고 있었던 것이다.

IV. 분단도시의 조성: 격리와 배제, 그리고 일방적 추종

1970년대 이후 포항의 지역경제는 꾸준히 성장해 갈 뿐이었지만, 국민경제는 그 규모와 성격 자체에 커다란 변화를 경험했다. 1964년 1억 달러에 불과했던 수출은 정부의 수출 드라이브 정책에 힘입어 1970년 10억 달러를 넘어서고, 1977년에는 100억 달러 수출 목표를 조기 달성했다. 그에 힘입어 1인당 국민소득도 같은 해 1천 달러를 돌파했다. 이 같은 국가경제의 양적 성장에 힘입어 보세가공 형태의 경공업 중심이었던 산업구조도 중화학공업 쪽으로 그 무게중심을 옮겨갔다. 그 과정에서 중화학공업의 토대가 되는 '산업의 쌀'을 생산하는 철강산업의 중요성은 더욱 커졌고, 포항제철의 국민경제적 위상은 더욱 제고되었다.

이와 달리 권위주의적 정치체제라는 국가기구의 기본 속성은 크게 바뀌지 않았다. 정치권력을 대통령 1인에게 집중시키는 권위주의적인 정치체제가 온존하고 모든 정책적 의사결정은 중앙정부 차원에서 이루어지며 밑으로부터의 주민 참여를 보장할 지방자치는 시행되지 않는 상황에서, 포항제철에게 중앙정부와의 관계는 여전히 중요했다. 게다가 포항의 지역경제와 무관한 중화학 분야의 생산재 생산 기업이었기 때문에, 포항 지역사회에는 여전히 무관심했다. 이러한 사실은 "포항 안에 포항제철이 있는 것이 아니고, 포항제철 안에 포항이 붙어 있다"거나 "포항 시장은 포항제철의 중간간부 수준에 지나지 않는다"는 당시 경영진들의 발언에서도 잘 드러난다(B-1; D-4). 따라서 포항제철은 기업경영 차원에서 포항 지역사회에 대한 체계적인 대책을 강구할 필요를 느끼지 못했다. 제철소 경영과 관련된 경우에만 지역사회에 관심을 표명할 뿐이었다.

건립 단계부터 포항제철 경영진의 당면 과제 중 하나는 제철소를 운용할 고급 전문 인력의 원활한 충원이었다. 이들은 당시로서는 벽지나 다름없던 포항 지역에 우수한 인재를 유치하려면 쾌적한 주거환경과 양질의 교육·문화시설을 완비한 현대식 생활공간 조성이 선결과제라고 판단했다. 이에 제철소 조성 단계에 이미 유치원에서 고등학교에 이르는 교육시설과 쇼핑센터, 아트센터, 병원 등의 생활기반시설을 갖춘 데다 숲으로 둘러싸여 쾌적한 생활환경을 제공하는 사원용 주거단지를 포항시 외곽의 효자지구에 조성했고, 그 뒤로 포항공대가 입지한 지곡지구까지 이를 확장시켰다(이대환, 2004: 259~61; POSCO, 2004: 125).

이런 사원주택단지 건설은 포항의 주택보급률이 60%에도 못 미치고 초등학교는 2부제 수업으로도 교실이 부족할 정도로 포항의 도시기반시설이 극히 빈약했던 당시 상황에서 불가피한 선택이기도 했다. 또 포항제철 경영진은 고급기술 인력에게 최상의 대우와 각종 특전을 제공하는 것이 당연하다고 판단했다. 실제 값비싼 가로수가 즐비하고 넓은 잔디밭과 인공호수를 갖춘 주택단지, 최첨단 설비의 문화센터와 연이은 외국의 최신 공연 등을 보면, 서구의 잘 꾸며놓은 중산층 주거단지에 와있는 착각이 들 법했다. 또 유치원에서부터 포항공대까지 제철학원 산하 8개 학교는 포항제철이 연간 1천억원 이상을 투자해 그 시설이나 운영 방식이 서구의 우수한 사립학교를 연상케 한다(오민수, 1992; 이영희, 1987: 241).

이와 같은 사원주택단지 건설은 포항제철 내부적으로 후생복지 증진 및 지속가능한 기업 성장 전략으로서 실효성 있는 조치였다. 실제로 당시 국내 어디서도 찾아보기 힘든 풍요로운 후생복지시설은 사원들의 열정과 헌신을 이끌어내 포항제철의 고속성장을 뒷받침한 원동력이 되어 투자 이상의 성과를 거두었다. 그러나 기업-지역사회 차원에서 접근하는 경우, 포항제철 직원들만의 주거단지 조성은 이들과 포항 주민을 가르는 주거지 격리(residential segregation)를 심화시켜, 결국에는 포항을 기업사회와 지역사회로 양분된 분단도시(divided city)로 만들었다. 이는 포항제철과 포항 지역사회를 하나의 공동체가 아닌, 별개의 생활권역으로 보려는 전자의 선민의식이 빚어낸 당연한 결과였다. 실제로 당시 포항제철 경영진은 직원들의 사기를 앙양시키고자 이들에게 자신들이 '보통 시민'이나 '일반 노동자'와 다르다는 일종의 선민의식을 고취시키려 했다(A-1; A-2; C-3). 따라서 포항제철 직원 이외에는 시설 이용뿐만 아니라 출입도 통제할 필요가 있다고 보았다. 이러한 발상은 효자·지곡 사원주택단지를 봉쇄형 공동체(gated community)로 조성하는 결과로 이어졌다(Blakely & Snyder, 1999 참조).

우선 사원주택단지 내 주택은 직원들 간의 전매만 허용해서 외지인 입주를 제한했을 뿐만 아니라[9] 단지 주변에 울타리를 치고 별도의 경비 인력을 두어 외부인의 출입을 엄격하게 통제했다. 또한 주민들이 단지 내에서 불편 없이 모든 일상생활을 할 수 있도록 생활기반시설을 완벽하게 구비해서 주민의 포항 시내 출입의 소지를 줄였다(A-3; A-5; D-4; F-3). 더 나아가 단지 내 포철중학교에는 단지 내 초등학교 출신만 입학할 수 있도록 포항 공동학군에서 제외된 별도의 특수학구를 지정했다(이대환 외, 1989: 32; 이상철, 1992: 71). 사원 자녀들이 시내 주민 자녀들과 섞이지 않은 채 유치원부터 초중등 교육까지를 받게 되면서, 교육 불평등 문제에 민감한 한국 사회에서 양자 간의 거리감은 더욱 증폭되었다.[10]

이러한 일련의 조치는 제철소 사원주택단지와 포항 지역사회간의 생활공간의 분리를 사회문화적 단절로 확대재생산하는 한편, 이들 사이 생활환경의 차이를

---

[9] 지곡단지 동사무소에 전입 신고할 때 먼저 관리사무소를 통한 확인 절차를 밟도록 하고, 사적인 부동산 거래라 해도 일률적으로 포항제철의 매매계약 가등기 설정을 받도록 함으로써 거래 및 소유의 자유로운 권한 행사를 제한했다(양종석 외, 1993: 28).

[10] 예컨대 1980년대 말 포항 시민을 대상으로 한 의식조사 결과에 따르면, 지곡지역 특수학군제에 대해 주민의 81.2%가 반대하는 것으로 밝혀졌다(양만재, 1989a: 88).

차별을 넘어 격리로 바꿔놓았다. 효자·지곡단지를 '포철왕국 속의 왕국', '효곡특별시'로 부르는 포항 시민들의 발언에서(이한기, 1993: 167; 특집부, 1991: 18) 이들이 느끼는 사회문화적 단절감과 상대적 박탈감을 여실히 확인할 수 있다.[11]

일본의 철강 대기업들로부터 생산방식에서부터 노사관리 및 기업 운영기법까지 수많은 노하우를 전수받았지만, 당시의 포항제철 경영진은 지역 주민을 끌어안으며 기업을 지역사회와 일체화시키는 일본의 '기업 현지화' 전략을 거부한 채 기업과 지역사회를 철저히 구획하는 '기업 차별화' 전략을 고안해 냈던 것이다(都丸太助 外, 1987; 島崎捻·安原茂, 1987; 小山陽一, 1985 참조). 이는 오랜 지방자치의 경험으로 지역사회의 협조 없이는 기업 활동에 제약이 컸던 일본과 달리, 지역사회의 눈치 볼 것 없이 중앙정부의 협력만으로 원만한 기업 활동이 가능했던 한국의 권위주의적 정치 풍토가 낳은 산물이라고 할 수 있다.[12]

<표 1> 포항시의 인구 추이: 1966~2005년(단위: 명, %)

연도	1966	1970	1975	1980	1985	1990	1995	2000	2005
인구 (명)	65,927	79,271	134,276	201,045	260,538	317,648	508,627	515,187	488,433
기간		66~70	70~75	75~80	80~85	85~90	90~95	95~00	00~05
연평균증가율 (%)		4.7	11.1	8.4	5.3	4.0	9.9	0.2	-1.1

자료: 통계청, 각년도, 『인구주택센서스』

[11] 포항 시민의 이런 주장에 대해 포항제철 측은 "오해에서 비롯된 과민반응"으로 간주한다. 즉 애초 사원용 주택단지는 (포항을 자극할 생각이 없었기에) 포항 시가지와 동떨어진 영일군에 건설했는데, 1983년 행정구역 개편으로 포항시에 편입되면서 마찰이 빚어진 것이고, 효곡 주택단지 편입 이후 포항시가 아무런 투자 없이 1983년에만 3억원의 세입 증가를 경험한 데서 알 수 있듯, 이들 단지도 결국은 포항시의 자산이라는 점을 역설한다(A-1; C-2; 이대환 외, 1989: 32).
[12] 포항시의 포항제철 관련 업무 처리에 관급한 포항시 공무원의 다음 발언이 이를 뒷받침한다. "관선시장 때는 포항제철이 잘 하도록 저 위 청와대에서부터 시작해가지고 일방통행으로 굉장히 빠른 속도로 [업무가] 처리됩니다. 유선으로 바로 쫙 연결해가지고 '그 지역에 문제 있다면서?'하면, '문제 없습니다'하고 하루 밤새에 [문제되는 사안들을] 싹 해치워버리죠."(B-2)

포항제철의 이 같은 내부 지향적 경영 방침은 스스로를 지역사회로부터 격리시킴으로써 지역사회를 공공연하게 배제하는 결과를 가져왔다. 그러나 이에 대한 포항 지역사회의 대응은 극히 미미했다. 애초부터 포항제철이 향토기업이 아닌 국민기업으로 출발한 데다 철강산업 자체가 지역경제와의 전후방 연관관계가 미약했기 때문이다. 또한 그러면서도 포항 지역경제 차원에서는 포항제철은 배후도시 포항의 성장을 담보할 유일한 원천이었기 때문이다. 즉 산업구조적 차원에서 포항제철과 포항 지역경제가 직접적인 연관관계를 갖지 않지만, 지역경제의 유일한 추동력이었던 것이다. 실제로 포항제철의 고속성장은 배후도시 포항의 급속한 도시화와 함께 지역경제의 꾸준한 성장을 가져왔다.

<표 1>을 보면, 1970년까지도 8만 명에 못 미쳤던 포항 인구는 포항제철의 본격 가동을 계기로 유입 인구가 급증해서 1970년대 연평균 9.8%의 인구성장률을 기록해서 1980년 포항 인구는 20만명에 달했고, 1980년대에도 4.7%의 성장률로 1990년 30만 명을 넘어섰다. 이 같은 성장률은 전국 인구성장률은 물론이고 도시의 연평균 인구성장률을 크게 웃도는 수준으로, 1970~80년대 포항은 고도성장 단계에 놓여 있었다(장세훈, 2002: 516~20).

인구 증가와 함께 지역경제 규모도 확대되어, 토착 중소상공인들 중에서 지역경제의 주축이 될 신흥 경제엘리트들이 성장했다. 대아그룹, 삼일그룹, 육일그룹 등이 대표적인데, 흥미롭게도 이들 모두 운송서비스업을 통해 성장했다. 이는 중소형 향토기업들이 제조업 분야에서 세계적 규모로 성장한 포항제철과 국내 굴지의 중·대형 기업으로 구성된 포항공단 입주업체들 사이에 끼어들 여지가 없었기 때문에, 투자의 사각지대에 놓인 운송서비스 분야에서 성장의 발판을 마련한 결과였다.[13]

기업도시에서는 지역사회가 지배적 대기업에 기대어 도시 발전을 추구하지만,

---

[13] 포항제철은 각종 용역사업이나 군소 서비스사업 등을 몇몇 토착기업들에게 시혜적으로 배당해 주는 후원-지지(patron-client) 관계를 맺으며 이들의 협조를 이끌어내기도 했다(이국운, 2004: 211~248).

대기업과 지역사회가 쌍방향적인 상호작용 관계를 맺으며 상생의 가능성을 모색하는 것이 일반적이다. 그러나 1970~80년대 포항은 포항제철이 정치 경제 사회 문화 모든 측면에서 지역사회와 거의 절연되어 있으면서도, 포항제철 성장의 낙수효과를 통해 지역경제 활성화를 모색했다는 점에서, 기업도시 일반과 달리 일종의 '기생도시' 형태를 띠었다고 할 수 있다.

포항제철이 포항 지역사회를 무시하는 데 그치지 않고 이처럼 고립을 통한 적극적 배제에 나섰지만, 포항 지역사회의 태도는 순응 일변도였다. '대기업 의존형 성장' 전략을 취하는 지역엘리트층은 상공회의소 등을 통한 조직적인 대응을 전혀 고려하지 않았고, 기껏해야 개인적 차원의 지원을 요구하거나 먼발치에서 이들의 시혜를 조용히 기다리는 경원(敬遠)의 태도를 보일 뿐이었다(F-1; D-5). 지역주민들은 권위주의적 정치체제 하에서 시민단체와 같은 조직 결성이 원천적으로 차단되었기 때문에, 포항제철의 봉쇄 전략에 깊은 불만을 가지면서도 그것을 표출시킬 통로를 찾지 못했다. 실제로 지역사회에 대한 포항제철의 기여도를 묻는 1988년 시민의식조사에서 주민의 69.5%가 포항제철에 대해 노골적인 불만감을 드러낼 정도로 포항시민의 상대적 박탈감은 컸다(양만재, 1989a: 82~83).[14]

결국 1970~80년대 포항제철과 지역사회는 전자가 스스로를 공간적으로 격리시킨 채 지역사회를 사회문화적으로 단절시키고, 후자는 이를 어쩔 수 없이 수용하는 격리·배제형 관계를 맺었다고 할 수 있다.

V. 분단도시의 변용: 경쟁과 갈등

기업도시 포항을 둘러싼 제반 환경은 1980년대 후반 들어 또 다시 크게 바뀌었

---

[14] 당시 이 조사에서 조사 대상자의 72.2%가 포항시장 이름은 모르지만, 31.8%가 가장 영향력 있는 인물로 박태준을 꼽았다는 사실은(양만재, 1989a: 76~79) 포항제철에 대한 포항 시민의 이중적 의식을 잘 보여준다.

다. 먼저 경제적으로는 국가경제의 규모가 거대해지면서, 경제 운용 방식이 국가 주도적 방식에서 시장 주도적 방식으로 변모했다. 그에 따라 포항제철의 위상도 바뀌었다. 즉 독점적 시장 지위에 대한 견제가 가해지고, 각종 특혜 조치도 축소 또는 폐지되면서, 포항제철도 국가의 보호에서 벗어나 시장경제의 규칙에 따라야 했다(POSCO, 2004; 류상영, 1995: 155~59).

또한 정치적으로는 6월 항쟁 이후 민주화를 통한 권위주의 정치체제의 해체, 그리고 뒤이은 지방자치 등 국가기구의 근본적인 성격 변화가 벌어졌다. 권위주의 정치체제는 정치사회적 민주화 과정을 거치면서 서서히 와해되었다. 그 과정에서 시민사회의 힘이 커지고 이들의 감시와 견제로 국가기구의 자의적 권한 행사가 어렵게 되면서, 국가기구 내에서 대통령과 중앙정부로의 권력 및 권한의 집중이 점차 완화되었다. 특히 지방의회가 부활하고 지방자치단체장을 선출하게 되면서, 지역사회 내에서 지방정부와 지역 주민들의 위상은 더욱 높아졌다.

정치경제적 환경 변화와 함께 포항의 기업과 지역사회도 변화를 겪었다. 먼저 포항 지역사회를 보면, 포항의 도시화 속도가 70년대 후반부터 완만하게 감소하다가 90년대 초반 도시화 속도가 갑자기 가파르게 상승했다(<표 1> 참조). 그러나 이는 1995년 행정구역 개편으로 포항이 주변 농촌지역을 포괄하는 도농통합시로 재편된 데 따른 것으로, 도농통합이라는 행정 차원의 광역화 요인을 통제하면, 도시화 속도는 미미한 증가에 그쳤다. 따라서 이미 90년대 초입부터 포항이 도시화의 성숙 단계에 접어들었다고 할 수 있다.

그러나 시부(市府) 인구 30만 명, 총인구 50만 명이라는 도시의 절대적 규모가 갖는 의미는 남달랐다. 왜냐하면 1990년 포항 인구의 42%인 13만5천여 명이 포항제철 관련 업종에 종사하고, 포항제철의 지방세 납부액이 포항시 재정의 40%를 차지해서 포항시 재정 자립도를 90% 이상 유지시켜 주는 등(이한기, 1993: 164~66) 포항제철의 위상이 엄청났지만, 기업도시에서 도시 규모의 확대는 지역사회의 정치·사회적 역량 강화로 이어져 대기업에 맞설 기반을 제공하기 때문이다. 실제로 도농통합시 포항의 출현은 무관심과 배제로 일관하던 포항제철에 토착 엘리트를 주축으로 지역사회가 반기를 드는 배경 요인이 되었다.

여기에 더해 포항제철도 기업 구조의 심대한 변화를 겪었다. 그동안 중앙정부와 연동해서 권위주의적인 방식으로 운영되던 포항제철은 90년대 초반 국가기구와의 불화로 창업 주체인 박태준이 물러난 것을 계기로 기업 내 권위주의적 문화를 청산하려는 움직임이 일어났다.15 포항제철의 상징인 노란색 작업복을 없애고 군대와도 같던 조직 내의 엄격한 위계질서를 완화하는가 하면 기업 이미지 제고를 위해 사명을 변경하고자 시도했다. 또한 민주화 과정에서 출범한 민주노조를 결국 어용노조로 대체해서 무력화시키기는 했지만, 노사관계에 대한 대책이 요구되었다(김인영, 1995: 234~52; 이대환, 2004: 581~3; POSCO, 2004: 360).

이처럼 기업도시 포항을 둘러싼 정치경제적 환경이 크게 바뀌고 주요 행위주체들의 처지와 위상이 변모하면서, 기업과 지역사회는 서로에 대한 인식과 태도를 바꿔 나갔다. 특히 지역사회 내부에서 포항제철이 기업도시 포항을 자의적으로 재단하는 데 대한 자성의 목소리가 높아졌다. 먼저 극소수 지역재벌 기업을 제외한 대다수 지역 상공인들은 포항제철과의 동반성장이라는 꿈에 비해 성장이 지체되는 지역경제 현실에 좌절감을 느꼈다. 또한 포항제철, 포항공대 유치를 주도해서 포항제철 성장에 견인차 역할을 한 자신들의 공로를 무시할 뿐 아니라 합리적 기준만 들이대며 자신들을 소외시켜온 포항제철의 무관심한 태도에 불만을 키워왔다(김영곤 외, 1991: 137; C-1; E-1; A-6).

일반 주민들은 포항제철의 성장이 포항의 발전으로 직결되지 않는 데 대한 불만이 컸다(D-1; D-5). 특히 기업과 지역사회를 격리시키는 포항제철의 분절화 전략이 주민들의 소외감을 심화시키면서, 불만이 더 고조되었다. 이에 더해 급속한 산업화에 동반된 갖가지 성장 후유증이 잇달아 불거지면서 포항제철에 대한 악감정은 더욱 깊어졌다. 즉 폐수 및 온수 대량 배출에 따른 해양 오염과 어장 피해, 대기 오염으로 인한 포항 시민의 건강 위협 등 중화학공업화에 따른 환경오염 피

---

15 이러한 변화 조짐은 70년대 말 박정희의 사망으로부터 시작되었다. 이를 계기로 대통령과의 개인적 연줄에 기반한 정치적 보호막이 사라졌다. 이후 박태준의 정계 진출 등을 통해 새로운 보호막을 구축했지만, 제2제철소 건설, 민영화 등의 논란에 휩싸이는 등, '국가 속의 국가'로 불릴 정도로 굳건했던 포항제철의 위상이 서서히 흔들리기 시작했다.

해가 포항 지역의 심대한 사회문제로 떠오른 것이다.

　지역사회의 이 같은 불만은 포항제철 건설 초기부터 누적되어 온 것이다. 다만 그동안 포항제철 문제를 의제로 삼아서는 안 되는 금기 영역으로 여겼기 때문에, 누구도 나서서 이를 공식적으로 제기하지 못했을 뿐이다. 그러나 이제 포항의 도시화로 지역경제가 일정 정도 자생력을 가지면서 지역사회 스스로 외지 대기업에 맞설 의지와 역량을 갖게 되었고, 민주화와 지방자치를 거치면서 이에 대항할 정치적 조직력도 갖춘 것이다.

　이미 1980년대 후반부터 시민사회단체 등을 중심으로 간헐적으로 포항제철 문제가 지역 의제로 제기되었지만, 당시에는 사회적 반향을 크게 얻지 못했다.16 그러다가 포항제철과 지역사회간의 대결 구도가 전면화된 것은 1992년 총선이었다. 당시 무소속으로 출마한 허화평 후보는 포항 주민의 반(反)포항제철 정서를 활용해서 '포항의 자존심'을 선거 구호로 내걸고 이를 무시해온 포항제철의 횡포를 공박하면서 기업-지역사회 간 대립 구도로 선거를 끌고 갔다. 이 같은 선거 전략을 통해 그는 그간 누적된 주민 불만을 정치적으로 결집하는 데 성공해서, 여당과 포항제철의 조직적인 유권자 동원을 딛고 국회의원에 당선되었다(A-5; A-6).

　허화평의 당선이라는 포항시민의 정치적 승리를 계기로 포항제철 문제에 대한 암묵적인 금제가 풀리면서, 포항제철-포항시 관계가 지역사회의 핵심 의제로 부각되고 이에 대한 공개적인 논의가 활발해졌다. 아울러 포항제철에 주눅 들어 있던 토착 엘리트들도 지역발전협의회, 포항향토청년회, 향지회 등의 단체를 결성해서 포항제철을 상대로 제 목소리를 내기 시작했다(E-1; F-2; 양종석 외, 1993: 16~55). 송도 백사장 유실 보상 요구, 포항제철 설립 당시 이주민에 대한 재보상 요구, 수질오염 대기오염 문제 등과 같은 생활상의 요구 사항에서부터 포항제철 본사 건립 계획 파기 등의 지역개발 사안, 그리고 포항제철 사명 변경 등과 같은

---

16 대표적인 지역시민사회단체로는 포항지역사회연구소를 들 수 있다. 이 연구소는 허화평의 지원을 얻어 설립되어 계간 《포항연구》를 발간하며, 포항제철 문제를 집중적으로 제기해 왔다(A-5; D-1; E-1).

기업 경영 관련 사안에 이르기까지 다양한 현안들에 대해 이들은 성명서를 발표하거나 직접 시위에 참여하며 조직적으로 대응하고 나섰다(박원식, 1993: 157; 특집부, 1991: 14; 박재욱, 1996).

포항제철에 대한 부정적 이미지와 반기업적 정서가 지역사회 내에 광범위하게 확산되었지만, 국가기구에 의한 통제나 토착 엘리트를 통한 중재 등과 같은 기존의 지역사회 관리 방안을 더 이상 활용할 수 없었기 때문에, 포항제철은 일차적으로 지역사회의 요구를 적극적으로 수용하는 유화책을 강구했다(A-2; A-4; C-1). 중소상공인들의 불만을 무마하기 위해 토착기업들에게 사업 수주의 우선권을 부여하는가 하면, 공장 건설 및 공해 발생에 따른 피해를 일정 정도 보상해 주었다. 또 각종 도시기반시설 조성을 지원해서 주민들의 생활상의 불편을 완화해 줄 뿐 아니라, 컨벤션센터 건설 등 각종 지역개발사업에 동참했다.17

그러나 이 같은 민원 해소 및 지역사회 지원 방안은 수동적인 사후적 대처여서 투자에 비해 주민 만족도가 높지 않은 데다, 특정 사안에 대한 일회성 지원에 그쳐 새로운 추가적 요구가 끊이지 않는 등, 오히려 갈등을 증폭시킬 뿐이라는 내부 비판에 직면했다(C-3; F-3). 이에 포항제철 측은 장기적인 관점에서 기업도시 내 기업-지역사회 갈등을 완화할 대안을 모색했다. 그 결과 일본이나 서구의 '기업 현지화 전략'을 본뜬 '지역사회 협력 프로그램', 즉 지역사회와의 갈등을 사전에 예방하기 위해 능동적으로 각종 사회공헌 활동을 펼쳐 지역주민의 호의를 이끌어내는 방안을 고안했다.18

이미 80년대 후반부터 지역협력에 대한 관심이 싹터 1989년 지역협력 관련 담

---

17 구체적으로 포항문화예술회관 건립, 경북 개도 100주년 기념 대종 제작 등에 45억 원을 지원하는 한편, 1990~2003년간 지역사회 공공시설 건립에 896억 원을 지원했다. 또 포항의 테크노파크 조성, 환호 해맞이공원 조성, 섬안 큰다리 건립 등에 필요한 철강재를 현물 지원했다. 이러한 지원 규모는 1970~80년대 20여년간 지역사회에 40억 원을 지원한 것과 크게 대비된다(POSCO, 2004: 666; 이대환, 1999: 93~97).

18 80년대 후반 이후 발간된 포항제철에 대한 연구보고서들에서는 이러한 인식의 전환을 촉구하고 나섰다(서울대 사회과학연구소, 1987; 1989; 1992).

당이 처음 신설되어 1991년에는 과 단위 기구로 독립했고, 1993년에는 지역협력 기능과 지역사회 홍보 기능을 통합한 실 단위의 기구로 확대·개편되었다(POSCO, 2004: 662).**19** 지역협력 기구는 주로 기업 홍보, 지역사회 개발 지원, 지역문화 행사 후원 등의 업무를 담당했는데, 특히 자매결연을 통한 지역주민과의 유대 강화 프로그램에 주력했다. 자매결연 프로그램은 1991년 처음 시작되어, 2003년 말 현재 포항에서만 각 부서와 지역 내 마을·학교·단체 사이에 112개의 결연이 맺어져서, 2003년까지 연인원 73만 명이 주민 초청 공장 견학, 농번기 일손 돕기, 마을 환경정화, 의료봉사, 농산물 팔아주기, 농기계 보수, 마을회관 및 노인정 보수 등의 봉사활동을 4만 5천여 회 실시했다(POSCO, 2004: 668).

문제는 이러한 지역협력 사업이 각 부서의 자발적인 활동이 아니라 지역협력 기구 주관으로 부서별로 담당 지역 및 지원 예산을 할당해서 주민과 친교를 맺도록 하는 '부서별 마을 담당제' 방식으로 운영된다는 사실이다(B-1; B-3; C-2). 즉 대기업이 기업-지역사회 관계를 극소수 토착 엘리트들과의 후원-지지 관계에서 전체 직원과 지역 주민들 간의 우호적 협력 관계로 확장시킨 전략적 선택의 산물인 것이다. 그렇지만 이처럼 지속적인 지역봉사활동을 통해 쌓인 직원과 주민 간의 신뢰 관계는 포항제철과 포항 지역사회간의 공간적 사회적 괴리를 완화시킬 뿐 아니라, 포항제철에 대한 부정적 인식을 불식시키는 데 기여했다(A-3; F-3).

결국 지역사회 협력 프로그램은 포항 지역사회를 둘러싼 변화의 큰 흐름, 즉 도시화, 민주화 및 지방화의 물결에 편승해서 지역사회가 대기업의 헤게모니를 위협하는 상황에서 포항제철이 헤게모니를 잃지 않기 위해 지역사회를 동반자로 인정하고 이들과의 상생 협력을 모색한 결과물이라고 할 수 있다. 그러나 막대한 자원 동원 능력을 기반으로 대기업이 지역사회 협력을 기획하고 지원해서 지역

---

19 포항제철 측은 지역협력 기능의 강화를 기업의 성장 탓으로 설명한다. 즉 80년대 중반까지는 건설과 조업을 병행하느라 여유가 없었으나, 사업이 일정 궤도에 오르면서 지역사회와의 유기적 연계에 눈을 돌렸다고 주장한다(C-2; C-4; 양종석 외, 1993: 16~55). 물론 기업의 성장에 따른 인식의 전환도 무시할 수 없겠지만, 도시화 및 민주화에 따른 지역사회의 성장과 기업의 상대적 위상 추락이라는 거시적 사회변동 및 기업-지역사회의 행동양식 변화가 더 주효했다고 판단된다.

사회와의 갈등을 사전에 예방하고 자신들의 의도대로 기업도시를 운영하려 했다는 점에서, 대기업 지배의 정당성을 보장받는 수단이기도 했다.[20] 따라서 외견상 대기업과 지역사회가 대등한 동반자 관계로 비춰지지만, 실제로는 대기업이 지역사회를 여전히 압도하고 있다고 할 수 있다. 이는 도시화와 민주화, 지방화에 힘입어 지역사회의 역량이 커졌고 이를 바탕으로 기업에 대해 나름의 발언권을 얻었지만, 그에 못지않은 속도로 대기업도 성장했기 때문이다. 따라서 1990년대 포항의 기업-지역사회 관계는 여전히 기업이 우위에 있지만, 지역사회가 역량을 키워 이에 대항하는 갈등적 대립 관계를 맺고 있다고 할 수 있다.

VI. 기업-도시의 상생(?): 배제와 갈등에서 협력으로

2000년대로 넘어오면서 포항을 둘러싼 주변 여건이 또 다시 바뀌면서, 기업-지역사회 관계에도 변화가 일어났다. 국가경제적 차원에서는 IMF 경제위기를 전후해서 신자유주의적 경제질서가 확고히 뿌리내리면서, 자유경쟁의 시장질서가 더욱 공고해졌다. 이에 따라 국가의 시장 개입은 크게 위축되고 공기업의 민영화 등이 서둘러 추진되었다. 아울러 경제의 지구화 추세가 더욱 가속되어 자본의 투자 전환이 보다 자유로워졌다. 이제 지역 고착적인 투자를 기대하기 어려워지면서, 기업도시 내에서 기업-지역사회 간의 역학관계에도 변화가 일어났다.

국가기구 차원에서도 정치적 민주화가 더 진전되어 지역 시민사회의 목소리가 커지고 행정 민주화의 일환으로 지방자치가 자리 잡아가면서, 지역사회가 중앙정부의 영향으로부터 한 걸음 더 벗어날 수 있었다. 여전히 지방정부가 중앙정부에 재정적으로 예속되다시피 하고, 행정 권한의 제약 또한 컸지만, 선출직 시장이 주민 요구에 귀 기울이고 주민 참여 기회가 확장되고 있다는 점에서 토착 엘리

---

[20] 이러한 점에서 지역사회 협력 프로그램은 가시적인 강압적 배제 방식에서 보다 은밀하고 치밀한 관리 통제 방식으로의 전환이라는 포항 지역사회 내부의 비판도 있다(D-2).

트를 위시한 주민들이 더 많은 영향력을 행사할 기반이 마련되었다.

이에 더해 <표 1>에서 보듯 2000~2005년간 포항 인구 성장률이 마이너스로 돌아서는 등, 포항의 도시화가 정체 상태에 접어들었다. 이 같은 인구 유출입 추이만으로 포항이 도시화의 쇠락 국면에 진입했다고 섣불리 예단할 수는 없다. 그러나 기업과 지역사회 모두 이를 계기로 서구나 일본의 철강도시들에서 전개되었던 기업도시의 위기를 의식하게 되었고, 새로운 성장동력의 구축을 진지하게 고민하기 시작했다(B-2; D-1).[21]

이러한 환경 변화는 곧바로 기업의 조직 구성에 영향을 끼쳤다. 이미 1980년대 후반 국민주 방식으로 부분 민영화를 시작했던 포항제철은 1990년대 후반 IMF 경제위기를 계기로 민영화에 박차를 가해 2000년 10월 주식 보유 관련 각종 규제까지 전면 해제함으로써 마침내 민영기업으로 거듭났다(POSCO, 2004: 442). 이로써 포항제철은 국책기업으로서 가지는 국가기구의 간섭과 함께 그 지원 및 협조에서도 벗어나는 '이중의 자유'를 얻었다. 또한 2002년 3월에는 오랜 논란 끝에 사명을 '포항종합제철주식회사'에서 '주식회사 포스코'로 바꾸었다. 이와 함께 이전부터 추진해오던 업종 다각화에 본격적으로 나서, 철강산업 일변도에서 정보통신, 건설엔지니어링, 물류 등으로 사업 영역을 확장시키는 한편, 지역적 국가적 경계를 뛰어넘어 세계적 기업으로의 변신을 시도했다. 그 과정에서 자연스럽게 포스코 계열 내에서 포항제철의 위상은 점차 낮아지게 되었다.

포스코는 포항 지역사회를 벗어나 세계적 규모의 민간 대기업으로 변신하면서, 기업도시 내에서의 기업-지역사회 관계를 더 이상 주된 관심사로 여기지 않게 되었다. 오히려 지역을 넘어선 범세계적 관점에서 기업-지역사회 관계를 새롭게 재편하려는 움직임을 보이기 시작했다. 그러면서 기존의 지역사회 협력 프로그

---

[21] 투자 전환을 통해 지역 탈출이 가능한 기업들에 비해 지역에 긴박한 주민들의 위기감이 더 클 수밖에 없다. 이는 포항제철의 사명 변경에 대한 포항 지역사회의 과민반응에서도 쉽사리 확인할 수 있다. 포항 시민들은 포스코로의 명칭 변경을 계기로 기업 경영의 무게중심이 포항 밖으로, 또 철강산업 이외 영역으로 옮겨가리라는 우려에서 대대적인 반대 시위를 벌인 바 있다(김인영, 1995: 271~2).

램의 위상과 성격도 크게 바뀌었다.

기업도시 내에 입지한 기업으로서 포항제철은 지역사회 협력 프로그램을 보다 강화할 필요성을 느꼈지만, 세계적 규모의 복합 경영에 나선 포스코로서는 국지적 지역협력 사업을 포스코 계열 차원에서의 보편적인 사회공헌 프로그램, 또는 사회적 책임 경영 프로젝트에 흡수시켜 운영하고자 했다. 이러한 맥락에서 포스코는 기업 차원의 금전적 지원 위주의 협력 사업을 직원들이 자발적으로 참여하는 봉사 활동으로, 또 시혜자 중심의 일방적인 지원 방식을 수혜자와 시혜자가 상호 참여해서 교류하는 방식으로 전환시켜 나갔다. 특히 2003년부터는 포스코 차원에서 포스코봉사단을 결성해서 지역사회 단위의 사회 공헌 활동을 사회 각 분야로 확산시켰다(POSCO, 2004: 662~70). 그 결과 예전에 비해 지역사회 협력 프로그램의 위상도 낮아지고, 그 지원 규모도 크게 줄었다.[22]

포스코의 이러한 탈지역화 전략은 "지역사회와의 거리 두기"라는 점에서, 기업의 더 많은 참여와 협력을 바라는 지역사회의 요구와 충돌하며 또 다른 분란을 일으키기도 했지만, 기존의 갈등을 완화하는 계기로도 작용했다. 1980년대까지 포항제철의 기업도시 운용의 기본 방침은 "포항을 배제한 포항제철만의 봉쇄된 기업도시 건설"이었고, 이는 직원들의 선민의식을 부추겨 지속적인 기업 성장을 가져왔지만, 1990년대 이후에는 지역 주민의 격렬한 반발에 부딪쳤다. 그런데 '봉쇄적 특화' 방식은 성장년대(成長年代)의 성공비결일 뿐, 대외적 개방이 요구되는 세계화 시대에는 오히려 걸림돌이다. 그래서 포스코는 세계화 전략의 일환으로 포항 지역사회의 요구를 일정 정도 수렴해서 '봉쇄형 공동체'의 빗장을 풀고 있다. 즉 포스코 사원주택단지의 매매 제한을 완화해서 일반인도 주택을 매입해 거주하도록 하는 한편, 포항제철고등학교를 자립형사립고로 전환시켜 교육특구의 장벽도 허물고 있다(E-1; G-3). 또한 회사 임직원들이 로터리클럽, JC, YMCA 등의 각종 시민단체에 가입해서 포항 시민들과 함께 활동하도록 하는 지역사회

---

[22] 특히 민영화 이후 경영 공개 및 주식 배당 등으로 경영 외 지출이 어려워지면서, 지역사회 협력 프로그램의 재정 지원 규모가 격감했다(D-2).

참여 지원 프로그램을 운영하고 있다(F-3). 공간적 격리 및 사회적 분절을 완화하려는 이 같은 조치들은 기업-지역사회 간 갈등의 소지를 줄이고 상호 교류의 폭을 넓혀주고 있다. 이는 기업의 탈지역화 움직임이 역설적이게도 기업의 재지역화, 즉 기업의 지역사회 뿌리내리기를 부추기는 측면이 있음을 보여준다.

90년대 포항제철의 지역사회 협력 프로그램에 뒤이은 2000년대 포스코의 개방화 프로그램으로 포스코에 대한 시민 의식은 크게 개선된다. 실제 포항시민의 의식 구조에 관한 일련의 조사 결과에 따르면, 포항제철에 대한 시민들의 신뢰도가 2000년대 이후 꾸준히 상승해 왔고, 2008년 6월 실시한 조사 결과에 따르면, 시민의 70% 이상이 포항제철을 신뢰한다고 응답하고 있다(A-6). 또한 포스코의 기업-지역사회 화합 전략 자체가 기업에 대한 지역 주민들의 호응을 이끌어내고 있다. 일례로 포항 토박이 모임인 '뿌리회' 등에서는 포항 살리기 방안의 일환으로 포스코를 지원해야 한다면서, '포스코 주식 갖기 운동'을 전개하기도 했다(E-1).

이와 함께 기업도시의 구성원 차원에서도 '기업의 토착화'가 전개되면서, 기업-도시 간의 상생 관계가 강화되고 있다. 기업도시가 한 세대 이상 지속되면서, 퇴직한 포스코 임직원들이 포항 주민으로 변신하기 시작했다. 외지 출신 임직원들은 포항에 장기간 거주하면서 포항을 제2의 고향으로 여긴 데다, 임원들에게는 외주파트너 사업 권한[23] 등 특혜가 주어졌다. 따라서 퇴직 후에도 상당수가 포항을 떠나지 않고 있으며, 특히 중간 간부층의 경우에는 90%가량이 포항에 잔류하고 있다(C-3; F-3). 이들 중 일부는 포항 지역사회에 관심을 갖고 시민단체 활동이나 지역정치에 참여 의사를 밝히는 등, 지역사회 정착을 시도하고 있다. 그 숫자가 점차 늘어나면서, 이들은 기업과 지역사회를 이어주는 가교로서 양자 간의 협력을 공고히 하는 데 기여하고 있다.

이에 더해 기업도시 성장의 잠재적 위기는 기업-도시 간의 상생 협력 체제를

---

[23] 포스코에서는 부장급 이상 퇴직 간부들에게 이들의 전직을 돕는 동시에 회사에 기여한 공로를 인정하는 의미에서 3~5년간 외주파트너 사업을 운영할 수 있는 권한을 부여해 왔다. 외주파트너 사업은 본래 포스코의 내부 업무를 외부 하청을 준 것으로, 안정적인 수입이 보장되는 일종의 특혜성 사업이다.(C-1)

더욱 공고히 해주고 있다. 철강 일변도이던 포스코는 투자 조정을 통해 기업의 새로운 성장동력을 탐색하는 과정에서 지역사회의 협력이 필요했다. 또 포항 지역사회도 기업 이전이나 철강산업 쇠락의 우려 속에서, 포스코에게 무리한 대규모 지원을 요구하기보다는 기업도시의 쇠락에 공동 대처하는 데 관심을 갖기 시작했다. 위기 상황에서 양자가 모두 한 걸음씩 물러섬으로써 이해 갈등이 원만하게 조정될 여건이 조성되고 있다. 지리한 조정 과정을 거치기는 했지만, 기업도시 포항의 새로운 미래를 열기 위한 포항 테크노파크 조성 과정에서 보여준 양자의 상호협력이 그 대표적인 사례라고 할 수 있다(신희영, 2006; POSCO, 2004: 854).

이상에서 본 바와 같이 2000년대 이후 지역사회에 대한 포스코의 개방이 지역사회의 협조와 호응을 이끌어내면서, 수직적 지배 종속 관계에서 출발한 기업-사회 관계가 배제와 갈등의 단계를 넘어 수평적 협력 관계로 변모하고 있다고 할 수 있다. 기업도시의 쇠락과 같은 위기 가능성 등과 같은 걸림돌이 산재해 있기 때문에 이들의 협력 관계가 불안정한 것은 사실이다. 그러나 전반적으로는 일본의 '기업 현지화'의 경로를 밟아 점차 상생의 길을 밟아갈 것으로 전망된다.

VII. 결론

이상의 논의를 통해 사회생태학적 관점에서 기업과 지역사회 간의 관계를 중심으로 기업도시 포항의 형성 및 변천 과정을 살펴보았다.

기업도시 형성 초기에는 포항제철이 지역사회의 초청과 환대를 받으며 지역사회에 안착하는 과정을 밟았다. 그러나 기업도시의 조성이 현지 주민의 철거 이주와 토지 수용이라는 불이익을 가져다준다는 점에서, 제철소 입지 지역 주민과의 충돌은 필연적이었다. 포항제철은 권위주의적 정치체제 하에서 강력한 국가의 힘을 바탕으로 이들의 반발을 물리적 폭력과 행정력을 동원해서 억눌렀다. 아울러 자신을 초청한 포항 지역에 대해서도 국가사업임을 앞세워 무시하는 태도를 취함으로써, 포항 지역사회와 수직적 지배 종속 관계를 구축했다.

기업도시 조성 이후 포항제철은 기존 시가지와 담을 쌓고 대기업 휘하의 새로운 시가지를 조성하는 지역사회 격리·배제 전략을 구사했다. 이는 기업과 지역사회가 공간적으로 또 사회문화적으로 구획된 분단도시의 형성을 가져왔다. 포항제철과 결연한 채 독자적인 성장동력을 마련할 경제적 역량도, 또 포항제철에 대항할 정치적 역량도 없는 포항 지역사회는 포항제철의 발전에 기생하면서 기업도시의 분단 상황을 무기력하게 수용할 수밖에 없었다. 이러한 점에서 1970~80년대 기업-지역사회는 격리·배제의 관계를 맺고 있었다.

그러나 1990년대 들어 민주화와 지방자치화, 그리고 도시화에 힘입어 포항 지역사회의 역량은 강화된 반면, 포항제철의 위상은 서서히 저하되는 기업-도시 간 역학관계의 대전환이 일어났다. 지역 주민들은 대기업의 횡포에 맞서는 조직적인 요구 투쟁에 나섰고, 대기업은 지역사회 협력 프로그램 등을 통해 주민 요구를 포용하며 극한대결을 사전에 예방하는 전략을 구사했다. 여전히 대기업이 지역사회에 대해 우위를 유지한 채 협력을 추구했지만, 그동안의 불평등한 기업-도시 관계의 재편을 둘러싸고 첨예한 이해 대립을 보인다는 점에서, 양자 관계는 대기업 우위의 갈등적 대립의 형태를 취했다.

최근에는 포스코 출범과 함께 포항제철의 변신이 이루어지면서 기업의 탈지역화 프로그램이 진행되는 한편, 기업도시의 쇠락 위기에 직면해, 기업과 지역사회 모두 도시 위기 극복을 위해 상생 협력하려는 분위기를 조성 중이다. 그 과정에서 기업-도시 관계도 점차 수평적 협력 쪽으로 옮겨가는 양상을 보이고 있다.

포항 기업사회의 변천 과정에 대한 이상의 분석을 통해 우리는 기업도시 논의에 대한 몇 가지 함의를 도출해 볼 수 있다.

먼저 기업과 지역사회 관계는 생태학적 과정에 관한 맥켄지(McKenzie)의 논의처럼 침투-경쟁-격리-계승-지배의 단선적 경로를 밟기보다는 외부 환경과 내부 구성원들 간의 역학관계가 변함에 따라 지그재그 형태의 행보를 보인다. 이는 주어진 여건이나 기업 및 지역사회의 대응 방식에 따라 기업도시들에서 기업-도시 관계가 다양한 형태로 구성될 수 있음을 시사한다.

다음으로 기업도시에서 기업과 지역사회 간의 관계 유형은 그 행위주체가 되는 기업과 지역사회의 역량과 행동양식에 의해 직접적으로 결정된다. 그러나 이들의 행동반경과 행위 유형을 구조적으로 규정짓는 것은 정치체제의 성격, 지방자치 수준, 도시화 수준, 경제의 지구화 등과 같은 기업도시를 둘러싼 정치경제적 환경이다. 따라서 기업도시 내 기업-도시 관계에 관한 연구는 지역정치 차원의 행위론적 접근과 함께 구조적 차원의 접근을 병행할 필요가 있다.

포항 사례는 한국의 기업도시가 갖는 특수성을 잘 보여준다. 권위주의적 국가기구의 힘을 빌어 기업이 지역사회를 무시하고 배제하는 기업 차별화 전략을 구사한 것은 대표적이다. 그러나 권위주의 체제의 붕괴를 계기로 일반적인 기업도시 모델인 (지역사회 협력 프로그램과 같은) 기업 현지화 전략으로 전환한 사실은 포항 사례가 정치체제의 역사적 특수성에서 비롯된 것임을 시사하고 있다. 이런 점에서 차후 국내외 기업도시들의 비교를 통해 기업도시의 한국적 특수성과 보편성을 좀 더 면밀하게 탐색하는 후속 연구가 이어져야 할 것이다.

〈부표 1〉 심층면접 대상자

번호	직업	면접시기	번호	직업	면접시기
A-1	정치인	2008년 1월	D-1	사회운동가	2008년 1,3,6월
A-2	정치인	2008년 1월	D-2	사회운동가	2008년 1월
A-3	정치인	2008년 1월	D-3	사회운동가	2008년 2월
A-4	정치인	2008년 5월	D-4	사회운동가	2008년 6월
A-5	정치인	2008년 7월	D-5	사회운동가	2008년 6월
A-6	정치인	2008년 7월	E-1	언론인	2008년 1월
B-1	공무원	2008년 4월	E-2	언론인	2008년 2,4월
B-2	공무원	2008년 5월	E-3	언론인	2008년 1,2,4월
B-3	공무원	2008년 6월	F-1	대학교수	2008년 2월
B-4	공무원	2008년 6월	F-2	대학교수	2008년 6월
C-1	경제인	2008년 1월	F-3	대학교수	2008년 2월
C-2	경제인	2008년 6월	F-4	향토사학자	2008년 2월
C-3	경제인	2008년 7월	G-1	전문직 종사자	2008년 2월
C-4	경제인	2008년 7월	G-2	문화·예술인	2008년 1월
C-5	경제인	2008년 7월	G-3	문화·예술인	2008년 6월

7장
포항 2: 지방자치와 지역엘리트의 재생산1

장세훈 (동아대 사회학과 교수)

I. 문제제기

지방자치는 민주주의의 뿌리이자 열매이다. "지방자치는 민주주의의 학교"라는 토크빌(Tocqueville, 1997)의 지적처럼, 주민들이 지방자치를 통해 정치를 직접 체험할 수 있다는 점에서, 지방자치는 (참여)민주주의의 시발점이다. 또한 생활에 직결된 사안들을 주민 스스로 결정하고 시행해서 자신들의 삶의 질을 향상시킬 수 있다는 점에서, 지방자치는 민주주의의 결실이기도 하다.

이제 본격적 지방자치제가 만 18년째지만, 지역정치가 민주화되고 주민 참여가 활성화되었다는 긍정적인 진단은 간데없고, 지역주민을 들러리 삼은 채 토호세력이 자치의 성과를 독식한다는 부정적인 평가만 잇따른다. 우선 지역의 정치권력이 시장(市長)에게 집중되는 '시장중심형 정치체제' 하에서 극소수 지역엘리트 세력이 결탁해서 시장직을 장악한 채 지방정치를 농단하는가 하면, 주민 생활과 무관한 각종 전시성 개발 사업을 잇달아 발주하며 그 개발이익을 과점한다(박종민 외, 2000; 강명구, 2002; 홍덕률, 1997 참조). 또 행정권력을 견제해야 할 지방의회는 건설업 종사자 등 이권 단체들이 장악해서 주민의 권리와 이익을 대변할 통로를 차단한 채 자신들의 권익 챙기기에 골몰한다(이은진, 2000). 더 나아가 정치 신인들이 지방자치를 중앙 정계 진출의 디딤돌로 삼는 경우도 다반사다. 지방의 시민

---

1 7장은 장세훈(2010b)을 이 책의 취지에 맞추어 재구성한 것이다.

운동단체들이 이런 엘리트 중심의 지역정치 풍토를 개선하려 애쓰지만, 비제도권이라는 생래적 한계와 주민의 무관심으로 제 구실을 다하지 못하고 있다(이혜숙, 2004; 장세훈, 2002). 그 결과 토호로 불리는 소수의 지역엘리트들이 중앙정부의 영향력이 약해진 지역정치의 무대를 독차지했다고 해도 과언이 아니다.

지방자치제 이후 지역사회의 권력구조가 재편되고 지역정치가 활발해지면서, 정치학, 정치사회학 분야에서 지방선거 연구, 정책 사례 분석 등의 논문들이 쏟아졌다. 반면 지역엘리트 연구는 너무 드물어, 지역정치의 주역으로 등장한 토호세력의 실체를 제대로 밝히지 못했다. 따라서 현금의 지역정치 논의는 그 핵심을 놓친 채 변죽만 울린다는 비판으로부터 자유롭지 못하다. 이러한 맥락에서 아래의 쟁점들을 중심으로 한 지역엘리트의 정치사회학 연구가 꼭 필요하다.

문제는 극소수 엘리트들이 대다수 주민을 배제시킨 채 내부집단(Inner Circle)을 결성해서 권익을 독점하는 일이다. 따라서 이들의 동질성 문제가 지역엘리트 연구의 관건이다. 이 엘리트 집단은 으레 토박이들을 중심으로 일반 대중과 격리된 채 독자적 세력을 형성해서 자기 이익을 추구하는 연줄공동체로 여겨져 왔다. 지역엘리트층은 강한 배타성을 보이며 똘똘 뭉쳐 지방자치의 본질을 훼손하는 주범으로 여겨지는 등, 이러한 인식은 폭넓고 뿌리 깊다. 그러나 이러한 통념과 달리 지역엘리트층이 내부적으로는 다양성과 이질성을 드러낸다는 반론도 만만치 않다(밀스, 1979; Domhoff, 1975; Dahl, 1958; Giddens, 1972 참조).

이를 보다 심층적으로 분석하려면 지역엘리트의 역사적 형성 과정에 주목해야 한다. 단지 특정 시점에서 지역엘리트들이 서로 이해관계를 같이하는가, 또 이들 내부에서 갈등과 충돌이 있는가를 살피는 평면적 접근으로는 일과적(一過的) 유사성을 확인할 뿐이다. 지역엘리트들이 역사적 뿌리를 같이하는 토착 엘리트 집단(즉 토호세력)을 형성했는가, 아니면 신흥 엘리트 세력이 유입되면서 교체를 반복하는가를 시계열적으로 따져봐야만 지역엘리트의 동질성 문제가 보다 분명해진다. 특히 지역엘리트를 연줄공동체로 보는 시각에서는 연줄의 역사적 연원을 살펴야 한다. 결국 지역엘리트의 대외적 차별성 및 대내적 동질성의 문제를 따지려면 공시적/구조적 접근과 통시적/역사적 접근이 병행될 필요가 있다.

그런데 지역엘리트의 역사적 형성과 관련해서는 단절설과 연속설이 맞서고 있다. 한편에서는 식민지 및 전쟁의 경험에 뒤이은 근대화 과정에서 지역사회가 급속히 해체되고 전통적 지배계급 또한 몰락한 까닭에, 전통적 지역엘리트는 와해되고 산업화, 민주화 시대에 걸맞는 신흥 산업엘리트들이 출현했다고 본다(박대식, 2004). 다른 한편에서는 급격한 사회변동으로 지역엘리트의 위상과 기능은 변모했지만, 지역엘리트 지위는 세대 간 계승의 형태로 소수의 지역 유지들이 과점하고 있다고 주장한다(정근식, 김민영 외, 1995; 김주완, 2005).

그러나 이들 주장을 뒷받침할 만한 실증적 분석이 뒤따르지 않아 논의가 진전되지 못하고 있다. 따라서 본 연구에서는 포항 지역을 대상으로 지방자치 실시를 전후한 지역엘리트의 인적 재생산 과정과 그 재생산 메커니즘을 분석함으로써 이들의 역사적 변천 과정을 구명하고자 한다. 주요 연구 쟁점은 다음과 같다.

✔ 몇 세대에 걸쳐 거주한 토박이들로 구성된 토착 엘리트층이 존재하는가?

✔ 정치적 사회적 민주화와 지방자치를 계기로 새롭게 유입된 엘리트층이 존재하는가? 만약 존재한다면 그들은 누구이며, 이들은 기성 엘리트층과 구별되는 특성을 갖는가?

✔ 엘리트의 지위 유지 및 계승을 가로막는 지역사회 안팎의 도전 상황에 직면해서 기성 엘리트는 어떠한 재생산 메커니즘을 구사하는가?

✔ 지역엘리트의 재생산 메커니즘은 얼마나 효과적인가? 이를 통해 지역엘리트의 내부 충원과 대내적 동질성 확보가 원활히 이루어지고 있는가?

II. 이론틀의 구성

1) 선행 연구의 검토

엘리트 연구에서는 엘리트와 대중이라는 상호배타적 범주를 상정하므로, 흔히 엘리트를 대내적 동질성과 대외적 차별성이 뚜렷한 집단으로 상정한다. 즉 엘리트를 외부 유입이 거의 없는 내부 충원 집단으로 보아, 엘리트집단의 형성 및 재생산에 큰 관심을 두지 않았다. 따라서 맑스주의적 관점에서 엘리트에 대한 총체적 접근을 시도한 밀스(1979)나 돔호프(Domhoff, 1990) 등이 예외적으로 엘리트의 역사적 형성을 다룰 뿐, 대다수 엘리트 연구는 특정 시점에서 엘리트를 중심으로 한 권력 분포나 이들의 행태를 밝히는 데 주력했다(Scott, 1990; Eldersveld, Stromberg & Derksen, 1995; Dyrberg, 1997; 김기훈, 장덕진 외, 2006 참조).

지역엘리트 연구도 이러한 흐름에서 크게 벗어나지 않았다. 미국 애틀랜타(Atlanta)의 엘리트를 분석한 헌터(Hunter, 1953)의 연구가 대표적이다. 그는 지역사회의 모든 권력이 피라미드 형태로 집중되어, 소수 엘리트의 일방적인 지배가 이루어짐을 주장했다. 그러나 이는 특정 시점의 지역사회 권력 분포를 보여줄 뿐, 지역엘리트가 어떻게 대중을 배제한 채 권력을 장악하는지, 지역사회 지배를 위해 어떻게 스스로를 재생산하는지 등과 같은 지역엘리트의 재생산 과정은 논의하고 있지 않다.[2]

로간과 몰루치(Logan & Molotch, 1987)는 헌터의 엘리트주의적 관점은 계승하면서도 지역엘리트의 재생산에 주목하면서 '성장기계'(Growth Machine)론을 제기했다. 이는 지역사회의 개발이익을 과점한 지역엘리트들이 '성장연대'(Growth Coalition)를 결성해서 권익을 보호 확충하는 한편, 이에 대항하는 '반성장연대' 진영의 저항엘리트들과 맞서면서 지역엘리트로서 자기재생산을 모색한다고 본다. 성장기계론은 이처럼 지역사회의 성장 및 개발을 둘러싼 지역엘리트의 행태에 주목함으로써 엘리트 재생산 문제에 한 걸음 다가섰다(Jonas & David Wilson, 1999; Stone, 1989). 그러나 여전히 엘리트 형성의 역사적 맥락에는 무관심할 뿐 아니라, 이러한 재생산의 구체적인 전략 전술은 무엇인지, 또 지역엘리트의 인적 충원 및 교체는 어떻게 이루어지는지 등을 깊이 다루진 않았다(Logan, Whaley & Crowder,

---

[2] 사반세기가 지난 뒤 애틀랜타시의 권력구조를 재조사한 헌터(Hunter, 1980)는 양 시기의 권력구조 단면을 비교해서 엘리트로의 권력 집중과 이들의 일방적인 지배가 변함없이 관철됨을 밝혔지만, 여기서도 지역엘리트층의 역사적 변천이나 재생산 문제에는 크게 관심을 두지 않았다.

1999).³

그렇지만 지역엘리트 형성의 통시적 접근이 없지는 않다. 그 대표적인 연구로 미국 뉴헤이븐(New Haven)시에 대한 다알(Dahl, 1961)의 연구를 들 수 있다. 그는 지난 200여년 동안 뉴헤이븐의 정치권력이 문화자본을 보유한 상류층에서 재력을 장악한 산업자본가층(경제엘리트)으로, 그 뒤에는 대중의 정치적 지지를 확보한 서민 출신 정치엘리트로 옮겨간 사실에 주목했다. 다알은 엘리트 집단들이 순차적으로 형성되면서 그 구성이 일원적 형태에서 다원적 형태로 바뀌었고, 권력도 특정 집단이 독점하는 것이 아니라 다양한 집단들이 번갈아 장악한다면서, 다원주의적 엘리트 이론을 전개했다.⁴

다알의 연구는 지역엘리트 형성에 관한 역사적 접근을 시도했다는 점에서, 그 의미가 각별하다. 그러나 그는 선출직 정치지도자를 지역엘리트의 정점으로 보는 선험적 가정에서 출발했기 때문에, 정치권력의 이면에서 영향력을 행사하는 핵심적 엘리트층의 존재를 문제 삼지 않았다(Bachrach & Baratz, 1970; Lukes, 1974). 또한 지역엘리트의 내부 분화와 경쟁에 주목하면서도, 정치권력의 순조로운 교체 대체만 살필 뿐, 이해관계를 달리하는 엘리트 분파 간의 대립 갈등에는 눈감았다. 이는 다알이 지역엘리트를, 신흥 엘리트의 유입이나 기성 엘리트층의 충원에 둔감한 개방적 존재로 상정했기 때문이다. 따라서 다알을 비롯한 다원주의적 엘리트 연구 역시 엘리트의 재생산을 깊이 있게 탐구했다고 보기 어렵다.

한국 사회의 지역엘리트 연구는 크게 두 갈래로 전개되었다. 그 하나는 지역사회 권력구조에서 지역엘리트의 위상을 살핀 연구로, 신행철(1989), 이승종(1995), 손준영(1997), 민경희 외(1996) 등이 대표적이다. 다른 하나는 지방정부 정책을 중심으로 정책 형성 및 시행 과정에 영향을 미치는 지역엘리트의 역할을 다룬 배병

---

3 이런 점에서 전후 애틀랜타에서 백인 경제엘리트가 흑인 중간층을 포섭해서 지역 지배를 안정적으로 지속시키는 메커니즘을 역사적으로 살핀 스톤(Stone, 1989)의 연구가 주목할 만하다. 그러나 이 연구 역시 지역정치에서 통치연대(Governing Coalition)의 결성에 초점을 맞춘 까닭에, 엘리트 권력의 생산 및 재생산 문제를 본격적으로 다루지는 못했다.
4 이와 유사한 연구로 시카고 시장의 교체 과정을 역사적으로 분석한 글(Bradley & Zald, 1965) 참조.

룡(1999), 유재원(1999), 박종민(1999), 최승범(1999), 박종민 외(2000), 신희영(2006) 등이 있다. 그러나 지역엘리트의 형성 및 재생산에 관한 통시적 접근은 거의 찾아 볼 수 없다.[5]

포항의 지역엘리트에 관해서는 법조엘리트의 행태를 다룬 이국운(2004)과 도시정치 차원에서 지역엘리트의 분화와 갈등을 다룬 박재욱(1996)의 연구를 들 수 있다. 그 중 특히 박재욱의 연구는 지역정치에서 전통적 토착 엘리트와 신흥 기업 엘리트 간의 유착과 갈등을 다루었다는 점에서 주목할 만하다. 그러나 이 또한 주된 연구 관심이 지역개발을 둘러싼 사회세력들 간의 연대와 갈등에 있었기 때문에, 엘리트의 재생산 메커니즘에는 무관심했다. 특히 지방자치 이전 시기를 다루어, 지방자치를 전후한 지역엘리트의 변화를 보여주지 못했다.

선행 연구들은 이처럼 엘리트 재생산의 관점에서 지역엘리트의 역사적 변천을 본격적으로 다루는 데 성공하지 못했다. 이 문제를 체계적으로 살펴보기 위해 본 연구에서는 이론적 차원에서 다음과 같은 연구 과제를 설정하고자 한다.

먼저 지역엘리트의 내부구성을 살필 수 있는 이론적 틀을 재구성한다. 지역엘리트가 폐쇄적인 집단이지만, 외부 유입이 불가능하거나 내부분화가 전혀 없는 정체된 동질적 집단은 아니다. 급격한 사회변동이나 위기 상황에서 기존 엘리트층 내부에 분화가 일어나거나 외부 세력이 편입되어 엘리트 구성이 바뀔 수 있다. 이러한 점을 살펴보기 위해 지역엘리트의 유형을 구분해서 접근할 필요가 있다.

다음으로 지역엘리트의 재생산 메커니즘에 관한 논의가 요구된다. 지역엘리트들은 자신들의 사회·경제적 지위와 권익을 유지·확충해서 다음 세대에 전승하고자 한다. 이러한 재생산 과정을 변별할 이론적 자원을 발굴할 필요가 있다.

그리고 마지막으로 엘리트 내부의 경쟁과 갈등을 파악하기 위한 이론적 틀이 필요하다. 지역엘리트의 내부분화가 거듭되면서 파벌간 경쟁과 갈등이 일어날 수 있다. 이러한 균열의 해소 여부에 따라 지역엘리트의 연속과 단절이 일어난다.

[5] 극소수 연구가 있기는 하지만, 안동 지역을 사례로 한 박은경(1984)의 연구는 피상적인 개관에 그쳤고, 김주안(2005)의 마산 지역 엘리트 연구는 인물 열전 수준에 머물렀다.

그런데 이는 다원주의에서처럼 원만한 교체 과정으로 일관하지도 않지만, 엘리트주의의 주장대로 일방적인 계승의 경로만 밟는다고 보기도 어렵다. 따라서 지역엘리트의 내부 동학을 살필 이론적 도구를 갖출 필요가 있다.

2) 분석틀: 지역엘리트의 재생산 메커니즘

지역엘리트의 개념 자체가 다소 혼란스럽기 때문에, 분석틀의 구성에 앞서 지역엘리트 개념부터 살펴보기로 하자. 일반적으로 엘리트 이론에서 엘리트는 권력엘리트를 가리킨다. 이때의 권력은 정치권력을 뜻하는 좁은 의미의 권력이 아니라 베버(Weber)적 의미에서 상대방에 대한 포괄적인 영향력을 뜻하는 넓은 의미의 권력을 지칭한다. 따라서 (권력)엘리트를 "주어진 사회적 관계망 속에서 지배적인 지위를 차지한 채 그렇지 못한 다수 대중에게 막강한 영향력을 행사할 수 있는 개인이나 집단"으로 규정할 수 있다.

권력엘리트는 통상적인 지배집단(Ruling Group) 개념과 달리 다음과 같은 특성을 갖는다(Mills, 1979). 이들은 동질적인 구성원으로 이루어진 단일한 집단이 아니라 다양한 기능과 역할을 가진 이질적인 존재이다. 따라서 정치엘리트, 경제엘리트, 군사 엘리트 등으로 나눠지지만, 이들 간의 관계는 권력 공유를 통한 협력과 결속의 형태를 취한다. 특히 이들은 비공식적인 인적 교류, 공식적인 사회적 교류 및 심리적 친화성을 통해 엘리트의 지위를 다음 세대에 전승하고자 한다.

그 가운데 지역엘리트는 특정 지역사회를 단위로 형성된 (권력)엘리트층을 가리킨다. 따라서 이들은 권력엘리트의 일반적 속성을 대부분 공유하지만, 그 영향

<표 1> 지역엘리트의 유형 구분

구분		지역사회 정주성	
		토착 엘리트	외부 엘리트
기득권에 대한 충성도	지배엘리트	토착적 지배엘리트	외지 출신 지배엘리트
	저항엘리트	토착적 저항엘리트	외지 출신 저항엘리트

력의 범위가 특정 지역에 국한되며, 공동체적 속성이 강한 지역사회에서 토박이가 주축이 된 연줄공동체라는 특성을 지닌다. 즉 지역엘리트, 특히 지역의 지배엘리트는 '몇 세대에 걸쳐 해당 지역에 거주한 토박이를 중심으로 구성되어, 일반 대중과 격리된 채 독자적인 세력을 형성해서 자신들의 공통된 권익을 추구하는 연줄공동체'라고 규정할 수 있다.

다음으로 이 개념을 따라 지역엘리트의 유형을 구분해 보자. 지역엘리트의 다양성과 이질성을 상정한다면,6 접근 시각에 따라 이들을 여러 갈래로 나눠볼 수 있다. 그러나 지역엘리트가 지역사회에 뿌리박고 있고, 지역 내에서 자신들만의 공통의 권익을 추구한다는 점에 주목한다면, 지역사회 정주성과 기득권에 대한 충성도가 중요한 분류 기준이 될 수 있다. 즉 지역사회 정주성에 따라 해당 지역 출신의 토착 엘리트와 외지 출신 엘리트로, 또 기득권에 대한 충성도에 따라 현재의 지역사회 지배체제에 이해를 같이하는 지배엘리트와 기득권을 거부하며 새로운 질서를 추구하는 저항엘리트로 나눠볼 수 있다. 이 둘을 교차시키면 <표 1>과 같이 지역엘리트의 네 가지 유형을 구할 수 있다.

<표 1>에서 토착적 지배엘리트는 지역사회의 기득권을 장악한 지역엘리트의 전형적 형태이며, 외지 출신 저항엘리트는 외부에서 유입되어 이런 기득권 세력에 도전해서 지역정치를 재편하려는 세력을 가리킨다. 외지 출신 지배엘리트는 외지인이지만 토착적 지배엘리트의 지배구조에 포섭된 세력이고, 토착적 저항엘리트는 지역 토박이지만 지배엘리트의 내부 균열로 현행 지배구조에서 배제된 세력을 지칭한다. 이러한 유형화는 지역사회의 변동 과정에서 서로 분화하고 대립하는 지역엘리트층의 내부 움직임을 역동적으로 파악하는 잣대가 될 수 있다.

이들 중 특히 지배엘리트는 안팎의 반발과 저항에 직접 대응하거나 사전 예방할 목적으로 엘리트 내집단(in-group)의 자기재생산 메커니즘을 구축하고자 한다.

---

6 이러한 관점에서 권력엘리트들로 구성된 소규모 집단이나 내부 조직을 분석 단위로 삼아 엘리트층 내부의 역학관계를 살펴본 연구들도 적지 않다(Rossi, 1960; Walton, 1966; Perrucci & Pilisuk, 1971; Perrucci & Potter, 1989).

이 같은 지역엘리트의 재생산 메커니즘은 대내적 전략과 대외적 전략으로 나눠 볼 수 있다.

먼저 대내적 전략은 사회문화적 차원에서 엘리트들 간의 연줄망을 강화해서 엘리트공동체를 공고히 하는 방안이다. 지역엘리트는 토박이들이 주축이기 때문에, 대다수가 이미 혈연 지연 등의 자연적 연줄망으로 얽혀 있다. 그런데 이에 더해 엘리트층 내부의 물리적 사회적 거리를 더욱 좁힐 목적으로 인위적인 사회적 연줄망을 이중, 삼중으로 결성한다. 엘리트층이 모여 사는 부촌을 '봉쇄형 공동체'(Gated Community)로 꾸리거나(Blakely & Snyder, 1999), 사립학교 교육을 기반으로 자녀세대의 학연을 강화하는 방안이 대표적이다. 또 자녀들의 혼인을 통해 혼맥을 형성하거나 갖가지 사교모임을 통해 일상적인 접촉 기회를 넓히는 방안도 도모한다(Hunter, 1953; Warner, 1941).[7]

대내적 전략이 외부 충격이나 위기가 닥치기 전에 엘리트층 내부에서 일상적으로 이루어지는 사전 예방 대책이라면, 대외적 전략은 지배체제를 위협하는 안팎의 저항에 직면해서 외부세력에게 구사하는 사후 대처 방안이다. 그 구체적인 방안은 양자의 역학관계에 따라 달라지는데, 크게 보아 배제, 포섭, 상피(相避), 갈등의 네 가지 전술을 상정해 볼 수 있다. 배제의 전술은 지배엘리트의 역량이 막강한 상황에서 지역사회의 기성 질서에 도전하는 신흥 엘리트들을 배척하는 방안이다. 포섭의 전술은 지배엘리트의 역량이 상대적으로 우월한 상황에서 그 역량을 무시할 수 없는 신흥세력을 엘리트층으로 받아들이는 방안이다. 상피의 전술은 역량이 엇비슷한 상황에서 양자 간의 무한 갈등이 모두에게 해악이라고 판단되어 서로의 영역을 인정하고 할거하는 방안이다. 마지막으로 갈등의 전술은 지배엘리트의 역량이 상대적으로 취약한 상황에서 지역사회 헤게모니를 장악하려는 후자와 대립하는 방안이다.

결국 지역사회의 지배엘리트는 내적 동질성을 공고히 하는 한편으로, 안팎의

---

[7] 우리 사회에서 혼맥을 통한 정계 재계 관계 엘리트의 재생산 메커니즘에 관해서는 서울경제신문(1991)을, 권력엘리트층의 부촌 조성 및 거주 행태에 관해서는 장용동 외(2006)를 참조.

저항과 반발에 효과적으로 대응함으로써 엘리트로서의 지위를 유지하는 자기재생산 메커니즘을 구축하고자 한다. 이러한 재생산 메커니즘의 성공적 작동 여부에 따라 이들의 존속 여부가 결정된다. 지배엘리트의 연속과 단절이라는 관점에서 접근할 때, 그 결과는 크게 네 가지 유형으로 나뉠 수 있다.

그 하나는 기존의 지역사회 지배체제가 유지되고 지배엘리트의 기득권도 보호되는 엘리트의 계승 형태이다. 이때 기존 체제에 도전한 신흥 엘리트는 와해되거나 기존의 지배엘리트에 흡수된다. 다른 하나의 유형은 지역엘리트의 융합이다. 이 경우에는 기존의 지배엘리트와 신흥 엘리트가 서로 화학적으로 결합해서 각자의 개성을 잃은 채 새로운 지배엘리트로 재탄생한다. 또 하나는 신흥 엘리트가 지역사회의 새로운 지배세력으로 자리 잡는 지배엘리트의 교체 유형이다. 여기서는 기존의 지배엘리트가 기득권을 상실한 채 무력화되거나 신흥 엘리트의 일부로 편입된다. 마지막으로 기성 엘리트와 신흥 엘리트가 적절한 역할 및 기능 분담을 통해 기득권을 나눠 가지는 지역엘리트의 할거 유형이 있다. 이때 양자는 각자의 개성을 잃지 않은 채 외형상으로만 결합한 상피적(相避的) 경쟁 관계를 맺는다.

이러한 유형에 비추어볼 때, 계승 유형은 지배엘리트가 자신의 재생산에 성공한 경우이고, 교체 유형은 그 재생산에 실패한 경우, 그리고 할거 및 융합 유형은 절반의 성공을 거둔 경우로 해석할 수 있다.

이상의 논의를 바탕으로 지방자치 이후 엘리트의 재생산 구조를 통한 지역엘리트의 계승과 단절의 가능성을 살펴볼 분석틀을 구성하면, <그림 1>과 같다.

본 연구는 엘리트층의 행태 분석을 통해 지역엘리트의 재생산 구조를 밝히고자 하기 때문에, 기존의 문헌 자료는 일차적인 참고자료일 뿐, 엘리트 분석에 실질적인 도움이 되지 못한다. 따라서 본 연구에서는 포항 지역 엘리트에 대한 심층 면접을 통해 이들의 구체적인 활동양식을 밝히고자 했다.

여기서 관건은 지역엘리트의 판별 문제이다. 이때 지역주민의 의사를 물어 핵심적 지배엘리트층을 선별하는 평판적 접근(Reputational Approach)이 가장 효과적인 방법이다(강희경, 1997; Moyser & Wagstaffe, 1987 참조). 그러나 여러 가지 제약으로 평판적 접근이 어려운 탓에, 본 연구에서는 현재 포항 지역을 대표하는 엘리트군, 즉 포항제철과 직간접적으로 연루된 경제엘리트군, 지방자치단체와 지방의회에 주로 포진한 정치엘리트군, 그리고 시민사회단체 등에 포진해서 이들을 견제하는 저항엘리트군, 언론·학술 분야의 엘리트군에서 1~2명의 핵심 인물을 선정해서, 이들의 의견을 들은 뒤 분야별 엘리트들을 추가 선정하는 '간이 평판적 접근'을 활용했다.[8] 이러한 방식을 통해 본 연구에서는 경제엘리트 5명, 정치엘리트 10명(행정엘리트 4명 포함), 저항엘리트 5명, 그리고 언론·문화·학술엘리트 10명 등 총 30명을 선정해서 이들에 대한 심층면접을 통해 포항 지역 엘리트의 재생산 양상을 살펴보았다(<부표 1> 참조).[9]

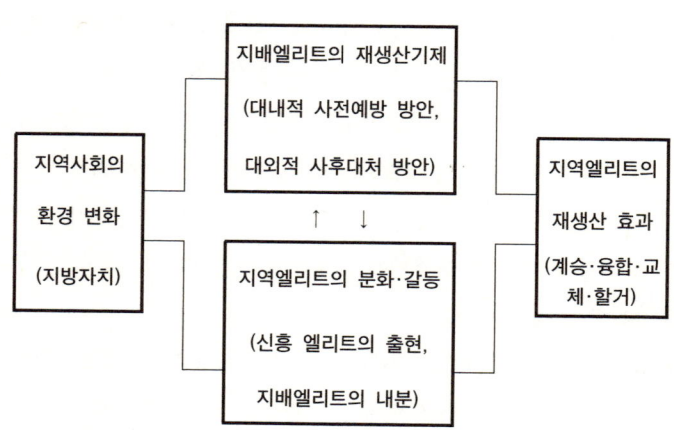

<그림 1> 지역엘리트의 재생산 과정에 관한 분석틀

---

[8] 평판적 접근이 지역엘리트의 하층으로부터 상층 엘리트를 추적하는 상향식 접근 방식을 취한다면, 간이 평판적 접근은 역으로 상층 엘리트에서 하층 엘리트로 내려오는 하향식 접근 방식을 취한다. 표층의 엘리트에 가려진 채 막후에서 지역사회를 좌우하는 심층의 핵심 엘리트를 찾아내려는 헌터(Hunter, 1953)의 연구에서는 평판적 접근이 필수적이다. 간이 평판적 접근으로는 심층의 권력구조를 드러낼 수 없기 때문이다. 그러나 엘리트 재생산 과정을 둘러싼 이들의 일반적인 행태에 주목한 본 연구에서는 간이 평판적 접근이 제한된 연구 자원을 효율적으로 활용하는 접근방식이 될 수 있다.

[9] 이하 본문에서 A-1, B-1, C-1 등은 면접 대상자를 가리킨다. <부표 1> 참조.

III. 포항의 지역엘리트

1) 포항의 지역적 특성

포항은 본래 조선시대 원산항과 동래항을 오가는 선박들의 중간 기항지로, 동해안 교역의 거점 역할을 담당했다. 또 일제시대에는 일본인이 대거 유입되면서 어항으로 두각을 나타냈고, 그 뒤로도 1949년 포항시로 승격하는 등 꾸준히 발전해왔다(포항시사편찬위원회, 1999; 포항지역사회연구소, 2003). 그러나 1960년대 중반까지 인구가 7만명에도 못 미치는 소규모 항구도시였다. 당시 포항의 대외적 이미지는 동해남부선의 종착역, 울릉도행 여객선의 출발지, 또는 해병대 도시였다(포항로타리클럽, 1983: 13; E-2; E-3).

그러나 정부의 중화학공업화 정책에 힘입어 포항제철(이하 포스코)이 들어서면서 포항은 세계적 규모의 제철도시로 탈바꿈해서 2005년 현재 인구 49만여명의 산업도시로 성장했다. 포스코는 포항시 면적의 1/4을 차지하고, 지방세 납부액이 포항시 재정의 1/3에 달하며, 포항 인구의 절반가량이 포스코 경제활동에 직접 관련될 정도로, 포항시에서 막강한 영향력을 발휘하고 있다(서울대 사회과학연구소, 1987). 이러한 점에서 포항은 포스코라는 특정 대기업이 지배하는 '기업도시'라고 할 수 있다(장세훈, 2010a).

대기업과 연관 기업들이 모인 산업도시나 기업도시에는 자본의 집중과 함께 노동의 집중으로 인해 '노동자 도시'의 특징을 갖는다. 그러나 포항에서는 영남지역의 보수주의적 정치 성향, 강력한 국가권력을 등에 업은 포스코의 철저한 노동통제, 풍요로운 기업복지에 기반한 노동자들의 개인주의적 성향 등으로 노동자의 조직적 결속이 봉쇄되어 왔다. 그 결과 1987년 노동자 대투쟁 이전까지 노동조합이 결성조차 되지 못했고, 대투쟁을 거치면서 진보 성향의 노동조합이 결성되었지만 곧바로 해체된 뒤 이름뿐인 어용노조가 자리하고 있을 뿐이다(이상철, 1992; D-2; D-4; D-5). 그 결과 포항은 노동자 비중이 높지만, 노동자의 계급적 정체성이 불투명하고 노동자의 집단적 요구가 조직적으로 표출되지 못하고 있다는 점에서 노동자 도시라고 할 수 없다.

또한 포스코가 이처럼 포항시 성장의 원동력이었지만, 포스코는 스스로 '국가산업의 중추', '국민기업'이라는 자부심이 강해, 포항시를 포스코의 배후지로 삼지 않았다. 따라서 포스코를 중심으로 한 공단과 포항 구시가지가 형산강을 경계로 공간적으로 나뉘고, 포항 시내에 면한 포스코 주택단지(효자·지곡단지, 인곡단지)도 최근까지 일반 주민의 입주가 금지될 정도로 포항 주민과 사회·공간적으로 단절되었다.10 이러한 점에서 포항은 포스코와 비포스코로 철저히 나뉘는 '분단도시'(Divided City)의 성격이 강하다.

2) 포항 지역 엘리트의 형성과 그 특징

포항의 지역엘리트는 사회변동의 흐름에 맞춰 큰 폭의 변화를 겪어 왔다. 크게 보면 전통사회에서 일제 식민지로의 이행, 식민지 해방과 전쟁의 경험, 포항제철의 설립, 그리고 지방자치제 실시 등이 그러한 변화의 분수령이라고 할 수 있다.

그런데 전통사회에서 포항은 영남지역에 위치하면서도 변방의 해안가였다는 점에서, 지방 유생이 득세하는 전통 사회의 보편적인 지역사회 권력구조가 확고하게 자리 잡지 못했다. 훗날 포항문화를 스스로 '해양문화', '욕의 문화'로 규정할 정도로 유교 이데올로기가 제대로 구축되지 못했던 탓이다(박일천, 1967; G-2; E-3). 그 대신 재력을 지닌 지주나 선주, 상인 등이 지역사회에서 지배적 지위를 누려 왔다.

일제 식민 치하에는 일본인들이 대거 밀려들면서, 이들이 선진 어업기술과 일제의 경찰력 및 행정력을 바탕으로 새로운 지역엘리트로 자리 잡았다. 그러나 일본인들은 자신들만의 신시가지를 조성해서 민족 간의 공간적 분할을 꾀한 데다, 일본인 엘리트도 포항 내 일본인사회를 중심으로 활동할 뿐 조선인 사회에는 직

---

10 이와 달리 일본 신일본제철(新日本製鐵)의 지방공장은 사택 노동자와 토착 주민의 마찰을 줄이기 위해 '노동자의 주민화' 정책을 추진했다(이종구, 1990).

접적인 영향력을 행사하려 하지 않았다. 그 결과 조선인 지주나 선주의 경제력이 약화되긴 했지만, 심한 타격을 입지는 않았다. 따라서 식민지 시기 포항의 지배엘리트는 민족별로 분할되어 일본인이 상층 엘리트를, 조선인 지주 및 선주가 하층 엘리트를 차지하며 할거하는 이중권력 구조를 형성했다.

이에 전통사회의 경제엘리트들이 지역사회에서 예전에 못지않은 재력과 사회적 영향력을 행사할 수 있었다. 흥해의 최*구, 최*능, 연일의 서*진, 장기의 장*명, 신광의 편*설, 포항의 강*원 등이 당시 포항 일대의 대표적인 부호들이었다. 호남이나 영남 내륙의 부호들이 농지를 기반으로 재력을 키워간 반면, 이들은 넓은 평야지대는 없지만 물산이 풍부한 어장과 상업 유통망을 끼고 있어, 흔히 지주와 선주를 겸하는 특징을 보여주었다(F-4; G-2).

그러나 단지 재력만 갖췄을 뿐 문화적 자산이 빈약한 탓에, 포항의 경제엘리트들은 육영사업을 통해 사회적 영향력을 확장하고자 했다. 특히 교육기회의 확충은 일제 침략에 대한 민족적 역량 강화라는 명분까지 지녔기 때문에, 주민의 호응도 컸다. 따라서 이들 중 상당수가 사재를 출연해서 학교를 건립하고 그 운영 재원을 조달했다. 아울러 경제력을 바탕으로 2세들에 대한 교육 투자에 진력함으로써 단순한 경제엘리트를 넘어 지역사회의 진정한 지배엘리트로 거듭나고자 했다. 이는 이들 자제 중 상당수가 일본에 유학한 사실로도 확인할 수 있다(장기 향토사 편찬위원회, 2004; 동해면 향토사 편찬위원회, 2003; 배용일, 1990: 135~138; F-4).

그러나 지배엘리트로서 그 사회경제적 지위를 공고히 하고 지위의 세대 간 계승을 꾀하려던 이들의 노력은 해방과 한국전쟁이라는 암초에 부딪쳤다. 해방 직후의 극심한 좌우 대립 상황에서 일본 유학을 거쳐 지식인으로 성장한 자제들 중 일부는 좌익으로 몰려 지배엘리트 지위를 상실하거나 아예 목숨을 잃기도 했다. 또한 농지개혁으로 토지를 잃은 지주도 적지 않아, 경제엘리트로서의 지위도 위협받았다(A-3; E-3; F-4; G-2). 그 결과 앞서 언급한 일제 시기의 부호 집안들 중 엘리트 지위를 유지한 경우는 최*능, 장*명 등 극소수였다.

그 와중에 전통적 엘리트층을 대체해서 새로운 엘리트들이 등장했다. 일제시대에 빈한하거나 넉넉지 못한 집안 형편에도 불구하고 일본 유학 등을 통해 개인적 역량과 실력을 배양한 신흥 세력이 엘리트 지위를 넘보기 시작했다. 당시 국회의원이나 민선시장 등을 역임한 김*로, 하*환, 최*수, 박*천 등이 대표적이다. 이들은 재력에 기반한 과거의 경제엘리트를 대신해서 문화자본을 바탕으로 정치권력에 접근한 정치엘리트로서 새롭게 부상했던 것이다.

이러한 양상은 1960년대까지 이어지다가, 포항제철이 가동되기 시작한 1970년대 초반부터 지각 변동이 일어났다. 우선 포스코는 철강 생산에 필요한 전문 인력과 자체 노동인력의 대규모 유입을 가져왔을 뿐만 아니라, 원자재 공급 및 반제품 가공과 관련된 연관 업체들의 입주까지 불러왔다. 그 과정에서 토착 엘리트와 비견할 수 없는 정도로 막강한 외지 엘리트층이 대거 유입했다. 그렇지만 대규모 공단 조성과 그에 따른 인구 증가로 포항의 지역경제가 살아나면서, 지역사회 내부에서 새로운 경제엘리트도 탄생했다. 1970년대 이후 시내버스와 부동산개발을 통해 부를 축적한 대아그룹의 황*봉, 포스코 관련 화물 운송으로 경제적 기반을 다진 삼일그룹의 강*우, 택시 사업으로 성공한 육일그룹의 이상* 등이 대표적인 인물이다. 이들 신흥 경제엘리트는 과거 대지주나 선주의 자손도 아니고, 해방 이후 정치엘리트층과도 무관했지만, 포스코로 인한 지역경제성장에 기대어 경제적 부를 쌓아 정계로까지 진출하며 지배엘리트로 자리 잡아갔다. 그 반면에 포스코와 연결되지 못한 기존의 경제엘리트 상당수는 중소상공인으로 정체되거나 몰락하는 경로를 밟았다(A-2; A-5; E-2; G-1). 이러한 점에서 또 한 차례 엘리트의 역사적 단절이 일어났다고 할 수 있다.

그 과정에서 지역엘리트의 정점에 포스코의 박태준이 자리했다.[11] 그런데 그는 포항 지역사회에 무관심했다. 그 연장선상에서 포스코에 근무하는 외지의 이식 엘리트도 지역사회에 뿌리내리기를 거부했고, 더 나아가 포스코는 의도적으로 지역주민과 포스코 직원을 사회·공간적으로 분리시키고자 했다. 여기에 철강

---

[11] 1988년 8월 20세 이상 시민 500명을 대상으로 실시한 「포항지역민의 지역발전에 관한 의식조사」에서 포항 시민들은 가장 영향력 있는 인물로 박태준(31.8%)을 꼽았고, 포항시민(30.5%), 지역 국회의원(14.9%), 기업가(10.6%), 포항시장(6.7%) 등이 그 뒤를 이었다(양만재, 1989a: 78).

산업과 지역경제와의 무연성, 사익에 집착하는 토착 엘리트들에 대한 외지 엘리트들의 거부감 등의 요인들까지 중첩되면서, 토착 엘리트는 지역사회에 관심을 두고 포스코의 이식 엘리트는 전국적 사안에 주목하는 양자의 역할 분담과 상피적 관계가 맺어졌다(E-1; D-1; F-3).

이와 같은 엘리트의 할거 양상은 지역사회를 대표하는 지배엘리트의 부재론으로 이어졌다. 면접 대상자 대다수는 입을 모아 포항 지역에는 지역 여론을 주도하고 통합할 '어른'이 없음을 지적했다. 이는 권위주의적 정치체제 하에서 포스코의 박태준과 같은 상징적 인물은 지역사회에 무관심하고, 지역정치가나 행정관료는 중앙정치나 중앙정부에 휘둘리고, 신흥 경제엘리트는 포스코의 눈치를 살피는 기생적 존재에 그치거나 축재 과정의 비리나 부정으로 주민의 신뢰를 얻지 못했기 때문이다(F-3; E-1; A-2). 사회운동가 등의 저항엘리트가 강력한 국가의 힘에 눌리고 보수주의가 횡행하는 척박한 정치적 이데올로기적 풍토에서 제대로 성장하지 못한 것도 또 다른 요인으로 작용했다.

이러한 논란 속에서도 토착 경제엘리트는 지역사회에 대한 영향력을 꾸준히 키워갔다. 이들은 이권을 둘러싸고 서로 무한경쟁을 벌이는 대립 관계에 있으면서도, 자신들의 위상을 공고히 하는 데에는 일치단결하는 모습을 보였다.

우선 외지인이 대거 유입되었지만, 이들이 지역엘리트로 자리 잡을 여지를 주지 않았다. 실제로 포스코나 포항공대(포스텍)에 근무하는 전문인력 중 일부는 지역사회에 관심을 갖고 참여 의사를 밝혔지만, 토착 엘리트들의 배제로 뜻을 접어야 했다(C-2; F-2). 토박이 엘리트의 배타적 태도로 인해 지방의회에 진출한 외지 출신 정치가가 자신의 출생지를 얼버무리는 사례까지 있었다(A-1).

다음으로 엘리트의 내부 재생산 기제로 학연과 종교를 적극적으로 활용했다. 이미 토박이라는 지연을 통해 하나로 묶인 상태에서, 포항의 지역엘리트들은 동지상고, 포항고, 포항여고 등의 지역 명문고등학교 출신별로 인맥을 형성하고, 이를 통해 동문끼리 서로 밀어주고 끌어주는 연줄 공동체를 형성했다. 따라서 포항 토박이라도 이들 학교 출신이 아니면 지역엘리트로 성장하는 데 상당한 어려움을 겪어야 했다(A-3; B-3; F-3).

학연과 함께 종교, 특히 기독교가 중요한 엘리트 재생산 기제로 작용했다. 다른 지역에 비해 유달리 기독교 교세가 강한 지역적 특성상, 대다수 엘리트가 기독교 신자였다. 따라서 교회를 통한 비공식적 만남과 이를 통한 친밀성 확보는 공식석상에서의 협력을 이끌어내는 윤활유 역할을 했다(A-6; D-1; E-1).

비록 대내적으로는 포스코의 위세에 눌리고, 대외적으로는 권위주의적 국가의 영향을 크게 받아 포항의 '골목대장', 또는 '구들목 장군'이라는 비아냥거림을 들었지만, 포항의 지역엘리트들은 외지인에 대한 배척과 자체 재생산 기제의 구축을 통해 내부 통합을 다지며, 지방자치 이전부터 지역사회에서 나름의 입지를 굳건히 다졌던 것이다.

IV. 지방자치와 지역엘리트의 변화

1) 토착 엘리트의 내부 균열

지방자치제는 중앙정부-지방정부 관계, 지역엘리트-주민 관계를 뒤흔들 기폭제라는 점에서, 지역엘리트의 위상과 내부 역학관계에도 상당한 지각 변동을 불러왔다. 우선 행정의 분권화를 통해 중앙정부의 권한 중 일부가 지방정부에 이관됨으로써, 지방정부가 중앙정부의 눈치를 보지 않고 소신껏 행동할 여지가 넓어졌다. 또한 풀뿌리 민주주의의 원칙에 따라 민선 자치단체장을 두고 지방의회를 구성하면서, 중앙정부와 결탁해 지역사회의 정치권력을 분점한 채 주민을 배제하던 지역엘리트들이 주민의 눈치를 살피기 시작했다. 그리고 주민들의 정치적 지지를 정당성의 원천으로 삼아, 중앙정부로부터 위임받은 권한을 지역사회 내에서 재량껏 행사하기 시작함에 따라, 지방정부의 수장이 지역사회의 '소통령'으로 군림하였다(강명구, 2002; 박종민 외, 2000; 장세훈, 2002; 홍덕률, 1997).

그러나 이러한 변화가 모든 지역사회에서 일률적으로 일어나지는 않는다. 왜냐하면 각 지역별 사회세력들의 역학관계에 따라 지방자치제의 효과가 크게 달라질 수 있기 때문이다. 그렇다면, 포항에서는 지방자치가 지역엘리트를 둘러싼 사회세력들 간의 정치적 역학관계를 어떻게 바꿔놓았을까?

민선시장의 선출과 2기 지방의회의 출범으로 1995년 본격적인 지방자치 시대를 맞이하면서, 무엇보다도 큰 변화는 시장의 권한 강화였다. 특히 포항은 도농통합시로 지정되어 인근 농촌 지역이 포항시로 통합되면서, 시역이 크게 확장되고 두 개의 구가 신설되는가 하면 인구도 50만 명에 육박했다. 그 결과 포항시장의 지위도 공무원 직급상 3급에서 1급으로 격상되었고, 이는 포스코나 광역 지방자치단체 등과의 대외적 관계에서 시장의 지위 상승으로 이어졌다. 예컨대 과거에는 포스코 회장이 포항 시장을 하급 공무원으로 여겨 만나주지도 않았는데, 이제는 포스코로 인한 환경오염을 문제삼는 주민의 반발을 등에 업고 포항 시장이 포스코를 압박하는 등 양자의 역학관계가 크게 바뀌었다. 또 포스코 노조 문제로 정치적 개입이 필요하자, 포스코가 앞장서서 해안가 환호공원 조성과 같은 각종 지역개발 사업에 적극 동참하며 시장과의 관계 개선을 모색했다(A-2; A-3). 또한 각종 민원에 대해서도 상급 기관의 눈치를 보며 주민 요구를 일방적으로 억누르던 구태에서 벗어나 이제는 시장이 민원에 적극 개입해서 정치적 타결을 모색하기도 했다(A-4; B-1).

그러나 내실을 들여다보면, 시장이 그 권한을 충분히 행사하며 '지역의 소통령'으로 군림했다고 보기 어렵다. 우선 주민의 정치적 지지는 이들의 민원 해소를 기반으로 하기 때문에, 그렇지 못할 경우, 시장의 권한 상실로 이어질 수 있었다. 특히 90년대 안면도 사태를 기점으로 봇물처럼 쏟아진 환경 및 지역개발 관련 민원들은 민선 자치단체장 체제가 출범하면서 전국 각지에서 더욱 증폭되었다(장세훈, 1999). 포항의 경우에도 대보 쓰레기매립장 건립, 포항교도소 건립, 포항고 뒷산 아파트 건설, 공해 피해 보상, 산업폐기물 유출 등을 둘러싸고 민원이 잇따랐다. 그런데 포항의 박*환 초대 민선시장은 이들 요구를 지역이기주의로 단정 짓고 단호하게 대처한 결과, 주민들의 거센 반발에 부딪쳤고, 결국 이것이 빌미가 되어 재선에 실패했다(A-3; D-5).

또한 일반 공무원과 동일 직열에 있는 행정직 관선시장과 달리 정무직 민선시장은 정치적 관점에서 접근하기 때문에, 조직이기주의와 보수적 성향이 강한 행정직 공무원들과 충돌이 잦았다. 초대 민선시장 시절, 포항시 구청 신설 방안이나 공무원 인사 합리화 방안 등을 둘러싸고 시장과 행정직 공무원간의 갈등이 불거졌고, 이는 시장의 운신의 폭을 제약했다(A-2). 특히 초대 민선시장이 지배블록의 균열로 여당 후보들이 난립한 상황에서 가까스로 당선된 야당 후보였기 때문에, 보수적 색채가 강한 포항 지역에서 사사건건 기성 엘리트들이 장악한 시의회 및 보수적 시민단체들의 반발에 부딪쳤다(서진국, 1999: 43~68). 민주화 이후 성장한 지역시민운동단체와 연대해서 이에 대처하려 했지만, 정치적 역량이 일천한 이들이 실질적인 도움을 주지 못했고, 그는 결국 시정개혁 공약을 제대로 구현할 수 없었다(A-2; A-6; B-3).

이후의 포항 시장들은 보수 정당의 공천을 받는 행정직 공무원 출신으로 충원된 데다 초대 민선시장의 경험을 거울삼아 행정직 공무원과의 원만한 관계를 유지하고, 주민 요구에 귀 기울이는 모습을 보여주었다. 따라서 격렬한 충돌과 긴장이 일어나지는 않았지만, 정치적 권한의 적극적 행사를 자제했다는 점에서, 이들 역시 '지역의 소통령'이었다고 자리매김하기는 어렵다.

지방자치에 따른 또 다른 변화로는 시민사회와 행정 당국간의 의사소통 통로가 지방의회를 통해 제도화되고, 이를 통해 지방 행정에 대한 주민의 견제 기능이 강화된 점을 들 수 있다. 물론 지방자치 이전에도 지역엘리트 모임들을 통해 지역 현안에 대한 의견이 행정 당국에 전달되었다. 그러나 이러한 모임은 비공식적인 의사전달 통로였기 때문에, 지방정부의 정책 결정에 그리 큰 영향을 끼치지 못했다(양종석 외, 1993: 23). 이와 달리 시의회는 지역엘리트들이 시의원이 되어 시정에 직접 참여하는 제도적 장치라는 점에서, 지역엘리트의 위상을 높이는 계기가 될 수 있었다.

그러나 시의원들의 구성을 살펴보면, 지역의 중소자본가들, 특히 관급 공사에 관련된 건설업 관련 종사자들이 대거 유입되었고, 지역의 정치적 성향을 반영해서 보수 정당 출신 일색으로 지방의회가 꾸려졌다. 물론 진보적 사회운동 출신이

시의회에 진출한 경우도 없지 않지만, 극소수에 불과한 탓에 보수적인 토호 세력에 대항하기에는 역부족이었다(조광제, 1991: 96~105; 강인순, 1995: 120~2; 신희영, 2006: 210; B-2; D-2; D-3). 그 결과 지방의회가 주민 전체의 권익을 대변하기보다는 극소수 토호의 이권 다툼의 무대로 전락하는 양상을 보였다.[12]

그렇다고 공무원의 권한이 크게 강화된 것도 아니었다. 관료제적 조직 원리를 바탕으로 일사분란하게 움직이며 자신들의 집단적 권익을 추구할 수 있다는 점에서, 지방 공무원 조직은 흔히 지방자치 시대의 새로운 강자로 인식되고 있다. 그러나 공무원 내부의 치열한 경쟁이 일어나는 인사 문제와 관련해서 최고결정권자인 시장의 분할통치 전략에 쉽사리 휘말리곤 했다. 특히 정무직 시장에 대한 정치적 동조는 권력 교체기에 자칫 승진 인사에서 배제되거나 장기간 한직으로 밀려나는 인사상의 불이익으로 이어지곤 했다(B-1; D-1). 따라서 적극적으로 집단적 권익을 내세우기보다는 소극적으로 기득권을 옹호할 뿐이다.

이는 결국 중앙정부를 정점으로 지배엘리트들이 일사불란한 유기적 협력 체제를 구축했던 예전과 달리, 지방자치를 계기로 지역사회의 권력구조가 크게 요동치자, 민선시장, 시의회, 지방행정 공무원 등 기성 엘리트층의 각 부문들이 서로 갈라져 각축을 벌이는 내부 균열의 국면에 접어들었음을 보여준다.

2) 신흥 엘리트의 형성 및 확산

지방자치제는 지배엘리트층의 내부분화와 균열을 촉발하는 한편으로, 여기에 편입되지 못했던 엘리트 후보군들이 지역엘리트로 발돋움하거나 진입하는 계기로 작용했다. 이는 크게 두 가지 경로를 통해 이루어졌다. 그 하나는 민주화 이후 사회운동이 활성화되면서, 이를 통해 조직적으로 기존 역학관계를 재편하려는

---

[12] 이는 지방의회 의원들에 대한 시민의식에서 잘 드러난다. 1995년 시민의식 조사 결과를 보면, 이들의 의정 활동에 대한 시민 만족도는 23.5%, 이들의 자질에 문제가 없다는 의견은 7.5%에 불과했다(이재섭 외, 1995: 91~3).

사회운동세력이고, 다른 하나는 개별적으로 전문성에 기반해서 자신들의 입지를 다지려는 외지 출신 전문직 종사자들이다.

지방자치 이전에도 포항의 기성 엘리트들은 관변단체 형태로 다양한 사회단체를 결성해서 활동해 왔다. 그러나 이들과 달리 지배블록에 편입되지 못한 엘리트 후보군들은 1980년대 후반 민주화를 경험하고 나서야 독자적인 사회운동단체를 결성해서 본격적으로 자신들의 목소리를 내며 기성 엘리트들에게 도전하고 나섰다.

한편에서는 포스코를 중심으로 노동자들이 자신들의 집단적 권익을 지키기 위해 노동조합 결성에 나섰고, 다른 한편으로 구도심 지역에서는 포항경실련, 포항여성회, 민주사회를 위한 포항시민모임(이후 포항환경운동연합으로 전환), 포항지역사회연구소 등과 같이 주민 권익을 대변하는 각종 시민단체들이 결성되었다. 토박이, 외지인을 가리지 않고 다양한 배경의 인물들로 구성되었지만, 이들도 점차 일정한 집단적 특성을 갖춰갔다.

노동운동의 경우에는 현장노동자가 주축이었지만, 80년대에는 학생운동 출신의 외지 사회운동가들이 대거 유입되었다. 그러나 '이념 과잉'의 후자는 노동 현장과 동떨어진 주장과 행동으로 서서히 물러났고, 현장노동자 중심으로 노동운동조직이 꾸려졌다. 시민운동의 경우에도 외지인이 일부 유입되었지만, 노동운동에서와 달리 이들은 포항 출신으로 외지에 나갔다가 되돌아온 '반쪽 토박이'들이었다(D-2; D-4; F-3). 따라서 사회운동이 일정 궤도에 올라선 90년대 중반부터 포항 출신이 아닌 사회운동가를 찾아보기 어려워졌다. 특히 포항여성회, 포항환경운동연합 등 일부 사회운동단체는 토박이들을 주축으로 아래로부터 결성한 '풀뿌리 운동조직'으로, 하향식으로 결성된 일반적인 사회운동조직과 구별되며, 그 핵심 구성원도 지식인이나 전문직 종사자가 아닌 일반 주민들로, 이들이 지역 엘리트로 성장하는 모습을 보여주었다(김미선, 1995: 162~163; D-1; D-3; D-5).

또한 사회운동단체의 핵심 성원은 그동안 지배적 엘리트층에 진입할 수 없었던 주변적 토착 엘리트라는 특징을 공유하고 있다. 동지상고나 포항고, 포항여고 출신들이 포항의 정계, 재계, 문화계를 장악하며 지배적 엘리트로 자리 잡은 반면에,

포항 토박이라 해도 이들 학교 출신이 아닌 경우에는 엘리트로 인정받기가 어려웠다. 따라서 후자에 속한 상당수 청장년층은 포항의 기성 질서에 도전하며 자신들의 입지를 다지는 저항적 엘리트로 성장했던 것이다. 실제로 최근까지 사회운동단체에 참여한 핵심 인물 가운데 동지상고나 포항고 출신은 거의 찾아볼 수 없다(D-1; F-3). 또한 전자에 속한 극소수의 저항적 엘리트들은 기성 엘리트의 은근한 회유와 배척으로 기성 질서에 투항하거나 저항적 엘리트 활동을 중단하곤 했다. 따라서 저항적 엘리트층은 '토박이지만 토박이가 아닌' '주변인'들로 구성되어, 지배적 엘리트층과 '물과 기름'처럼 섞이지 않은 채 겉도는 관계를 유지해 왔다.

지역엘리트의 주류에 편입되지 못한 채 그 주변을 맴도는 탓에, 저항적 엘리트층은 지역사회에서 '삼류 엘리트'로 여겨졌다. 그런데 지방자치 이후 야당 출신의 초대 민선시장이 기성 엘리트들의 반발에 맞서기 위해 시민운동단체와의 연대를 모색하는 과정에서 저항적 엘리트층이 제도권 정치에서 일정한 발언권을 얻을 수 있었다. 특히 포항지역사회연구소 등의 사회운동단체들이 지역 언론과 연계해서 포스코 문제 등과 같이 그동안 금기시되던 지역 현안을 문제삼고 그 정책 대안을 제시하며 지역 의제를 선도하면서, 사실상의 여론 주도층으로 부상했다.[13] 그러자 지배적 엘리트층도 더 이상 이들을 무시할 수 없었다. 보수적 성향의 시장들이 집권한 최근에도 각종 시정 관련 위원회에 시민단체 대표들이 '약방에 감초' 격으로 참여한다는 사실은 이들의 높아진 위상과 역량을 여실히 보여준다(A-3; D-1).

그러나 저항적 엘리트층이 지배적 엘리트 자리에 올라섰다고 보기는 어렵다. 시민운동단체의 주된 활동이 언론을 통한 의제 선점인데, 이들이 기성 엘리트층에게 눌려 제 구실을 못하고 있다. 한편으로 포스코는 광고시장을 통해 지역 언론에 재갈을 물리고 있다. 또 토착 재벌들은 경북일보, 경북매일신문 등 지방언론을 장악해서 사회운동단체들이 제기한 의제를 무시하거나, 자신들의 비리를 서로

---

[13] 1990년대 이전부터 지배엘리트층으로 구성된 관변 사회단체들이 각종 지역 현안에 대한 문제제기와 대안 제시에 나섰지만, 주민의 호응도 크지 않았고, 별다른 실효성도 거두지 못했다(양만재 외, 1994: 57~64).

감싸주고 있다(A-3; D-5; E-1).**14** 그 결과 시민운동단체의 위상이 제자리걸음을 면치 못하고 있다.

또한 노동운동, 여성운동, 환경운동 등 모든 사회운동은 형성 초기에는 종교라는 '우산'이 필요했기 때문에, YMCA와 같은 종교적 성향의 조직에 그 뿌리를 두고 출발했다. 따라서 점차 영역별로 분화하면서도 사안별로 다양한 연대 활동을 펼칠 수 있었다. 그러나 운동의 주체, 대상, 이념 등을 둘러싸고 균열이 심화되면서, 크게 보아 노동운동으로 대표되는 진보적 사회운동과 YMCA, 경실련 등의 중도적 시민운동이 갈라섰고, 또 그 내부에서 각 단체별로 이합집산을 거듭했다(김기영 외, 2007: 51~2; A-3; D-1; D-5). 이 같은 세력 균열로 그 역량이 분산되면서, 저항적 엘리트의 사회적 영향력은 더욱 줄어, 지역사회에서 지배적 엘리트의 대안 세력이라는 인식을 심어주지 못하고 있다.**15** 따라서 과거의 '삼류 엘리트' 이미지를 벗겨내고 지배엘리트층에 위협적인 존재로 각인되기는 했지만, 후자와 대등한 지위로까지 올라서지는 못한 실정이다.

저항적 엘리트층과 다른 맥락에서 지배적 엘리트층에 도전하는 세력으로 외지 출신의 전문직 종사자들을 들 수 있다. 이들은 주로 포스텍, 한동대 등 포항지역 대학의 연구직과 세무, 법률 분야의 전문직 종사자들로, 포항의 토박이 엘리트들로부터 배척당해 왔다. 그러나 지방자치 시대를 맞아 기성 엘리트층의 내부분화가 일어나고 사회운동의 형태로 저항적 엘리트층이 성장하면서 지역사회 권력구조에 균열이 발생하자, 이들은 이를 기화로 핵심적 엘리트층으로 도약하려는 움직임을 보이고 있다.

---

14 이러한 양상은 2005년 시내버스 적자 운영 논란이나 방사성폐기물 처분장 유치 논란 등에서 보여준 경북일보나 경북매일신문의 논조를 통해 확인할 수 있다.

15 예컨대 포항테크노파크 건설, 폐기물소각장 설치 등 각종 지역 현안에 사회단체들이 적극 대응했지만, 결국 포스코, 포항시 및 지배엘리트의 이해가 관철되곤 했다(신희영, 2006: 186~288). 이는 저항적 엘리트의 역량의 한계를 여실히 보여준다. 그러나 이에 대해 지배엘리트들이 견고한 '정책 네트워크 레짐'을 결성해서 저항엘리트들에게 예방적(preemptive) 권력을 행사한다는 주장(신희영, 2006)은 지나친 해석이다. 앞서 보았듯 이들도 서로 다른 이해를 추구하며 이합집산하는 균열 양상을 보였기 때문이다.

이들은 우선 사회운동의 '손발'은 있지만 '머리'가 빈약한 저항적 엘리트층에 접근해서 전문지식을 바탕으로 사회운동을 뒷받침하며 지역엘리트 이미지를 만들어 갔다. 이 과정에서 자칫 강성 사회운동과 연계되면 반체제 세력으로 낙인찍힐 수 있기 때문에, 중도적 시민운동단체와 연대해서 범죄예방운동, 부패추방운동 등과 같은 범시민적 공익활동에 참여하며 사회적 인지도를 넓혔다. 특히 80년대 후반 포항공대가 들어서고 90년대 후반 포항에 독자적인 법원 및 검찰청이 설립되어 지역 차원의 법조엘리트층 및 전문연구직이 대거 늘어나면서 이들의 역량 및 위상이 크게 제고되었다(이국운, 2004; 조광제, 1990: 210~211; F-3).

그러나 상당수 대학교수와 법조엘리트들이 주된 생활공간을 포항이 아닌 대구나 수도권에 두고 있어, 토착 엘리트에 비해 지역사회에 대한 관심이나 충성도가 낮고 그 활동도 소극적이었다. 따라서 토박이 엘리트층으로부터 소외된 주변적 외지인들이 개별적으로 각자의 목소리를 높일 뿐, 조직적으로 지역사회에 참여해서 그 역할과 위상을 높이는 수준에 이르지는 못하고 있다(F-3).

결국 지방자치를 맞이해서 새롭게 등장한 신흥 엘리트는 기존의 지배적 엘리트층에 도전해서 자신들의 역량을 과시하며 나름의 입지를 다지고 있지만, 후자의 지위를 크게 위협하거나 이들을 대체할 세력으로까지 성장하지는 못했다고 할 수 있다.

V. 지역엘리트의 재생산 메커니즘

1) 지역엘리트의 충원 및 재생산

과거의 지역엘리트들은 급격한 사회 변동 과정에서 몇 차례의 역사적 단절을 경험했기 때문에 별도의 재생산 기제를 갖추지 못했다. 그러나 지역사회가 정치적 사회적 안정을 되찾으면서, 신규 엘리트의 충원 및 엘리트 지위의 세대 간 계승을 고민하기 시작했다. 특히 지방자치 이후 핵심적 엘리트층 내부에 분화와 균열이 일어나고, 저항적 엘리트와 전문직 종사자로 대변되는 신흥 엘리트층의 도전이 시작되면서, 기성 엘리트층은 자신들의 지위를 보전할 목적으로 지역엘리트의 재생산 메커니즘 구축에 나섰다.

우선 기성 엘리트층의 분화와 균열을 완화할 목적에서 내부 결속의 강화 및 신규 충원 기제의 구축에 주목했다. 포항 지역에서는 엘리트 지위의 세대 간 계승을 위해 청년층 예비 엘리트들을 대상으로 몇 가지 공식적인 통로가 자리 잡아갔다.

그 하나가 JC, 로타리, 라이온즈클럽이다. 이들 기구는 경제엘리트로 도약하려는 청년 실업가들이 지역의 명망가와 접촉할 수 있는 공식적 조직으로, 예비 엘리트의 등용문 역할을 수행했다(A-2; C-3; 포항로타리클럽, 1983: 14~20). 그러나 이들 조직은 대규모 국제조직의 지부이고, 가입 조건도 까다롭지 않았다. 따라서 '하위 엘리트 모임', 또는 핵심적 엘리트로 진입하기 위해 통과의례로 거치는 '사교모임'의 성격이 강했고, 그 영향력도 크지 않았다.

다른 하나는 포항 출신 청년층 유지들의 모임인 포항향토청년회를 들 수 있다. 이는 포항에서 초·중·고등학교를 나온 토박이면서 지역에서 발언권이 있는 청장년층의 모임으로, 앞서의 사교클럽들에 비해 소규모지만 결속력이 강하고 영향력도 컸다. 포항의 주요 단체장 회의나 관공서의 각종 위원회에 향토청년회 간부가 빠지지 않고 참여한다는 사실이 이를 뒷받침해 준다(A-6; F-3). 이를 통해 지역 유지로 성장한 장년층은 향토청년회 출신의 연장자들로 구성된 향지회로 옮겨가 지역의 중견 엘리트로 자리 잡는다.

이 같은 진입 과정을 거친 중견 엘리트층은 지역 원로들이 운집한 조직에 가입함으로써, 지배적 엘리트의 반열에 올라선다. 그 대표적인 단체로 포항지역발전협의회(이하 '포발협'), 뿌리회, 수요회 등을 꼽을 수 있다.

포발협은 본래 1970년대 포항공대 유치를 위해 지역 유지들이 결성한 '포항공대 유치위원회'에서 출발했다. 이 모임이 포항공대 유치에 성공한 뒤 해체되지 않고 주요 현안을 논의하는 모임으로 개편되었는데, 그것이 1982년 포항지역개발촉진회의 창립이었다. 여기에 포스코 및 지역의 원로급 인사들이 참석하면서 그 위상이 격상되어 1988년 포발협으로 개칭되어 활동하고 있다(F-2; 경북일보, 2008. 4. 8). 포발협은 지방자치 이전까지 시정 자문 기구 역할을 하며 사실상 시의회 기능을 수행해 왔다. 그러다가 1990년대 초반 시의회가 구성되자, 전임 시장 및 시의회 의장 등을 영입하며 포항의 '상원' 역할을 자임하고 나섰다(A-6; D-1; E-1). 포스코와의 원만한 협력 관계를 유지하면서 시정에 영향력을 끼치려 한다는 점에서, 대내외적으로 핵심적 엘리트들의 권위 있는 모임으로 인식되고 있다.

포발협이 출신 지역을 크게 따지지 않는 지역 원로 모임이라면, 뿌리회는 '토박이 엘리트' 모임의 성격이 강하다. 즉 포항 토박이 가운데서도 한 기수에 4~5명 정도의 '최정예 엘리트'를 자체 선발해서 모임을 구성하며, 포항의 '엘리트 중의 엘리트'로 자부하고 있다. 뿌리회는 외지인 유입으로 포항의 전통이 희석되었다는 문제의식에서 2002년 토박이들이 포항의 뿌리를 찾겠다는 생각에서 결성한 모임이다(E-1; F-2). 이러한 취지에서 그동안 '포스코 주식 갖기 운동', '포항인구 늘리기 범시민운동' 등을 통한 포항 살리기 운동을 벌여 왔는데(경북일보, 2006. 3. 21; 2006. 8. 30; 2007. 5. 26), 토박이 중심의 폐쇄적인 운영으로 오히려 지역엘리트 층 사이에 분열의 씨앗이 되고 있다.

이와 달리 수요회는 시장, 시의회 의장, 검찰 지청장, 기무사·안기부 소장, 언론사 대표, 포스코 소장 등이 참석하는 포항 지역 기관장들의 모임이다. 20여년 이상 매월 1회씩 모임을 갖는데, 본래는 공공기관 기관장들이 지역 현안에 관한 고급 정보를 교환하고 기관간의 입장을 조율하는 모임이었는데, (사실상 지방 재벌의 계열사에 속하는) 언론사 대표들이 참석하는 등 모임의 성격이 바뀌면서, 최근에는 기관장들의 친목 모임이 되었다(E-1; A-2; 조광제, 1990: 215). 그렇지만 주요 민관 단체 수장들의 모임이라는 점에서, 핵심적 엘리트들을 하나로 묶는 기제로 작동하고 있다.

이 같은 공식적인 사회적 관계망 외에도 종교를 통한 비공식적인 내부 결속 및 협력 증진 방안도 다각도로 활용하고 있다. 포항은 다른 지역에 비해 유독 기독교 인구의 비율이 높은데,[16] 특히 지역 유지의 대다수가 기독교 신자여서, 포항제일교회, 북구교회, 중앙교회 등 포항 시내의 3대 교회가 동지상고, 포항고, 포항여고를 통한 학맥에 못지않은 막강한 인맥을 형성하고 있다. 교회를 통한 비공식적인 만남은 공식석상에서의 원활한 협력과 교류를 뒷받침하는 윤활유이자 지역유지들을 하나로 묶는 "보이지 않는 고리"로 작용하고 있다.

특히 제2대 민선시장 시절에는 시장을 중심으로 행정조직과 종교를 결합시켜 민관 부문의 핵심적 엘리트들을 하나로 묶는 '기관장 홀리클럽'을 결성하기도 했다. 이는 기존의 수요회에 민간 엘리트들을 추가해서 함께 예배를 보는 모임으로, 종교를 바탕으로 핵심적 엘리트들에게 공속감을 불어넣는 기제가 될 수 있었다(C-4; D-1; E-1; F-2; 오마이뉴스, 2009. 5. 13). 결국 지역 안팎에서 불교, 천주교 등 다른 종교들이 강력하게 반발한 탓에 와해되었지만, 기관장 홀리클럽 사건은 포항 지역사회에서 기독교가 지배적 엘리트들의 정서적 공감대로 작동하고 있음을 잘 보여주었다.

포항의 지배적 엘리트들은 이처럼 여러 층위의 다양한 조직들을 결성해서, 이들 조직을 구심점으로 삼아 예비 엘리트를 충원하고 내부 단합을 공고히 하는 한편으로, 외부 도전에 대한 각종 대처 방안도 다각도로 강구하고 있다.

기성 엘리트층이 보유한 풍부한 자원을 활용한 포섭 전략이 가장 대표적인 방안이다. 90년대 포항지역발전연구소 결성을 주도하고 저항적 엘리트의 상징적 인물로 여겨졌던 이*환을 포스코가 영입해 포스코 산하 재단 이사 및 포스텍 부이사장으로 임명한 경우가 대표적이다. 이는 지역사회 내에서 청렴과 도덕성을 앞세운 사회운동세력의 이미지를 실추시킴으로써 저항적 엘리트 세력의 예봉을 무디게 하는 데 크게 기여했다. 또한 사회운동 진영 중 중도 성향의 시민운동세력을 각종 위원회 및 민관 프로젝트 등에 참여시켜 이들을 제도화 무력화시키고자 했다. 여기에 더해 노동운동 등 진보적 사회운동에 몸담은 저항적 엘리트층에게는 지방 재벌이 장악한 언론기관을 통해 '급진 과격세력'의 낙인을 찍어, 전체 사회운동 진영을 분할통치하고자 했다(D-4; D-5). 그 결과 지배엘리트와 저항엘리

---

16 1988년 포항시민 의식조사에서 종교별 인구 분포를 살펴보면, 기독교 23.9%, 천주교 6.7%, 불교 34.5%, 기타 1.0%, 무교 33.9%였다(양만재, 1989a: 63).

트 간 갈등 관계는 갈수록 희미해지고, 저항적 엘리트 내부에서 중도적 시민운동 세력과 진보적 사회운동세력이 상피적 갈등관계를 맺는 현상이 빚어졌다.

이러한 점에 비추어 볼 때, 지방자치로 인한 권력 이동 상황에서 핵심적 지역엘리트가 내부 균열을 일정 정도 봉합하고, 외부 세력의 도전에도 탄력적으로 대응하며 스스로를 재생산하는 데 비교적 성과를 거뒀다고 할 수 있다. 그러나 최근 핵심적 지역엘리트를 둘러싼 안팎의 여건이 또 다시 요동치면서, 이들의 재생산이 새로운 위기에 직면하고 있다.

2) 지역엘리트 재생산의 새로운 위기

엘리트 지위의 세대 간 재생산에 가장 효과적인 전략은 혼인을 통한 엘리트 가계의 보존이었다(Mills, 1979). 그러나 포항에서 핵심적 엘리트 가계간의 혼인 사례를 거의 찾아볼 수 없다. 예컨대 대아그룹 황*봉의 사위는 모두 포항 출신이 아닌 검사, 판사 등 법조인들이고, 다른 경제엘리트나 정치·문화엘리트의 경우에도 크게 다르지 않았다(A-3).[17]

또한 포스코 직원들은 포항 지역과 무관한 독자적인 엘리트군을 형성하며, 분단도시에서 이중 권력구조를 형성해 왔다. 따라서 이들의 자녀 대다수는 포스코 주거단지 내 포철고를 나와 해외유학을 떠난 후 되돌아오지 않았다. 그런데 최근 토착 엘리트들도 외지 엘리트들의 '지역엘리트의 전국화, 세계화' 추세에 동참하고 있다. 즉 핵심적 엘리트층들도 자신의 자녀를 서울로, 또는 해외로 유학 보내고 이들 자녀는 포항으로 귀환하지 않고 있다(A-3; C-4; F-2). 엘리트 자녀의 비회귀성 이탈은 지역엘리트의 구심력을 약화시키는 데 그치지 않고, 포항에 잔류한 토박이 엘리트가 외지에 나갈 능력이 없는 무능한 존재거나 외지에서 실패하고

---

17 이는 최근의 결혼 풍조에서 정략결혼 형태의 엘리트 간 혼맥 형성이 용이하지 않은 데다, 아래에서 보듯 엘리트의 지역 탈출이 이어지는 상황에서 지역 내 혼맥 형성이 불필요했기 때문으로 보인다.

돌아온 '우물 안 개구리'라는 인상을 심어줌으로써 지역사회에서 이들의 위상을 추락시키고 있다.

여기에 더해 기성 엘리트층 스스로 자신들의 활동 무대를 서울로, 해외로 옮기고 있다. 대표적으로 대아그룹의 경우 그룹의 모체였던 시내버스 사업을 정리하고 해운업 등으로 사업 영역을 확장하면서, 창업주인 황*봉씨가 포항을 떠나고자 했는데, 이것이 지역엘리트 사회에서 큰 논란을 일으킨 바 있다(F-2; 경북일보, 2006. 6. 16). 이는 토착 엘리트들이 지역엘리트의 탈지역화를 엘리트 이주로 인한 '지역 공동화'(空洞化) 현상으로 인식한 결과였다. 지역사회가 더 이상 폐쇄적인 지역공동체가 아니고, 외부 세계에 개방되어 있어, 지역엘리트의 탈지역화는 막을 수 없는 추세이다. 따라서 이는 지역엘리트 재생산 위기의 또 다른 한 축을 구성하고 있다.

지배적 엘리트의 재생산 위기에 더해, 주변적 엘리트의 재생산에도 위기의 징후가 나타나고 있다. 지난 20~30년 동안 진보적 학생운동은 그 운동 주체가 사회운동 영역으로 진출함으로써, 저항적 엘리트의 유수지로 기능해 왔다. 그러나 민주주의 체제가 자리 잡아가면서, 대학 사회에서 진보적 학생운동이 쇠락하고 사회운동에 대한 청년층의 관심도 식어, 학생운동 세력의 자연스런 유입에 의존하던 저항적 엘리트의 재생산에 적색등이 켜지고 있다(D-1; D-5).

결과적으로 지방자치 초기에는 저항적 엘리트층이 급성장하면서 이들의 상대적 역량이 강하고 이에 대한 지배엘리트층의 대응이 체계적으로 이루어지지 못해 일시적으로 양자의 할거 양상이 벌어졌다. 최근 들어 후자가 저항적 엘리트 중 일부를 지배엘리트로 포섭하는 한편, 자신들 내부의 균열 및 분화 문제를 엘리트 재생산 기제의 정비를 통해 상당히 완화시켰다. 그러나 지역사회의 개방화로 또다시 새로운 재생산의 위기 상황을 맞이하는 등, 지배엘리트층은 형태를 달리한 채 되풀이되는 재생산의 위기에 직면해 있다.

VI. 결론

민주화와 지방자치를 경험하기 이전의 한국 현대사에서 지역정치는 중앙정치의 축소판, 또는 판박이에 지나지 않았다. 그러나 민주화를 경험하고 지방자치가 제도화되면서, 지역의 정치적 자율성이 되살아났고, 이는 지역정치의 회생으로 이어졌다. 그 과정에서 지역엘리트층이 지역정치의 새로운 주역으로 떠올랐다.

그 결과 지방자치, 지역정치, 지역사회에 관한 연구가 봇물처럼 쏟아졌지만, 정작 지역엘리트 연구는 가뭄에 콩 나듯 드물어서, 이들의 실체를 제대로 규명하지 못하고 있다. 특히 이들의 재생산 과정을 면밀히 따져봐야만 지역엘리트의 진면목을 파악할 수 있는데, 지역엘리트의 재생산 과정을 살피는 통시적 접근은 거의 논의되지 못했다.

따라서 이 글에서는 포항 지역을 대상으로 지방자치를 전후해서 지역엘리트층을 둘러싼 정치적 지형이 어떻게 변화하고, 이로 인한 위기 상황에 엘리트층이 어떻게 대처하며 자신들의 재생산 메커니즘을 구축해 왔는가를 살펴보고자 했다. 그 논의 결과를 요약하면, 아래와 같다.

포항은 포스코(구 포항제철) 중심의 철강산업을 토대로 성장한 기업도시이다. 그러나 포스코가 지역정치에 직접 개입하기보다는 간접적 우회적으로만 관여했기 때문에, 포스코의 고도성장에 힘입어 새롭게 성장한 신흥 토호세력들은 지역사회에서 상당한 영향력을 발휘했다. 특히 권위주의 정치체제 하에서 주민 참여가 차단되었기 때문에, 이들은 중앙정부가 설정한 범위 내에서 지역 주민과 외지 출신 엘리트를 배제한 채 지역의 지배적 엘리트층으로 군림할 수 있었다.

그러나 지방자치를 계기로 중앙정부의 영향력이 줄어들고 주민 참여의 기회가 주어지면서, 지역사회의 정치적 역학관계에 변화가 일어났다. 선출직 시장과 지방의회의 등장으로 제도권 정치 밖에서 활동하던 토착 엘리트들이 제도권 정치로 진입하는가 하면, 선거를 통해 목소리가 커진 주민들이 각종 민원을 제기하고 나섰고, 지역엘리트들도 이들의 눈치를 살피기 시작했다.

그 결과 한편으로 새롭게 재편된 지역정치의 헤게모니 장악을 둘러싸고 지배엘리트 내부에서 선출직 시장, 지방의회, 공무원 조직간의 균열과 마찰이 일어났다. 다른 한편으로 정치·사회적 민주화를 계기로 사회운동세력의 역량이 강화되면서, 토착적 지배엘리트층에 대항하는 토착적 저항엘리트층이 등장하는가 하면, 급속한 도시화로 외지 출신의 전문가 집단이 유입되어 지배적 엘리트층으로의 진입을 시도했다.

이 같은 기성 엘리트층의 내부 균열과 신흥 엘리트의 도전이 거셌지만, 토착적 지배엘리트의 정치적 위상이나 역량이 크게 흔들리지는 않았다. 우선 포스코로 상징되는 외지 엘리트들의 다수는 강력한 도전 세력이 될 수 있었지만, 지역사회에 상대적으로 무관심했다. 또 주민의 정치적 참여는 시장직과 의원직을 장악한 토착적 지배엘리트의 정치적 정당성을 뒷받침할 뿐이었다. 그리고 사회운동에 기반한 저항엘리트층은 여전히 지배엘리트층에 편입되지 못한 채 주변적 엘리트층에 머물고 있다.

또한 내부 균열에 대해서는 각종 관변 사회단체를 통한 신진 엘리트층의 육성을 통해 내부 재생산을 도모하는 한편, 학연, 지연, 교연(기독교를 통한 종교적 연줄망)을 통해 비공식적 의사소통 통로를 활성화함으로써 내부 이견 조율 및 동질화를 꾀했다. 아울러 저항엘리트 및 전문직 종사자의 부분적인 포섭과 함께 이들에 대한 분할통치 전략을 구사하는 등, 외부의 도전에도 효과적으로 대처하였다.

따라서 지방자치 초기 국면에 저항적 엘리트의 거센 도전으로 신흥 엘리트층과의 일시적인 할거 양상이 나타났을 뿐, 토착적 지배엘리트층은 보수적인 이데올로기 지형과 자신들의 강력한 정치경제적 역량을 바탕으로 지역사회 지배를 이어갔다. 그렇지만 서울 일극집중이 지속되고 세계화 국제화가 가속되는 개방화 추세 속에서 지역엘리트의 토착화 수준 및 내부 결속도가 그리 높지 않아 성공한 일부가 지역을 떠나는 등, 중장기적으로 토착적 지배엘리트층의 안정적인 재생산을 단언하기는 어렵다.

결국 민주화 및 지방자치화 과정에서 지역사회가 급격한 변동을 겪으면서도 포항의 지배적 엘리트층은 스스로의 재생산 메커니즘을 다지며 지배적 위치를 고수했지만, 엘리트의 내부분화 및 탈지역화로 인해 새로운 위기 상황을 맞고 있다.

〈부표 1〉 심층면접 대상자

번호	직업	면접시기	번호	직업	면접시기
A-1	정치인	2008년 1월	D-1	사회운동가	2008년 1,3,6월
A-2	정치인	2008년 1월	D-2	사회운동가	2008년 1월
A-3	정치인	2008년 1월	D-3	사회운동가	2008년 2월
A-4	정치인	2008년 5월	D-4	사회운동가	2008년 6월
A-5	정치인	2008년 7월	D-5	사회운동가	2008년 6월
A-6	정치인	2008년 7월	E-1	언론인	2008년 1월
B-1	공무원	2008년 4월	E-2	언론인	2008년 2,4월
B-2	공무원	2008년 5월	E-3	언론인	2008년 1,2,4월
B-3	공무원	2008년 6월	F-1	대학교수	2008년 2월
B-4	공무원	2008년 6월	F-2	대학교수	2008년 6월
C-1	경제인	2008년 1월	F-3	대학교수	2008년 2월
C-2	경제인	2008년 6월	F-4	향토사학자	2008년 2월
C-3	경제인	2008년 7월	G-1	전문직 종사자	2008년 2월
C-4	경제인	2008년 7월	G-2	문화·예술인	2008년 1월
C-5	경제인	2008년 7월	G-3	문화·예술인	2008년 6월

8장

저탄소 녹색성장 전략의 정치경제1

이상헌 (한신대 교양학부 교수)

I. 연구의 배경과 목적

지난 2008년 8월 15일, '8·15 경축사'에서 이명박 대통령은 전지구적인 기후변화에 대한 대응책이자 향후 60년간의 국정목표로서 '저탄소 녹색성장' 전략(이하 '녹색성장전략')을 천명하였다. 그리고 저탄소 사회 신성장동력으로서 청정에너지, 녹색기술 및 산업을 부각시켰으며, 에너지 자립율 및 신재생에너지 보급 비율을 제고하겠다고 밝혔다. 즉 기후친화산업을 신성장동력으로 육성(2012년까지 매년 10조원 규모)하여 현재의 에너지-경제-기후-생태계 간의 악순환을 선순환으로 바꾸겠다는 장기적 전략을 제시한 것이다. 또한, 경기침체와 실업의 문제도 해결하겠다며, 신재생에너지 산업 등 환경산업에 대한 대규모 공공투자를 추진하려는 녹색 뉴딜(Green New Deal)도 제안하였다. 과거 기후변화협약 논의과정에서 늘 모호한 태도로 국제시민사회의 비난을 받아온 한국이 뒤늦게나마 기후변화대응에 적극적으로 동참하겠다는 의지를 본격적으로 표명한 것이라고 할 수 있다. 이는 지난 90년대 이래 지속적으로 발전해 온 시민사회의 환경운동 성과를 부분적으로나마 반영한 결과라고도 볼 수 있다.

그러나 '녹색뉴딜정책'을 포함한 '녹색성장전략'에 대해서는 다양한 형태의 비판이 존재하고 있다. '저탄소'/ '녹색'/ '성장' 개념들 사이의 충돌, 뉴딜에 대한 낡

---

1 8장은 이상헌(2009b)을 이 책의 취지에 맞추어 재구성한 것이다.

은 관념의 고수, 정책수단 실효성의 불충분한 담보, 전략 추진 수단들 간의 상충, 근거 법률의 법리적 오류, 거버넌스나 의견 수렴을 비롯한 정책 추진 과정상의 문제, 원자력 중심의 전원구성, 4대강 살리기 사업(이하 4대강 사업)과 같은 반환경적 토건사업의 추진, (심야전기난방문제와 같이 시급한 사안을 제쳐두고) '그린홈'(Green Home) 등과 같은 장밋빛 환상을 심어줄 수 있는 사업을 먼저 추진하는 우선순위의 오류 등이 심각한 문제라는 지적이다(이상헌, 2008; 2009a; 윤순진, 2009; 조영탁, 2009; 함태성, 2009; 유종일, 2008).

그러나 '녹색성장전략'에 대한 비판들은 대부분 추진 사업들이 지닌(혹은 예상되는) 문제점들을 현상적으로 비판하는 것에 그치고 있을 뿐이며, 좀 더 이론적이고 구조적인 차원에서 '녹색성장전략'을 검토한 연구는 아직 많지 않은 실정이다. 여기서 이론적이고 구조적인 차원이 함축하는 바는 과연 MB정부에서 제시한 '녹색성장전략'이 기후변화대응이나 석유생산정점[2](oil production peak)과 같은 우리 사회가 직면한 심각한 문제에 대응할 수 있는 근본적이고 실질적인 대안이 될 수 있느냐에 대한 이론적 탐색을 의미한다.

이러한 이론적 탐색이 필요한 이유는 에너지 위기와 기후변화라는 의제가 단순한 정책 내용상의 문제점을 수정하는 수준에서 그치는 문제가 아니라는 점 때문이다. 즉 에너지 다소비구조에서 에너지 고효율구조로 산업구조를 전면 재편하거나, 석유문명에 깊이 중독되어 있는 생활양식과 의식을 변화시켜야 하는 등 사회 전반에 걸쳐 패러다임적 전환 혹은 구조적 변화를 요구하는 근본적인 문제이기 때문이다. 그러므로 본 연구는 기존의 정책 비판 수준의 연구보다는 좀 더 이론적이고 근본적인 차원의 분석을 시도하고자 한다.

이러한 이론적이고 구조적인 연구는 우리 사회의 근본적인 조직 원리인 자본

---

[2] 석유생산이 최대치에 이르는 지점을 의미하며 그 이후로는 급격히 생산량이 감소하고 생산 비용이 증가한다. 흔히 오일피크(oil peak)라고 하는데 이미 중국의 최대유전이던 대경유전은 2004년에 석유정점을 지났고, 세계의 주요 석유 메이저들도 전 세계적인 오일피크가 최대한 낙관적으로 잡아도 2025년 이내로 올 것으로 예상하고 있다. 오일피크는 석유 문명에 중독된 우리 생활 전반에 상상이상의 큰 파급효과를 가져올 것으로 생각된다. 자세한 내용은 이필렬(2002) 참조.

주의의 전개과정과 자연과의 상호작용 방식에 대한 고찰에 우선 바탕해야 한다. 자본주의가 진전되면서 자연은 계속해서 자본의 축적전략 혹은 신자유주의적 시장 메커니즘 안으로 편입되어 왔다. 따라서 '녹색성장전략' 역시 하나의 프로그램으로 보기보다는, 자본주의 발전단계에서 자본이 자연을 편입시키고 (경제, 생태) 위기 국면을 타개하는 방식의 일환으로 이해함이 옳다. 이러한 연구는 일반적으로 정치경제학적인 연구라고 표현된다. 널리 알려져 있듯 정치경제학(political economy)은 자본주의 사회의 경제적 행위들이 법률이나 국가제도, 권력관계 등과 관련을 맺는 현상을 연구하는 학문이며, 대체로 주류 경제학과 대칭되는 비판적 사회과학을 일컫기도 한다.

그런데 정치경제학 전통에서 자연과의 관련성을 고찰할 때, 물질과 에너지의 소비에 따른 엔트로피(entrophy) 증가 현상이라는 열역학적(thermodynamic) 관점은 그동안 누락되거나 충분한 주목을 받지 못했다. 엔트로피는 간단히 말해서 "사용할 수 없는 에너지"이다. 즉 완전한 개방계가 아닌 지구와 같은 폐쇄된 시스템에서의 에너지란 비가역적이어서, 에너지를 끊임없이 사용하면 엔트로피가 계속 증가(무질서도가 증가)하면서 종내에는 시스템 자체가 열적 죽음 상태에 이른다는 것이다. 따라서 엔트로피 이론은 자연의 물리적 물질적 한계에 대한 이론이라고 할 수 있다.[3]

즉 기존의 정치경제학적 분석은 주로 가치와 잉여가치의 생산과 분배라는 측면에 주목하면서 사회적 권력관계의 비대칭성이나 불평등을 보여주는 데는 탁월한 성과를 보였으나, 인간이라는 생명체가 신진대사를 하면서 자연을 이용하는 과정에서 유발하는 엔트로피의 증가 측면에 대해서는(이론적 맹아는 있었지만) 충분히 이론화하지 못했다. 이것은 주류 경제학도 마찬가지였다. 주류 경제학과 전통적인 맑스주의 정치경제학 모두 자연의 유한성을 부인(자연의 무한성을 전

---

[3] 엔트로피 이론은 이보다 훨씬 더 복잡하지만 이 논문에서 자세히 소개할 이유는 없을 것으로 보인다. 자연의 한계와 경제학 이론의 관계에 대한 입문적 참고자료로는 나카무라 오사무(2000)를 참조할 수 있다.

제)하거나 이데올로기적인 수준(맬더스주의에 대한 비판)에서만 다루었고, 이를 전면적으로 이론화하지 못했다. 하지만 생태경제학과 생태맑스주의자 일부는 엔트로피 이론을 들여와 자연의 물리적 한계를 이론 내부로 끌어들이는 노력을 기울였다(Daly & Farley, 2006; 알트파터, 2007). 따라서 자본주의적 축적과정에 대한 정치경제학적 통찰은 생태경제학이나 생태맑스주의 논의에서 제기한 자연의 물리적 한계에 대한 고려를 적극 수용하면서 이루어져야 한다. 또한, 이러한 견지에서 볼 때, 이 논문에서 시도하려고 하는 '녹색성장전략'에 대한 정치경제학적 검토는 이러한 이론적 논의를 바탕으로 이루어져야 할 것이다.

한편, 녹색성장전략에 대한 정치경제학적 검토는 자본주의적 축적과정과 자연의 관계에 대한 다소 추상적 논의와 더불어 한국 사회라고 하는 구체적이고 역사적인 맥락에 대한 고려도 포함해야 한다. 널리 알려진 대로 한국의 근대화, 산업화 과정은 다분히 자본 중심적 과정이기보다는 국가 중심적인 과정이었다. 즉 국가가 자본축적을 위해 여러 방식을 통해 권위주의적으로 사회적 조정(coordination)을 수행하였으며, 이 과정에서 독특한 경로를 형성하였다. 뒤에서 다시 논의하겠지만 이러한 경로의 특성을 (신)개발주의적 속성 혹은 '토건국가'적 속성이

<그림 1> 연구 분석틀과 연구의 흐름

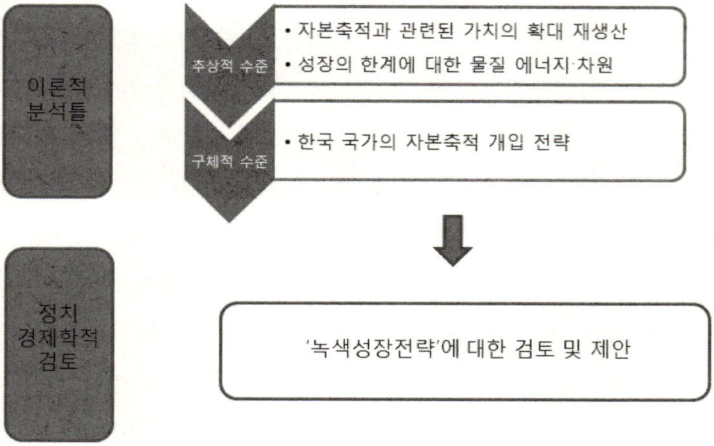

이론적 분석틀	추상적 수준	• 자본축적과 관련된 가치의 확대 재생산 • 성장의 한계에 대한 물질·에너지 차원
	구체적 수준	• 한국 국가의 자본축적 개입 전략
정치경제학적 검토		'녹색성장전략'에 대한 검토 및 제안

라고 할 수 있는데, 이러한 독특한 경로는 '녹색성장전략'의 추진과정에도 영향을 미친다고 볼 수 있다. 따라서 이러한 국가의 권위주의적이고 주도적인 사회적 조정 과정에서 형성된 독특한 경로 등 구체적 수준에서의 검토도 정치경제학적 검토가 현실성을 획득하기 위해서는 필요하다고 할 수 있다.

'녹색성장전략'에 대한 정치경제학적 검토에 대한 연구의 흐름을 간략하게 도식화하면 아래의 <그림 1>과 같이 정리될 수 있다. 즉 한국적 상황 혹은 맥락을 바탕으로 정치경제학적 이론적 자원을 풍성하게 하여 분석틀을 구성하고, 이를 바탕으로 '녹색성장전략'의 구조적인 특성과 한계가 무엇인지를 객관적으로 분석하여, 이러한 한계들을 극복할 수 있는 대안적인 방향을 제시하는 것이 본 연구의 개략적인 연구의 흐름이라고 할 수 있다.

II. 이론적 검토

1) 자연과 사회의 상호작용과 가치의 확대 재생산

맑스주의적 전통에서는 사회적 노동(사회적 관계에 의해 수행되는 노동)을 통한 사회와 자연의 상호작용에 대한 이론적 변화가 계속 있었다. 유물론적 입장에서 보면 자연과 사회는 상대적으로 독립적인 존재인 동시에 상호 매개작용을 통해 변화하게 된다. 맑스가 자연을 '인간의 비유기적 신체'라고 표현했듯, 자연과 사회는 일종의 신진대사(metabolism)를 계속하고 있는 것이다. 이러한 입장에서 일군의 학자들은 자본주의 사회에서 발생하는 생태, 환경문제는 자본주의가 자연이 가진 신진대사 기능(자연과 인간간의 물질적 교환관계)에 균열을 일으킨 것으로 이해한다(포스터, 2006; 버킷, 2006). 이들의 논의는 자본주의적 산업화와 도시화가 자연(특히 농촌)이 가진 생명부양능력 혹은 인간적 삶이 계속 지속될 수 있는 능력을 파괴하고 있음을 적절하게 보여주지만, 자연이 자본축적과정에 의해 어떻게 포섭되고 어떤 식으로 이용되어 가치와 잉여가치를 창출하는지에 대해서는 충분한 설명을 제시하지 않는다. 또한 환경위기와 자본축적 위기를 동일시하지는 않지만 자본이 생태위기를 어떻게 이용하는가 하는 문제는 우연적인 것으로 치부하기 때문에 생태위기와 자본축적(경제) 위기의 상호전가 관계에 대해서는 논리적으로 설명하지는 못한다(최병두, 2009: 20~1).

이에 비해 닐 스미스(Neil Smith) 등이 말하는 '자본축적전략으로서의 자연'에 대한 논의는 이러한 문제들에 대한 설명을 제시해 줄 가능성이 있다. 닐 스미스는 자본이 자연을 이용하는 방식에 대해, 자본이 자연을 '형식적'으로 포섭하는 단계에서 '실질적'으로 포섭하는 이행과정[4]으로 설명하였다. 그에 의하면 자연의 형식적 포섭은 "자본이 자연으로부터 물질을 지속적으로 확대 채굴 또는 채취하여 유용한 생산물로 전환시킴으로써 축적을 할 수 있는 상황"을 가리키고, 자연의 실질적 포섭은 "자본이 자연의 순환과정을 기술적으로 통제하고 활용함으로써 축적에 기여하도록 하는 상황"을 뜻한다(스미스, 2007: 55~61, 최병두, 2009: 39에서 재인용). 자본의 형식적 포섭 단계에서 자연은 착취되거나 유통되는 것에 그치고, 그렇게 착취하거나 유통할 때도 자본은 늘 자연의 순환주기에 맞추는 전략을 구사한다. 그러나 실질적 포섭 단계에 이르면, 자본은 자연을 직접적으로 개량하여 생산성을 높이는 전략을 쓴다. 즉 자연 자체가 생산력으로 기능하며 자본은 자연을 통해 불균등하게 순환하는 것이다(최병두, 2009: 40).

자연이 자본축적에 이용되는 것에 대한 체계적인 설명에도 불구하고, '자본축적전략으로서의 자연' 논의는 각 단계별 축적 과정에서 자본은 어떤 상태의 자연을 통제하고 활용하는가에 대한 의문에 대해 적절한 답변을 제시하기가 어렵다. 이러한 문제점을 해소하기 위해 제시된 것이 카스트리(Noel Castree)가 주장하는 '환경적 조정'(environmental fix)개념이다(최병두, 2009). 환경적 조정이란 자본이 자본축적의 위기를 극복하기 위해 환경에 대한 포섭을 확대시키거나 재조직화하

---

[4] 이 과정은 이중적이다. 즉 자연을 통한 자본의 순환 과정, 그리고 자본을 통한 자연의 순환 과정이 동시에 진행된다는 것이다(스미스, 2007).

는 전략을 의미하는데, 크게 네 가지 유형으로 구분할 수 있다.

첫째는 자연의 사유화나 자연의 상품화 또는 시장화를 통해 자원과 생태계를 보호하려는 신자유주의적 사고나 실행들과 관련이 있다. 신자유주의 이데올로기는 환경규제의 완화를 통해 경제성장과 환경보호를 통합시키고 국가의 규제대신 기업의 자발적 규제를 옹호하는 이른바 '시장 환경주의'(market environmentalism)를 옹호한다. 이러한 시장 환경주의는 자연에 화폐적 가치를 부여하여 교환가능한 대상으로 재정의하는 '자연의 자본화'(capitalization of nature) 전략이라고 할 수 있다(O'Connor, 1994; Escobar, 1996; 홍덕화, 2008). 즉 그동안 자본축적의 계기로 포섭되지 않았던 물리적 자연, 비시장적 경제, 가정부문 등까지 자본의 출처로 재현(representation)되게끔 소유권을 부여하는 전략인 것이다. 대체습지보존을 전제로 하는 습지개발권, 어족의 보호·육성을 전제로 한 어업권, 수자원보호 및 수질 향상을 전제로 한 물 민영화 등이 그것이다(최병두, 2009: 49). 이렇게 보면 일종의 의제적(擬制的) 자본(fictitious capital)의 새로운 형태라고 할 수 있는 탄소 배출권 거래나 환경 파생상품 등도 첫 번째 유형의 환경적 조정의 결과라고 할 수 있다.[5] 두 번째 유형의 환경적 조정은 환경이나 생태계를 보호한다는 명분 없이 자본에 의한 자연의 형식적·실질적 포섭을 확대하는 방식이다. 카스트리는 이러한 방식이 '탈취에 의한 축적'(accumulation by dispossession)과 긴밀하게 관련된 것으로 이해하고 있다. 맑스에 의하면 탈취에 의한 축적이라는 용어는 자본주의 등장기의 본원적(original) 축적 관행이 계속되고 번성함을 의미한다. 여기에는 토지의 상품화와 사유화, 소농 인구의 추방, 다양한 형태를 띤 소유권의 배타적 사유재산권으로의 전환, 공유물에 대한 권리의 억압, (자연자원을 포함한) 자산의 전유를 위한 식민지적 신식민지적 제국적 과정, 토지의 교환과 조세의 화폐화, 인신매매, 고리대금 및 국가채무와 탈취에 의한 축적의 혁신적인 수단으로서의 신용 체계 이용 등이 포함된다(하비, 2007: 194). 대표적인 사례로는 국영 광업소의 민영화와 외국

---

[5] 최병두는 이러한 형태의 자본의 포섭에 대해 자연의 물질적 생산 없이 의제적(擬制的)으로 자본화된다고 하여 '의제적 포섭'이라는 새로운 단계로 구분하였다(최병두, 2009: 47).

자본에 대한 개방화, WTO체제에서 농산품 무역의 자유화 등이다. 세 번째 유형은 환경보호에 대한 공적 여론을 무릅쓰고 자연을 적극적으로 퇴락시킴으로써 이윤을 얻기 위해 자연을 형식적 실질적으로 포섭하는 방식이다. 대표적으로는 이윤을 얻기 위해 지하수 오염을 시키고도 신자유주의적 제도나 조약으로 벌금형을 내지 않은 사례, 자연을 이용할 권리에 대한 신자유주의적 호소 등이다. 네 번째 유형은 국가가 자본주의 경제와 사회에 필수적인 자원들을 제공하는 자연을 보호할 책임을 가지지만 이에 필요한 비용이 너무 커져서 이를 포기하고 비용을 민간이나 시민사회에 전가하는 방식이다. 대표적으로 재정위기에 처한 정부가 폐기물이나 물의 관리를 사유화시키는 사례이다(최병두, 2009: 50).[6]

축적전략으로서의 자연과 환경적 조정의 개념은 현재의 녹색성장전략에 내재한 자본축적의 논리를 분석할 수 있는 유리한 입지를 제공할 것으로 보인다. 신자유주의적 시장환경주의나 의제적(擬制的) 포섭(자연의 금융화)의 측면을 잘 보여줄 수 있기 때문이다. 그러나 논문의 도입부에서 지적하였듯 자연의 물질성을 전제하고 있기는 하지만 상대적으로 자본의 상대적 잉여가치 생산 메커니즘에 치중한 설명방식이기 때문에 엔트로피의 증대라든가, 자연의 물질적 한계 부분은 전면적으로 이론화되지 못하였다. 그 결과, "자본축적을 위한 전략으로서 자연의 통제와 활용이 궁극적으로 심각한 생태위기를 초래하고, 자본이 전략적으로 이러한 생태위기를 더 이상 통제하고 활용할 수 없을 때(즉 자본에 의한 환경적 조정이 더는 불가능할 때)대안적 사회로의 전환이 이루어지게 된다"라고 주장한다(최병두, 2009: 45). 그러나 이 경우, 그때까지 자연의 물질성은 지속가능한 채로

---

[6] 최병두는 환경적 조정에 대한 카스트리의 네 가지 유형 분류의 문제점을 비판한다. 각 유형들 가운데, 퇴락된 환경을 이용한 새로운 산업과 기술의 육성(환경기초시설의 조성, 공기정화기 같은 가정용 소비재 산업 등)이 포함되지 않았으며, 자연의 형식적/실질적 포섭을 구분하지 않고 있다는 것이다(최병두, 2009: 50). 그러나 이에 대한 비판으로 제시한 그의 분류에도 문제가 있다. 최병두는 환경조정을 크게, '환경보전을 명분으로 한 전략', '환경무차별적(중립적) 전략', '환경퇴락을 전제로 한 전략'이라고 구분하지만(최병두, 2009: 51), 세 번째 전략의 예로 들고 있는 폐수배출권이나 탄소세는 퇴락을 전제로 한 전략이라기보다는 크게 보면 환경보전을 명분으로 한 전략의 다른 이름이라고 볼 수도 있어서 굳이 세 가지로 구분할 필요는 없어 보인다.

남아 있을지, 생태위기의 진정한 극복을 위해서 우리는 환경적 조정이 불가능해질 때까지 그저 기다려야 하는 것인지 따위의 곤혹스러운 의문에 봉착하게 된다. 따라서 이러한 문제를 극복하기 위해 자연의 물질적 한계나 엔트로피 증가를 고려한 논의들을 보완적으로 검토해야 할 것으로 판단된다.

2) 물질-에너지 이용과 성장의 문제

자본주의는 가치와 잉여가치의 확대재생산을 기초로 하고 있는 동시에, 철저하게 화석연료에 기초한 화석자본주의이다(알트파터, 2007: 69). 특히 석유는 엔트로피가 매우 낮고, '투입에너지 대비 산출에너지 비율'(EROEI: Energy Return on Energy Input)이 높기 때문에 자본축적을 위한 매우 유리한 조건을 제공한다. 화석연료는 세 가지 점에서 자연에 대한 자본주의적 사회관계에 적합하다고 할 수 있다. 첫째, 화석에너지는 자본주의 이전의 공간과 장소의 패턴이 자본주의적인 것으로 전환되도록 해주었다(특히, 생산 입지의 자유로운 선택 측면에서). 둘째, 화석에너지는 생산과정을 생물학적 주기와 같은 자연주기와 무관하게 조직하는 것을 가능하게 해주었다(특히, 모든 과정을 극도로 가속화한다는 측면에서). 셋째, 화석에너지는 생산, 소비, 수송에서 그리고 시공간 활용에서 매우 신축적으로 사용될 수 있으며, 사회생활을 개인화하고, 축적과 경제성장('국부의 증가')이 자연조건과 그 제약으로부터 독립적인 것이 되도록 하였다(알트파터, 2007: 73).

문제는 화석자본주의가 계속 성장할 수는 없다는 것이다. 지구에서는 생명의 조건과 진화의 법칙 속에 성장의 한계가 존재하는데, 이러한 성장의 한계는 화석자원의 한계가 가져오는 직접적인 결과라고 할 수 있다(알트파터, 2007: 75). 화석연료를 포함해서 인류의 역사는 에너지원을 소비하면서 진행되는데, 이러한 과정은 모두 비가역적인 방향(즉 엔트로피가 높아지는 방향)으로 진행된다. 반면 자본은 가역성과 순환성의 논리 위에서 작동한다. 이 두 상반된 논리는 필연적으로 충돌하면서 결국 한계에 봉착한다. 흔히 자본주의가 '정보화'나 '금융화'됨에 따라 '가상경제'(virtual economy)가 전면화되면 이러한 한계를 넘어서거나 지연시킬 수 있다고 보지만 실제로는 그렇지 않다. "금융시장은 채무자로 하여금 채권자(은행과 펀드)에 대한 채무를 갚도록 강제함으로써 실물경제에 압력을 행사한다. 그러나 이러한 채무상환은 높은 실질성장률을 유지할 때만 가능하다"(알트파터, 2007: 67~68). 다시 모순적인 상황으로 되돌아오는 것이다.

게다가 화석에너지와 자원의 집약적 사용에 의한 성장은 생태계에 파괴적인 영향을 미칠 뿐만 아니라 사회적 불평등도 심화시켰다. 클라이브 해밀턴(Clive Hamilton)은 자본주의적 경제성장이 초래한 사회적 불평등의 심화와 '성장'에 대한 물신숭배(fetish)에 대해 다음과 같이 지적한다.

> 동화처럼 근사한 경제 성장을 눈앞에 둔 21세기의 초입에서 우리는 끔찍한 사실에 직면하고 있다. 서구에서는 지난 50년 동안 높은 수준의 경제 성장이 지속되었다. 평균 실질소득이 몇 배나 증가한 것이다. 하지만 사람들 대부분의 삶의 만족도는 이전에 비해 더 나아지지 않았다. 우리가 더 나은 삶을 살기 위해 성장을 추구하는 것일 뿐이라면 우리는 실패했다. (중략) 현대 사회에서 성장의 역할을 분석하면 할수록 성장에 대한 우리의 집착은 물신숭배처럼 보인다. 마법의 힘을 지녔다며 생명도 없는 물체를 경배하는 것이다. (Hamilton, 2004; 스페스, 2008: 171에서 재인용)

화석에너지를 집약적으로 사용하는 것에 근거한 자본주의적 경제성장의 한계 문제를 돌파하기 위해 제안된 것 중의 하나가 '성장과 환경파괴의 탈동조화'(decoupling) 전략이다. 일반적으로 그동안 경제성장에서 환경파괴는 어쩔 수 없이 따라오는 부수적 효과로 취급되었지만, 탈동조화 전략은 이 둘의 분리를 꾀한다. 그런데 탈동조화 전략에는 상대적 탈동조화(relative decoupling)와 절대적 탈동조화(absolute decoupling)가 있다. 전자는 GDP의 상승과 연동된 상대적 개념으로서 자원이나 자연에 미치는 부정적 영향이 있기는 하지만 GDP의 향상보다는 느린 속도로 상승하는 것이다. 반면 후자는 절대적인 의미에서 자원이나 자연에 미치는 부정적 영향이 감소하는 것을 의미한다(Jackson, 2009: 8). 현재 MB정부에서 제시하는 '녹색성장전략'의 탈동조화는 상대적 탈동조화의 의미이다.

절대적 탈동조화 전략과 유사하게 생태경제학(ecological economics)에서 제안한 것이 '관류(貫流)혁신'(throughput innovation)이라는 개념이다. 여기서 '관류'라는 용어는 "자연생태계에서 사회경제시스템으로 유입되어 경제활동에 사용되고 다시 자연생태계로 배출되는 에너지와 물질의 총량"을 의미한다(조영탁, 2009: 11). 자연생태계에서 사회경제시스템으로 유입되는 관류는 유용한 형태의 자원(낮은 엔트로피)인 반면, 다시 자연생태계로 배출되는 관류는 대체로 자연환경을 훼손시키는 폐기물 형태(높은 엔트로피)이다. 이러한 관점에서 보면 경제 활동에 따른 관류의 규모와 특성이 자연생태계의 보전에 결정적이며, 미래세대의 존속 가능성에도 영향을 끼치기 때문에 관류의 규모를 축소하고, 관류의 특성을 자연에 무해한 방향으로 전환하는 것이 상당히 중요하다. 이것을 관류혁신이라고 한다(조영탁, 2009: 12~13). 관류혁신은 결국 탈물질화(dematerialization, 물질저감)와 탈독성화(detoxification, 독성저감) 정책으로 반영된다(조영탁, 2009: 13). 절대적 탈동조화 혹은 관류혁신이 실제로 진행된 증거는 아직까지 많이 발견되지 않고

<표 1> 전통적 뉴딜과 생태적 뉴딜의 비교

	전통적 뉴딜	생태적 뉴딜
등장배경	경제위기	환경위기 +경제위기
가치지향	경제 성장과 소득 분배	지속 가능한 발전
이론기반	유효수요(케인즈 경제학)	관류(생태경제학)
정책목표	유효수요 증대에 기초한 고용창출	관류 축소에 기초한 고용창출
사업내용	공공토목사업 국가주도형 분배 및 안전망 구축	관류 혁신사업 민관협치형 분배 및 안전망 구축
실행방식	국가 개입의 양적 확대	국가 개입의 질적 심화
역사적 의의	성장과 분배 간의 뉴딜	성장과 환경 간의 뉴딜

출처: 조영탁(2009: 16)

있다. 에너지(그리고 탄소)집약도의 개선은 같은 기간에 진행된 경제활동 규모의 증가로 인해 상쇄되어 버렸기 때문이다(Jackson, 2009: 8).

탈물질화와 탈독성화와 같은 관류혁신을 구체적으로 실현할 수 있기 위한 방편의 하나는 생태적 뉴딜(ecological new deal) 혹은 녹색 뉴딜(green new deal)이다. 전통적인 의미에서 뉴딜이 경제위기를 극복하기 위한 유효수요의 창출을 목표로 한 것이라면 생태적 뉴딜은 "관류혁신을 통해 관련 시장과 산업을 창출하여 환경부담을 줄이고 고용도 창출하면서 성장과 고용(분배), 그리고 환경 간의 선순환을 도모하는 과정이다"(조영탁, 2009: 16). 전통적인 뉴딜과 생태적 뉴딜을 비교하면 아래의 <표 1>과 같다.

관류혁신에 기초한 생태적 뉴딜이 성장과 환경 간의 뉴딜을 주장한다고 해서 '녹색성장전략'에서 주장하고 있는 것처럼, (경제의 양적팽창의 의미로 쓰인)'성장'을 전제로 한 환경과 경제의 상생전략과 같은 것을 말하고 있는 것은 아니다. 성장과 환경 간의 뉴딜은 환경보호와 분배형평을 도모하는 것이며, '다양한 차원의 성장'을 추구하는 것이라고 할 수 있다. 스페스는 다양한 차원의 성장의 내용에 대해 다음과 같이 말한다.

> 안정적인 일자리와 빈곤층의 소득 증가, 의료서비스의 효율과 수혜자의 확대, 교육과 기술훈련의 확대, 질병·전업·고령과 장애의 위험에 대비한 안정성 증가, 도시와 도시 간 교통·상수도·폐기물 관리 및 각종 도시 지역의 공공서비스에 대한 투자 증대, 환경기술 개발을 최대한 가속화하기, 미국의 구시대적인 에너지 시스템 대체, 생태계 복원 노력의 증대, 군비를 줄임으로써 민간부문에 대한 정부 지출의 증가, 지속 가능하고 인간 중심의 발전에 대한 국제적 지원의 증가 등을 우선적으로 생각해 볼 수 있다. (스페스, 2008: 181)

스페스가 주장하는 다양한 차원의 성장은 영국의 '지속가능발전위원회'(Sustainable Development Commission)가 발간한 보고서에서 소개된 '성장 없는 번영'(Prosperity without growth)과 유사하다고 할 수 있다. '성장 없는 번영'은 절대적 탈동조화에 기초한 경제활동, 끊임없이 새로운 것(novelty)을 추구하는 '소비의 쇠창살'(iron cage of consumerism)에서 벗어나서 '대안적 쾌락'(alternative hedonism)[7]을 추구하는 생활양식, 단기 성장보다는 장기 번영을 추구하기 위한 거버넌스 등으로 구성된다(Jackson, 2009). 이처럼, 관류혁신에 기초한 생태적 뉴딜이나 성장 없는 번영 개념은 화석자본주의의 물질-에너지적 한계에 대해서 명확하게 제시하는 것뿐만 아니라, (가치생산 중심의 설명에서 자주 놓치고 있는) 대안적 사회의 형성을 위한 방향 제시에도 기여하는 바가 있다.

그러나 '녹색성장전략'이 우선 실현되는 곳은 한국 사회이므로 추상적 수준의 이론적 분석틀만으로 적절한 평가를 하기는 미흡하다. 더군다나, 뒤에서 밝히겠지만, 일반적으로 녹색이 갖는 환경친화적인 의미와는 전혀 상반된 성격의 토목사업도 녹색성장전략에 포함(심지어 '핵심 사업'으로)되기 때문에, 이런 특성을 이해하려면 구체적인 수준에서 한국의 근대적 산업화 과정에서 형성된 국가의 속성에 대한 간략한 분석도 이론적 분석틀에 포함되어야 할 것으로 보인다.

3) 토건국가의 신개발주의 전략

널리 알려져 있듯 한국의 근대적 산업화 과정은 자본에 비해 상대적으로 매우 강력하고 자율적인 국가에 의해 추진되어 왔으며, 국가형성 초기의 박정희 정권의 경우 '국익'(國益)-'국시'(國是)를 산업화-경제성장으로 정의내리고 있기 때문에 개발독재의 성격을 띠고 있었다(권태준, 2006: 148). 개발독재에 대해서는 다양한 형태의 발전국가론(developmental state)이 등장하였고, 이에 대한 반론도 존재한다.[8] 그러나 한국의 국가가 매우 개발지향적인 것은 분명한 사실이다. 최근에

---

[7] '대안적인 쾌락'은 물질이나 에너지의 소비를 통해 쾌락 혹은 만족을 추구하는 데서 벗어나서 정신적인 충족감, 타인 혹은 다른 생명체와의 교감과 관계 속에서 쾌락과 만족을 얻고자 하는 태도를 의미한다. 원래 쾌락이 긍정적인 의미를 뜻함에도 불구하고 현재는 다소 퇴폐적인 의미를 함축하고 있어서 '대안적인 쾌락'을 간단히 줄여서 '담백한 즐거움'이라는 뜻의 '청락'(淸樂)이라는 표현도 고려해 볼 수 있을 것이다.

는 이러한 국가의 개발지향성이 주로 대규모 국책사업이나 지역의 개발사업을 중심으로 진행된다는 점을 들어 '토건국가'라고 하기도 하고(홍성태, 2005), 환경보존의 가치를 내세우면서도 실제로는 개발을 더 부추긴다는 점을 들어 '신개발주의'라고 이름 붙여지기도 한다(조명래, 2003; 2006, 변창흠, 2005).

조명래에 의하면 개발주의란 "자연환경이나 자연자원을 착취하고 이용하며 이를 통해 기술, 경제, 산업의 진흥을 도모하는 행위와 이를 둘러싼 가치를 이념화하는 표현"이고, 이러한 개발주의가 지난 30~40년간 국가정책 전반뿐만 아니라 개인의 행태에 이르기까지 확산된 헤게모니 담론과 이념으로 작용하였다(조명래, 2003: 34). 또 이런 개발주의 이념이 1990년대 이후, 시장에서 개인의 자유를 최대한 허용하는 것이 인간복지 개선의 최선책이라는 신자유주의 이념과 결합하면서 공간과 환경의 상품화 및 개발주의적 이념의 공고화가 나타나는데, 이러한 경향이 '신개발주의'이다(조명래, 2006: 36). 이러한 신개발주의의 등장과 확산의 물적 기반은 개발독재 시절 이래로 세력을 다져온 '토건동맹'이고 이 토건동맹은 정치, 국가(특히 정부 산하 개발 부서의 핵심관료, 개발 행위를 담당하는 공사, 국토 개발 관련 연구 기관 등), 자본(특히, 건설 및 개발 관련 자본), 언론, 학교에서의 토건이해세력들 사이의 유착관계에 기반을 두고 구성되었다(박배균, 2009: 53). 이 토건동맹이 국가의 정책과 관련된 의사결정과정에 막강한 영향력을 행사하기 때문에 한국의 국가를 토건국가라고 부른다(홍성태, 2005).

한국에서 신개발주의적 성격의 토건국가가 등장한 배경에 대해 박배균(2009)은 전략관계적 접근법에 근거한 국가론을 바탕으로 '영역화의 정치'(territorial politics)를 분석한다. 국가를 정치적 전략으로 보는 밥 제솝(Bob Jessop)의 이론과 이를 공간적으로 해석한 닐 브레너(Neil Brenner)의 이론을 근거로 하여, 한국 국가

---

8 예를 들자면 피터 에반스의 '스며든 자율성'(embedded autonomy), 로버트 웨이드의 '지도된 시장'(guided market), 앨리스 암스덴의 '기율된 시장'(disciplined market) 등이 모두 발전국가론에 포함될 수 있는 논의이다. 반면 이에 대해서 당시 한국의 자본가나 기업가 집단이 정부의 협력자가 될 만큼 시장적 자율성이 없었기 때문에 한국의 개발독재가 시장친화적이라고 볼 수 없다는 주장도 존재한다. 자세한 내용은 권태준(2006) 참조.

에 의해 추진되는 각종 토건적 국책사업을 '국가공간 전략'(자본축적과 정치적 경쟁의 지리적 패턴을 조정하도록 국가제도들이 동원되는 것)과 '국가공간 프로젝트'(국가의 영역성이 일관된 통합성을 얻어내도록 하고자 대외적으로 국가 조절 공간의 영역적 폐쇄성을 규정해내고, 대내적으로는 국가 행위들을 다양하게 영역화된 행정적 층위별로 차별화시키고, 상이한 지역과 스케일 사이에서 국가정책들을 조정하는 것)의 일환으로 이해하고자 한다. 이러한 국가의 공간전략과 공간프로젝트로 인해 특정 지역과 공간은 다른 지역이나 공간에 비해 더 배려되는 결과를 초래하는데 이것을 국가의 '공간적 선택성'(spatial selectivity)라고 한다(박배균, 2009: 60~61). 닐 브레너는 이전에 형성된 국가의 공간적 선택성에서 나타나는 경로의존성에 주목하여, 기존에 형성된 제도화된 배열과 이러한 배열에 영향을 주어 변화를 이끌어내도록 지속적으로 진행되는 정치적 투쟁 사이에 변증법적 상호작용의 결과가 공간적 선택성으로 나타난다고 본다(박배균, 2009: 61).

이러한 공간적 선택성은 영역화의 정치를 통해 구체적으로 진행된다. 자본주의에는 이동성과 고정성 사이의 모순이 존재한다. 자본은 더 좋은 입지를 추구하면서 동시에, 특정 지역이나 도시에 구조적으로 응집된 시스템(structured coherence: 생산활동, 기술, 사회적 관계, 소비패턴, 노동과정 등으로 구성된)을 만들어 기존에 확보한 우수한 기술과 입지의 이점에 대한 독점적인 통제권을 강화하고자 한다. 이러한 모순적인 상황 때문에 특정 장소에 의존적인 행위자들이 위기상황 속에서 영역화의 정치를 구사하는 것이다(박배균, 2009: 64). 이러한 영역화의 정치는 지역 내에서 특정 개발사업에 대한 반대나 이견을 제기하기 어렵게 만든다(박배균, 2009: 66). 한국의 경우에도 지역의 성장연합[9] 혹은 지역화된 계급연합이 건설업과 지방언론과 같이 매우 장소적 특성이 강한 자본분파와 지자체 고위공무원들을 중심으로 형성되며, 이들이 긴밀한 네트워크(학연, 지연 등)으로 연결되어 일종의 후견주의적(clientelism) 성격을 띤다(박종민, 2002). 따라서 토건적 개발사

---

[9] 한국의 경우 성장연합이라는 용어가 적절한가에 대해서는 논란이 있다. 자세한 내용은 강명구(2002)를 참조할 것.

업에 대한 지역적 수용구조가 만들어지며, 다분히 영역화된 정치를 통해 토건지향적인 개발주의가 지역의 헤게모니 지배구조를 형성한 것이다.

특히, IMF 위기 이후 신자유주의 담론이 지배적인 지위를 차지하고, 민주화 운동의 결과 민주주의적 요구가 높아지면서 재산권 행사를 비롯한 개발에 대한 규제완화 요구도 커졌다. 정부에서도 새만금 간척사업, 중저준위 방사성폐기물 처분장 건설 등과 같은 국책사업을 둘러싸고 개발과 보전 간의 갈등이 심해졌을 때 개발을 선호하였고, 지자체에서도 민관합동 방식의 지역개발 사업을 추진하면서 지역의 토건동맹 혹은 성장연합이 더 세력을 다질 수 있었다(박배균, 2009: 80). 다시 말해 신개발주의적 성격의 토건지향 국가는 환경적 조정 전략을 통해 자본축적을 지속하려는 자본의 운동을 계속해서 지원하는 경향을 보였던 것이다. '녹색성장전략'을 추진하기 위한 '녹색뉴딜'의 핵심 사업으로 이른바 '4대강 살리기 사업'이 강력하게 추진되고 지역에서 수용되고 있는 배경에는 이러한 국가의 조정 행위가 있다고 볼 수 있다.

이상에서 살펴본 세 가지 논의들('자본축적전략으로서의 환경적 조정', '물질-에너지의 한계에 대한 생태경제학적 논의', '신개발주의적 토건국가의 조정')은 저탄소 녹색성장과 이를 실행에 옮기기 위해 제시된 '녹색뉴딜'의 구조적 차원을 다각도로 분석할 수 있는 이론적 분석틀로 활용될 수 있을 것이다.

III. '저탄소 녹색성장 전략'과 '녹색뉴딜'에 대한 정치경제학적 고찰

1) 기후에 대한 의제적 포섭에 의한 환경적 조정

저탄소 녹색성장전략과 녹색뉴딜은 기후변화라고 하는 지구적 환경위기를 계기로 지속적으로 자본축적을 지속하려는 환경적 조정 방식이라고 할 수 있다. 1970년대 이래 제조업분야의 과잉시설로 인해 이윤율이 계속 하락하고 있던 자본은 통신기술과 같은 첨단기술, 부동산 등의 자산, 그리고 석유 등의 원재료 시장에 집중적으로 유동성을 투자하여 일시적으로 투기적인 거품(bubble)을 일으킴으로써 축적위기를 극복하려 해왔다(브레너, 2007).[10] 이제 자본은 기후변화를 계기로 탄소시장이나 신재생에너지 시장에 자본을 투입함으로써 성장동력을 확보하고 축적위기를 극복하고자 하는 것이다.[11] 교토의정서가 발효(2005.2.15)되고 난 이후 배출권거래제도(ET), 청정개발사업(CDM)등이 온실가스 감축수단으로 제시되고, 탄소배출권 거래소가 등장하며, 저탄소 상품과 서비스의 거래 확대 등 탄소시장을 중심으로 하는 탄소경제가 전세계적으로 확대되면서 이미 '기후'라는 자연은 자본에 의해 의제적(擬制的)으로 포섭되기 시작한 것이라고 볼 수 있다.

미국은 친환경 사회간접자본 투자 및 녹색산업 육성이 포함된 8,250억 달러의 경기부양 예산안을 제출한 바 있으며, 그 중에서 2009년에서 2018년까지 청정에너지, 그린카, 그린홈 등의 개발에 1,500억 달러를 투자해 500만개의 고소득 일자리를 창출한다는 목표를 제시하였다(도건우 등, 2009: 5~6). 영국은 2020년까지 100억 파운드를 투입하여 철도노선 확대, 노후 학교 및 병원의 디지털 인프라 구축 등 친환경 사회간접자본 투자를 추진할 계획을 수립하였으며, 프랑스 역시 2020년까지 4,000억 유로를 투자하여 50만개 일자리를 창출하는 생태적 뉴딜

---

[10] 로버트 브레너(Robert Brenner)는 비우량주택담보대출(Subprime Mortgage) 사태에서 비롯된 미국의 금융위기가 '자산가격 케인즈주의'(Asset Price Keynesianism)라는 경기부양책의 결과라고 본다. 자산가격 케인즈주의란 자산시장의 거품을 키워 쪼그라든 소비를 회복시키겠다는 발상을 말한다. 미국 경제가 장기하락 국면에 들어서면서 총수요 부족문제가 발생하고, 이를 해결하기 위해 공적·사적 차입을 증대시켰지만 별로 효과가 없자 연방준비제도이사회(FRB)가 이자율을 낮춰 차입을 쉽게 만들어줬고, 이를 통해 금융자산에 대한 투자를 장려했던 것이다. 그 결과 기업과 가계의 부는 표면상으로만 증가하였지만, 이것을 바탕으로 투자와 소비를 공격적으로 크게 증가시켜 경제를 끌고 나갔던 것이다. 그러나 결국 건전하지 않았던 비우량주택담보대출의 부실이라는 연결고리가 끊어지자 곧바로 금융위기로 연결되었던 것이다(한겨레, 2009. 1. 29).

[11] 2009년 2월 10일 개최된 '제주경제와 관광포럼'에서 삼성경제연구소의 한 발표자는 세계경제에 그린버블이 형성될 환경이 조성되고 있다고 하면서, 기업들은 녹색산업을 새로운 성장동력으로 인식하고 사업 및 기업전략을 재수립해야 한다고 주장하였다. 그는 "지난해 미국 발 세계경제 위기가 급속히 진행되면서 각국 정부는 유동성 지원, 구제금융, 경기부양 등을 통해 막대한 자금을 투입하고 있다"면서 "환경에 대한 관심, 원자재 가격 파동의 영향, 신성장동력의 필요성 등이 결합하며 미국 등 주요국은 '그린뉴딜'을 제창하고 있다"고 설명했다(제주연합뉴스, 2009. 2. 10)

(Ecological New Deal)을 발표하였다(도건우 등, 2009: 7).

MB정부의 저탄소녹색성장과 녹색뉴딜은 전세계적으로 진행되고 있는 자본의 기후에 대한 의제적(擬制的) 포섭 국면을 '어느 정도' 반영하는 것이라고 할 수 있다.12 IMF이후 한국 경제는 투자율의 하락을 동반하면서 성장세가 둔화되었다. 이러한 경제성장세의 둔화에 대해서는 재벌과 은행 중심의 경제체제 하에서 요소투입형 성장의 한계가 드러났다는 견해도 있고, 외환위기 이후 취해진 개혁조치가 한국적 성장 모델의 근본적 강점을 간과함으로써 성장잠재력을 지나치게 약화시켰다는 견해가 있다. 즉 전자의 견해는 기존의 경제성장 모델 자체에 문제가 있다는 것이고, 후자의 견해는 국민의 정부나 참여정부의 개혁정책이 문제가 있다는 것이다. 하지만, KDI의 연구결과에 의하면 경제의 중장기적 성장을 좌우하는 총요소생산성 증가율은 외환위기 이후 오히려 개선된 것으로 나타났다. 이것은 개혁조치의 방향이 잘못되어서 성장잠재력이 지나치게 약화되었다는 주장과는 상반된다. 오히려 성장세의 둔화는 대부분 자본축적의 둔화에 의한 것으로 설명될 수 있으며, 이러한 자본축적의 둔화는 동아시아 국가의 공통적 요인에 의해 발생한 것으로 평가되고 있다(한진희, 김재훈, 2008: 8).

따라서 한국 경제의 자본축적 둔화세를 만회하기 위해 혹은 이윤율 하락을 막기 위해 MB정부는 새로운 성장동력으로서 저탄소, 고효율산업기술, 대규모토목공사를 비롯한 사회간접자본투자 등을 제시한 것이다. 즉 기후변화에 대비하고, 환경을 보호한다는 명분을 제시하면서 '기후'를 상품화시킨 것이다. 기후의 상품화란 기후변화 대응 기술이나 기후변화에 대응하는 금융제도의 도입을 통해 새로운 자본축적의 계기를 마련한다는 의미이다.

하지만 한국의 녹색성장전략은 기후라는 자연을 의제적(擬制的)으로 포섭하

---

12 여기서 "어느 정도"라는 표현을 쓴 이유는 아직 MB정부의 녹색성장전략이 선진국 정부에 비해 시장을 주도한다거나 주도면밀하게 자본축적을 지원한다고 보기에 어렵기 때문이다. 예컨대 탄소시장이나 신재생에너지 사업 활성화에 대단히 중요한 '녹색금융상품'도 실적이 저조한데, 이는 녹색기업이나 기술을 평가할 수 있는 기준을 정부에서 마련하지 못하고 있기 때문이다(서울신문, 2009. 12. 12).

는 과정에서 산업의 대외종속적 성격을 심화시킬 가능성을 내포하고 있다. 알려진 대로 대한민국의 신재생에너지 기술개발 수준은 선진국에 비해 열악하다. 태양광, LED(Light Emitting Diode), CCS(Carbon Capture & Storage)등 9대 중점 그린에너지 기술분야에서 2007년 현재 생산, 18억불(GDP의 0.2%, 세계시장 점유율 1.4%), 수출 11억불, 고용 9천명에 이르는 수준으로 파악된다. 기술수준은 선진국 대비 50%~85% 수준이고, 수입의존도는 매우 높아서(태양광 75%, 풍력 99.6%) 산업 초기 단계로 평가된다.

신재생에너지를 포함한 그린에너지 관련 기술수준이 외국에 견주어 현재처럼 열악한 상황에서는 선진국의 녹색뉴딜에서 예상하는 고용창출효과를 내기 어려울 것으로 보인다. 선진국에서는 녹색성장정책이 새로운 부문에 투자를 집중시

<표 2> 한국의 그린에너지 산업의 국제경쟁력(2007년 현재)

분야		기술분야	세계시장 규모	국내산업 현황	
				시장점유율	기술수준
신재생 에너지	태양광	실리콘계	200억불	0.7%	88%
		박막			61%
	풍력	육상	375억불	1.1%	79%
		해상			68%
	수소연료 전지	수송용	32억불	0.0%	70%
		가정용			69%
		발전용			62%
	IGCC	IGCC	86억불	0.0%	56%
화석연료 청정화	청정연료	GTL	285억불	0.0%	50%
		CTL		0.0%	50%
	CCS	연소후	-	0.0%	70%
		연소전·연소중			60%
효율향상	에너지 저장	kW급	5억불	0.0%	70%
		MW급			50%
	LED	광효율 80ml/W이하	140억불	8.3%	80%
		광효율 100ml/W이상			50%
	전력 IT	지능형 송·변·배전시스템	130억불	0.6%	85%

출처: 김승택(2008: 27)

켜서 신기술을 개발하고 이 신기술이 신산업을 형성하면서 환경친화적 경제성장과 함께 고용이 증가하는 이중배당(double dividend)[13]이 가능하다는 연구결과들이 이미 존재한다(김승택, 2008). 그러나 한국과 같이 신재생에너지의 기술수준이 선진국에 비해 바닥인 상황에서 일정 정도 이중배당 효과를 누리고자 하면, 무엇보다 신재생에너지 기술개발을 위한 연구와 확대(RD&D)에 집중해야 하고, 기술개발과 전문인력 양성, 관련분야로의 직업 이동 활성화, 동기부여를 위한 현명한 정책수단의 개발, 민간자본의 적극적 참여를 유도해야 한다(김승택, 2009).

그러나 이러한 기준에 비춰볼 때, MB정부에서 추진하는 녹색전략은 실제로 일자리 창출보다는 기술 종속성을 강화시키고 민간자본의 호응도 적절하게 유도하지 못할 것으로 보인다. 즉 부품 및 소재 수입의존도가 99.6%에 이르는 풍력발전에까지 재생에너지 투자를 집중하는 식으로 접근하면, 실질적인 고용창출이 나타나기 어렵다는 것이다(김승택, 2008). 더군다나 미국 경제의 이윤율 하락이 지금처럼 계속되어 다른 나라의 기술이나 부품 수입에 대한 수요가 대폭 감소하면(브레너, 2007: 19), 신재생에너지 기술을 더 개발하여 부품을 수출할 시장도 없어져서 향후 한국이 신재생에너지 기술개발을 통해 경제성장이나 고용창출을 더 이뤄낼 수 있을지 장담할 수가 없다.[14]

전 세계적인 신재생에너지 기술수준을 감안할 때 고용창출효과가 미비한 것도 문제지만, 그 문제를 차지하고서라도 현재 녹색뉴딜에서 창출시키고자 하는 고용의 질 또한 장기적으로 문제가 된다. 녹색뉴딜에서 제안하는 일자리는 대체로 저학력 위주의 단순한 일자리 창출에 집중되어 있는데, KDI의 연구에 의하면 한국은 고학력 근로자의 질적 저하 경향이 뚜렷하고 비제조업 부문에서 선진국

---

[13] 환경보호를 위한 정책이 경제성장과 고용증가라는 두 가지 성과를 모두 초래할 때, 이를 이중배당이라고 한다(김승택, 2008: 20).

[14] 한 프랑스 기자는 이른바 녹색일자리의 전망이 정말로 밝을지에 대해 회의하고 있다. 즉 신규 일자리 창출보다는 기존의 일자리에서 일하고 있는 사람이 이 분야로 수평이동할 가능성이 더 높기 때문에 마치 녹색일자리가 고용문제를 획기적으로 해결하는 만병통치약이라고 보는 시각에 대해서 회의적이다(Kessler, 2009).

과의 생산 격차를 좁히지 못하고 있다고 한다. 따라서 현재의 녹색뉴딜에서처럼 저학력 위주의 단순한 일자리 창출로는 향후 지식기반경제에 의한 경제성장은 추진되기 어렵다(한진희, 김재훈, 2008).

뿐만 아니라 기후에 대한 의제적(擬制的) 포섭을 통한 자본축적의 핵심적 주체인 기업들의 거부감도 상당히 존재한다. 기업들은 '저탄소녹색성장기본법(안)'에 나와 있는 총량제한 배출권 거래제도에 대해 강하게 반발하고 있다.[15] 따라서 어떤 감축체제(reduction system)를 갖출지에 대해 장기간의 심도 있는 연구와 광범위한 사회적 합의의 도출이 필요한데, 현재는 너무 급작스럽게 서두르고 있어서 우리 실정에 적합한 감축체제가 제대로 갖추어질지조차 의문이다.

결국 녹색뉴딜이 기술적 기초에 대한 연구와 인력 양성, 그리고 사회적 합의에 의한 방식 대신, 단기간의 가시적 성과 위주로 추진될 경우에는 신재생에너지 기술을 계속 해외에 의존하게 됨으로써 고용창출 효과는 미미하게 나타나고, 기존의 대외의존성을 더 심화시킨 상태로 기후의 의제적 포섭에 의한 환경조정전략이 고착화될 가능성이 높아 보인다.

2) 지속되는 토건국가의 경로의존성

MB정부에서 추진하는 저탄소 녹색성장전략과 녹색뉴딜이 다른 나라의 녹색뉴딜과 차별성을 갖는 것은 대단히 신개발주의적 토건국가에 의해 지원된다는 점이다. 그 대표적인 사례가 녹색뉴딜의 핵심사업으로 제시되는 이른바 '4대강 살리기 사업'이다. 4대강 사업은 이름은 '살리기' 사업이라고 하지만, 4대강이 아

---

[15] 지난 11월 9일 국회 기후변화특위 전체회의에서는 '저탄소녹색성장기본법'(안) 가운데 '배출허용총량을 설정하는 배출권거래제 등을 시행할 수 있다'는 조항에서 총량제한 내용이 삭제된 채로 통과시켰다. 이와 같은 맥락에서 11월 17일 '녹색성장위원회'에서 발표한 2005년 기준 4% 온실가스 감축방안은 기업의 반발로 인해 후퇴한 안이라고 할 수 있다. 원래 10% 감축 시나리오도 고려되었지만, 기업들의 강력한 반발에 부딪치자 대부분 건물과 수송 부분의 감축만으로 달성할 수 있는 수치인 4%가 채택된 것이다(국민일보, 2009. 11. 17).

니라 건축업을 하는 대기업만 살리는 사업이다. 4대강 살리기 사업은 사실 추진 근거 자체가 박약하다. 이미 국토해양부 발표로도 점차 개선되고 있던 4대강의 수질이 갑자기 악화되어서 정비해야 한다는 것은 정책일관성에서 문제가 있다. 또한 퇴적물 때문에 하천바닥이 높아진다고 하지만, 감사원 자료를 보면 4대강 전역에서 퇴적보다는 세굴이 더 많이 이루어진 실정이다(홍현호, 2009).

뿐만 아니라 4대강 사업은 보수적이라고 알려진 법학자가 보기에도 실정법을 위반한 위법적 사업이라고 비판받는 사업이다. 4대강 사업은 크게 국가재정법, 하천법, 환경정책기본법을 위반한 사업이다. 첫째, 국가재정법에 의하면 국책사업을 추진하기 위한 사전타당성 조사를 시행해야 함에도 불구하고, '재해예방에 관한 사업'이라는 이유로 대부분의 타당성 검토를 생략하였다. 4대강 사업은 물부족을 해결하고, 하천변을 개발하여 수익을 창출하는 목적도 있으며, 본류에 보(실제는 댐)을 세우면 수질이 악화되고 홍수시 피해가 증가할 수 있으며, 이로 인해 지하수위가 상승하여 농지침수 등 재해를 유발한다는 견해가 대부분의 수자원전문가의 견해임에도 불구하고 이러한 사업을 '재해예방을 위한 사업'이라는 명분으로 사전타당성조사를 하지 않았다는 것은 '어불성설'이라는 것이다. 둘째, 최근 개정된 하천법 1조는 하천법의 목적이 "하천을 자연친화적으로 정비 보전하는 것"이라고 명시하였는데, 본류에 보를 주렁주렁 매다는 4대강 사업은 바로 이 1조를 위반한 것이며, "하천관리에 필요한 중요한 사항을 심의"(하천법 87조 1항)해야 하는 중앙하천관리위원회는 '4대강 종합정비계획'을 구경하지도 못한채 각 분과위원회가 해당 유역에 관한 것만 '주마간산(走馬看山)'식으로 다루었는데, 이는 하천법 87조를 위반한 것이다. 셋째, 환경정책기본법에 의하면 환경에 영향을 미치는 행정계획과 개발사업을 시행하기 전에 사전환경성검토를 거치도록 하고 있으며(제25조), 하천법에 관해서는 하천기본계획을 수립하거나 변경하는 경우에 이를 시행하도록 하고 있다(시행령 별표). 단일한 하천기본계획을 변경하는 경우에 사전환경성검토를 해야 한다면 여러 하천 본류에 보를 세우는 4대강 종합계획 자체에 대한 사전환경성 검토를 하는 것이 순리이다. 정부는 하천기본계획을 수정하는 과정에서 사전환경성검토를 하였다고 하나 소정의 절차를 거쳤는

지, 대안설정과 분석을 철저히 수행했는지에 대해 의구심이 크다(이상돈, 2009. 10. 6).**16**

심지어 국회 예산결산위원장을 지낸 여당 국회의원조차도 이 사업에 대해 "100% 국가 부채로 사업을 하면서 미래 산업을 키우고 지속가능한 고용창출을 하는 데 투입을 해도 모자라는 판인데 토목사업을 자꾸 확대하는 쪽으로만 가는 것이 굉장히 신경이 쓰인다. … 재해·재난방지와 관련된 부분들은 필요하지만 이것을 경제회복 조치의 일환으로 생각하든가, 차제에 주변까지 다 개발해 리조트나 만들어본다는 식으로 자꾸 확대하는 것은 맞지 않다"고 언급하기도 하였다(경향신문, 2009. 6. 12).

또한 사업을 졸속으로 진행하다 보니 4대강 유역의 문화재 조사도 4일 만에 마쳤다거나, 조사원 1인당 하루 평균 조사량도 6만 3,000여평에 이를 정도로 부실하게 진행되었다거나, 4대강 사업 보상비가 마스터플랜에서 제시된 숫자와 실측치와의 차이가 6배 정도나 크게 난다든지, 4대강 사업의 준설(총 5.7억㎥)에 필요한 진공흡입식 준설선(2000마력 이상)이 국내에 40~50대에 불과하다고 지적받는 등 국회 감사장에서 4대강 사업의 부실함은 거의 매일 도마에 오르내리고 있다(국민일보, 2009. 10. 6; 한겨레, 2009. 10. 9).**17**

이미 4대강 사업을 둘러싸고 사회적 갈등이 상당히 불거졌기 때문에, 이러한 사회적 갈등은 국가의 헤게모니적 정당성 확보에 도움이 되지 않을 수도 있다. 그

---

16 2009년 11월 26일 '4대강사업위헌위법심판을위한국민소송단'은 4대강 정비사업이 국가재정법, 하천법, 환경영향평가법, 문화재보호법 등의 위법사실이 있다고 지적하면서 '4대강 사업 행정소송 및 효력정지가처분신청'을 서울행정법원, 부산, 대전, 전주 지방 법원에 행정소송 및 효력정지가처분신청을 접수하였다.

17 이명박 대통령이 국제기구도 찬성하는 4대강 사업이라고 주장하면서 거론하는 유엔환경계획(UNEP)은 현재 작성하고 있는 *Overview of Republic of Korea's Green Growth National Vision*에서 4대강 사업을 기후변화에 대응하는 긍정적인 사업으로 표현하고 있다고 한다. 작성과정에서 한국의 일부 시민단체와 전문가들의 문제제기가 있었지만 거의 정부 측에서 제공한 자료를 토대로 작성되었고, 또 UNEP이 각국 정부의 재정적 지원이 필요한 기구이기 때문에 불가피하게 이러한 결과가 초래되었을 것이라는 분석도 있다(위클리 경향, 제854호, 2009. 12. 15).

럼에도 불구하고, 계속 추진되고 있는 것은 토건국가로서 한국의 영역화의 정치 때문이라고 할 수 있다. 즉 토건적 개발사업에 대한 지역화된 계급연합의 이해관계가 강고하게 자리 잡고 있으며, 하천변 개발에 의한 수익사업에 대한 기대감이 계속 존재하기 때문이다. 향후 실증적인 조사가 진행된 이후에 더 분명하게 제시할 수 있겠지만, 참여정부의 균형발전정책을 정치적인 계산에 의해 반대하고 난 이후에, 영역화의 정치에 부응할 수 있는 마땅한 정책적 대안이 없는 상황에서 4대강 사업은 지역개발을 통한 자본축적 기회를 제공할 수 있는 대단히 실용적인 헤게모니 전략으로 이용될 수 있는 것이다.

3) 전통적 뉴딜의 덫에 갇힌 녹색뉴딜

사실 기후변화라는 의제는 화석자본주의의 물질적 에너지적 측면에서의 한계를 문제제기하고 있는 의제이다. 거칠게 말하면 이대로 갈 경우 경제 성장의 토대 자체가 붕괴될 수 있다는 메시지이다. 이러한 메시지의 함의는 성장의 내용을 바꾸는 것만이 아니라 성장 패러다임에 대한 철저한 반성, 즉 '녹색전환'(green transformation)을 촉구하는 것이다. 그러나 이미 언급하였듯 현재 제시된 녹색성장전략은 비록 '탈동조화'(decoupling)이라는 용어를 사용하지만, 이론적 논의에서 살펴보았던 절대적 탈동조화가 아닌 상대적 탈동조화를 기조로 하고 있으며, 기존의 전통적인 뉴딜 정책의 틀에 긴박당한 채 여전히 무한한 성장의 꿈을 꾸고 있다고 평가할 수 있다. 다시 말해서 녹색성장을 추진할 수 있는 구체적인 실천방안으로 제시된 녹색뉴딜은 공공사업을 통한 경기부양을 시도하고 있는데, 이러한 경기부양정책은 과거 미국의 뉴딜 정책에서도 실효성이 없다는 평가를 받았으며, 제시된 공공사업들(4대강 사업, 고속철도 조기완공 사업 등)은 환경파괴적 요소가 많아서 녹색과 동떨어진 것으로 보인다는 것이다.

1930년대 미국의 루즈벨트 대통령이 제안했던 뉴딜정책의 핵심은 대규모 토목공사가 아니라 총체적인 경제사회 개혁이었다.[18] 폴 크루그만(Paul Krugman)이 강조하듯 뉴딜정책은 '대압착'(Great Compression: 부유층과 빈민층 사이의 격차를 최대한 줄이는 규제와 사회보장제도의 실시)을 통해 시장경제의 안정과 균형을 추구하여 거시경제지표를 안정시키고 중산층 중심의 경제를 형성하려는 시도였다(Krugman, 2007). 여기에는 금융·통화개혁(금본위제 철폐, 중앙은행의 최후대부자 기능강화, 상업은행과 투자은행의 분리), 기업개혁(불공정 경쟁 제거), 사회보장정책(실업부조), 노동개혁(단체교섭권 보장, 최저임금 규제, 아동노동금지)등이 포함되었다(유종일, 2009). 뉴딜 정책에서 공공사업을 통한 경기부양은 일부였을 뿐만 아니라 그 당시에도 성공적이라는 평가를 받지 못하였다.

사실 우리가 추구해야 할 것은 행복과 만족이지 성장이 아니다. 성장은 행복과 만족을 달성할 수단이며, 만일 이 수단이 행복과 만족을 가져다주지 못한다면 수단을 바꾸거나 버려야 한다. 우리의 경우 절대빈곤으로 고생하던 60~70년대에는 성장 자체가 복지정책의 일환으로 기능했고, 사회적 안전망을 확보해주는 방편이었다. 그러나 경제성장 최우선 정책을 계속 고수한 결과 양극화를 더 심화시키고 고용도 늘어나지 않는 등 불만족이 늘어나는 실정이라면, 성장이라는 수단 자체를 재고해야 한다.[19] 더군다나 한국이 지금껏 추구한 경제성장은 수출중심의 경제운용이었기에 내수가 튼튼한 구조라고 할 수 없다. 2008년 말의 미국발 경제위기를 통해 대외적인 변수에 너무나 쉽게 휘둘리는 허약한 한국의 경제구조를 목격했다. 따라서 이러한 경제 운용 방식이 앞으로 지속가능한지에 대해서도 점검해봐야 한다. 그럼에도 불구하고, 여전히 수출 중심적인 경제시스템을 유지하면서 내다팔 수 있는 아이템만 바꾸겠다는 것은 대단히 걱정스러운 현실 진단이다. 게다가 이미 언급하였듯, 녹색성장의 달성 수단으로 제시된 녹색뉴딜 사업은

---

[18] 물론 이 개혁이 민주당 중도파였던 루스벨트 대통령의 자발적인 개혁이었던 것은 아니었고, 노동자들의 대규모 파업과 시위 이후에 떠밀려서 행해진 개혁이었다(한겨레, 2009. 1. 29).

[19] 예컨대, 녹색성장전략을 추진하겠다고 발표한 이후 장기간의 경제침체를 경험하고 있는 가운데 2009년 3분기 GDP가 2.9% 성장하였지만 고용은 거의 늘어나지 않았다. 특히 경기회복에 중요한 역할을 하는 제조업은 0.6%의 성장을 나타냈지만 취업자 수는 3.6% 줄어들었으며, 건설업도 0.6% 증가하였지만 취업자 수는 5.7% 감소하였다. 정부의 재정지출이 토목건설 부문에 집중되었고, 고용영향력이 큰 민간 건축 부문은 여전히 부진을 면치 못하고 있기 때문이다(한겨레, 2009. 10. 27).

여전히 4대강 사업과 같은 하드웨어 중심적 개발 방식을 고집하는데, 이것은 토목공사에 필수적인 자재들이 철근, 시멘트 등과 같이 온실가스를 다량으로 배출하는 품목들이라는 점을 고려해본다면 관류혁신과는 반대로 관류증가(직접물질투입량, DMI)를 유발하는 사업으로서 저탄소라는 표어에도 어울리지 않고, 성장에 대한 성찰에서도 동떨어진 것이다.

성장에 대한 진지한 성찰이 미흡한 점은 현 국토구조의 반환경성에 대한 고려가 부족한 데서도 나타난다. 실제로 저탄소사회, 저탄소경제로 가는 데는 물류와 운송에 대한 발상의 전환이 긴요하다. 현재 녹색성장 전략은 수송 연료를 친환경적인 연료로 대체하려는 고려나 탄소중립도시 구축 등의 계획만 있을 뿐 온실가스를 적게 유발하는 국토공간구조를 어떻게 만들지에 대한 고민은 부족하다. 중앙집중식으로 형성된 전국적 물류와 운송 시스템은 이미 그 자체로 온실가스를 대량 발생시키는 공간구조이다. 온실가스를 줄이려면 지역 중심적인 운송 및 물류 시스템으로의 재편을 적극 고려해야 한다. 즉 에너지, 물, 식량 등이 지역에서 생산 소비되는 시스템과 이런 시스템을 지원하는 공간구조의 형성이 적극적인 의미에서의 기후변화 대응이며, 저탄소사회로 가는 대단히 중요한 전환의 계기인 것이다. 물론, 녹색성장을 홍보하기 위해 미래기회위원회에서 펴낸 『녹색성장의 길』에 보면 분산형 전원시스템으로 가는 것이 바람직하다고 나와 있기는 하다. 그러나 그렇게 말하면서도 중앙집중적 전원시스템인 원자력 발전을 더 확대하려 한다는 것은 자기모순이며, 그 진정성을 의심받을 수밖에 없다.[20] 다시 말해서 현재의 온실가스 다량 배출 시스템은 그대로 두고 시스템 운영에 필요한 에너지원만 다른 것으로 바꾸는 것은 새로운 시장을 창출해서 계속 성장을 하겠다는 것일 뿐, 성장에 대한 근본적인 성찰을 동반하는 녹색전환이 되기는 어려운 것이다.

---

[20] 국무총리실 기후변화대책기획단에서 펴낸 『기후변화대응종합기본계획』(2008)에 지역음식(local food)운동에 대한 언급은 있으나 민간에서 추진하는 것을 유도하겠다는 정도의 언급에 그치고 있을 뿐이다. 이것이 전체적으로 어떻게 국토공간구조를 재편하고, 마을이나 지역경제 활성화와 연계되는지에 대한 구체적인 비전 자체는 부족하다.

IV. 결론

　MB정부의 저탄소 녹색성장과 녹색뉴딜정책은 '기후'라는 자연에 대한 자본의 의제적(擬制的) 포섭 전략이라고 볼 수 있으며, 이를 위해 수행되는 환경적 조정을 토건국가의 신개발주의적 방식으로 지원하는 전략이라고 볼 수 있다. 또한 상대적 탈동조화에 의한 환경과 경제의 상생전략을 주장하면서 기존의 성장우선주의 신화에 여전히 묶여 있다. 그리고 국가의 역할을 최소화하려는 정치적 지향을 가진 정부가 오히려 국가의 역할을 극대화하려는 정책들을 제시하려는 것도 자기모순으로 보인다. 기후변화에 대한 대단히 기술지향적인 해결책들을 우선순위도 불분명한 채로 한꺼번에 사회적 협의도 없이 쏟아내었으며, 이를 실제로 뒷받침할 재정 계획도 불투명하다. 저탄소 녹색성장전략의 근거라고 할 기본법의 내용도 다른 기본법들(에너지기본법, 지속가능발전기본법)에 우선한다는, 법리상 맞지 않는 내용이 들어가 있다거나, 지나치게 상세한 내용들까지 다 들어가 있어서 기본법으로서 어울리지 않는 구성이라는 비판도 있다(함태성, 2009). 무엇보다 가장 큰 문제는 한 국가의 60년 장기 비전으로 수립되는 '저탄소 녹색성장' 전략이 너무 급하게, 광범위한 의견 수렴 절차나 차분한 연구와 검토 없이 속도전의 형태로 추진되고 있다는 점이다.

　기후변화라는 주제는 기존의 발전방식 혹은 성장방식에 대해 근원적인 질문을 던지고 있기 때문에 단순히 성장 프로그램들을 바꾸고 에너지원을 교체하는 것에서 그쳐서는 안 된다. 물론 에너지원을 교체하는 것 자체도 대단히 어려운 일이지만, 기후변화 대응은 더 나아가서 사회 모든 부문, 그리고 일반인들의 생활양식, 문화규범, 의식구조까지도 바꿔야 하는 일이다. 그러므로 우리에게 필요한 것은 녹색성장보다는 녹색전환이다.

　진보적인 프랑스 잡지에서 녹색뉴딜과 관련하여 지적한 기사는 이러한 점을 잘 보여준다.

　　　녹색뉴딜을 자처하는 정부는 군사적 케인즈주의와 결별해야 한다. 오직

지구상의 생명보호를 분명한 목적으로 하는 장려정책과 투자만이 이 '녹색뉴딜'의 칭호를 받을 수 있다. 이것은 원자력 에너지 생산이 종식돼야 한다는 점을 의미한다. 폐기물이나 온실가스 문제의 악화를 초래하는 모든 투자도 종식돼야 한다. 다른 한편으로 대체에너지 생산에 필요한 특별한 지출은 전체 국민이 부담해야 한다. 지구의 생존은 각 개인과 연결되는 이슈이기 때문이다. 또 재생가능한 에너지의 사용은 새로운 고용을 창출하고 공공의 복지를 개선해줄 것이다. (르몽드 디플로마띠끄, 2009. 5)

절대적 탈동조화에 근거한 녹색전환을 이루려면 긴 호흡을 가지고 준비하면서 차근차근 준비해야지, 집권기간 안에 성과를 내기 위해 무리하게 추진해서는 안 된다. 더군다나 이렇게 심각한 경제위기를 목전에 두고서 엄청난 세금을 쏟아붓는 정책들을 추진하면서 사회적인 공론화 작업이 없어서는 곤란하다. '녹색성장전략'을 추진하기 위해 국민들이 각각 얼마씩 더 부담해야 하는지 솔직하게 알리고 그래도 동의할 것인지 한번 물어보자. 그래서 많은 사람들이 동의하는 그런 방식으로 기후변화에 적극적으로 대응하는 것이 바람직하다. 이러한 과정을 통해서 시민들이 자신들의 삶 속에서도 '청락'(淸樂, alternative hedonism)을 즐기고, 기존의 에너지/물질 소비 패턴을 변화시켜 나갈 때 진정한 녹색전환이 완성되어 갈 수 있다. 또한 개별적인 실천과 아울러 원자력 중심의 전력수급 정책에서 벗어나서 평화, 특히 한반도를 비롯한 동북아시아의 평화정착 노력과 연계될 때 진정한 녹색전환이 구축될 수 있을 것이다.

| 3부 |

글로컬리제이션과
지역정치

9장

국가의 스케일 재편과 지역[1]

박배균 (서울대 지리교육과 교수)

I. 들어가며

근대적 사회과학에서 국가의 영역성에 대한 전통적인 인식의 방법은 '베스트팔렌'(Westphalian)적 지정학 질서를 바탕으로 형성된 근대국민국가의 경험에 근거를 둔다. 유럽에서는 30년간의 장기적인 국제 전쟁을 종결하고 보다 평화로운 국제질서를 만들기 위해 1648년 베스트팔렌 조약이 체결되었고, 이것이 배타적인 지정학적 영토를 점하고 내부의 시민에게 조세와 법률을 부과할 정당성을 부여받은 근대 국가의 등장 배경을 이룬다. 더구나 이들 국가들은 국제사회에서 법적 정치적으로 독립적인 지위와 주권을 부여받는다. 이러한 베스트팔렌적 지정학 질서 하에서 국가는 자기폐쇄적이고 배타적으로 영역화된 공간을 지닌 것으로 인정되었다. 이러한 역사적 경험을 통해, 근대 사회과학에서 국가의 영역성은 사회정치적 과정과 관계없이 이미 주어졌고, 고정되어서 불변하는 것으로 인식되는 경향이 매우 강하게 자리 잡았다.

하지만 최근 근대국가의 영역적 성격과 공간적 조직에서 중대한 변화가 일어나면서, 이러한 국가 영역성에 대한 전통적 인식론에 대한 도전이 다양하게 이루어지고 있다. 경제적 세계화의 진전이라는 상황 속에서 유럽 연합, NAFTA 등과 같이 초국가적인 단위에서 형성되고 있는 새로운 거버넌스 구조가 등장하기도

---

[1] 9장은 박배균(Park, 2012)을 이 책의 기획의도에 맞추어 재구성한 것이다.

하고, 이와 동시에 국가보다 작은 단위의 지역에 더 많은 권한과 책임을 부여하는 분권화, 분산화의 경향 등이 나타나고 있기도 하다. 즉 국가적 조절과 거버넌스가 이루어지는 공간적 스케일이 변화하고 있고, 동시에 국민경제와 국가적 시민사회에 전통적으로 존재하였던 내부적 응집성도 점차 약화되고 있는 것이다. 이처럼 국민국가의 영역성이 근본적인 변화를 경험하면서, 최근 들어 국가 영역성에 대한 전통적 인식론을 비판하고, 국가공간을 새롭게 해석하려는 다양한 학문적 시도들이 이루어지고 있다.

그런데 지난 10여년간 국가의 스케일적 재편에 대한 많은 연구들이 쌓였음에도 불구하고, 국가의 재스케일화(rescaling) 과정이 구체적으로 어떠한 과정과 메커니즘에 의해 이루어지는지에 대해 만족할 만한 설명을 제공하는 연구는 부족한 형편이다. 특히, 기존에 국가적 스케일을 중심으로 이루어지던 조절과 거버넌스의 과정이 국가보다 큰 공간적 스케일로 뛰어오르거나(jumping-up), 국가보다 작은 공간적 스케일로 뛰어내려가는(jumping-down) 현상들이 구체적으로 어떻게 일어나는지, 그리고 그것이 어떠한 정치 사회 경제 과정을 통해 발생하는지에 대한 이론 및 경험 연구가 충분하지 않다. 더군다나 국가의 재스케일화에 대한 대부분 연구들이 서유럽과 북미의 학자들에 의해 수행되다 보니, 서구의 정치경제적 맥락을 전제로 한 채 국가 재스케일화의 메커니즘이 주로 논의되었다. 그 결과로 기존의 연구들은 서구 이외의 다양한 정치경제적 맥락 속에서 매우 다양한 방식으로 나타나는 국가 재스케일화의 과정을 이론화하고 설명하는 데 많은 한계를 보이기도 한다.

이러한 문제의식을 바탕으로 본 장은 동아시아의 정치경제적 맥락 하에서 국가의 스케일적 재편이 어떻게 일어나는지를 이론적이고 경험적으로 논의하고자 하며, 이를 통해 국가의 공간성에 대한 이론적이고 경험적인 이해의 폭이 더 넓어지기를 기대한다. 특히, 동아시아 발전주의 국가의 정치경제적 맥락에서 형성된 중앙집권적인 조절과정의 공간성과 그 결과로 정치화되어 나타난 영역화된 이해관계의 갈등과 충돌이 국가의 재스케일화에 어떠한 영향을 주는지를 이론적으로 논의하고, 한국의 사례를 통해 경험적으로 분석할 것이다. 보다 구체적으로는 1)

한국의 발전주의 국가에 의해 주도적으로 형성된 중앙집권적이고 하향적인 (top-down) 조절과정의 공간성이 국가와 지역스케일 간의 영역화된 갈등을 야기하고, 그것이 궁극적으로 발전주의 국가의 조절적 역량을 약화시키는 결과를 초래하는 과정과 2) 국가가 그러한 조절적 위기의 상황을 국가조절의 스케일적 재편, 특히 국가 권한의 일부를 지방으로 이양하는 분권화를 통해 대처하는 과정을 이론적으로 논할 것이다.

이 글에서는 또한, 한국 발전주의 국가의 스케일적 재편에 대한 이러한 이론적 주장을 뒷받침하기 위해, 방사능 폐기장의 입지에 대한 의사결정 과정이 지방으로 이양되는 과정에 대한 사례연구를 덧붙일 것이다. 이 사례 연구에서 필자는 1) 한국 정부가 방사능 폐기장 입지에 대한 조절과 의사결정을 국가스케일에서 지역스케일로 내리는 과정이 어떠한 시행착오의 과정을 통해서 진화하였는지, 그리고 2) 어떻게 그러한 재스케일화의 과정이 국가와 지역스케일 사이의 영역화된 갈등을 방사능 폐기장 유치를 위한 지역 간의 경쟁으로 전환시켜 방사능 폐기장 입지결정에 대한 국가조절의 위기상황을 돌파하는 데 도움을 주었는지 분석하는 데 초점을 둘 것이다.

II. 국가의 스케일 재편에 대한 이론적 논의

최근 근대 영역국가의 공간성을 근대화라는 역사적 발전과정의 필연적 결과로 이미 주어져서(pre-given) 고정불변한 것으로 받아들이면서 국가공간을 당연시하는 국가 중심적 인식론에 대한 비판이 늘어나면서, 많은 학자들이 국가의 영역성과 공간성은 정치경제적 조절이 지속적으로 이루어지는 과정 속에서 만들어지는 것이고, 또한 끊임없이 변화하는 것이라고 인식하기 시작하였다. 특히, 국민국가의 영토적 경계를 뛰어넘어 이루어지는 초국가적인 흐름과 연계망의 발전 속에서 국가권력의 영역적 형태는 어떻게 재편되고 있는지, 국가적 스케일에서 조직되던 조절과 정치의 과정들은 어떻게 분산되고 있는지, 이러한 과정에서 새로

이 등장하는 정치적 공간들은 도시와 지역의 거버넌스에 어떤 영향을 주는지 등과 같은 주제에 대한 학자들의 관심이 급속히 증가하고 있다.

1) 스케일의 사회적 구성과 조절과정의 스케일적 재편

국가의 스케일적 재편에 대한 논의는 정치경제적 행위와 관계에 대한 조절이 이루어지는 공간적 스케일이 사회적으로 구성되고, 동시에 끊임없이 재편되고 변화한다는 사고에 의해 본격화되기 시작하였다. 최근 비판적 인문지리학자들을 중심으로 많이 사용되는 scale이라는 개념은 자연 혹은 인문적 사건, 과정, 관계들이 발생하고, 펼쳐지며, 작동하는 공간적 범위와 관련된다. 즉, 어떤 정치적 혹은 경제적 과정이 지방적(local) 범위에서 주로 작동하는지, 아니면 그보다 큰 국가적(national) 범위에서 발생하는지 혹은 지구적(global)한 범위에서 작동하는지 등을 지칭할 때 스케일이라는 용어를 많이 사용한다. 그런데 특정 인문 혹은 자연현상의 작동범위는 존재론적으로 주어지고 물질세계의 구조와 질서에 의해 선험적으로 정의되는 것이 아니라, 정치 사회 문화적 과정을 통해 만들어지고 재편성되는 것이다(Smith, 1993; Swyngedouw, 1997; Brenner, 2000; 2001; Marston, 2000). 즉, 스케일은 여러 다양한 행위자들과 사회세력들 간의 상호작용, 연대, 권력투쟁의 과정을 통해 물질적 담론적으로 구성되는 것이다.

국가의 재스케일화에 대한 논의는 스케일의 사회적 생산을 자본주의 사회의 조절과정에 초점을 두어 바라보면서 본격화되었다. Swyngedouw(1997)에 따르면, 자본주의는 계급 간, 성 간, 인종 간의 갈등, 투쟁으로 인한 긴장과 역동성으로 가득 차 있는 사회시스템이다. 하지만, 이러한 혼돈과 역동성에도 불구하고, 자본주의는 그 내적인 질서와 나름의 통일성을 유지해 왔는데, 여기에는 조절(regulation)의 역할이 매우 중요하다. 맑스주의 정치경제학적 관점에서 스케일의 생산을 논의하는 이들에게 있어, 스케일의 생산과 변형은 이러한 투쟁과 갈등, 그리고 조절의 과정의 핵심에 위치해 있다.

조절은 자본축적을 지속하기 위해서 매우 중요한 행위이다. 자본이 노동으로부터 잉여가치를 창출하고 다른 자본들과의 경쟁에서 이기기 위해서는 경제적 활동들이 사회적으로 공간적으로 조직화될 필요가 있다. 예를 들어, 특정의 기술과 속성을 가진 노동력의 공급을 안정화하고 잉여가치의 창출을 지속하기 위해서는 노동과 자본 사이에 어떤 형식으로든 타협이 이루어져야 하며, 노동력의 지속적인 재생산을 보장하기 위해서 주택, 교육, 보건 등과 같은 공공 서비스가 안정적으로 공급되어야 한다. 다시 말해, 자본의 축적을 지속하기 위해서는, 자본축적의 과정에서 필연적으로 발생하는 자본 간의 경쟁, 노자 간의 갈등으로 인한 사회적 혼란과 불안정이 해결되어야 하고, 또한 경제활동들과 거래관계 등이 나름의 사회적 공간적 틀거리 속에서 짜이고 조직화되어야 하는 것이다.

하지만, "보이지 않는 손"에 의존하는 시장은 이러한 조직화에서 개별 행위자들의 행동을 전체적 이해를 위해 조정하는 데 있어 종종 문제점을 드러낸다. 따라서 경제활동의 사회공간적인 조직화를 위해서는 정치적이거나 경제적 행위자들의 적극적 의지를 바탕으로 한 조절의 행위가 요구되는 것이다. 그런데 이 조절의 행위는 여러 가지 제도적 장치들을 통해서 가능하다. 즉 행위자들의 정치경제적인 행동을 어떤 방향으로 흘러가도록 조정하고 규제하기 위해서는 법률, 규칙, 계약, 관습, 습관, 묵계, 전통, 이데올로기, 사회적이고 물리적인 하부구조 등의 다양한 형태의 공식적이거나 비공식적인 제도적 장치들이 있어야 하는 것이다. 조절을 위한 각종 제도적 장치들을 통해서 자본주의 사회관계들은 하비(Harvey, 1989)가 말한 '구조화된 응집'(structured coherence)을 이루면서 안정성과 통일성을 유지한다.

그런데 하비는 이 '구조화된 응집'이라는 용어를 주로 도시나 로컬 스케일에서 축적을 위해 구조화되어 형성되는 사회적 관계들을 지칭하는 데 쓴다. 즉 이 용어를 사용하여, 하비는 특정의 공간적 범위를 바탕으로 지역적으로 형성된 노동시장을 중심으로 자본과 노동, 자본과 자본 사이의 관계들이 여러 가지 사회적 공간적으로 이루어진 제도적 장치들을 통해 조절되어 자본의 축적을 위한 어떤 통일성과 일관성을 갖추게 됨을 주장하였다. 여기서 조절과 스케일의 생산 사이의 접점을 발견할 수 있는데, 조절의 과정은 항상 특정의 공간적 범위 내에 '국지화되어'(localized) 이루어진다는 것이다. 즉 조절을 위한 제도적 장치와 사회적 약속이 충분한 정도로 유효한 영향력을 발휘하는 것은 항상 특정의 공간적 범위 내에서만 가능하다. 그리고 조절을 위한 제도들이 어느 정도로 공간적으로 뻗어나가느냐에 따라 조절의 공간스케일이 정해지는 것이다. 어떤 조절의 과정은 도시 범위 내에서만 유효하기도 하고, 어떤 것들은 국가라는 스케일에서 작동하기도 하고, 어떤 것들은 여러 국가들을 상대로 뻗어 있기도 하다. 결국, 조절을 위한 공식적이거나 비공식적 제도적 장치들이 다양한 공간적 스케일에서 상이한 방식으로 조직되고, 이런 조절이 뻗어가는 공간적 범위를 바탕으로 스케일이 사회적으로 생산된다고 할 수 있다.

공간이나 스케일의 생산을 조절과정의 효과나 결과로만 이해해서는 안 된다. 화살표의 방향이 반대로 될 수도 있다. 즉 조절과정이 공간이나 스케일에 의해 영향을 받기도 한다. 이는 조절의 과정이 기본적으로 갈등을 바탕으로 한 정치적인 과정이라는 사실과 관련된다. 자본의 축적을 위해 사회관계를 특정의 방향으로 조직하는 것은, 기본적으로 모든 상이한 이해를 가진 이들을 행복하게 해 줄 는 없는 것이다. 즉 특정 이해집단들의 희생을 바탕으로 다른 이해집단들에 혜택을 주는 과정이다. 따라서 조절은 항상 이해관계를 달리하는 여러 행위자들 간의 갈등을 유발한다. 결국, 조절의 과정은 특정 이해세력이 자신의 이해를 바탕으로 다른 이해세력들을 설득하거나 굴복시킴을 통해 갈등을 극복하여 어떤 사회적 약속을 만들어내는 정치적 과정이라 할 수 있다. 이 정치적 과정에서 공간과 스케일이 적극적으로 이용된다.

조절과정에서 공간과 스케일의 정치적 이용은 공간을 이용한 차별화 전략과 관련된다. 즉 공간을 이용한 구획화를 통해 그 공간 범위 밖의 세력들과의 차별화와 경쟁을 자극하면, 같은 공간 범위 내 세력들 간에는 내적 단합이 도모되고, 이를 통해 특정 방향으로의 조절전략이 쉽사리 받아들여지도록 유도하는 전략이다. 이는 흔히 영역화(territorialization) 전략과도 관련되는데, 지역주의나 민족주의와 같은 이데올로기를 이용하여 특정 공간 스케일 내의 영역적 동질성을 강조하여 지역내의 갈등을 해소하는 방식이다.

공간적 스케일도 이러한 차별화 전략에 적극적으로 이용된다. 스미스(Smith, 1993)에 따르면, 스케일은 경쟁과 협력의 모순적 과정이 지리적으로 해결되어 나타나는 결과이다. 즉 스케일의 지속적인 생산과 재생산은 상이한 장소들 간의 경계를 형성하여 차이를 만드는 과정이라는 것이다. 예를 들어, 국민국가(nation state)라는 스케일의 등장은 자본가 계급들 간의 상이한 이해와 갈등을 영역적으로 타협시키려는 노력의 결과이다. 자본가 간의 경쟁은 자본주의에서 기본적인 요구사항 이지만, 무정부적인 경쟁은 자본의 지속적 축적에 장애가 된다. 따라서 자본의 지속적 축적과 사회적 재생산을 위해 자본가 계급들의 내부적 단합이 필요한데, 국민국가라는 것이 이러한 모순적 과정을 해결하는 한 수단인 것이다. 국민국가라는 지리적 영역 내에서, 지배계급은 노동력의 재생산, 경제활동에 대한 법률적 제도, 생산과 교환에 필요한 사회하부구조, 이데올로기적 제도 등을 공동으로 제공한다. 하지만, 이러한 영역화 과정은 국가 영역 밖의 세력과는 경쟁적 관계를 심화시키는 것이다.

스윙기도우(Swyngedouw, 1997)도 스케일이라는 것이 협력과 경쟁이라는 두 모순된 경향이 일시적 화해를 이루면서, 통제와 지배가 이루어지는 장이라고 인식하였다. 국민국가의 형성은 국가라는 공간적 스케일에서 자본가들의 협력과 단합이 이루어지기 때문인데, 이 스케일 형성은 작은 스케일의 지역에 뿌리를 둔 자본들이 서로 협력하여 보다 큰 공간스케일을 건설함을 통해 이득을 얻고자 하는 힘, 그리고 협력보다는 서로간의 경쟁을 통해 이득을 얻고자 하는 힘 사이의 모순적 경향이 서로 적절한 균형을 이룰 때 가능하다. 또한 노동운동이 국가스케일로 조직화되는 것도 여러 작은 스케일의 노동운동 및 운동세력들 사이의 협력과 경쟁이 균형을 이룰 때 가능한 일이다. 결국, 스케일이라는 것은 협력과 경쟁, 그리고 동질화와 차별화 사이를 매개하는 고리가 되어왔던 것이다.

위의 논의들을 간단히 요약하면, 공간적 스케일이라는 것은 1) 조절과 관련하여 형성된 여러 "제도들이 공간적으로 펼쳐지는 범위"와 2) 조절의 정치과정에서 이용되는 "공간에 대한 동질화 또는 차별화 전략"을 통해 사회적으로 형성되는 것이라 할 수 있다.

그런데 스케일의 생산과 관련하여 중요한 것은 어떤 특정 스케일이 어떻게 만들어지는가보다는 여러 층위의 상이한 스케일들이 어떠한 질서 속에서 만들어지는가이다(Brenner, 2001). 여러 층위에서 상이하게 형성된 공간 스케일들은 서로 독립적으로 존재하거나, 계층화되어 보다 작은 크기의 스케일들이 보다 큰 스케일들에 복종하는 식으로 관계를 형성하는 것이 아니라, 상이한 스케일들이 서로 영향을 주고받으면서 서로 중첩되어 동시다발적으로 작동하는 것으로 이해해야 한다(Swyngedouw, 1997: 142). 즉 도시나 지역스케일에서의 조절과정이 국가나 글로벌 스케일의 조절과정에 영향을 받으면서 이루어지고, 동시에 글로벌이나 국가라는 큰 스케일의 조절과정이나 사회관계들도 보다 작은 도시나 지역스케일에서 이루어지는 조절의 과정에 영향을 받으면서 만들어진다는 것이다. 또한 어떤 특정 사회적 현상의 원인을 단지 한 스케일의 사회적 관계에서만 찾을 수는 없고, 글로벌 국가 도시 지역 등 다양한 여러 층위의 스케일에서 이루어지는 사회적 관계, 구조 등이 동시에 영향 미치면서 형성되는 것으로 이해되어야 한다.

스케일의 사회적 생산과 관련하여 마찬가지로 중요하게 지적되어야 또 하나의 사실은 특정 스케일적 배열이 영속적이지는 않다는 점이다. 스케일은 자본주의의 축적 과정 속에서 나타나는 갈등과 긴장을 어떤 특정의 역사적 지리적 조건 속에서 일시적으로 해결하는 방식이다. 따라서 만약 사회적 정치적 경제적 관계들이 변화하고 축적의 조건이 변한다면, 조절이 이루어지는 공간 스케일의 틀 또한 변할 것임에 틀림없다. 이와 관련하여, 스윙기도우(Swyngedouw, 1997)는 조절양식의 변화에 따른 공간스케일의 변화에 대해서 논하는데, 특히 포디즘에서 포스트포디즘으로의 변화가 '글로컬리제이션'(glocalization)이라고 불리는 스케일의 변화를 초래하였음을 주장한다. 즉 자본축적의 공간적 스케일이 확장되면서 국민국가를 통해 이루었던 영역적 해결은 점차 비효율적인 것이 되고, 다른 대안적 공간스케일이 필요해지는데, 그 결과로 보다 글로벌하고 보다 로컬한 스케일들에서의 조절 과정이 더 중요해진다는 것이다.

(1) 전략관계적 국가이론과 국가공간의 재편

앞의 논의들이 자본주의 조절과정에 초점을 두어 국가의 스케일 재편을 설명하였다면, 브레너(Brenner, 2004)는 전략관계적 국가론에 입각하여 국가의 공간성을 보다 직접적으로 다룬다. 브레너는 국가를 국가개입의 성격, 정치적 대표성의 문제, 자본주의 사회에서의 이데올로기적 헤게모니와 관련하여 나타나는 사회 세력들 간의 투쟁과 갈등이 펼쳐지는 장으로 바라보는 전략관계적 국가론(Jessop, 1990)을 바탕으로 국가의 공간성도 국가 안에서, 그리고 국가를 통해서 행동하는 여러 사회 세력들의 정치적 전략이 펼쳐지는 장이고, 그러한 정치적 행위들을 유발하는 계기이며, 동시에 그러한 전략적 행위의 결과물이어서, 전략적으로 선택적이면서 긴장과 갈등이 내재된 정치적 과정이 재현된 것으로 이해한다.[2] 따라서 영역적 구획하기와 국가권력의 스케일적 편성과 같은 국가 행위와 국가공간조직의 지리적 패턴은 정치적 갈등과 전략의 결과물인 것이다.

국가의 공간성에 대한 이러한 관점을 바탕으로 브레너(Brenner, 2001)는 스케일의 역사적 형성 및 변형 과정을 '스케일적 구조화'(scalar structuration)라는 개념으로 설명한다. 맥키넌(MacKinnon, 2010)은 그 핵심 주장을 다음과 같이 정리한다. 첫째, 스케일은 공간성의 내재적 속성을 나타내기보다는 자본주의 생산, 사회적 재생산, 그리고 국가 조절과 같은 보다 큰 사회공간적 과정을 반영하여 생산된다. 둘째, 스케일은 기본적으로 관계적 속성을 지니는데, 특히 국가, 지역, 글로벌 등의 차원에서 형성된 조직들 사이에 만들어지는 수직적(vertical) 관계에 초점을 둔다. 셋째, 스케일적 관계는 고정적이고 수직적인 피라미드 구조 하에서 작은 스케일에서 작동하는 과정과 힘들이 더 큰 스케일에서 작동하는 과정과 힘들에 위계적으로 포섭되고 복속되는 성격을 지니기보다는 모자이크적인 성격을 띤다. 넷째, 자본주의 기업과 국민국가와 같은 주요 제도적 행위자들은 그들 사이의 상호작용을 통해 주기적인 '스케일적 조정'(scalar fixes)을 이루어내는데, 이는 일상 사회생활의 틀을 형성하는 "중첩된 위계적 조직의 구조"(nested hierarchical struc-

---

[2] 제솝의 전략관계적 국가론과 브레너의 국가공간론에 대한 보다 자세한 설명은 이 책의 2장 참조.

tures of organization)를 만들어내고 재생산하는 과정이다. 다섯째, 스케일적 변형의 과정은 기존에 형성되어 있던 스케일적 구조와 새롭게 등장하는 조절 프로젝트 사이의 경로의존적인 상호작용을 통해 이루어진다.

이들 중 마지막 다섯 번째 논점은 국가의 스케일 재편과 관련하여 중요한 의미를 지닌다. 국가의 재스케일화와 관련하여 브레너는 국가공간성의 제도적 틀이 지니는 경로의존성에 많은 주목을 하면서, 어떤 특정 시기에 만들어진 스케일적 조정의 요소들이 스케일적 편성이 이후에 어떻게 진화하여 변할지를 조건 지우고 제약함을 강조한다. 즉 특정 국면에서의 전략관계적 상호작용의 결과로 국가공간성의 특정한 제도적 배열과 프레임, 그리고 그것의 공간적 선택성이 형성되고 나면, 그것은 그 다음 단계에서 벌어질 사회 세력들 간의 전략관계적 상호작용에 영향을 주고, 이 전략관계적 상호작용은 다시 국가의 공간 형태, 공간적 선택성에 영향을 주는 과정이 지속적으로 반복하여 이루어진다는 것이다. 이러한 논의를 바탕으로, 브레너는 국가의 공간성이 1) 이전에 형성된 국가공간성의 제도화된 배열들과 2) 이러한 배열에 영향을 주어, 변화를 이끌어내기 위해 지속적으로 이루어지는 정치적 투쟁 사이에 일어나는 변증법적 상호작용의 결과로 나타난다고 주장한다. 이러한 변증법적 상호작용의 과정을 통해, 국가의 공간적 형태와 선택성은 끊임없이 진화하고 재편되는 것이다.

브레너(Brenner, 2003; 2004)는 이러한 이론적 논의를 바탕으로 서유럽에서 국가의 공간성과 스케일적 구성이 어떻게 변하였는지를 보다 구체적으로 논한다. 그에 따르면, 1970년을 전후로 서유럽 자본주의 국가의 공간성이 큰 변화를 겪는데, 이는 국가의 공간조절 방식이 변하기 때문이다. 1970년대까지 지속되었던 서

<표 1> 국가 공간조절의 변화

	'공간적 케인즈주의' 전략	'글로컬리제이션' 전략
선호되는 공간적 대상	- 국민경제	- 주요 도시 및 지역경제

중요 목표	- 분산화(decentralization): 주요 도시 중심으로부터 교외나 낙후지역으로 인구, 산업, 인프라 투자의 분산화 - 동질화(homogenization)와 복제(replication): 표준화된 경제적 자산과 투자의 전 국토에 걸친 복제를 통해 국토공간의 동질화 - 표준화(standardizatioin): 국가적 차원에서 표준화된 하부구조 시설의 체계를 수립 - 국민경제 내 불균형발전의 해소: 불균형 발전은 산업성장의 한계와 장애로 인식됨	- 재집중화(reconcentration): 전략적인 도시 및 지역경제로 인구, 산업, 인프라 투자의 재집중화 - 차별화(differentiation): 국민경제적 공간을 특화된 도시 및 지역경제로 차별화 - 수요자 요구에 맞춘 주문제작(customization): 글로벌한 차원의 흐름의 경제를 지향하는 수요자의 요구에 맞추어 주문제작되고(customized) 장소특수적인(place-specific) 인프라 투자의 촉진 - 장소 간 경쟁의 심화: 불균등발전이 산업성장을 위해 실용적인 기반으로 인식됨
경제발전의 空時성 (spatio-temporality)	- 국가적 발전주의 (national developmentalism): 전체 국민경제는 하나의 단선적 발전경로를 따라 움직이는 통합되고 자기폐쇄적인 영역적 단위로 발전됨	- 지구적 발전주의 (global developmentalism): 국민경제의 공간이 나름의 장소특수적 입지자산(locational assets), 경쟁우위, 발전의 경로를 지닌 차별적인 도시/지역경제로 분절됨
지배적 정책수단	- 기업에 대한 입지 보조금 - 지방적인 복지정책과 집합적 소비에 대한 투자 - 분배적인 지역정책 - 국가적 차원의 공간계획과 공공 인프라에 대한 투자	- 탈규제와 복지국가의 퇴조 - 사회-경제 정책과 재정적 책임의 분산화 - 국가적 차원의 도시 선호정책, 선진적 인프라에 대한 공간선택적 투자 - 장소특수적인 지역산업정책과 지방적 차원의 경제적 주도권
지배적인 슬로건	- 국가발전, 균형성장, 균형적인 도시화	- 세계화, 경쟁 속에 있는 도시들, 내생적 발전

자료: Brenner(2003: 207)에서 요약

유럽 국가의 공간조절 방식을 브레너는 '공간적 케인즈주의'(spatial Keynesianism) 전략이라고 부르면서, 국가조절역량의 중앙집중, 전 국토에 걸친 표준화, 지역균형발전 추구 등을 주요 특징으로 꼽았다(<표 1> 참조).3 하지만, 1970년대 이후부터 이러한 공간적 케인즈주의 전략은 점차 약화되고, 그 대신 서유럽의 포스트케인즈주의 국가들이 택한 공간조절의 전략은 '글로컬리제이션'(glocalization) 전략이다. 글로컬리제이션 전략의 주요 내용은 생산적 역량과 인프라 투자를 지구적 차원에서 경쟁력 있는 도시와 지역으로 재집중화하고, 주요 도시지역을 장소특수적 국가행정 시스템과 목적특수적이고 수요자의 요구에 맞추어진 조절적 장치로 무장하는 것이다(<표 1> 참조). 국가 공간조절 방식의 이러한 변화는 국가의 스케일적 편성에도 영향을 준다(Brenner, 2004). '공간적 케인즈주의'가 지배적 공간조절 전략일 때 서유럽 국가는 보다 중앙집권화되고, 행정적 통일성과 국가스케일을 중심으로 한 단일성이 컸다. 하지만, 1970년대 이후 포스트케인즈주의적인 공간조절이 강화되면서, 국가의 행정권한이 보다 로컬한 수준으로 분권화되고, 동시에 글로벌한 경제적 흐름에 대한 접근성의 차이에 따라 국가의 행정과 조절 행위가 도시와 지역에 따라 차별화된다. 즉 국가공간의 분산화(decentralization)와 스케일적 다중성(scalar multiplicity)이 매우 강화되는 특징을 보인다.

(2) 국가의 스케일 재편에 대한 기존 논의의 비판적 검토

앞에서 소개한 국가스케일 재편에 대한 서구학자들의 논의들은 정치 경제 사회 과정들이 점차 초국가적 차원에서 펼쳐지면서 근대국가적 영역성이 점차 약화되고 있는 현대 사회를 새롭게 이해하고 해석하는 데 많은 도움을 준다. 특히, 국가를 공간적 관점에서 설명하고 이론화할 수 있는 이론적 기초를 던져 주었으며, 인식론적인 '영역화의 함정'에 빠져 근대국가의 영역성을 고정불변하는 것으로 바라보면서 사회적 과정과 현상들을 이해하던 '국가 중심적' 인식론을 극복하

---

3 '공간적 케인즈주의'에 대한 보다 자세한 설명은 이 책의 2장 참조.

는 데에도 많은 기여를 하였다. 특히, 자본, 사람, 기술, 문화 등의 초국가적 이동과 연결이 강화되고 있는 세계화 시대에 국가와 그리고 그 국가를 기반으로 이루어지는 사회적 행위들은 어떻게 변화하고 있는지를 설명하고 이론화하는 데에도 많은 도움을 준다. 더 나아가, 국가를 통해 이루어지는 각종 공간정책(가령, 도시계획, 지역개발, 인프라 건설을 위한 공공사업, 도시 및 지방행정 등)과 국가의 행정체계를 자본주의 조절과정에서 펼쳐지는 사회 세력들 간의 전략적 상호작용과 경합의 과정으로 바라볼 이론적 기초를 제공한다.

하지만, 이러한 기여에도 불구하고 이 논의들은 맑스주의 공간이론과 조절이론적 접근의 영향 하에서 국가의 스케일적 재편을 설명하다 보니, 구조주의적이고 기능주의적 해석과 오해로부터 자유롭지 못하다. 특히, 다양한 사회 행위자들과 그들의 정치적 행동이 국가의 스케일적 재편에서 어떠한 역할을 하는지 충분히 논의되고 있지 않고 있다. 물론 스윙기도우, 스미스, 브레너가 자본주의 조절이 이루어지고 국가의 공간성이 형성되는 과정에서 다양한 사회 행위자들의 전략적 상호작용과 정치적 경합의 과정이 중요하다고 주장하기는 했으나, 그러한 행위들이 스케일적 구조화에 어떠한 영향을 주는지에 대한 구체적인 인과관계가 충분히 논의되지는 않았다.

특히, 국가의 스케일적 재편이 마치 조절적 필요에 의해 도출된 것이라는 인상을 주는 것은 이들 논의들이 구조주의적이라는 오해를 받게 만드는 부분이다. 예컨대 브레너(Brenner, 2004)의 논의에서는 국가권력의 분권화와 같은 스케일 재편이 마치 세계화와 포스트포디즘으로의 전환이라는 거시적 환경 속에서 국가의 조절전략이 바뀌어야 한다는 조절적 필요의 결과물인 것처럼 오해될 수 있는 소지가 있다. 하지만 제솝(Jessop, 1990)의 지적처럼, 국가의 축적전략과 헤게모니프로젝트, 그리고 국가의 형태 사이에는 어떠한 기능적 통일성도 필연적으로 전제되지 않는다. 즉 경제환경의 변화로 인해 국가의 축적전략이 보다 글로벌한 흐름의 경제를 지향한다고 하더라도, 국가의 헤게모니프로젝트와 국가의 공간적이고 스케일적 형태가 반드시 국가의 축적전략에 조응하는 방향으로 변하는 것은 아니다. 이는 제솝의 전략관계적 국가이론에서 이미 언급되었듯, 정치(혹은 국가)와 경제(혹은 자본)는 상호의존적이지만, 동시에 각각 독자적인 작동논리에 기반한 상대적 자율성을 가진 영역이기 때문이다. 따라서 국가의 스케일적 재편에 대한 이론적 논의들도 자본의 논리에 따른 조절적 요구에만 초점을 두기보다는, 국가라는 영역적 정치공동체가 작동하는 고유의 정치문화적 논리와 그것을 둘러싼 정치적 과정이 국가의 공간적이고 스케일적 재편에 어떠한 영향을 주는지에 좀 더 많은 관심을 기울일 필요가 있다.

이러한 문제점과 함께, 기존의 국가스케일 재편에 대한 논의들이 여전히 매우 추상적인 수준에만 머물러 있다는 점도 한계라고 할 수 있다. 국가의 스케일적 재편이 일어나는 구체적 상황은 국가와 사회가 처한 정치 경제 사회 문화의 조건에 따라 상이할 수 있는데, 그러한 구체적 상황과 조건이 국가의 스케일적 재편에 어떠한 영향을 주는지에 대한 이론적 논의와 경험적 연구가 충분하지 않다. 그러다 보니 국가의 스케일적 재편이 일어나는 다양한 상황과 과정에 대해서도 충분한 논의가 부족하다. 그러다 보니 90년대 조절이론을 무비판적으로 적용하려 했던 시도들이 보여주었던 실수가 국가의 스케일 재편 논의에서도 반복될 가능성을 보이기도 한다. 특히, 국가의 스케일 재편을 논하는 일부 학자들이 포디즘에서 포스트포디즘으로의 전환이 국가의 스케일 재편의 중요한 구조적 동인이라 바라보는 논리를 무비판적으로 받아들이려는 모습을 보이기도 한다. 하지만, 포디즘이라는 조절의 체제가 북미와 서유럽을 중심으로 나타났던 특수한 제도적 상황이라는 것을 이해한다면, 이러한 논리를 포디즘과 같은 조절의 체제를 경험하지 않은 국가와 사회에 적용하는 것은 많은 문제를 낳을 수밖에 없다. 이러한 한계는 부분적으로 국가의 스케일 재편에 대한 대부분의 논의들이 서유럽과 북미의 학자들에 의해 주도되어 서유럽과 북미의 사례를 바탕으로 국가의 스케일 재편에 대한 일반화를 시도해 온 사실과도 관련이 된다.

2) 국가스케일 재편의 구체적 메커니즘에 대한 이론화

이제 앞에서 제기한 문제의식을 바탕으로 국가의 스케일 재편이 일어나는 보다 구체적인 메커니즘의 이론을 내놓으려 한다. 특히, 국가의 '하향적 재스케일화'(downward rescaling)라 할 수 있는 분권화의 과정에 영향을 주는 하나의 인과적 메커니즘을 다음의 순서로 개념화할 것이다. 1) 먼저 '스케일의 정치'(politics of scale)에 대한 논의를 바탕으로, 다양한 사회 행위자들이 권력투쟁의 과정 속에서 적극적으로 스케일을 창출하고 변형시키는 과정에 대해 논하고, 2) 이러한 스케일 정치의 과정이 어떻게 상이한 스케일에서 영역화된 정치를 동원하여, 스케일 간 영역적 갈등의 상황을 만들어내는지 논하며, 3) 마지막으로 이러한 스케일 간 영역적 갈등이 어떻게 국가스케일적 재편에 영향을 주는지 이론화할 것이다.

(1) 스케일의 정치

자본주의 사회에서 모든 사회적 관계는 불평등한 권력관계 위에 맺어진다. 그리고 조절의 과정은 사회적 약속과 제도적 장치 등을 통해 이러한 불평등한 권력관계에 의해 파생되는 갈등과 긴장을 일시적으로 해결하는 것으로, 불평등한 권력관계를 재생산 또는 변형하는 과정이다. 따라서 조절과 관련된 스케일의 생산 과정은 정치적으로 중립적인 것이 아니라, 기본적으로 특정의 권력관계를 생산, 재생산, 변형하는 것과 관련된 정치적 과정이라고 할 수 있다.

특히 사회의 권력관계는 어떤 공간스케일에서 누가 무엇을 통제하는가에 따라 매우 상이하게 형성될 수 있다(Swyngedouw 1997: 140). 가령 헤로드(Herod, 1997)가 미국 항만노조의 활동 사례를 통해 잘 보여주듯, 노동과 자본 간의 노사관계에 관한 협상이 매우 작은 공간 스케일에서 이루어질 때, 기술의 발전을 통해 자본이 보다 큰 스케일에서 움직일 수 있는 이동성을 확보하였을 경우, 자본이 노동에 대해 매우 큰 협상력을 확보하여, 노사 간 권력관계의 불평등성이 심화될 수 있다. 물론 노동 또한 '자본의 이동성'에 대응하여 불평등한 권력관계를 재편하려는 노력을 펼 수 있다. 즉 대자본 협상이 이루어지는 공간 스케일을 보다 글로벌한 범위에서 형성하려는 시도가 그러하다. 즉 기존의 권력관계를 유지하거나 바꾸려는 정치적 투쟁과정 속에서 공간의 스케일을 재조직화하거나 재편성하려는 시도들이 일어난다. 권력 획득을 위해 스케일을 생산 변형하는 것과 관련된 이러한 정치적 행위와 과정들이 바로 '스케일의 정치'(politics of scale)이다.

스케일의 정치와 관련한 기존 연구들의 초점은 소위 말하는 '스케일 뛰어넘기'(jumping of scale)와 관련된 정치적 행위와 과정들에 놓인다. '스케일 뛰어넘기'란 특정의 사회세력들이 권력투쟁 과정 속에서 기존 스케일의 틀을 뛰어넘어 보다 글로벌하거나 또는 보다 로컬한 새로운 스케일을 창출함을 통해 기존의 권력관계의 재편을 시도하려는 정치적 전략을 말한다.

콕스(Cox, 1998b)는 이 '스케일 뛰어넘기'를 '의존의 공간'과 '연대의 공간'이라는 두 개념을 바탕으로 설명한다(이 책 38쪽 이하 참조). 여기서 '의존의 공간'은 행위자들이 자신의 이해를 실현하고자 어떤 사회적 관계들에 의존하고 있을 때, 이 사회적 관계들이 뻗어 있는 공간적 범위를 뜻한다. 예컨대 기업이나 노동자들이 어떤 지역적으로 형성된 노동시장에 구인 구직을 의존하고 있을 때, 이 노동시장이 펼쳐진 공간이 의존의 공간이 될 수 있다. 이 의존의 공간은 '공간에 대한 차별화'(Smith, 1984)의 한 결과로 이해될 수 있다. 그런데 이 의존의 공간은 보다 넓은 공간적 범위에서 형성되는 사회적 관계들과 서로 연결되는데, 이 넓은 범위의 사회관계와 과정들은 그 동질화의 힘으로써, 공간 차별화를 통해 형성되는 의존의 공간을 끊임없이 해체시키려 한다. '의존의 공간'에 자기 이해의 실현을 의존하는 행위자들은 이 의존의 공간을 보호하려고 하고, 그 한 방편으로 자신들이 뿌리내린 의존의 공간을 뛰어넘는 정치적 연대와 네트워크의 형성을 통해 다른 공간 스케일에 있는 행위자들이나 권력을 동원하려 한다. '연대의 공간'은 이런 정치적 연대와 네트워크가 형성되는 공간적 범위를 말한다. 콕스에 의하면, '스케일 뛰어넘기'란 어떤 장소에 기반하는 일련의 행위자들이 자신의 '장소의존적인'(locally dependent) 이해를 보호하기 위해 자신의 '의존의 공간'을 뛰어넘어 다른 공간 스케일에 있는 행위자들과 '연대의 공간'을 형성함을 통해 이루어진다.

이 '스케일 뛰어넘기' 전략은 특히 피지배계급에 의해 기존의 권력관계의 재편을 시도하는 하나의 저항전략으로 많이 이용된다. 지배계급은 피지배계급을 통제가능한 스케일에 묶어둠으로써 그들에 대한 통제를 지속하도록 노력하지만, 반면에 피지배계급은 다른 스케일에서의 권력과 도구들을 이용하여 그렇게 강요된 스케일에서 벗어남으로써 자신을 해방시키려 노력하는 경향이 있다(Jonas, 1994). 한 예를 든다면, 자본의 세계화 경향에 대한 한 저항전략으로 노동운동이나 여타 사회운동세력들이 기존의 국가나 지역의 스케일을 뛰어넘어 보다 글로벌한 스케일에서 운동의 조직화를 시도하는 것이 있을 수 있다.

그런데 '스케일 뛰어넘기' 전략이 단지 피지배계급에 의해서만 사용되는 것은 아니다. 지배계급이 자신의 권력을 유지, 강화하는 한 수단으로 기존의 스케일을 뛰어넘는 시도를 하기도 한다. 예컨대 EU, NAFTA, WTO 등의 설립과 같은 최근의 세계화 흐름들은 기존의 사민주의적 복지국가나 케인즈주의 개입국가의 틀 속에 갇혀서 노동에 대한 주도권의 많은 부분을 상실하였던 서구 선진제국의 자본이 기존의 국민국가적 스케일의 틀을 뛰어넘어 더 넓은 범위에서 새로운 스케일을 창출하여 보다 친자본적인 권력관계를 형성하려는 '스케일 뛰어넘기' 전략의 결과들이라고 말할 수 있다. 결국, '스케일 뛰어넘기' 전략은 자본이나 노동, 또는 지배계급과 피지배계급이 서로에 대한 경쟁과 투쟁의 과정 속에서 기존의 스케일의 틀을 뛰어넘어 보다 큰 스케일의 공간을 자신의 통제 아래 두려는 정치적 노력의 일환이라고 할 수 있다.

하지만 '스케일 뛰어넘기' 전략을 항상 보다 큰 스케일로 영향력을 확대하려는 정치적 과정과만 연결시켜서는 안 된다. 스케일 뛰어넘기는 스케일 상승(upscaling)뿐만 아니라, 스케일 하강(downscaling)까지 포함하는 전략이다. 즉 콕스의 용어를 빌면, 연대의 공간을 의존의 공간보다 더 큰 스케일에서 형성할 수도 있지만, 의존의 공간보다 작은 스케일에서 형성할 수도 있는 것이다. 예를 든다면, 세계화와 신자유주의의 흐름 속에서 자본과 국가는 기존 국가스케일에서 이루어지던 많은 조절의 과정을 더 작은 공간 스케일인 도시나 지방정부 수준에서 이루어지도록 하고 그 결과로 지역 간 경쟁을 심화시켜 노동에 대한 자신의 통제력을 강화하려 하는데, 이 경우 국가나 글로벌 스케일에서 의존의 공간을 가진 행위자들이 도시와 로컬과 같은 작은 스케일의 행위자들과 연대의 공간을 형성하려는 '스케일 하강' 전략이 사용되었다고 할 수 있다.

(2) 조절행위의 장소기반적 성격과 스케일적 다중성

필자는 이 장에서 국가의 하향적 스케일 재편, 즉 분권화 과정을 유발하는 중요한 하나의 계기를 국가스케일과 지역스케일에서 각각 차별적으로 동원된 영역적 이해관계가 충돌하는 상황이라 주장한다. 이 주장의 좀 더 자세한 이론화를 위해서는 자본주의 조절과정이 지니는 영역성에 대한 논의가 필요하다.

자본이 잉여가치의 생산과 전유를 위해 필요한 모든 조건들을 제공하는 것이 불가능하기 때문에, 자본의 지속적 축적을 위해서는 (국가 혹은 다른 사회적 행위자들에 의한) 조절의 행위가 반드시 필요하다는 것은 기존의 정치경제학 문헌에 의해 이미 지적되어 왔다. 하지만, 기존의 정치경제학 연구들은 조절에 대한 연구에서 조절의 공간성을 이해하는 데 많은 노력을 기울이지 않았다. 조절의 공간성을 이해하기 위해서는 조절의 활동과 과정이 지니는 장소기반적(place-based)이고 스케일 특수적인(scale-specific) 성격에 대해서 알아야 한다.

자본주의 조절의 과정은 반드시 장소에 기반하여 이루어진다. 먼저 개별적인 경제적 행위와 활동을 조절하고 통제하기 위해서는 특별한 사회제도적 조직과 관계를 구성할 필요가 있는데, 이 사회제도적 조직과 관계의 형성은 반드시 특정한 지리적 범위 내에서만 이루어지는 것이다. 예를 들어, 노사관계의 조절을 위해 만들어진 한국의 노동법은 한국의 국경 내에서만 그 효력을 발휘하는 것이지, 국경을 넘어 일본이나 북한 혹은 중국에서는 전혀 조절적 효용을 지니지 못한다. 또한 도시 내 토지이용을 조절하기 위한 지방자치단체의 조례는 그 지자체의 경계를 벗어나서는 효력을 발휘하지 못한다.

또한 조절 행위에 대한 사회적 필요는 대개 장소의존적 이해관계에 대한 반응으로 나타난다. 이는 '국지적 의존성'(local dependence) 개념으로 잘 설명되는데(Cox & Mair, 1988), 이 개념을 자본주의 조절의 관점에서 재해석하면 다음과 같다. 자신의 활동과 재생산을 위해 특정의 장소특수적인 사회공간적 관계나 조직에(가령, 국지화된 시장, 국지화된 기업간 관계, 지역노동시장, 특정 지역의 교통망, 지역특수적인 사회적 관계망 등) 의존하는 행위자들은 이들 장소특수적 관계나 조직에 대한 의존성 때문에 해당 장소에 고착되는 경향을 보이고, 따라서 자신들이 고착된 장소의 흥망성쇠가 자신의 이해에 결정적인 영향을 미치기 때문에, 자기가 속한 장소의 경제적 성장을 추구하는 특정의 조절 행위를 도모할 수 있다. 예컨대 국가 차원의 경제발전을 위해 산업정책이라는 조절적 수단을 사용하는 것에 국가가 앞장서고, 기업이나 언론들이 동조하는 경우, 이것은 이들 행위자들이 국가라는 공간 스케일에서 정의되는 장소에 의존적인 이해를 지니고 있기 때문이다. 만약 이들이 다국적기업처럼 국가라는 장소에 대한 국지적 의존성이 약할 경우, 언제든지 보다 더 나은 조건을 가진 장소로 떠날 수 있고, 그러므로 국가 차원에서 조절의 활동을 도모하고 추진할 특별한 이유를 가지지 않을 것이다.

조절의 '장소기반적' 성격과 더불어, 조절의 공간성을 이해하는 데 필요한 또 다른 중요한 요소는 조절의 '스케일 특수적'(scale-specific) 성격이다. 장소는 다양한 지리적 스케일에서 정의될 수 있다. 따라서 장소의존적 이해도 상이한 지리적 스케일에서 다르게 나타날 수 있고, 또한 장소의존적 이해를 바탕으로 조직되는 '장소기반적' 조절의 행위도 다양한 공간적 스케일에서 이루어질 수 있다. 이와 관련하여 콕스(Cox, 1993)는 '스케일적 분업'(scale division of labor)이라는 개념을 제시하면서, 상이한 성장연합이 상이한 지리적 스케일에서 조직될 수 있고, 이 경우 이들 상이한 성장연합들은 상이한 스케일에서 정의되는 장소의존적 이해를 바탕으로 상이한 조절적 행위를 추구할 수 있다고 설명한다. 예를 들어 국가라는 지리적 스케일에서 장소의존적 이해를 가진 행위자들이 국가의 경제발전을 위해 조절 행위를 조직할 수 있지만, 동시에 그보다 스케일이 작은 도시나 지역 단위에서도 장소의존적 이해를 가진 행위자들이 지역적인 이해를 바탕으로 조절 프로젝트를 만들어낼 수도 있는데, 도시나 지역 단위에서 추진되는 도시계획, 토지이용계획, 지역산업발전계획 등이 그 예가 될 수 있다. 다시 말해, 상이한 조절의 행위와 과정들이 다양한 지리적 스케일에서 동시에 펼쳐질 수 있는 것이다.

(3) 조절의 영역화 과정과 국가의 스케일적 재편

조절의 장소기반적 성격은 조절의 과정에서 발생하는 사회 세력들 사이의 긴장과 갈등이 수반되는 정치적 상호작용을 통해 '영역 정치'(territorial politics)를 유발하기도 한다. 특정의 스케일에서 규정된 장소의존적 이해에 의해 조절의 행위가 추동된다 하더라도, 조절의 혜택이 '의존의 공간'[4] 내의 모든 구성원들에게 골고루 분배되는 것은 아니다. 따라서 특정의 조절적 질서와 규범을 모든 구성원들에게 부가하고 행사하는 것은 필연적으로 갈등과 충돌을 내포하는 과정이다. 조절의 성공을 위해서는 이러한 긴장과 충돌을 완화시키는 것이 필수적이다.

조절의 과정에서 발생하는 긴장과 갈등을 완화시키기 위해 종종 '영역화 전략'(territorializing strategy)이 많이 사용된다. 이는 같은 '의존의 공간' 내에 있는 장소의존적 행위자들과 정치적 연대를 형성하거나 강화함을 통해 조절 과정의 긴장과 갈등을 완화하기 위한 것이다. 하비(Harvey, 1989)의 이야기에서처럼, 구조화된 응집(structured coherence)이 형성된 도시나 지역이 다른 도시와 지역과의 경제적 경쟁에서 승리하기 위해 도시와 지역 내의 자본과 노동이 초계급연합(cross-class alliance)을 결성하는 상황이 여기에 해당된다. 이는 다국적기업이나 국가의 자본투자를 유치하기 위한 도시 및 지역 간 경쟁에서 승리하기 위해 특정의 도시와 지역에서 성장연합(growth coalition)이 결성되는 상황과 관련된다. 그런데 이러한 연대의 형성은 많은 경우 영역적 정체성과 이해관계에 대한 정치문화적 동원을 바탕으로 이루어진다(Cox, 1997). 특정의 조절적 프로젝트의 추진을 위해 성장연합의 결성을 주도하는 세력들은 그 조절 프로젝트로 인한 혜택들이 '의존의 공간' 전체의 이득이 될 것이라 주장하고, 또한 장소적 정체성과 지역주의나 민족주의적 이데올로기를 동원하여 도시와 지역 내의 결속을 강화하려 한다. 또한 이 과정에서 영역적 정체성을 중심으로 '우리'와 '타자'가 구분되는 배제와 포섭의 행위가 강화되고, 영역성이 사람들을 호명하고 사회적 행위와 관계를 통제하는 데 중요한 수단이 된다. 이러한 '영역화 전략'(territorializing strategy)은 다른 지역 혹은 장소와의 경쟁과 갈등을 강화하여, 특정 조절전략에 대한 도시와 지역 내부

---

[4] 여기서, '의존의 공간'(space of dependence)이란 특정의 장소의존적 이해를 실현하는 데 핵심적인 어떤 장소특수적 사회적 관계가 펼쳐져 있는 공간을 의미한다(Cox, 1998b). 보통 특정의 지역 행위자들이 자신들이 지닌 장소의존적 이해를 보호하기 위해 조절 프로젝트를 추진할 때, 그 조절 활동이 조직되는 공간적 범위는 보통 '의존의 공간'의 물리적 경계 내에서 구성된다.

의 갈등과 분열을 완화시키는 역할을 한다.

필자는 이처럼 장소기반적 조절의 과정에서 발생하는 영역정치가 국가의 스케일적 재편에 매우 중요한 역할을 할 수 있다고 주장한다. 왜냐하면 특정의 장소의존적 이해에 기반하여 동원된 영역정치와 영역화된 사회적 행위자들은 국가 안에서 그리고 국가를 통해서 작동하는 다른 사회적 세력들과의 전략관계적 상호작용과 경합을 통해 국가의 공간성을 형성하고 변형하는 데 매우 큰 영향을 미칠 수 있기 때문이다. 그렇다면 영역정치와 영역화된 사회적 행위자들이 어떻게 국가의 스케일적 재편에 영향을 줄 수 있는지 보다 구체적으로 살펴보자.

영역화된 정치적 과정이 국가의 스케일적 구성에 영향을 줄 수 있는 중요한 계기 중의 하나는 상이한 스케일에서 동원된 영역화된 이해관계가 충돌하고 갈등하는 과정에서 발견될 수 있다. 앞서 논의하였듯 조절의 과정은 항상 장소기반적이고 스케일 특수적이다. 다시 말해 장소기반적 성격을 지닌 조절의 과정은 상이한 스케일에서 상이한 방식으로 나타날 수 있다. 예를 들어, 국가적 스케일에서 산업정책이나 지역개발정책이 추진되지만, 동시에 도시나 지역적 스케일에서 독자적인 도시개발정책과 지역경제발전정책이 추진될 수 있다. 많은 경우 국가의 행정체계를 통해 상이한 스케일에서 추진되는 조절의 전략들은 서로 조응이 되어 충돌하지 않도록 만들어지지만, 그러한 스케일 간 조응과 협력이 항상 쉽게 이루어지는 것은 아니다. 왜냐하면, 국가적 스케일에서 추진되는 조절의 과정과 도시 및 지역적 스케일에서 추진되는 조절의 과정은 상이한 스케일에서 형성된 '의존의 공간에 의존하고 있는 행위자들의 장소기반적 이해를 대변하는 것이고, 따라서 그 조절적 실천들이 지향하는 가치와 목적이 상이할 수 있기 때문이다. 예를 들어 중앙정부는 지식경제를 육성해야 한다는 국가스케일적 이해에 기반하여 IT, BT 등과 같은 첨단산업을 육성하는 산업정책을 펴지만, 기존의 장치산업과 중화학공업에 특화된 지역에서는 국가 차원의 첨단산업 육성정책과는 다른 방향의 산업정책을 지역스케일에서 추진할 수 있는 것이다. 이 경우 국가스케일의 행위자와 지역스케일의 행위자가 지니는 상이한 장소의존적 이해 때문에 상이한 스케일에서 추진되는 두 상이한 조절 프로젝트의 목적과 가치가 국가의 행정체계를 통해 쉽사리 화해되고 조응되기 힘들 수 있다.

국가와 지역이라는 상이한 스케일에서 추진되는 조절의 프로젝트들이 그 목적과 가치에 있어 충돌할 경우, 각 조절 프로젝트의 추진 세력들은 자신의 장소의존적 이해를 지키려고 다양한 정치적 행위를 펼치기 마련이다. 먼저 지역적 스케일의 행위자들은 '상향적 스케일 정치'를 통해 국가스케일에서 영향력을 행사하는 행위자들의 권력과 자원을 동원하여 국가스케일에서 추진되는 조절 프로젝트가 자신들의 장소의존적 이해와 좀 더 친화적이 되게 변화를 시도할 수 있다. 중앙 정부의 정책결정에 영향력을 행사할 수 있는 국회의원, 행정관료, 지식인, 언론 등을 동원하여 국가적 차원의 조절 프로젝트를 변화시키려 하는 시도가 이것의 예가 될 수 있다. 동시에 국가적 스케일의 행위자들도 '하향적 스케일 정치'를 통해 지역스케일의 조절 행위에 영향을 주려 시도할 수 있다. 예를 들어 지방정부에서 일하는 관리들 중에서 중앙 정부에서 파견한 이들에게 압력을 넣어 지역적 조절 프로젝트에 변화를 주려 한다거나, 지역 내에서 추진되고 있는 지역스케일의 조절 프로젝트에 반감이 있는 세력들을 동원하여 지역 내의 여론을 변화시키려 하는 것 등이 여기에 포함될 수 있다.

이러한 '스케일 뛰어넘기' 전략이 국가와 지역스케일에서 상이하게 추진되는 조절 프로젝트들이 조응하도록 도움을 줄 수도 있지만, 많은 경우 상이한 장소의존적 이해를 조정하는 데 한계를 보이고 상이한 스케일의 조절행위들 간의 부조화와 충돌의 상황이 지속된다. 이러한 상황에서 많은 경우 국가와 지역스케일의 장소의존적 행위자들은 '영역화 전략을 사용하여 자신들의 장소적 이해와 정체성을 지키려고 한다. 예를 들어, 국가스케일의 행위자들은 애국주의와 민족주의 이데올로기를 바탕으로 국가 차원에서 추진되는 조절 프로젝트와 조응하지 못하는 지역스케일의 조절적 프로젝트가 편협한 지방적 이익 때문에 국가 전체의 이익을 반하는 것이라고 비난하고 그에 대한 국민적 지지를 동원함을 통하여, 지역적 스케일의 장소의존적 행위자들을 굴복시키려 할 수 있다. 이와 동시에, 지역스케일의 행위자들은 자신들의 요구를 들어주지 않는 중앙 정부와 국가 차원의 행위자들을 비판하면서, 지역주의와 같은 영역적 정체성을 동원하여 지역 내 행위자들의 단합을 도모하고 국가적 조절 프로젝트에 저항할 수 있다.

이처럼 조절의 과정이 상이한 지리적 스케일에서 영역화될 경우 국가의 스케일적 구성에 변화가 생길 수 있다. 콕스(Cox, 2003)에 따르면 영역화된 동맹이 더 큰 공간적 분업의 틀 속에서 그들의 기존 지위를 지키려 하거나 그들의 지위를 향상시키려 하는 경우, 스케일적 분업의 틀이 변하고 더 큰 지리적 스케일에서 새로운 공간적 분업구조가 형성된다. 더 나아가 이러한 과정이 불균등발전의 패턴에 영향을 주고 기존 시스템에서 조절적 병목 현상을 야기하는 상황은 국가가 새로운 '스케일적 조정'(scalar fix)를 추구하게 만드는 조건이 된다(Cox, 2003: 11~12). 그런데 국가의 스케일적 배열은 상이한 지리적 스케일에서 형성된 상이한 조절적 이해가 서로 충돌하는 상황에서 보다 쉽게 재구성될 수 있다. 특히, 국가와 지역의 상이한 스케일에서 이루어지는 조절의 행위가 서로 다른 이해관계 때문에 갈등하는 상황에서 이들 각 스케일의 장소의존적 이해가 영역정치에 의해 영역화되면, 국가 대 지역의 스케일 간 갈등은 더욱 더 심화되고, 그 결과로 국가의 조절적 역량은 급격히 약화되고 기존의 스케일적 구조는 조절적 위기의 상황에 빠질 수 있다. 이 경우 어떠한 공간적 스케일에 있거나 상관없이 모든 행위자들은 그들의 조절 프로젝트를 추진하는 데 어려움을 맞으며, 그로 인해 사회 행위자들은 제도적 조정(institutional fix)를 추구하고, 국가의 스케일적 재편이 중요한 한 옵션이 될 수 있다.

(4) 동아시아 발전주의 국가에서 국가-지역 간 갈등과 국가의 분권화

필자가 앞에서 제시한 국가의 스케일적 재편이 일어나는 구체적 메커니즘에 대한 논의는 동아시아 발전주의 국가의 사례를 분석하는 데 특히 유용하다. 왜냐하면 발전주의 국가의 매우 중앙집권적이고 위계적인 조절의 행위들은 국가와 지역스케일 간의 영역화된 갈등의 상황에 쉽게 빠질 수 있기 때문이다. 한국, 일본, 대만과 같은 동아시아 발전주의 국가는 경제활동에 대한 국가의 적극적 개입을 바탕으로 급격한 경제성장을 이룩할 수 있었다. 그런데 조절행위의 영역화라는 관점에서 바라보면, 발전주의 국가의 행위를 국가스케일에서 규정되는 장소

기반적 이해를 추구하는 조절 행위로 해석할 수 있다.

그런데 고도로 중앙집권화된 조절의 구조로 인해, 동아시아 발전주의 국가의 정책들은 지역적 스케일에서 규정되는 장소기반적 이해에 매우 큰 영향을 미칠 수 있다. 특히, 국가의 산업 및 지역정책이 지니는 공간적 선택성으로 인해 국가의 조절적 행위로 인한 혜택이 모든 지역과 도시에 균등하게 배분되지 않으며, 이러한 상황은 지역 간 격차의 심화로 나타날 수 있다. 이런 조건에서 도시와 지역들은 국가의 자원과 투자를 유치하고, 또한 국가의 정책결정에서 특별한 대우를 받기 위한 경쟁 상황에 놓인다. 국가의 공간적 선택성에 대한 이러한 경쟁적이면서 불균등한 상황의 결과로 각 지역들은 국가스케일의 이해에 기반한 발전주의 국가의 조절적 행위에 대해 차별화된 이해를 갖는다. 특히, 국가정책으로 인해 불이익을 받는 지역에서는 그렇지 않은 지역에 비해 국가의 정책에 대해 훨씬 더 비판적인 태도를 취할 가능성이 크다. 그리고 그러한 불이익의 상황이 국가스케일의 행위자들을 동원하려는 스케일의 정치를 통해서도 잘 해소되지 않을 경우, 지역의 행위자들은 그들의 장소의존적 이해를 지키기 위해 영역정치를 동원하여 발전주의 국가의 조절적 행위에 대해 저항할 수 있다.

이러한 영역화의 경향은 계급정치가 활성화되지 않은 동아시아의 정치적 조건 하에서 더욱 더 뚜렷하게 나타날 수 있다. 계급정치가 활성화되지 않은 상황에서 동아시아 국가의 정당정치는 지역적 이해에 좀 더 민감한 균열구조를 가지고 있다. 이는 한국, 일본, 대만 등과 같은 동아시아 국가의 정당정치가 지역주의 정치나 지역적 이해에 기반한 이권유도형 정치(pork barrel politics)에 영향을 많이 받는다는 사실에서 잘 알 수 있다. 이러한 상황에서 일부 정당과 정치인들은 자신들의 지지기반을 구축하기 위해 지역적 스케일에서 영역화된 이해를 적극 대변할 수 있고, 이렇게 되면 지역적 스케일의 이해는 더욱 더 영역적으로 정치화된다. 그리고 국가와 지역스케일 간의 영역화된 갈등이 심화된다.

이처럼 국가와 지역스케일 간에 혹은 중앙과 지방 간에 영역화된 갈등이 심화되면, 국가가 중앙집권화되고 위계화된 조절의 시스템을 바탕으로 정치경제적 활동들을 조절하고 통제하는 역량이 심각히 약화될 수 있다. 이러한 조절의 위기 상황이 지속되면 국가의 정치적 정당성도 심각하게 훼손될 수 있다. 이러한 상황에서 국가지배엘리트가 지역스케일의 행위자들로부터의 도전과 비판을 쉽사리 억누를 힘을 가지고 있지 못하면, 그들의 정치적 부담을 줄이기 위해 기존의 스케일적 구조를 재편하려 할 수 있고, 그러한 제도적 조정의 한 방편으로 국가의 권력을 지역적 수준으로 이양하는 분권화 전략을 사용할 수도 있다.

III. 방사성폐기물처분장 입지선정의 스케일 정치와 국가의 스케일적 재편

여기서는 앞에서 제시된 국가의 스케일적 재편에 대한 이론적 논의에 대한 경험적 사례를 소개한다. 특히, 방사성폐기물처분장 입지에 대한 의사결정 권한이 일부 중앙에서 지방으로 이양되는 과정에 대한 사례연구를 통해 국가의 스케일적 재편이 국가와 지역스케일 간 영역화된 갈등과 그로 인한 조절적 위기를 상황을 타개하려는 국가의 스케일적 조정에 의해 영향받음을 보여줄 것이다.

1) 방사성폐기물처분장 입지선정을 둘러싼 국가조절의 위기

원자력은 한국의 에너지 자원 중에서 가장 중요한 것 중의 하나이다. 2008년의 경우 4개 지역에 있는 20개의 원자력 발전소에서 1,771.57kw의 전력을 생산하여

<표 2> 한국의 원자력 발전소 입지

입지	원자력 발전소의 수	전력 생산량 (Unit: 만Kw)
고리	4 plants	313.70
월성	4 plants	277.87
영광	6 plants	590.00
울진	6 plants	590.00
전체	20 plants	1,771.57

한국의 전체 전력 생산 중 40%를 담당하였다(<표 2> 참조). 이처럼 원자력 발전소가 한국 전력 생산의 중요한 부분을 차지하면서, 방사성폐기물의 처리도 중요한 국가적 과제가 되었다. 2003년의 경우 한 해 동안 18개의 원자력 발전소에서 2,760,000리터의 방사능 폐기물이 만들어졌다. 하지만, 방사능 폐기장 시설의 부재로 2003년 기준으로 68,387드럼의 방사성폐기물이 기존 원자력 발전소의 입지 저장소에 보관되었다. 따라서 방사성폐기물의 처리는 한국이 원자력 에너지에] 계속해서 의존하는 한 매우 중요하고 시급한 국가적 과제라 할 수 있다.

하지만, 방사성폐기물처분장의 입지를 선정하지 못하여 방사성폐기물처분장 시설의 건설은 그동안 계속 지연되어 왔다. 특히 1986년부터 2005년까지 19년 동안 한국 정부는 방사성폐기물처분장의 입지를 선정하려 노력하였으나, 선정 후보 지역 주민들의 강한 저항 때문에 입지선정을 못하였다. <표 3>에서 보듯, 1986년부터 2004년까지 19년 동안 총 8차에 걸친 방사능폐기장 건설 추진시도가 있었다. 하지만, 모든 시도들이 주민들의 반대로 무산되어, 2003년부터는 방사성폐기물처분장 건설 사업이 언론에 의해 "최장기 미해결 국책사업"(한겨레, 2003. 7. 29)으로 불리기도 하였다.

그런데 이러한 19년간의 입지선정 지체로 인한 조절의 위기 상황은 2005년에 놀랍도록 갑자기 해소된다. 2005년 12월 한국 정부는 경상북도 경주에 방사성폐기물처분장의 입지를 발표한다. 지역주민들의 격렬한 반대로 인해 그 이전 19년간 표류하던 방사성폐기물처리장의 입지선정이 어떻게 2005년에 갑자기 가능하게 되었을까? 필자는 이 장에서 국가-지역 사이에 나타나는 스케일 간 충돌과 갈등, 그리고 이 상황을 해결하기 위한 국가의 스케일적 재편과정에 초점을 두어 이 질문에 대한 답을 찾아볼 것이다.

2) 중앙집권적 입지선정 과정과 영역화된 방사성폐기장 반대 운동

19년간 지체되던 방사성폐기물처분장 입지선정이 어떻게 2005년에 갑자기 가능했는지 답하기에 앞서, 방사성폐기물처분장의 입지선정이 왜 그동안 지체될

<표 3> 19년간 추진되어온 한국 정부의 방사성폐기물처분장 추진 내용과 결과

시기	추진 내용	결과
1차 (86~89년)	- 문헌조사를 통해 동해안 3개 후보지(울진, 영덕, 영일) 도출 - 지질조사 착수	주민 반대로 지질조사 중단(89년 3월)
2차 (90년)	- 충청남도 협조하에 안면도 후보지 추진 - 제2원자력연구소 건설계획으로 추진	비공개로 추진됨에 따라 지역주민들의 불신 야기 주민반대로 백지화
3차 (91~93년)	- 폐기장 유치 자원지역 공모 및 후보지 도출을 위한 용역 실시 - 6개 후보지(고성, 양양, 울진, 영일, 장흥, 태안)	주민 반대로 중단
4차 (93~94년)	- 영일, 양산, 울진 등 3개 지역 유치활동에 따라 사업 추진	주민 반대로 중단
5차 (94~95년)	- 10개 후보지역 선정 - 굴업도를 최종 부지로 선정하고 방사능 폐기시설 지구로 지정 고시	사업 추진 중 활성단층 발견되어 지정고시 해제
6차 (2000~2001년)	- 전국 임해지역 자치단체를 대상으로 부지 유치공모 실시 - 영광, 강진, 진도, 고창, 보령, 완도, 울진 등 7개 지역에서 지역주민의 유치활동 있었음	유치를 신청하는 지방자치단체가 없어서 공모 무산
7차 (2003~2004년)	- 사업자 주도방식으로 전환 - 영광, 고창, 영덕, 울진 등 4개 후보부지 발표 - 지방자치단체 자율유치 방식으로 전환 - 부안군 유치청원서 제출(2003년 7월)	부안군민의 격렬한 반대와 주민투표에서의 거부로 백지화(2004년 2월)
8차 (2004년)	- 방사능 폐기장 부지 신규유치 공모 - 울진, 고창, 군산, 영광, 완도, 장흥, 강화 등 7개 시군 유치 운동	지자체장 신청 없어 무산

자료: 이헌석(2010: 20~21)

수밖에 없었는지를 먼저 살펴볼 필요가 있다. 방사성폐기물처분장의 입지선정이 지체된 가장 큰 이유는 방사성폐기물의 지역 내 처분을 반대하는 지역주민들의 격렬한 저항이었다. 1986년부터 2004년까지 한국정부는 방사성폐기물처분장 입지대상으로 거론된 지역에서 벌어진 강력하고 격렬한 주민저항에 부딪쳐서 방사성폐기물처분장의 건설을 시작할 수도 없었다.

대표적인 사례는 1990년 충청남도의 안면도와 2003년 전라북도 부안에서 있었던 방사성폐기물처분장 반대운동이었다. 지역주민들이 방사성폐기물처분장 입지에 대해 어느 정도로 극렬하게 저항했는지를 알아보기 위해, 위의 두 사례에 대해 간단히 소개하려 한다. 1990년 한국 정부는 충청남도 안면도에 원자력연구소와 방사성폐기물처분장을 건설하려는 정책의지를 보였으나, 이는 곧바로 지역주민들의 강력한 저항에 부딪쳤다. 1990년 11월 3일 한국의 조간신문에서 일제히 "핵폐기물 영구처분장 안면도 건설계획"이라는 제목으로 안면도에 방사성폐기물 처분장이 들어설 예정이라는 기사가 보도된 직후, 지역주민들은 "핵폐기물처분장설치 반대대책위원회"를 결성하고, 자녀들의 등교거부, 상가철시, 이장단 사표 제출 등의 강력한 반대운동을 펼치기 시작하였다. 신문보도 이후 불과 5일 동안 대규모 집회와 화염병, 휘발유통까지 등장하는 격렬한 시위가 이어졌고, 1990년 11월 8일에는 안면지서장의 차와 안면지서가 불타는 사태가 벌어지기도 했다. 이러한 강력한 저항 때문에 결국 11월 8일 저녁 과학기술처 장관이 "주민들의 오해가 풀리지 않는 한 어떠한 원자력시설도 안면도에 추진하지 않겠다"는 사실상의 백지화 선언을 한다(이헌석, 2010: 9~10).

이후 10여년간 한국정부의 방사성폐기물 처분장 건설 시도는 계속되었으나, 지역주민들의 반대에 부딪쳐 좌절되기를 거듭하였다. 하지만, 원자력 에너지에 1/3 이상의 전력을 의존하고 있는 한국의 상황에서 방사성폐기물 처분시설의 확보는 매우 중요한 사안이었고, 2000년대 들어 한국정부는 이를 더 이상 미룰 수 없다 생각하고 적극적으로 방사성폐기물 처분장의 위치 찾기에 골몰한다. 그런 상황에서 2003년 한국 정부는 지역주민들의 반발을 완화하기 위한 방편으로 방사성폐기물 처분장이 들어서는 지역에 대한 경제적 지원을 획기적으로 늘리고, 동시에 중앙정부에서 처분장 입지를 일방적으로 결정하여 지정하는 방식이 아니라 지방자치단체가 처분장의 건설을 신청하도록 유도하는 방식으로 부지선정절차를 변경하였다.

이에 여러 지방자치단체에서 방사성폐기물 처분장의 유치에 관심을 보였으나 지역주민들의 부정적 여론 때문에 적극적으로 나서지 못하고 있던 상황에서 전라북도 부안군이 적극적으로 나서기 시작하였다. 2003년 7월 11일 김종규 당시 부안군수는 '방사성폐기물 관리센터 및 양성자가속기 사업 부안군 유치'를 선언하였다. 이후 부안군 의회에서는 7:5의 표결로 부안군의 유치신청을 부결시켰지만, 7월 14일 부안군수는 유치신청서를 접수시킨다. 이러한 부안군수의 독단적인 유치신청은 부안군민들의 분노를 유발하였고, 7월 22일 1만명이 부안군에서 집회를 열었으며, 이 집회에 대해 경찰이 강경진합으로 나서 다수의 부상자가 발생하는 사건이 벌어진다. 이후 주민들의 저항과 반발은 더욱 격렬해져서, 겨우 인구 7만 명의 부안군에서 1만명 가까이 되는 인원이 참가하는 집회가 지속되었고, 집회 이외에도 자녀들의 등교거부, 이장사퇴, 부안군내 사회단체들의 반대의사 표시 등이 계속 이어졌다.

사태가 심각해지자, 정부는 유화적 태도를 취하면서 주민들과 대화를 시도하였다. 하지만, 방사성폐기물 처분장 건설에 대한 부안 주민의 의견을 어떻게 모을 것인지에 대한 이견 때문에 정부와 부안주민들 간의 협상은 중단되었고, 2003년 11월부터 부안에는 또 다시 주민들과 경찰과의 충돌이 벌어졌다. 이후 정부로부터의 공식적인 승인 없이 지역주민들은 주민투표를 통해 방사성폐기물 처분장의 유치여부에 대한 결정을 내리기로 하고, 2004년 2월 14일 주민투표를 실시하였다. 주민투표에서는 총 유권자 52,108명 중 72.04%인 37,540명이 투표하여, 이중 91.83%인 34,472명이 유치반대에 투표함에 따라 부안군에 방사성폐기물 처분장을 유치하려는 시도는 사실상 좌절하였다(이헌석, 2010: 18~19).

이 두 사례에서 보듯 한국 정부가 방사성폐기물 처분장을 건설하려 한 시도들은 주민들의 격렬한 저항에 의해 좌절되어 왔다. 그렇다면, 지역주민들이 방사성폐기물 처분장의 건설에 대해 그렇게 격렬하게 반대하고 필사적으로 저항한 이유는 무엇일까? 이에 대해 한국의 일반적 여론은 중앙정부와 지역사회 사이의 신뢰 부족을 가장 큰 이유로 든다. 이러한 입장은 다음에 인용된 언론 사설에 잘 묘사되어 있다.

국책사업에 대한 지역의 저항이 실패의 핵심 이유이다…. 이와 관련하여 한국의 일반대중들에게 원자력 에너지에 대한 보다 나은 이해를 도모하기 위해 설립된 비영리 단체인 한국원자력문화재단은 Korea Times와의 인터뷰에서 지역사회와 정부 사이에 이해의 부족과 정부정책에 대한 뿌리 깊은 불신이 존재하고 있다고 언급하였다. (Korea Times, 2003. 4. 30, 필자 번역)

국가의 방사성폐기물 처분장 건설에 반대하는 지역주민들이 항상 정부에 대해 투명성이 부족하고 신뢰할 수 없다고 비판하였던 점에 비추어 보아, 이러한 주장은 정부 실패의 원인을 제대로 지적하는 것처럼 보이기도 한다. 하지만, 이러한 관점은 방사성폐기물 처분장 건설의 지체가 정부의 홍보부족과 지역주민들과의 의사소통부재 때문이라고만 바라보고, 지역주민들이 정부정책에 불신을 가지게 만든 구조적 요인을 무시하는 것이다.

필자는 방사성폐기물 처분장 건설에 지역주민들이 격렬하게 저항한 배후에는 국가스케일 중심으로 이루어졌던 조절과 정책결정의 과정이 놓여 있다고 바라본다. 한국에서 방사성폐기물 처분장의 건설과 관련된 모든 과정은 중앙 정부에 의해 주도되어 왔다. 방사성폐기물 처분사업이 1996년 이전까지는 과학기술처 주관 하에 한국원자력연구소가 추진하였고, 그 이후부터는 통상산업부(현재는 산업자원부) 주관 하에 한국전력공사에서 추진하여왔다. 이들 중앙의 부처들은 방사성폐기물 처분장 입지대상 지역의 지질적 특성, 투자의 효율성, 전력과 용수에 대한 접근성 등을 고려하여 최고의 적절 입지를 과학적으로 선정하는 것을 목적으로 삼았다. 그리고, 이들은 원자력 에너지의 지속적 생산이 '국가의' 경제성장에 핵심적이라는 인식을 가지고 있었고, 따라서 원자력 에너지의 생산에 필수적인 방사성폐기물 처분장의 건설은 '국가적' 이익을 위한 것이라 이해하였다. 이러한 인식의 틀 속에서 방사성폐기물 처분장 건설에 반대하는 지역주민들의 주장은 '지방적' 이해에 기반한 지역이기주의적인 주장이고, 과학적이고 합리적인 입지선정 과정에 해가 되는 것으로 인식되었다.

이처럼 국가스케일에서 형성된 이해를 바탕으로 중앙집권적이고 위계적인 방식으로 추진된 방사성폐기물 처분장 건설사업은 국가와 지역스케일 사이에 이해관계의 차별화를 초래하였다. 국가스케일의 경제적 이해라는 관점에서 보면 원자력 에너지의 지속적인 생산과 그로 인해 발생하는 방사성폐기물의 효과적인 처분은 가장 중요한 가치를 지니는 일이었다. 하지만, 지역주민들은 이러한 국가스케일에서 규정되는 것과는 다른 이해를 지니고 있었다. 지역주민들은 지역사회에 엄청난 재앙이 될 수 있는 방사성폐기물이 지역에 들어오는 것을 원하지 않았다.

이렇게 국가와 지역스케일 간에 차별화된 이해관계는 스케일의 정치와 영역화 전략을 통해 더욱 정치화되고, 결국에는 국가 대 지역 혹은 중앙 대 지방 간의 영역화된 갈등을 야기했다. 먼저, 방사성폐기물 처분장의 입지를 반대하는 지역의 주민들은 자신들의 장소의존적 이해를 지켜내기 위해 보다 큰 지리적 스케일에서 활동하는 행위자들의 힘을 동원하려는 스케일의 정치를 모색하였는데, 이 과정에서 국가적 차원에서 반핵과 환경운동을 해오던 시민단체들과 만남이 이루어진다. 이들 반핵/환경운동단체들도 나름의 입장에서 스케일의 정치를 펼쳤는데, 그것은 이들이 방사성폐기물 처분장의 건설에 반대하는 지역주민들과의 연대를 통해 그들이 국가적 스케일에서 벌여오던 반핵 및 환경운동의 기반을 굳게 다지려는 노력과 관련된다. 이러한 과정을 통해 방사성폐기물처분장의 유치를 반대하는 지역의 주민들과 반핵 및 환경운동단체들과의 연대가 이루어졌고, 그 결과로 반핵의 담론이 지역사회로 더욱 더 침투해 들어가면서, 지역 사회에서의 방사성폐기물 처분장 유치에 대한 반대 목소리는 더욱 높아졌다. 사실 안면도와 부안에서 방사성폐기물 처분장 반대운동이 확산되는 데 반핵 및 환경단체의 역할을 매우 컸다. 반핵정서가 지역사회에 확산된 것의 영향으로 중앙정부가 방사성폐기물 처분장이 건설되는 지역에 여러 가지 경제적 혜택을 약속하였지만, 해당 지역 내에서 국가가 제공하는 경제적 혜택을 이용하자는 성장지향적 목소리는 크게 드러나지 못하였고, 오히려 반성장, 반핵연대가 지역사회에서 더 크게 성장하였다.

이와 함께 국가적 이해 때문에 지역의 이해가 무시되고 억압된다는 인식이 확산되면서, 국가 대 지역 혹은 중앙 대 지방 간의 영역화된 갈등이 심화되었고, 그 결과로 반핵담론이 영역적 이해에 기반하여 표출되기 시작하였다. 예를 들어, 부안의 경우에 방사성폐기물 처분장 건설에 대한 반대와 저항이 지속되면서, "핵폐기장은 청와대로, 핵발전소는 여의도로"(한겨레, 2003. 7. 26)라는 식의 고도로 영역화된 슬로건이 등장하기도 하였다. 이러한 영역화 과정을 통해 반핵운동은 서울과 중앙 정부라는 외부적 침탈로부터 지역사회를 지키기 위해 불가피한 것이라 인식되기도 하였다. 이처럼 방사성폐기물 처분장 건설을 둘러싼 갈등이 국가 대 지역 혹은 중앙 대 지방 간의 대결구도가 되면서, 국가사업에 대한 지역적 차원의 저항은 무시할 수 없는 것이 되었다. 이러한 과정의 결과는 조절의 위기였고, 19년에 걸친 방사성폐기물 처분장 건설의 실패였다.

3) 스케일 간 갈등에 의한 조절위기의 해소와 스케일재편 전략

이러한 조절의 위기 상황을 해소하기 위해 한국정부가 선택한 제도적 조정방식은 방사성폐기물 처분장 입지선정 과정에 있어서의 스케일적 재편전략 이었다. 이 전략은 간단히 1) 스케일 뛰어내리기(jumping-down) 전략, 2) 상향식 접근, 3) 국가의 개입 자제의 3가지로 요약할 수 있다.

이 새로운 스케일 전략을 위해 3가지의 구체적 방법이 사용되었다. 먼저, 중앙정부가 자기 편의대로 선정하여 지역에 지시한다는 느낌을 주지 않기 위해, 지역이 자발적으로 방사성폐기장 유치에 나서도록 하는 상향식(bottom-up) 방식이 도입되었다. 사실 이 방식은 부안에서 실패하기 전부터 정부에 의해 시도된 것이었다. 1996년 방사성폐기물관리사업이 과학기술처에서 통산산업부로 이관된 이후, 1998년 지방자치단체를 중심으로 방사성폐기물처분장의 유치를 공모하는 방식을 도입하였다(이헌석, 2010: 15). 하지만, 이 방식은 부안의 사례에서 보여주듯, 지방자치단체장이 주민들의 광범위한 동의를 구하지 않고 독단적으로 유치를 신청할 수 있는 문제가 있었다. 그리고 그 결과는 주민들의 격렬한 반대와 저항이었다. 이러한 문제를 해결하기 위해 정부가 새로이 도입한 방식은 지방자치단체가

유치신청을 할 때 그 자격요건으로 지역주민 1/3 이상의 서명을 받게 하는 것이었다. 이와 더불어, 유치 신청한 지역은 주민투표를 통해 주민들로부터 50% 이상의 찬성표를 받을 것이 요구되었다.

둘째, 한국 정부는 지방자치단체가 방사성폐기물 처분장 유치에 더 관심을 가지도록 하기 위해, 방사성폐기장 유치에 대한 경제적 보상과 인센티브를 증대하고, 동시에 지역의 불신을 줄이기 위해 이러한 인센티브를 법적으로 제도화하였다. 방사성폐기물 처분장이 유치하는 지역에 제공하는 경제적 인센티브는 1) 해당 지방자치단체에 3조원의 지원금 제공, 2) 한국수력원자력공사 본부를 서울에서 해당 지역으로 이전, 3) 해당 지역으로 유입되는 방사성폐기물에 대한 수수료(연간 85억원 정도로 추산) 부가 권한 부여 등이다. 이처럼 어마어마한 경제적 이득이 법적으로 보장됨으로써, 방사능폐기물 처분장 유치는 많은 낙후된 지방자치단체에게 황금알을 낳는 거위로 인식되기 시작하였다.

셋째, 경쟁기반의 선정방식이 도입되었다. 이 방식에서는 하나 이상의 지역이 유치신청을 하여 방사성폐기물 처분장의 유치를 위한 경쟁적 입찰에 참여하도록 되었다. 특히, 이 경쟁에서의 승리는 어느 지역이 지역주민으로부터 방사성폐기물 처분장 유치에 대해 더 많은 찬성표를 얻어내는가에 달려 있도록 하였다.

이렇게 새롭게 도입된 방식은 엄청난 경제적 보상으로 지역들이 방사성폐기물 처분장 유치에 자발적으로 관심을 가지도록 유도하고, 더 나아가 유치 신청한 지역들 간의 경쟁을 통해 방사성폐기물 처분장의 입지가 결정되도록 만들어, 그 이전까지 문제가 되었던 국가 대 지역, 중앙 대 지방의 대결구도가 지방 대 지방 간의 경쟁구도로 전환되게 만들었다. 또한 지방 간의 경쟁에서 승리는 누가 지역주민들로부터 더 많은 찬성을 얻어내는가에 달려 있도록 시스템을 만듦에 따라, 방사성폐기물 처분장을 유치하려는 지역의 지방자치단체들은 매우 적극적이고 공격적으로 지역주민들을 홍보하고 설득하는 일에 나서게 되었다. 이 과정을 통해 방사성폐기물 처분장 유치에 반대하는 주민들은 이전과 달리 중앙정부와 대립하는 것이 아니라, 지방정부와 지역 내 방사성폐기장 유치를 찬성하는 다른 주민들과 대립하는 구도가 되어, 국가 대 지역, 중앙 대 지방의 대립구도는 급격히 약화되었다.

4) 재스케일화가 지방정치와 국가공간성에 미친 영향

1986년부터 2004년까지 19년 동안 8차례의 방사성폐기장 입지선정 실패 이후에 채택된 이러한 스케일 재편 전략은 엄청나게 효과적이었다. 2005년 방사성폐기장 입지선정 방식의 변경 이후 아홉 번째 시도에서 한국 정부는 마침내 방사성폐기장 건설 부지를 선정하는 데 성공한다. 새롭게 변경된 방식으로 치러진 입지선정 과정에는 경상북도의 경주, 포항, 영덕, 그리고 전라북도의 군산, 4개 지역이 유치신청을 하였고, 이들 간의 치열한 유치경쟁 후에 실시된 2005년 10월 24일의 주민투표에서 경주가 89.5%라는 경이적인 찬성률로 한국 최초의 방사성폐기장 입지지역으로 선정된다. 경주에서 나타난 89.5%의 찬성률은 바로 그 한 해 전 부안에서 있었던 주민투표에서 92%의 주민이 방사성폐기장 유치에 반대하였던 것과 극명하게 대비되는 것이었다. 이처럼 한국 정부의 새로운 전략은 매우 성공적이었다.

이러한 성공이 가능했던 것은 정부의 입지선정 과정의 재스케일화가 지방정치의 양상을 완전히 뒤바꾸어 놓았기 때문이다. 먼저, 방사성폐기장 입지선정을 위한 9차 시도에서 유치신청한 모든 지역에서 성장지향적 이해에 기반한 성장연합이 강하게 동원되었다. 특히, 정부가 방사성폐기장 유치지역에 제공하는 경제적 인센티브는 각 지역에서 지방자치단체를 비롯한 개발주의 세력의 경제적 이해를 강하게 자극하였고, 이들이 지역의 여론을 강하게 압박하였다.

둘째, 경쟁입찰의 방식이 유치 신청한 지역들 간의 경쟁적 상황을 만들어내었다. 특히, 앞서 논의한 것처럼, 그 이전까지 국가 대 지역, 중앙 대 지방의 대결구도 하에서 중앙의 권위적 침탈로부터 지역사회의 이익과 가치를 지키려는 영역정치가 활성화되면서 지역의 주민들이 중앙정부가 주도한 방사성폐기장 사업에 대해 반발하였다면, 경쟁입찰 방식에서는 중앙정부가 제공하는 경제적 인센티브를 두고 다른 지역과 경쟁하는 상황 속에서 방사성폐기장 유치 찬성에 더 많은 주민들이 참여하도록 독려하는 모습이 더 일반적이었다. 특히, 그 이전에는 '반핵담론'이 영역화되어 방사성폐기장 건설에 대한 반발이 강하게 동원하였다면, 이제는 중앙정부의 경제적 보상을 끌어오자는 '성장주의 담론'이 강하게 영역화되면서 방사성폐기장 유치를 찬성하는 목소리가 활성화되었다. 더구나 정부의 경제적 인센티브에 강하게 유인된 지방자치단체들은 매우 적극적으로 주민투표에 개입하여 해당 지역의 찬성률을 높이려 노력하였다. 그 결과로 경주에서 거의 90%에 가까운 찬성표가 나왔고, 2005년에 경주에서 실시된 주민투표에 대해 아직까지도 관권선거와 부정선거의 논란이 계속되는 것은 이러한 현상의 반영이라 할 수 있다.

이처럼 방사성폐기장 입지선정에서의 재스케일화 전략은 지방정치의 성격을 바꾸면서 한국 정부가 방사성폐기장을 건설할 수 있도록 하였을 뿐만 아니라, 한국 국가의 공간성에도 많은 영향을 주는 사건이다. 그간 한국에서는 국가 대 지역 혹은 중앙 대 지방의 대결 구도 속에서 국가스케일에 치중된 국가의 권한을 지역스케일로 내리라는 분권화 요구가 지속적으로 존재하였고, 그 영향으로 1987년 민주화 조치 이후 지방자치제도가 강화되면서 몇 차례의 분권화 시도가 있었다(Park, 2008). 방사성폐기장 입지선정 절차에서의 분권화 조치는 이러한 분권화 경향이 신자유주의적 경쟁의 논리와 결합되면서 더욱 더 강화될 수 있음을 보여준다. 특히, 중앙집권적 발전주의 조절의 잔재가 여전히 강한 상태에서 국가와 지역 스케일 간의 갈등 상황과 그에 기인한 조절의 위기국면은 국가 지배엘리트들로 하여금 국가권한 일부의 지역적 분산을 통해 시장적 경쟁의 논리를 바탕으로 조절적 위기를 극복하도록 유인하는 경향을 보인다. 이는 입지선정 절차의 하향적 재스케일화를 통해 방사성폐기장 입지선정에 성공한 사례가 한국 관료집단에서 하나의 롤모델이 되었다는 점에서 잘 나타난다. 결국 이 사례로부터 우리는 국가와 지역 간의 영역화된 갈등의 상황이 심화되고 신자유주의적 시장논리가 강화되면, 국가의 권한을 일정 정도 지역으로 이양하는 분권화의 경향이 강화될 수 있음을 알 수 있다.

IV. 결론

본 장에서 필자는 국가의 스케일 재편에 대한 기존의 논의들이 다소 구조주의적이어서 행위자들의 역할과 정치적 과정의 자율성을 경시하며, 너무 추상적이어서 국가의 스케일 재편이 일어나는 보다 구체적인 메커니즘에 대해 제대로 설명해주지 못한다는 문제의식을 가지고, 동아시아 발전주의 국가의 맥락에서 국가스케일 재편이 일어나는 하나의 구체적 과정을 이론화하려 시도하였다. 특히, 스케일 정치의 영역화 과정에 대한 이론적 논의를 바탕으로 국가와 지역스케일 간에 영역화된 갈등이 심화되면 국가조절의 위기가 발생하고, 국가 지배엘리트는 이를 해결하기 위해 국가권한의 일부를 지역스케일로 이양하는 분권화 전략을 취하고, 그 결과로 국가의 스케일 재편이 촉진될 수 있다고 주장하였다.

한국의 방사성폐기물 처분장 입지선정 과정은 국가와 지역 간의 영역화된 갈등의 상황이 국가조절의 위기를 초래하고, 이를 해결하는 과정에서 국가의 스케일적 재편이 일어남을 잘 보여주는 사례이다. 특히, 발전주의 국가의 중앙집권적 입지선정 방식은 국가스케일의 이해와 지역스케일의 이해가 충돌하는 상황을 강화시켰고, 이는 방사성폐기장 건설에 대한 지역주민의 강한 반발을 유발하여 방사성폐기장 건설이 오랜 시간 지연되는 조절의 위기상황을 낳았다. 이를 해결하기 위해 한국 정부는 입지선정 절차를 대폭 지역으로 이전하는 재스케일화 전략을 취하였고, 이는 국가 대 지역, 중앙 대 지방의 대결구도를 지방 대 지방 간의 경쟁구도로 바꾸면서, 지방정치가 반핵담론보다는 성장담론에 더욱 더 포섭되게 만들어, 방사성폐기장 건설이 마침내 지역에서 승인되도록 만들었다.

이러한 논의를 바탕으로 필자는 국가의 스케일적 재편의 과정은 결코 자본축적의 경제적 논리와 조절적 필요를 바탕으로 기능주의적인 방식만으로 설명될 수 있는 것이 아니라, 국가 안에서 또 국가를 통해서 작동하는 여러 사회 세력들 간의 복잡한 상호작용과 경합의 결과로 이루어짐을 주장한다. 특히, 기존 국가공간성의 영향 아래서 나타나는 스케일 간, 지역 간 이해관계의 차별화와 그에 기반한 영역화의 과정은 국가의 스케일적 재편의 중요한 동인이 된다. 영역정치의 심화로 초래되는 국가조절의 위기 상황에 대한 국가의 대응방식은 어떤 잘 짜인 청사진을 바탕으로 한 일관되고 체계적인 것이 아니라, 그때 그때의 상황에 따라 경로의존적인 성향 속에서 임기응변적으로 대응하는 적응의 과정이다(Brenner, Peck & Theodore, 2008). 따라서 국가의 스케일적 재편에 대한 이론적 논의도 어떤 하나의 체계적이고 구조화된 설명의 틀을 추구하기보다, 자본주의와 국가 형태 변화의 불균등하고 누더기적인(variegated) 성격을 좀 더 적극적으로 고려하면서, 보다 구체적인 상황과 조건 속에서 국가스케일 재편을 야기하는 인과관계와 메커니즘에 더욱 연구 노력을 기울일 필요가 있다.

10장
지역정치와 세계화[1]

박배균 (서울대 지리교육과 교수)

I. 들어가며

지난 10여년간 '세계화'라는 용어는 우리가 겪고 있는 사회 정치 경제의 변화를 설명해주는 가장 강력한 개념적 무기 중의 하나였다. 하지만, 이 세계화라는 용어는 그것이 널리 사용되는 만큼이나 동시에 많은 오해에 사로잡혀 있는 단어라고 할 수 있다. 세계화에 대한 가장 일반적인 오해의 하나는 세계화라는 것이 우리가 속한 국가나 지역 안에서 발생하는 것이 아니라, 그 바깥에서 주어진 것이고, 이러한 밖으로부터 강요된 힘은 너무나 강력하여 우리 국가나 지역사회가 특정한 방향으로 변화할 것을 강제한다는 것이다. 이러한 인식은 세계화되는 경제 속에서 자본이나 노동의 국제적 이동이 급속히 활성화됨에 따라 경제나 정치 활동을 규제하고 조절하는 국민국가의 중요성이 급격히 약화될 것이라는 오마에(Ohmae, 1990; 1995)의 주장에서 잘 예시된다.

하지만, 최근 들어 세계화에 대한 이러한 전통적인 '하향론적'(top-down) 접근법을 두고서 많은 비판이 일어났다. 이러한 비판들에서 가장 핵심적인 논점은 세계화를 이해하는 전통적 접근법에 내재한 글로벌-로컬의 이분법적 인식론에 관한 것이었다(Cox, 2002a; Yeung, 2002; Swyngedouw, 1997; 박배균, 2002). 즉 이 비판에 따르면, 세계화에 대한 전통적 접근방식은 세계화나 글로벌이란 것은 "바깥에

---

[1] 10장은 박배균(2005)을 이 책의 취지에 맞춰 재구성한 것이다.

서 이루어지거나 존재하는 어떤 것", 그리고 국가나 지역 공동체는 "안쪽에 있는 우리 것"이라는 식으로 이분화하는 인식론에 기반하고 있기 때문에, 세계화라는 것이 특정의 국가나 지역사회에 주어지거나 강요되는 외부적인 힘으로 인식된다는 것이다.

이러한 비판에 바탕하여, 최근 서구의 많은 비판적 인문지리학자들은 세계화의 공간성과 '다중스케일적 과정'(multi-scalar process)을 강조하는 새로운 인식론을 제시하고 있다. 가령 디켄 등(Dicken et al., 1997)은 세계화의 과정은 여러 다양한 지리적 스케일을 가로지르는 다양한 사회 정치 경제 행위와 제도들 사이의 매우 복잡한 상호작용 속에서 이루어지기 때문에, 본질적으로 그 형태와 효과의 측면에서 동질적이라기보다는 이질적인 것이라고 주장한다. 따라서 세계화라는 것을 현재 우리가 겪고 있는 사회 정치 경제적 변화를 초래하는 어떤 보편적인 원인으로 인식해서는 안 되며(Yeung, 2002), 다양한 지리적 스케일에서 발생하는 계급 갈등과 권력 투쟁의 산물로 인식해야 한다(Cox, 2005)는 것이다. 즉 이 새로운 인식론에 따르면, 자율적으로 작동하고 있던 국가나 지역을 파괴하는 외부의 힘으로서 세계화를 인식할 것이 아니라, 다양한 지리적 스케일에서 나타나거나 이루어지는 다양한 사회 정치 경제 활동들과 행위들 사이의 복잡한 상호작용을 통해 물질적 담론적으로 만들어지는 결과물로서 인식함이 마땅하다.

보다 구체적으로, 이 '다중스케일적' 관점은 세계화라는 것을 다국적기업, 미국, IMF, WTO등과 같은 '외부의' 힘에 의해 국가나 지역사회에 강요되는 것으로만 볼 것이 아니라, 국가나 지역 공동체의 '내부'에서 이루어지는 권력 투쟁의 과정 속에서 특정의 지리적 스케일을 만들어내거나 혹은 세계화에 대한 특정의 담론을 (재)생산하거나 착취하는 행위를 통해 사회적으로 구성되는 것으로서 살필 것을 강조한다. 이러한 관점에서 보았을 때, 세계화를 촉진시키는 중요한 요인이라고 할 수 있는 자유화 정책이라는 것도 단순히 국제적인 힘들(가령, 다국적기업, 국제기구, 미국과 같은 부유한 나라 등)에 의해 강요되어서 국가 엘리트들이 마지못해 추진하는 것으로 인식하기보다는, 국가나 지역의 행위자들(가령 국가 관료, 국내기업, 지역의 성장연합 등)에 의해 밑으로부터 구성된 것일 수도 있다는 새로운 인식의 가능성이 열린다.

이러한 대안적 관점에 입각하여, 본 장에서 필자는 어떻게 도시나 지역 차원에서 이루어지는 정치경제적 활동과 과정들이, 국가가 초국경적인 자본과 투자의 흐름을 규제하고 통제하는 방식에 영향을 미칠 수 있는지 살펴보는 것을 목적으로 한다. 보다 구체적으로, 이 글은 국가의 신자유주의적 세계화 프로젝트가 어떻게 1) 국가와 지역 사이의 스케일 간 갈등(inter-scalar tension)에 의해, 그리고 2) 국가나 지역의 행위자들이 각기 다른 지리적 스케일에 있는 힘을 동원하기 위해 조직해내는 스케일 뛰어넘기(jumping-scale)의 정치에 의해 영향을 받을 수 있는지 논의할 것이다.

II. 경제 세계화의 '다중스케일적 구성'

전통적으로 경제적 세계화를 촉진하는 가장 중요한 행위자는 다국적기업이라고 여겨지곤 했다(Dicken, 1998). 사실 경제적 세계화에서 가장 중요한 요소라고 할 수 있는 해외직접투자는 기업이 생산의 국제화를 추진하며 벌어지는 것이기 때문에, 다국적기업의 등장이 해외직접투자의 기본 조건이라고 할 수 있다. 따라서 해외직접투자의 흐름은 생산활동을 국제화하려는 기업의 전략에 의해 깊이 영향을 받을 수밖에 없다. 특히 기업 간 경쟁이 심화되면서 많은 기업들이 해외직접투자를 통한 생산의 국제화에 참여하고 있다. 이들이 생산의 세계화를 추진하는 것은 1) 생산요소(자원, 자본, 노동 등)와 국가정책(세금, 무역장벽, 기업활동 지원 등)의 지리적 차이를 이용하고, 2) 개별 생산사슬의 다양한 단계들을 여러 국가에서 보다 효율적으로 조정, 통제하며, 3) 자원과 활동들을 여러 국가와 장소들 사이에서 보다 손쉽게 전환할 수 있는 능력을 개발하고, 4) 외국 시장에 보다 용이하게 접근하기 위한 것이다(Dunning, 1988; Dicken, 1998). 따라서 지난 수십년간 다국적기업들이 생산의 국제화를 강화해온 것이 그간 세계적 차원에서 해외직접투자액이 증가해 온 중요한 원인이라고 할 수 있다.

하지만 세계화에 대한 다중스케일적 관점에 따르면, 투자의 세계화를 이처럼 단순히 다국적기업에 의해서만 결정되는 것으로 보기보다는 여러 사회적 행위자들의 활동에 의해서 결정되는 것으로 이해할 필요가 있다. 특히 디켄(Dicken, 1994; 1998)은 글로벌 경제의 지리가 변화하는 것에 국가의 역할, 그리고 국가와 다국적기업 사이의 상호작용이 매우 중요한 영향을 미친다는 사실을 강조한다. 사실, 해외직접투자의 흐름에는 '초국경적'(trans-border) 투자의 흐름에 대한 국가의 정책이 매우 중요한 영향을 미친다. 전통적으로 국민국가들은 초국경적 자본의 이동에 대한 여러 다양한 제도적 장벽을 설치하여 외국인 투자의 양과 특성에 영향을 줌을 통해, 해외직접투자가 자기 국경내로 들어오는 것에 대해 규제를 행하여 왔다(Cocklin & Lecraw, 1997). 물론, 모든 국가가 같은 방식으로 규제를 펼친 것은 아니기 때문에, 국가의 정책에 따라 해외투자가 들어가거나 나오는 정도는 국가마다 상이하다(Mauro, 2001). 특히, 외국인 투자에 대한 국가의 정책적 입장에 따라 국가들은 상이한 정도의 개방성을 지니고 있다.[2] 그 결과로 자본의 이동은 지리적으로 불균등하고 공간선택적으로 이루어져 왔다.

이런 점을 고려한다면, 자본과 투자의 초국경적 이동이 증가한 것을 지난 십수년간 초국경적 자본의 흐름에 대한 국가의 규제를 완화시켜 온 자유화 경향의 결과로 이해할 수도 있다. 실제로 많은 국가들이 지난 십수년간 경제정책에서의 시장친화적 개혁의 일환으로 해외투자정책과 무역에서 자유화, 탈규제, 민영화 등을 포함하는 자유화 정책들을 추진하여 왔고, 그 결과로 초국경적 자본이동과 생산의 세계화에 대한 규제의 장벽들이 사라지거나 완화되어 온 것이 사실이다

---

[2] 예를 들어, 만약 국가가 내부지향적인 경제성장을 지향하면서 모든 자원을 국가내 투자에 집중한다면, 그 국가의 밖으로 나가는 투자의 양은 매우 작을 것이다. 반면에, 국가의 정책이 국내 기업의 해외 투자를 장려하는 것이라면, 밖으로 나가는 투자의 양은 높은 수준을 보일 것이다. 이와 더불어, 국가들은 외국인들의 국내 투자에 대해서도 상이한 정도의 개방성을 지니고 있다. 만약 보호주의와 국내 기업에 대한 국가의 정책적 지원이 존재하거나, 생산적 자산에 대한 국가적 소유권에 대한 정책적 선호가 있다면, 외국인들의 투자액수는 낮은 수준에 머물 것이지만, 반면 외국 기업에 의한 국내 투자를 적극 유인하는 정책을 편다면 안으로 들어오는 투자의 양은 높은 수준에 이를 것이다.

(Dicken, 1998). 즉 여러 국가들에서 추진되어온 자유화 조치들이 투자와 생산의 세계화를 추동해낸 매우 중요한 힘이었던 것이다.

전통적인 사고에 따르면 이러한 자유화 경향 그 자체가 글로벌한 스케일에서 존재하거나 이루어지는 경제적인 힘과 과정의 결과로 인식된다. 예컨대 초국경적인 경제 사회 기술 문화 교류의 급격한 증가로 인해 국가는 보다 개방적이고 자유로운 경제로 향해갈 수밖에 없었다는 주장이 그렇다(Ohmae, 1990; 1995). 하지만 이런 관점에서는 전통적인 '하향론적' 사고를 바탕으로 자유화 조치들이 이루어지는 과정에서 국가 사회가 지니는 자율성과 국가 내부의 정치 사회 경제 과정들이 무시되는 경향이 있다. 이에 관해, 최근 많은 정치경제학 문헌들은 자유화에 대한 국가의 정책적 입장에 영향을 미치는 국가 내부적 정치, 제도, 경제적 맥락과 과정의 중요성을 강조한다. 특히, 국가의 사회정치적 행위자들이 세계화의 압력에 의해 추동된 변화를 수동적으로 받아들이기만 할 가능성은 매우 낮고(Helen & Robert, 1996), 국가에 의한 자유화 정책의 추진은 국가 내부의 정치 이데올로기 제도 경제 조건에 의해 깊은 영향을 받는다는 게 다양한 학자들(Garrett, 1998; Schamis, 1999; Appel, 2000; Bishop, 1997; Henderson, 1998)의 주장이다.

이러한 논의들은 국가의 자유화 조치에 영향을 미치는 국가적 차원의 정치, 경제적 과정들의 중요성을 강조함을 통해, 세계화에 대한 다중스케일적 견해를 발전시키는 데 매우 중요한 기여를 하였다. 하지만, 이 논의들은 매우 복잡한 다중스케일적 과정을 글로벌과 국가스케일 사이의 관계로만 환원시키고 도시, 지역과 같은 국가 하부의 지리적 스케일에서 이루어지는 과정에 대해 많은 주의를 기울이지 않아서, 세계화의 다중스케일적 과정을 완전히 설명하는 데는 한계를 지닌다. 국가 내부에는 발전의 경로와 정치, 제도, 경제적 맥락에서 상당한 정도의 지역 간 차이가 나타난다(Ettlinger, 1994). 따라서 도시나 지역 차원에서 발생하고 이루어지는 과정과 관계들을 국가적 차원에서 나타나는 정치, 경제적 과정으로 환원시키거나 등치시키는 것은 이러한 지역 간 차이를 무시하는 결과를 초래한다. 또한, 세계화의 과정과 관련하여, 국가적 차원에서 정의되는 장소와 그 하부의 지역적 차원에서 정의되는 장소 사이에 상이한 영역적 이해가 형성될 수 있다.

따라서 자본과 투자의 초국경적 흐름에 대한 국가의 조절적 행위는 국가적 차원의 행위자와 지역적 차원의 행위자들 사이에서 이루어지는 복잡한 상호작용, 협상, 동맹의 과정을 통해 많은 영향을 받을 수 있다. 맥키넌과 펠프스의 연구(MacKinnon & Phelps, 2001)는 이 과정을 이해하는 데 많은 도움을 주는데, 이들에 따르면 해외직접투자를 끌어들이는 데 초점을 두면서 지난 몇 년간 활발히 추진되어온 영국의 경제 재구조화 과정이 다국적기업, 국제기구 등과 같은 바깥의 힘의 의해 강요되었다기보다는, 국가와 지역적 행위자들의 밑으로부터의 활동에 의해 ― 특히, 이 활동들은 당시 노동당 정부에 의해 추진되어온 분권화의 과정을 통해 촉진된 지역발전을 위한 영역적 정치라는 맥락 속에서 더욱 강화되었는데 ― 구성된 측면이 강하다는 것이다.

이러한 이론적 맥락에서 보았을 때, 세계화의 다중스케일적 과정에 대한 연구는 지역적 차원에서 영역적 이해를 가진 행위자들이 어떻게 국가나 글로벌한 행위자들과 관계를 맺고 협상하는지, 그리고 어떻게 이러한 다중스케일 간 관계들이 해외직접투자와 생산의 세계화에 대한 국가의 정책에 영향을 미치는지에 대해 보다 많은 관심을 기울일 필요가 있다. 따라서 본 장은 국가와 지역적 차원의 힘들과 그들 사이의 상호작용이 어떻게 국가가 자본과 투자의 초국경적 흐름에 대한 규제를 자유화하는 방식에 영향을 미치는지 설명하고 개념화하는 데 초점을 둘 것이다.

이 책의 9장에서 영역화된 조절적 행위를 기반으로 스케일 간의 상호작용이 벌어지는 과정에 대해 이론적으로 논하였다. 특히 조절의 '장소기반적 성격'과 '스케일 특수적 성격'에 대해 논함을 통해, 서로 다른 지리적 스케일에서 상이하게 조직된 조절 활동들이 서로 상호작용하면서, 특정 스케일에서의 조절 활동이 다른 스케일에서 이루어지는 조절 활동을 돕거나 방해하는 과정을 개념적으로 살펴보았다. 이 장에서는 이 논의를 보다 구체화하여, 조절의 스케일 간 상호작용이 어떠한 방식으로 국가가 자본과 투자의 초국경적 흐름을 조절하는 방식에 영향을 미칠 수 있는지를 살펴보고자 한다. 특히, 국가와 지역 사이의 스케일 간 상호작용이 이루어지는 두 가지 다른 방식에 대해 알아보고자 한다. 하나는 국가와 지역 사이의 스케일 간 갈등이 발생하는 상황이고, 다른 하나는 '스케일 뛰어넘기'(jumping-scale)의 정치를 통해 스케일을 가로지르는 권력 동원이 일어나는 상황이다. 그리고 이러한 두 가지 형태의 국가-지역 간 상호작용의 과정이 국가가 자본과 투자의 초국경적 이동에 대한 규제를 자유화하는 방식에 어떻게 영향을 미치는지 두 가지 간략한 사례연구를 통해 논의할 것이다.

III. 조절과정에서 국가-지역 간 갈등이 경제 자유화에 미치는 영향

1) 이론적 논의

스케일 간의 상호작용은 여러 요인에 의해 나타나지만, 그 중 한 가지 중요한 요인은 조절의 효과가 지리적으로 불균등하게 나타나는 사실과 관련된다. 특정의 공간적 스케일에서 이루어지는 조절의 행위는 보다 큰 공간적 스케일에서 이동하고 있는 가치를 그 장소로 끌어오기 위한 목적을 가지고 있다. 그리고 이러한 조절의 목적은 지속적인 자본의 축적을 위해 필요한 사회공간적 조직과 관계들을 구축하는 일을 통해 달성될 수 있다. 하지만, 이처럼 특정의 공간적 스케일에서 이루어지는 조절의 과정과 행위들은 주어진 지리적 범위 내에서 가치가 보다 작은 스케일의 장소들로 흘러가는 방향에 영향을 미칠 수 있다. 그 결과로, 특정한 공간적 스케일에서의 조절 과정은 그보다 작은 공간적 스케일의 장소에 뿌리내려져 있는 사회 집단과 행위자들의 이해에 긍정적이거나 혹은 부정적으로 영향을 미칠 수밖에 없다. 예를 들어, 국가 차원에서 이루어지는 조절의 행위가 도시나 지역 차원의 장소적 이해를 증진시키는 데 도움을 주기도 하지만, 어떤 경우는 부정적 영향을 미치기도 하는 것이다.

그런데 작은 스케일의 장소에서 형성되는 지역적 이해가 항상 큰 지리적 스케일에서 이루어지는 조절적 활동에 의해서 영향을 받기만 하는 것은 아니다. 이는 작은 지리적 스케일에서 활동하는 행위자들이 영역적 이해에 기반한 정치적 행위들을 조직하여 큰 스케일의 공간에서 이루어지는 조절의 과정에 영향을 줄 수 있기 때문이다. 그런데 영역화된 정치행위가 큰 공간적 스케일에서 이루어지는 조절의 과정에 영향을 주는 방식은 여러 가지가 있을 수 있다. 만약 상이한 지리적 스케일에서 조직된 조절의 행위들이 비슷한 이해관계와 효과를 바탕으로 서로 긍정적인 방향으로 상호작용 한다면, 작은 단위의 지역에서 장소의 이해를 보호하기 위해 조직된 영역적 정치 행위는 큰 지리적 스케일에서 추진되는 조절의 과정을 보다 강화시켜주는 기능을 수행할 수도 있다.

하지만 이와는 반대로 서로 상이한 지리적 스케일에서 추진되는 조절의 행위들이 상이한 이해관계를 바탕으로 서로 충돌한다면, 게다가 만약 밑에서 조직된 영역 정치가 큰 지리적 스케일에서 활동하는 행위자들의 조절적 역량을 약화시킬 정도로 강력한 힘을 지닌다면, 큰 지리적 스케일에서는 조절의 위기가 발생할 수 있고, 더 나아가서는 조절의 목표와 방향, 그 자체를 바꾸어야만 하는 경우가 생길 수도 있다. 하지만, 작은 지리적 스케일에서 조직된 영역정치가 강력한 힘을 지니지 못한다면, 큰 지리적 스케일에서 형성된 성장연합은 밑으로부터의 목소리를 쉽사리 무시하거나 억누르고, 자신들이 추진하던 조절의 프로젝트를 그냥 추진하려 할 것이다.[3]

이제까지 스케일 간 상호작용에 대해 다소 '추상'적인 논의를 주로 하였다. 그런데 스케일 간 갈등이 발생하는 보다 '구체'적인 과정과 결과는 다양한 사회 정치 경제의 조건들에 따라 매우 다양한 양상으로 나타날 수 있다. 따라서 스케일

---

[3] 밑에서부터 조직된 영역적 정치의 영향력은 다음 경우에 강화된다. 먼저, 도시나 지역 등 작은 스케일의 장소에서 활동하는 행위자들이 보다 큰 스케일의 행위자들과 '연대의 공간'(space of engagement)을 형성하는 데 성공하는 경우이다(Cox, 1998b). 둘째로, 보다 작은 스케일의 장소에서 영역적 정체성이나 지역의식이 강하게 형성되어, 보다 큰 지리적 스케일에서 추진되는 정치 사회 경제 프로젝트에 강하게 반발하는 경우이다. 영역적 정체성은 '지역정당'(regional party)의 형성이라든가, 중앙권력에 의해 해당 지역이 정치적으로나 경제적으로 소외당한 역사적 경험을 가지고 있다든가, 인종적이거나 문화적인 소수집단이 특정 지역에 공간적으로 집중되어 있다든가 하는 독특한 역사적 정치적 조건 하에서 강력하게 형성될 가능성이 크다.

간 갈등이 국가가 자본의 이동을 조절하는 방식에 영향을 미치는 보다 구체적이고 특수한 과정에 대해 알기를 원한다면, 보다 구체적이고 특수한 상황에서 스케일 간 갈등이 이루어지는 과정에 대해 이해할 필요가 있다. 여기서, 본 논문은 국가가 민족주의적이고 보호주의적인 입장을 바탕으로 외국인 투자를 매우 엄중히 제한하는 특수한 상황에서, 국가와 지역 간의 갈등상황이 국가의 자유화 정책에 ― 특히, 외국기업들의 해외직접투자와 관련하여 ― 어떠한 영향을 미치는지 그 구체적인 과정을 개념화하는 데 논의의 초점을 두고자 한다.

국가가 민족주의적이며 보호주의적인 경제정책을 펴는 것은 '국가의 이익'을 위해 국내 산업과 기업들을 보호하고 증진시키려는 의도와 명분 하에 이루어지는 것이다. 하지만 국가가 펼치는 산업 및 지역정책이 지니는 '공간적 선택성'(spatial selectivity) 때문에 보호주의적 정책의 혜택이 모든 지역에 골고루 돌아가는 것은 아니다. 이런 지리적 불균형은 스케일 간 갈등이 ― 특히 국가와 지역 간의 갈등 ― 발생하는 데 있어 매우 중요한 조건이 될 수 있다. 특히 국가 정책의 공간적 선택성 때문에 지역 간 불균등발전이 발생 혹은 심화되는 경우, 국가스케일의 정책결정자와 국가 정책에 의해 불이익을 받은 지역의 행위자 사이에는 상당한 긴장과 충돌이 야기될 수 있다. 특히 불이익을 받았거나 혹은 받고 있다고 강하게 느끼는 지역에서는 '지역적' 차원의 이해를 지키기 위해 성장연합이 조직되어 지역에 부정적인 영향을 주는 '국가적' 차원의 산업 및 지역정책에 저항하는 영역적 정치활동을 조직할 수 있고, 이 경우 국가와 지역 사이의 스케일 간 갈등은 더욱 심화된다. 더군다나 이 영역적인 정치활동이 강력한 지역적 정체성을 바탕으로 고도로 정치화될 경우, 국가와 지역 간 갈등은 더욱 심각해질 수 있고, 이러한 갈등의 상황은 민족주의와 보호주의의 원칙과 명분 아래 경제활동을 통제하고 조절해 온 국가의 통치 및 조절적 역량과 효율을 급격히 저하시킬 수 있다.

이러한 조절적 위기의 상황에서 국가 수준의 권력과 행위자들이 밑으로부터 올라오는 지역의 도전을 쉽사리 억누를 수 있는 힘이 없다면, 국가 엘리트들은 자신들이 짊어져야 하는 정치적 부담을 줄이기 위해 분산화, 탈규제, 자유화 등의 전략을 채택할 가능성이 높다. 이러한 조치들을 통해 조절적 권력과 권위가 상당

정도 지역수준의 통치기구로 넘어가거나 혹은 경제활동에 대한 국가의 조절이 상당정도 자유화된다. 특히, 고도로 중앙집권화된 정치체제를 바탕으로 강력한 조절적 권위와 힘을 지니고 있었던 국가가 중앙집권화된 조절적 행위에 대한 밑으로부터의 강력한 저항에 의해 정당성의 위기를 맞이하게 될 경우, 국가 지배엘리트들은 자신들의 정치적 정당성을 유지하기 위해 분권화나 자유화의 전략을 이용할 가능성이 높다. 그리고 이러한 자유화 조치의 일환으로 자본의 초국경적 이동에 대한 국가의 규제도 완화될 수 있다.

2) 경험적 사례: 외환위기 이후 '빅딜'정책을 둘러싼 정치적 과정이 한국 자동차 산업의 세계화에 미친 영향

1960년대 산업화 이래로 한국 정부는 보호주의와 민족주의적 산업정책의 틀 속에서 외국인들의 국내 직접투자에 대해 엄격한 통제를 실시하여 왔다. 민족주의적인 산업정책을 바탕으로 한국 정부는 자동차 철강 조선 등 국내 산업의 진흥에 핵심적이라 여겨지는 산업들의 발전을 추진하면서, 이들 산업 부문에서 국내 기업들의 발전을 도모하였다. 이런 맥락에서, 한국 자동차 기업들을 보호, 육성하기 위해 자동차 산업에서 외국 기업들의 한국내 투자를 제한하였었다. 그 결과로, 1990년대 말까지 한국 자동차 산업은 현대 대우 기아 삼성 쌍용 등 국내 기업에 의해 주도되었다.

하지만 90년대 말 들어 이런 상황은 급변하는데, 이는 한국 정부가 이전까지 유지하여 왔던 보호주의적 원칙을 버리고 자유화 지향적인 정책을 실시하기 시작하고, 외국 자동차업체들에 대한 국내 시장과 생산에의 문호를 개방하였기 때문이었다. 그 결과로 2000년 4월에 르노는 삼성자동차를 인수하였고, 2001년에는 GM이 대우자동차를 인수하는 합의가 두 회사 간에 이루어졌다. 즉 새 밀레니엄의 시작과 함께, 한국 자동차 산업은 글로벌한 자본의 흐름에 보다 개방적인 모습을 보이기 시작하였던 것이다.

그렇다면, 무엇이 자동차 산업에 대한 한국 정부의 이러한 정책 변화를 야기하

였는가? 쉽게 설명하려 한다면, 한국 정부가 산업발전에 대한 정책적 입장을 보호주의적이고 민족주의적인 것에서 자유화 지향적인 것으로 전환한 것은 GATT, 미국, IMF, 재벌, 신자유주의적 이데올로기에 영향받은 학자들과 관료들 등과 같은 다양한 내적 외적인 힘들의 압력에 의한 것이었다. 그리고 이들 세력과 행위자들이 한국 정부의 자유화 과정에 미친 영향에 대해서는 다른 많은 연구들에서 다루어져 왔다. 하지만, 이 글에서는 이러한 요인들보다는 그동안 사회과학 문헌들에서 많이 다루어지지 않은 국가-지역 간의 갈등이라는 요인이 한국의 자유화 과정에 미친 영향에 대해 논하고자 한다. 이와 관련하여 보다 구체적으로 다음과 같은 주장을 제기한다. 한국 정부가 21세기의 시작과 더불어 실시한 자동차 산업에서의 외국인 투자에 대한 자유화 정책은 한국 정부의 조절적 역량 약화라는 상황에 의해 촉발되었는데, 이러한 상황은 국가에 의해 추진된 특정의 조절 프로젝트에 대해 발생한 중앙정부와 지역사회 사이의 갈등이라는 요인에 의해 부분적으로 기인한 측면이 있다.

위에서 언급한 여러 가지 내외적 압력과 힘들에 의해 한국 정부는 1980년대 이래로 외국인들의 국내 투자에 대한 규제들을 점차로 완화시켜왔다. 하지만, 이러한 자유화의 일반적 경향은 1990년대 말까지도 자동차 산업에는 큰 영향을 미치지 못했다. 자동차 산업 분야에서 외국인 투자에 대한 정부 규제의 급격한 완화에 대해 저항하는 여러 다양한 세력들이 있었는데, 특히 일부 민족주의적 관료집단과 국내 자동차 업체들로부터의 저항이 만만치 않았다.

이런 상황 속에서, 심지어 IMF 구제금융을 받던 때에도 — 급격한 자유화 개혁을 추진한다는 조건 하에서 IMF는 한국에 구제금융을 제공하였는데 — 한국 정부는 민족주의적 산업정책을 완전히 폐기하지는 못하였다. 1997년 외환위기를 맞이하고 나서, 그 위기의 근본적 원인의 하나로 자동차, 조선, 석유화학 등과 같은 몇몇 핵심 산업부문들에서 지속된 과잉투자의 문제가 지적되었고, 정부는 경제위기를 극복하기 위한 방편의 하나로 이러한 과잉투자의 문제를 해결하기 위한 산업구조조정을 추진하였다. 이를 위해 정부가 추진한 것이 '빅딜'이라고 불리는 조절 프로젝트였다. 정부는 상위 5개 재벌과 '빅딜' 사업에 대해 합의하였는데,

그 핵심 내용은 자동차, 반도체, 석유화학 등과 같은 9개 중화학 산업부문에서 재벌들이 중복투자된 사업들을 서로 주고받아 과잉투자의 문제를 해소한다는 것이었다(Samsung Economic Research Institute, 2001).**4**

그런데 역설적이게도 '빅딜'이라고 불린 이 국가주도의 산업정책은 중앙집권적이고 '하향식'의 조절적 과정에 대한 사회정치적 저항을 불러오고, 급기야는 국가의 조절역량을 약화시킨 결과를 초래하고 말았다. 빅딜 정책에 대해 여러 가지 저항이 있었지만, 가장 강력했던 것 중의 하나는 부산에서 조직된 지역적 저항이었다. 이는 빅딜이라는 '국가' 스케일의 조절 프로젝트와 부산의 지역경제를 부흥시키기 위해 추진되던 '지역'적 스케일의 조절 프로젝트 사이의 충돌에 의해 생긴 것이었다.

빅딜 정책은 기본적으로 국내 산업의 재생을 통해 국가적 이익을 구현한다는 취지 아래 추진된 것으로, '국가'적 스케일에서 형성된 장소적 이해를 대변한다고 할 수 있다. 특히, 자동차 산업 부문에서 과잉투자의 문제를 해소하기 위해 정부는 삼성이 자동차 부문을 대우에 넘기고, 그 대신 대우의 가전사업을 받아들이기를 종용하였다. 그리고 정부는 삼성과 대우 둘 다, 그리고 '국가'의 자동차 산업 전체가, 이 사업교환을 통해 이득을 볼 것이라고 강조하였다. 하지만, '국가적' 스케일의 이해를 대변하는 이 조절 프로젝트는 부산에서 조직된 '지역'적 스케일의 조절 프로젝트와는 상충되는 이해를 가지고 있었다.

경공업과 노동집약적인 산업에 특화되어 있던 부산경제는 80년대 이래로 침체를 겪고 있었고, 부산시, 지역언론, 상공회의소를 비롯한 부산지역의 여러 장소의 존적 행위자들은 이러한 상황을 돌파하기 위해 90년대 초반부터 지역의 산업을

---

4 '빅딜' 프로젝트는 이전부터 한국 정부가 수행해오던 민족주의적이고 개입주의적 산업정책의 모습을 전형적으로 보여주는 산업정책 이었다. 그래서 이 프로젝트는 80년대 초 전두환 정권에 의해 추진된 '산업합리화' 정책과 종종 비교되기도 하였다. 이러한 다분히 민족주의적이고 국가주도적인 산업재편 정책이 IMF 구제금융 시기에 실시되었다는 사실은 자유화에 대한 일방적인 경향만 존재하였던 것이 아니라, 여러 가지 다양한 방향의 힘들이 복잡하게 얽히고 있었음을 의미한다. 이런 관점에서 보았을 때, 90년대 말 한국정부가 급격히 추진한 자유화 정책을 IMF라는 외부적 힘에 의해 어쩔 수 없이 추진된 것으로만 쉽게 설명할 수 있는 것도 아님을 알 수 있다.

고부가가치화 하기 위한 다양한 노력들을 경주하여 왔다(김석준, 1998). 이러한 노력들 중의 하나가 부산지역에 자동차 산업을 발전시키려는 것이었다. 부산에 자동차 산업을 발전시키기 위해, 자동차 공장을 부산에 유치하기 위한 다각도의 노력이 이루어졌고, 마침내 그 노력은 결실을 맺어 1994년에 자동차 산업에 신규로 진출한 삼성자동차가 승용차 공장을 부산에 건설할 것이라고 발표하였고, 실제로 삼성의 승용차 공장은 부산의 사상공단에 건설되었다. 이에 용기를 얻은 부산의 성장연합은 삼성자동차의 본사, R&D 센터, 핵심 부품업체들 모두를 부산에 입지시켜, 부산을 한국 자동차 산업의 새로운 중심지로 건설하려는 야심찬 계획을 추진하였다(부산/5대 광역시장 초청 지역경제 포럼, 1997). 즉 부산의 지역행위자들은 삼성의 자동차 공장을 통해 부산 지역경제의 산업구조를 심화시켜 줄 중요한 동력을 얻고자 하였던 것이다.

그런데 이러한 부산의 산업발전전략은 빅딜 프로젝트와 상충되는 이해를 지니고 있었다. 빅딜 프로젝트의 핵심 목표는 '국가적' 차원에서 자동차 산업의 과잉투자의 문제를 해소하는 것이었다. 보다 구체적으로는 자동차 산업 부문에 있는 과잉의 설비와 노동력을 삼성과 대우와의 사업교환을 통해 줄이려고 했던 것이다. 따라서 빅딜 프로젝트를 기획하였거나, 또는 이를 지지하였던 사람들의 입장에서는 자동차 산업의 '지역적'인 발전을 목적으로 하는 부산의 산업화 전략은 '국가적' 차원에서 한국 자동차 산업의 과잉투자, 과잉생산의 문제를 만들었고, 또 더 악화시킬 수 있는 잘못된 전략이었다.

하지만 부산의 지역적 행위자들에게는 빅딜 프로젝트는 자신들이 '지역적' 차원에서 추진하던 조절 전략에 대한 중대한 도전이었다. 앞서 언급하였듯, 그들은 부산을 한국 자동차 산업의 새로운 중심도시로 건설하기를 원했는데, 삼성과 대우와의 사업교환으로 인해 지역의 이러한 전략이 불가능해질 수도 있었던 것이다(Samsung Motors Workers Protest …, 1998). 특히 부산지역의 행위자들은 대우가 삼성자동차를 인수한 이후에 발생할 수 있는 노동자들의 해고와 공장 폐쇄 등의 가능성에 대해 걱정하였다(Samsung Motors Workers Protest …, 1998; Job Security Emerges …, 1999). 또한 부산지역에 있는 삼성자동차의 부품업체들은 대우자동차 부품업체들이 자신들의 일을 가져가지 않을까 우려했다(Big Deals to Drive …, 1998).

이처럼 이들 두 조절 프로젝트의 이해관계는 매우 상충하는 것이었고, 이는 국가와 지역 사이의 스케일 간 갈등을 야기하였다. 특히 부산의 성장연합은 빅딜 정책에 반대하는 정치행위를 조직하기 시작하였다. 예를 들어, 대규모 해고의 가능성을 우려한 삼성자동차의 노동자들은 빅딜에 반대하는 집회를 열었고, 여기에는 삼성자동차의 부품업체들도 동조하였다. 이와 더불어 부산시, 부산시의회, 상공회의소, 시민단체 등 부산의 다른 행위자들도 대우와 삼성 사이의 사업교환 합의에 반대하는 집회를 조직하였다(Samsung Motors Workers Protest …, 1998). 반면에, 빅딜에 찬성하는 '국가적' 차원의 행위자들은 이와 같은 '지역적' 차원의 반발을 비판하면서, 이로 인해 국가의 경제재건이 늦추어 질 수 있다는 우려를 표시하였다. 특히 몇몇 중앙일간지들은 부산의 '지역적' 반발을 '국가적' 이해를 무시하는 '지역 이기주의'로 비판하였다(Regionalism Stunts Reform Drive …, 1999; 지역 이기주의에 멍드는 한국경제, 1999).

이러한 스케일 간 갈등은 지역주의에 덜미를 잡힌 한국의 정당정치구조에 의해 더욱 악화되었다. 왜냐하면, 지역주의 정치라는 상황 속에서 부산에서 조직된 정치적 활동들이 영역적 이해와 정체성을 바탕으로 고도로 정치화되기 시작하였기 때문이다. 주지하듯, 지난 70년대 이래로 지역균열적 구조가 한국의 정치를 지배하여왔다. 특히, 80년대 중반 이래로 주요 정당들은 특정 지역을 기반으로 한 '지역 정당'으로 기능하였고, 부산은 당시 김대중 정권 하에서 야당이었던 신한국당의 핵심 텃밭이었다. 이런 상황에서, 부산에서 국가의 중요 정책에 반발하는 정치행위가 조직된 것은, 지역주의 정치가 발호할 수 있는 절호의 기회를 제공해준 것이었다. 부산을 비롯한 영남지역을 기반으로 하고 있던 신한국당의 국회의원들은 삼성과 대우 사이의 빅딜에 반대하는 목소리를 내기 시작하였고, 심지어 일부 정치인들은 부산에서 열린 빅딜에 반대하는 집회에 참가하여 지역주의를 조장하는 선동을 하기도 하였다. 이러한 과정을 통해 반정부적인 지역주의적 담론과 정서가 부산지역에서 형성되고 확산되었다. 그 결과로, 빅딜에 반대하기 위해 조직된 부산지역의 정치행위들은 지역주의 정서를 바탕으로 고도로 영역화되고 정치화되었고, 국가와 지역 사이의 스케일 간 갈등도 매우 심화되었다.

이와 같이 고도로 영역화된 부산지역의 정치행위들과 심화된 국가-지역 간 갈등은 김대중 정권에 심대한 정치적 부담을 주었다. 특히나 1999년의 지방선거를 앞두고 김대중 정권은 부산지역의 정치적 불만을 누그러뜨려야 하는 절대적 필요를 가지고 있었다. 이에 따라, 정부는 어떤 상황에서도 부산의 자동차 공장을 폐쇄하지는 않을 것이라는 약속을 공개적으로 천명하였고, 대우에도 삼성자동차 인수 후에도 부산공장을 유지할 것을 비밀리에 압박하였다.

그런데 이러한 정치적 상황과는 별개로 삼성과 대우 사이의 협상은 여러 가지 어려움에 봉착해 있었다. 특히 양측은 삼성자동차의 자산과 부채를 평가하는 데 있어 상당한 불일치를 보이고 있었다. 이런 상황에서, 앞에서 언급한 정치적 상황은 양측의 협상을 더욱 어렵게 만드는 요인이 되었다. 특히 삼성자동차의 부산공장이 자산과 부채를 모두 평가하였을 때 9.1억달러 부채를 지니고 있는 것으로 평가가 되면서, 대우는 이 공장에 대해 어떠한 약속을 하는 것도 원하지 않았다(Politics Clouds Outlook for Samsung Motors Plant, 1999). 이런 상황 속에서 대우와 삼성의 협상은 순조롭게 진행되지 않았고, 오랜 기간 동안의 논란 끝에 1999년 양측의 협상은 마침내 결렬되고 말았다.

이처럼 정부의 압력에도 불구하고 삼성과 대우 사이의 협상이 결렬되었다는 사실은 한국 정부의 통치능력이 심각한 정도로 약화되었음을 의미했다. 이러한 상황에 직면하여 일부 경제학자들은 삼성의 부산공장을 오래 운영하면 할수록 손실이 커진다고 예측하면서, "국가 전체의 이익"을 위해 부산공장을 폐쇄해야 한다고 주장하기도 하였다(Samsung's Busan Factory to Be Sold, 1999). 하지만 부산지역의 정서와 지역적 요구를 고려했을 때, 정부가 받아들일 수 있는 옵션은 아니었다. 이러한 조절적 위기의 상황에서 국가 지배엘리트들은 삼성의 부산공장을 국가의 자동차산업 재편이라는 특정 조절 프로젝트의 입장에서 보기보다는, 자신들의 정치적 이해관계라는 측면에서 바라보기 시작하였다. 즉 이들은 밑으로부터의 저항에 의해 야기된 정치적 정당성 훼손의 문제를 최소화하기 위해서는 삼성의 부산공장을 유지하는 것이 더 낫다고 판단하였던 것이다.

부산공장을 살리기 위해, 정부는 부채투성이의 삼성자동차를 부도 처리하고 부산공장은 국제 입찰을 통해 매각하기로 결정하였다. 이 결정은 매우 중요한 의미를 지니는데, 이는 한국 정부가 자동차 산업과 관련하여 장기간 유지하여 왔던 민족주의적이고 보호주의적인 정책을 마침내 포기하면서, 외국 자동차업체들이 한국에 투자할 수 있도록 문호를 개방하고 자유화한다는 것이었다. 그리고 그 결과는 2000년 르노의 삼성자동차 인수로 나타났다.

V. '스케일 뛰어넘기'의 정치를 통한 권력 동원과 '공간선택적 자유화'

1) 이론적 논의

상이한 지리적 스케일에서 조직되는 조절의 행위들은 앞에서 논한 것과 같이 정치적 갈등을 통해 서로 상호작용하기도 하지만, '스케일 뛰어넘기'의 정치를 통해 상호작용하기도 한다. 여기서 '스케일 뛰어넘기'의 정치란 조절의 과정에서 발생하는 권력 투쟁에서 이기기 위해 다른 지리적 스케일에서 존재하는 권력과 자원을 동원하고자 노력하는 와중에 발생하는 정치적 과정을 의미한다. 특정의 조절적 질서가 만들어지는 것은 사회행위자들이 행한 여러 실천과 투쟁의 과정에서 ─ 그리고 이러한 과정은 여러 의도하거나 의도치 않은 결과를 만들어내는데 ─ 만들어지는 '우연적 발견물'(chance discovery)이다(Lipietz, 1980; Goodwin & Painter, 1996; Park, 2001). 특히 조절의 혜택이 모든 사회 구성원들에게 골고루 분배되는 것이 아닌 상황에서, 특정의 조절적 질서와 규범을 모든 사회 구성원들에게 부가하고 행사하는 것은 필연적으로 갈등과 충돌을 내포하는 과정이다. 따라서 조절을 성공적으로 수행하기 위해서는 이러한 긴장과 충돌을 완화하는 것이 반드시 필요하다.

조절의 과정에서 발생하는 긴장과 갈등을 완화시키는 데는 크게 두 가지 방법이 있을 수 있다. 하나는 같은 '의존의 공간'(space of dependence) 내에 있는 장소의존적 행위자들과 정치적 연대를(예. 성장연합, 민관합동 등) 형성하는 것이다. 이러한 연대의 형성은 많은 경우 영역적 정체성과 이해관계에 대한 정치적 동원을 바탕으로 이루어진다. 이와는 달리, 이러한 연대를 '의존의 공간' 내부의 행위자들과 맺는 것이 아니라, 그 바깥의 행위자들과 맺을 수도 있다. 이를 통해 특정의 조절 프로젝트를 추진하는 행위자들은 다른 지리적 스케일에서 활동하는 행위자들과의 정치적 연대를 형성함을 통해 '연대의 공간'(space of engagement)을 만들어낼 수 있다(Cox, 1998b). 이처럼 '연대의 공간'을 만들어내는 정치적 활동들을 '스케일 뛰어넘기'의 정치라고 부른다. 행위자들이 어떤 방향으로 — 더 큰 지리적 스케일을 향해 혹은 더 작은 지리적 스케일을 향해 — '스케일 뛰어넘기'를 시도하느냐에 따라 스케일 뛰어넘기의 정치는 두 가지 형태로 나타날 수 있다.

그 중 하나는 스케일 뛰어오르기(jumping up) 정치로서, 이는 보다 큰 지리적 스케일에 있는 세력들과 '연대의 공간'을 형성하고자 하는 정치적 행위와 관련된다. 보다 큰 지리적 스케일에 있는 세력들과 정치적 연대를 형성하고자 하는 것은 상이한 스케일에 있는 행위자들 사이에 비대칭적인 권력 관계가 형성되는 경향 때문이다. 특히 보다 큰 지리적 스케일에서 활동하는 행위자들은 작은 공간적 스케일에 갇혀 있는 행위자들보다 더 큰 영향력과 힘을 가지고 있는 경우가 종종 있다. 이와 관련하여, 펙(Peck, 2002: 338)은 국가나 국제기구와 같이 큰 지리적 스케일에서 조직되거나 활동하는 행위자들은 많은 경우 로컬한 스케일에 국한된 행위자들의 전략적 선택과 행태를 제약하는 "초지역적 범위에서 작동하는 규칙의 레짐"(extra-local rule regime)을 형성하는 능력을 가지고 있다고 주장한다. 특히, 국가는 국경이라는 영역적 경계 내에서 보편적이고 독점적으로 질서와 규칙을 세우고, 의미와 규범을 만들어내는 경제, 정치, 이데올로기적 권력에 대한 영역적 중심화의 능력을 가지고 있는데(Jones & Jones, 2004), 이 때문에 "초지역적 범위에서 작동하는 규칙의 레짐"을 형성하는 데 있어 매우 중요한 역할을 한다.

이와 같이 스케일 간에 비대칭적 권력관계가 존재하는 상황에서는 작은 스케일에 국한된 행위자들은 자연스럽게 보다 큰 스케일에서 활동하는 보다 영향력 있는 행위자들과 연대를 하고 이들의 물리적이거나 담론적인 권력을 동원하여, 자신들이 작은 지리적 스케일에서 추진하던 조절의 프로젝트가 보다 쉽게 달성될 수 있도록 하고자 하는 욕망을 가질 수 있다. 특히, 이 조절의 프로젝트가 지역 내의 저항에 직면하여 그 추진에 많은 어려움을 가지고 있을 때, '스케일 뛰어오르기'의 정치가 조직될 가능성은 더 높다. 보다 구체적으로, 지역의 행위자들은 "초지역적 범위에서 작동하는 규칙의 레짐"이 특정한 방식으로 만들어지는 것이 불가피한 현실이라는 담론을 형성하고, 그리고 자신들이 추진하는 조절의 프로젝트가 이와 같이 지역 바깥의 행위자들에 의해 강요된 불가피한 상황에서 지역의 이해를 보호할 수 있는 유일한 수단이라고 정당화하면서, 조절의 과정에서 야기된 지역 내부적 갈등과 불만을 누그러뜨리려고 시도할 수 있다. 게다가, 특정의 조절 프로젝트를 추진하는 지역의 행위자들이 지역 바깥의 행위자들로부터 경제적이거나 제도적인 지원을 — 예컨대 국가나 국제기구로부터의 재정적 지원 혹은 다국적기업에 의한 투자 등을 — 이끌어낼 경우, 이들 지역 행위자들은 자신들의 조절 프로젝트를 추진하기에 보다 나은 경제적 이데올로기적 영향력을 가지게 될 수 있다.

이러한 '스케일 뛰어오르기' 정치와는 반대로 보다 작은 스케일의 행위자들과 '연대의 공간'을 형성하고자 하는 '스케일 뛰어내리기' 정치가 조직될 수도 있다. 이는 큰 스케일에서 활동하는 행위자들이 그들이 추구하는 특정의 조절 프로젝트를 위해 '밑으로부터의' 지원을 끌어내고 싶을 경우 조직될 수 있다. 예를 들어, 국가 지배엘리트가 여러 사회정치적 세력들로부터의 반발에 부딪쳐 특정 개발 프로젝트를 추진하는 데 어려움을 겪고 있을 때, 이 난관을 돌파하기 위해 이 국가적 개발 프로젝트에 잘 부합되는 장소의존적인 이해관계를 가지고 있는 일부의 지역 행위자들로부터 정치적 지원을 끌어내려고 시도할 수 있다.

보다 구체적인 예를 든다면, 국가 지배엘리트는 자신들이 추구하는 세계화 혹은 자유화 정책과 관련하여 이 '스케일 뛰어내리기' 전략을 사용할 수 있다. 사실, 지난 십몇 년간 많은 국가들이 자유화를 추구하는 개혁을 시도하였으나, 다양한 형태의 저항으로 인해 이러한 '신자유주의적' 개혁이 아무런 무리 없이 자연스럽게 추진되지는 못하였다. 특히, 기존에 존재하던 조절의 제도적 틀을 유지하고자 하는 세력들이 신자유주의적 변화에 강하게 반발하여 왔다(Brenner & Theodore, 2002). 이러한 사회적 저항과 반발 때문에 국가 전체적 차원에서 급격한 신자유주의적 개혁이 불가능할 경우, 국가는 보다 자유화되고 탈규제적인 조절의 체제를 '경제자유구역', '경제특구', '국제자유도시' 등으로 불리는 몇몇 선별된 장소에만 적용하는 '공간선택적 자유화'(spatially selective liberalization)의 전략을 사용할 수 있다. 이는 이처럼 몇몇 선별된 공간에만 자유화된 조절 체제를 적용하는 것이 보다 넓은 국가 전체 차원에서 추진되는 급격한 자유화보다 사회적으로 더 쉽게 받아들여질 수 있기 때문이다.

이와 함께, 이 '공간선택적 자유화' 전략은 '특별한 지구'로 선별된 지역 내의 행위자들과 '연대의 공간'을 형성하려는 국가의 전략적 판단에 의한 것일 수도 있다. 왜냐하면, '경제특구', '경제자유구역', '국제자유도시' 등과 같이 '특별한 지구'로 선택된 지역들은 국가 내의 다른 지역들에 비해서 경제적 성공을 거둘 가능성이 더 높은 것으로 기대되고, 이로 인해 이들 지역들로부터 국가가 추진하는 자유화 정책에 대한 정치적 지원을 끌어내기가 쉬울 것이기 때문이다. 물론, 이러한 '특별한 지구'로 선정되지 않는 지역의 행위자들이 소외감을 바탕으로 국가가 추진하는 자유화 정책에 대해 반발할 경우, 이 전략이 자유화 정책에 대한 '밑으로부터'의 저항을 야기할 수도 있다. 게다가, 이들이 신자유주의적 변화에 저항하던 다른 사회정치적 세력들과 연대를 할 경우, 국가는 더 큰 정치적 저항에 직면할 수도 있다. 하지만, 선택되지 않은 지역의 행위자들이 반드시 '반자유화' 운동에 동참한다고 보기는 어렵다. 사실 많은 경우 '공간선택적 자유화'에 대한 지역 차원의 불만은 자신들도 국가로부터 특별한 대우를 받고 싶다는 질시어린 바람에서 비롯된 것이다. 따라서 이들 지역의 행위자들은 '반자유화' 운동에 참여하기보다는, 보다 많은 지역을 이 '공간선택적 자유화' 프로그램에 포함시켜 자신들도 국가가 부여하는 특별한 혜택을 받게 해 달라는 요구를 할 가능성이 더 크다. 이러한 상황은 마치 모든 지역들이 '자유화'나 '세계화'의 물결에 뛰어들기를 원하는 것처럼 보이게 하며, 이를 통해 지역 차원의 행위자들 사이에 자유화나 세계화를 옹호하는 담론이 더욱 더 확산될 수 있다.

2) 경험적 사례: '스케일 뛰어넘기'의 정치와 '공간선택적 자유화'

2001년 12월, '제주국제자유도시 특별법'이 국회를 통과하였다. 이 법은 사람, 물자, 자본의 자유로운 이동을 보장하고, 규제의 완화를 통해 기업활동을 활성화함을 통해 제주를 21세기 동아시아의 관광, 물류, 금융의 국제적 중심지로 만든다는 목적 하에 제정된 것이었다. 특히, 이 법률은 외국인 투자에 대해 세제와 토지이용과 관련된 각종 혜택을 제공하고, 또한 외국 투자자들에게는 영어 사용의 서비스를 제공하는 등의 방법을 통해, 국제적인 투자와 교육을 위한 예외적인 환경을 건설하는 것에 중점을 두었다. 간단히 요약하면, 이 특별법은 제주에 싱가포르와 홍콩과 비슷한 장소를 건설하는 것을 목적으로 하는 것이었다.

그런데 이 제주국제자유도시 건설 프로젝트를 추동한 힘은 무엇이었는가? 이 프로젝트의 추진과 관련하여 한국 정부는 투자와 기술에 대한 국가와 도시 사이의 국제적인 경쟁이 심화됨에 따라 국가발전을 위해서는 반드시 국토 공간 내에 동북아를 대상으로 하는 금융과 무역의 국제적 중심지를 개발할 필요가 있었다는 공식적인 이유를 제시한다. 이런 논리에 따르면, 제주국제자유도시는 외국인 투자를 국내로 끌어들이는 전초기지로서, 21세기에 요구되는 개방화와 국제화의 흐름을 주도하는 역할을 수행할 것으로 기대된다. 하지만, 이러한 공식적인 입장은 이 프로젝트가 왜 필요한지에 대한 만족할 만한 대답을 제공해주지 못한다. 제주국제자유도시 개발계획에 대한 주요 비판 중의 하나는 제주가 동북아의 주요 경제 중심지로부터 떨어져 있어서 이 지역의 금융과 상업 활동의 중심지로 기능할 좋은 조건을 가지지 못하고 있다는 것이다.

이러한 비판을 심각하게 받아들인다면, 과연 한국의 정책입안자들이 제주를 동북아의 금융 허브로 발전시킬 진정한 의도와 자신감을 가지고 이 프로젝트를 추진한 것인지에 대해 의문을 던지지 않을 수 없다. 만약 그렇지 않았다면, 왜 한국 정부는 그렇게 열성적으로 이 프로젝트를 추진하려고 하였을까? 무엇이 이 프로젝트 추진의 진정한 동인인가? 이러한 질문들에 답하기 위해서는 제주 지역의 행위자들과 한국의 중앙정부 사이에 발생한 '스케일 뛰어넘기'의 정치에 대해서 이해할 필요가 있다.

지난 40년 동안 제주의 경제발전은 관광산업의 성장에 기반한 것이었다. 2001년의 경우, 관광 관련 경제활동으로 발생한 생산이 제주의 지역총생산의 23%를 차지하였다(JFICPB, 2002: 9). 하지만, 90년대 초반부터 제주지역의 관광산업은 지속적 성장에 한계를 맞이하고 성장률의 감소를 겪는다. 그런데 상당수 제주 기업들은 호텔, 숙박, 식당, 레져, 렌터카 등의 업종에 종사하면서 관광업에 목줄을 대고 있었는데, 이들에게 관광산업의 침체는 심각한 생존의 위협으로 다가왔다. 이러한 경제 상황 속에서 제주지역의 기업들과 관료들은 제주의 관광업을 부흥시키기 위해, 관광 관련 인프라의 재구축을 위한 대단위 관광개발 프로젝트들을 추진한다. 여기에는 한라산 케이블카 건설, 카지노 자유화, 컨벤션 센터 건설, 서귀포 신항 건설 등과 같은 사업들이 포함된다.

하지만 제주지역의 정치지형은 이러한 대단위 개발계획을 추진하기에 그리 좋은 상황이 아니었다. 관광 관련 개발계획들이 제주지역의 환경, 농어업 및 지역정체성 등에 미치는 부정적 영향에 대한 인식이 확대되면서, 80년대 후반부터 여러 개발계획에 대한 반대의 목소리들이 지역주민들로부터 나오기 시작하였다(조성윤, 1995; 1998; 이상철, 1998). 그리고 90년대 초반의 '제주개발 특별법' 반대운동을 계기로 제주도 내에서 '반개발주의' 세력들이 정치적으로 조직화되기 시작하였다(부만근, 1997). 이러한 과정의 결과로 제주지역에서는 '친개발주의' 세력과 '반개발주의' 세력 사이의 갈등을 기반으로 하는 독특한 정치지형이 형성되었고, 이것이 90년대 제주 지역정치의 중요한 한 요소를 이루었다.

이러한 지역정치적 상황에서 제주지역의 기업과 관료들이 앞서 말한 대단위 관광개발 계획을 추진하는 데는 상당한 어려움이 있었다. 여기서, 제주 지역의 사회단체들과 주민들이 지닌 반개발주의적 정서를 우회하여 이러한 난관을 돌파하기 위한 한 방안으로 나온 것이 '제주국제자유도시' 전략이었다. 제주의 기업과 관료들이 이 전략을 받아들인 것은 세계화와 관련하여 90년대에 한국 사회에서 일어난 사회적 이데올로기적 변화에 의해 영향받은 바 컸다. 90년대 이후 한국 정부는 강력하게 세계화를 추진하였고, 그 과정에서 싱가포르와 홍콩을 세계화의 모델케이스로 인식하곤 했다. 이 두 도시국가의 경제적 부흥을 세계화와 자유화라는 관점에서 해석하고 설명하면서, 정부와 언론들은 매우 활발히 '친세계화주의'적 담론을 형성하였다. 그리고 "세계화를 통해 성공한 싱가포르와 홍콩"이라는 담론의 형성을 통해, 정책 입안자들과 언론들은 자본과 노동의 자유로운 이동을 보장하는 것이 세계화 시대에서 경제적 성공을 거둘 수 있는 핵심적 수단이라고 한국민들의 머릿속에 주입하기 시작하였다.

이러한 '초지역적 차원'(extra-local)에서 형성된 이데올로기적 환경 하에서, 제주지역의 기업들과 정책 입안자들은 이러한 상황을 자신들이 추진해 온 개발계획에 유리하게 이용하기 위해 스케일 뛰어오르기(jumping-up) 전략을 채택하였다. 즉 이들은 그간 추진해온 대단위 관광개발사업들을 국제자유도시라는 틀거리 안에서 재구성하면서, 이 개발사업들이 외국인 투자를 제주도로 끌어들여와 제주를 싱가포르와 홍콩 같은 세계도시로 건설하는 데 있어 꼭 필요한 수단들이라고 설파하면서, 제주 지역민들이 이들 개발계획들에 대해 보다 우호적인 생각을 가지도록 만들었다. 이와 함께, 이들은 자신들이 추진하던 개발사업들을 '제주국제자유도시'라는 이름 하에서 정부차원에서 추진하던 세계화 정책과 연결시킴으로써, 이 개발사업들에 대한 중앙정부 차원의 재정적 제도적 지원을 끌어들이려고 시도하였다.

하지만 '제주국제자유도시' 사업에 대한 중앙정부의 지원을 순전히 제주의 지역행위자들에 의해 중앙의 세력들이 동원된 결과인 것으로만 해석할 수는 없다. 사실, 중앙정부도 '제주국제자유도시' 사업을 지원하는 데 있어 그 자신의 정치적 고려가 있었다. 앞에서 잠시 언급하였듯, 한국 정부는 90년대 중반 이후부터 매우 강력하게 국가경제의 세계화를 추진하는 정책을 펼쳐왔다. 특히 투자와 무역에 관한 정책적 입장을 민족주의적이고 보호주의적인 데서 보다 자유화를 지향하는 방향으로 수정하였다. 이러한 세계화 정책과 경제 자유화의 경향은 90년대 외환

<그림 1> 경제자유구역의 위치(2003년 현재)

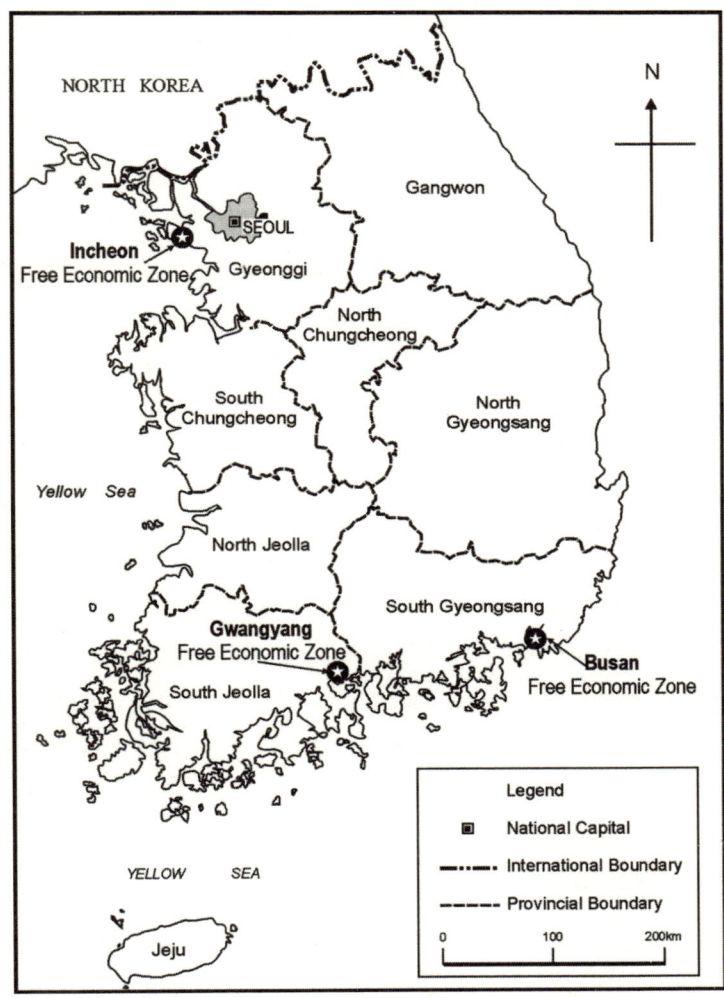

위기를 겪으면서 더욱 강화되었다. IMF의 구제금융을 받으면서 그에 대한 조건으로 정부는 더욱 강력하게 규제의 철폐와 자유화를 추진할 것을 약속하였고, 이를 실천하기 위해 세계화 정책 추진의 강도를 더욱 높였다. 하지만, 정부의 이러한 강력한 압박에도 불구하고, 여러 사회정치적 저항과 장벽으로 인해 급속한 자

유화의 추진은 쉽지 않았다. 따라서 기업 활동과 노동시장에 대한 정부의 규제는 여전히 남아 있었고, 외국 투자자들은 한국에서 지지부진한 경제 자유화에 대해 불만을 터뜨리고 있었다. 이런 상황에서 한국 정부는 자유화 추진에 대한 대규모의 사회적 저항을 회피하면서, 외국인들의 투자를 끌어들일 수 있는 방법을 찾아야만 하는 처지에 놓여 있었다.

이러한 순간에 제주 광역시가 '제주국제자유도시' 개발사업을 제안하였고, 여기서 한국 정부는 자유화 추진의 과정에서 헤어나지 못하고 있었던 딜레마를 탈출할 수 있는 한 묘안을 발견하였던 것이다. 즉 '제주국제자유도시'를 비롯한 몇몇 "특별한 지역에 한해서만" 자유화를 증진시키는 '공간선택적 자유화'의 전략을 이용하여, 소위 '신자유주의적'이라고 불리는 경제개혁에 대한 사회적 저항을 완화시킬 수 있으리라 생각한 것이다. 이러한 '공간선택적 자유화'의 전략 하에서 한국 정부는 2001년 12월 제주를 '국제자유도시'로 지정하고, 또한 2003년 9월에는 인천, 광양, 부산에 각각 '경제자유구역'을 지정하였다(<그림 1> 참조). 한국 정부는 외국인들의 투자를 유치하기 위해, 이들 특별 구역 내에서 외국 기업들에게 각종 혜택을 제공하고 이들의 경제활동에 대한 규제를 과감히 완화해 주었다.

'스케일 뛰어내리기'(jumping down) 정치의 측면에서 보았을 때도, 이 '공간선택적 자유화' 전략은 국가의 자유화 정책에 대한 '밑으로부터의' 지원을 끌어내는데 매우 성공적이었다. '자유도시'나 '경제자유구역'으로 지정된 곳의 행위자들이 정부의 자유화 정책을 옹호하고 나선 것은 물론이요, 보다 놀라운 것은 이와 같은 '특별' 지구로 선택되지 않은 지역의 행위자들도 정부가 추진하는 '자유화'의 행진에 동참하겠다는 강력한 의지를 보였다는 것이다. 특히, '자유도시'나 '경제특구' 정책이 지니는 공간적 선택성을 비판하면서, 선택되지 않은 많은 도시나 지역들이 보다 많은 곳을 '경제특구'나 '경제자유구역'으로 지정해 줄 것을 요구하고 나섰던 것이다.

VI. 결론

이 장은 세계화에 대한 다중스케일적 관점을 바탕으로 자유화나 세계화의 과정이 어떻게 서로 상이한 지리적 스케일에서 활동하는 행위자들과 세력들 사이의 복잡하고 다양한 상호작용을 통해 형성되는지 설명하였다. 특히, 국가와 지역 차원에서 활동하는 힘들 사이의 상호작용과 이것이 국가가 초국경적 자본과 투자의 흐름을 조절하는 방식에 미치는 영향에 대해 관심을 기울였다. 보다 구체적으로, 1) 국가-지역 간의 갈등, 그리고 2) '스케일 뛰어넘기' 정치를 통한 스케일을 가로지르는 권력의 동원이라는 두 가지 상이한 형태의 스케일 간 상호작용의 방식을 설명하고 개념화하는 것에 많은 노력을 기울였다.

먼저, 국가-지역 간의 갈등이 국가의 조절에 미치는 영향과 관련하여, 필자는 국가스케일과 지역스케일에서 각기 다르게 형성된 장소의존적 세력들 사이의 정치적 충돌이 초국경적 자본흐름에 대한 국가의 규제에 대한 자유화를 촉진할 수 있음을 살폈다. 보다 구체적으로, 국가-지역 간 갈등이 심화되고 국가의 힘에 대한 지역 차원의 저항이 강하여 국가가 조절의 위기를 맞이할 경우에, 국가 지배엘리트는 자신들에게 부여된 정치적인 부담을 줄이기 위해 경제활동에 대한 국가의 규제를 완화하는 '자유화' 전략을 채택하고, 이를 통해 조절의 위기에 대한 제도적 해결을 시도할 수 있다고 주장했다. 이러한 이론적 주장에 대한 경험적 사례로서, 필자는 한국의 자동차 산업이 2000년대의 시작과 동시에 경험한 급격한 세계화의 과정을 분석하였다. 여기서 필자는 2000년과 2001년 한국의 자동차 산업에서 나타난 급격한 외국인 투자의 증가는, 빅딜 정책과 관련하여 발생한 국가와 부산 지역사회 사이의 스케일 간 갈등에 의해 촉발된 조절의 위기에 대해, 외국인 투자 정책에서의 자유화라는 방식으로 국가가 제도적인 해결을 시도한 것의 결과물이라고 해석하였다.

둘째로, 필자는 어떻게 상이한 지리적 스케일에서 활동하는 세력들이 '스케일 뛰어넘기'의 정치적 과정을 통해 서로 상호작용하는지를 논하였다. 특히, 특정의 지리적 스케일에서 활동하는 행위자들은 자신들이 원하는 특정의 조절 프로젝트를 추진하기 위해 다른 지리적 스케일에서 존재하는 힘과 자원을 동원하려 할 수 있고, 이러한 스케일을 가로지르는 권력 동원의 과정을 통해 '공간선택적 자유화' 정책이 생겨날 수 있음을 주장하였다. 보다 구체적으로 '제주국제자유도시' 사업이 구성되는 정치적 과정에 대한 분석을 통해, 필자는 '공간선택적 자유화'가 1) 중앙의 힘을 동원하여 특정한 개발 사업을 추진하려는 특정 지역 행위자들의 정치적 노력에 의해, 그리고 2) 국가가 추진하는 자유화 정책에 대한 사회적 저항을 우회하고, 동시에 이에 대한 '밑으로부터의' 정치적 지지를 끌어내려는 국가 지배 엘리트의 정치적 의도에 의해 형성됨을 보여준다.

이 글의 보다 큰 이론적 함의는, 세계화가 다양한 지리적 스케일에서 일어나는 권력 투쟁과 정치적 충돌의 결과라는 사실이다. 특히, 특정한 국가 혹은 지역 차원의 행위자들은 자신이 속한 지리적 스케일에서 발생하는 권력투쟁이나 계급갈등에서 이기기 위해, 세계화를 특정한 방식으로(정치적으로 혹은 담론적으로) 구성해낸다. 세계화를 이렇게 인식하면 세계화를 비판적으로 이해하는 지평이 넓어진다. 즉 세계화 및 신자유주의적 변화와 관련하여 지역이나 국가 공동체가 당면한 여러 문제의 원인을 다국적기업, 국제기구 등과 같은 외부적 요인에서만 찾지 않고, 국가 지배엘리트, 국내기업, 지역의 성장연합 등과 같은 내부적 요인들로부터도 찾기 때문이다. 세계화가 계급 간 균형을 변화시키는 원인이 아니라 계급투쟁의 결과물이라는 주장(Cox, 2005)처럼, 우리는 신자유주의적 변화와 그 결과로 나타나는 불균등발전을 세계화의 결과물로 인식할 것이 아니라, 다양한 지리적 스케일에서 일어나는 계급투쟁을 거쳐 형성되는 것으로 이해할 필요가 있다. 오히려 세계화가 바로 이러한 과정들의 결과물인 것이다.

11장
신자유주의화의 공간선택성과 '경제자유구역'[1]

박배균 (서울대 지리교육과 교수)

I. 들어가며

얼마 전까지만 해도 국가의 영역성과 주권을 고정된 경계선을 가진 것으로 여기는 사고가 일반적이었다. 그러나 최근 정치지리학자 및 비판적 정치학자들은 국가주권의 영역성에 대해 보다 열린 사고를 요구하면서, 국가의 영역성과 그 경계를 반드시 닫혀 있거나 엄격하게 고정된 실체로 이해할 필요가 없음을 주장하고 있다(Agnew, 1994; Ong, 2000; Passi, 2003). 특히, 세계화된 경제시스템 속에서 국경을 넘나드는 경제적 흐름이 증가하면서 많은 정치지리학자들은 국가영역의 경계를 넘나드는 행위자 및 세력들이 국가의 영역성에 어떻게 도전하고 이를 변형하는지에 관심을 가지기 시작하였다.

이와 같은 이론적인 논의에 기초하여 이 장에서는 동아시아 발전국가라는 맥락 속에서 국가의 주권적 영역성이 세계화 및 경제자유화와 맞물리면서 어떻게 경합하고 (재)구축되는지를 논하려고 한다. 특히 아이와 옹(Aiwa Ong)의 '등급화된 주권'(graduated sovereignty) 개념을 통해 영토 내부에서 국가의 조절방식과 주권의 형태가 어떻게 공간적으로 차별화 등급화되는지를 살펴보고, 한국에서 나타난 경제자유화의 공간적 과정을 사례 삼아 이를 설명할 것이다.

지난 90년대 중반 이래로 한국 정부는 '국가경제'의 세계화를 적극적으로 추진

---

[1] 11장은 박배균(Park, 2005b)을 이 책의 취지에 맞춰 재구성한 것이다.

하였고, 이 경향은 1997년 금융위기 이후 더욱 가속화되었다. 특히 1997년 금융위기 이후 한국 정부는 자신의 정책지향을 해외직접투자의 유입을 확대하는 방향으로 급격히 변화시켰는데, 이는 국가주의적이고 보호주의적인 정책지향에서 자유화를 지향하는 방향으로의 전환을 의미한다. 이런 맥락에서 한국 정부는 2000년대 들어 국토의 여러 곳에 '경제자유구역', '국제자유도시' 등을 지정하면서 국제자본과 노동이동의 글로벌 허브를 건설하겠다는 야심찬 계획을 발표하였다. 이 장에서는 왜, 그리고 어떤 정치경제적 환경 속에서 한국 정부가 이와 같은 공간전략을 사용하였는지를 살핀다.

그런데 '경제자유구역' 혹은 '경제특구'라는 아이디어는 사실 전혀 새로운 것이 아니다. 우-커밍스(Woo-Cummings, 2003: 12)가 지적하듯, 개발도상국들은 값싼 노동력으로 저가의 상품을 생산하여 세계시장에 판매하고자 할 때, 경제특구, 수출가공구역, 특별수출구역 등의 공간조직방식을 선호했다. 다시 말해 이런 공간전략은 수출지향공업화를 추진하는 많은 개발도상국에서 이미 광범위하게 이용되었던 것이다. 따라서 왜 한국의 정책입안자들이 21세기에 이렇게 오래된 아이디어를 다시 사용하였는지에 대한 질문이 제기될 수 있다.

이러한 질문에 대해 '허브경제'라는 개념으로 설명하는 방법이 있다. 지난 10여 년간 경제세계화와 함께 제조업 중심에서 서비스업 중심 경제로 전환하기 위해서는 국가영토 내에 자본 물자 기술 인력의 국제적인 흐름을 위한 글로벌 허브를 건설할 필요가 있다는 인식이 폭넓게 유포되었다. 이런 글로벌 허브를 건설하는 한 방식으로서 정부는 해외 기술 및 자본을 유치하기 위한 '경제특구', '경제자유구역' 또는 '국제자유도시' 등을 지정하고 규제를 완화하는 한편 특혜적인 지원을 제공한다고 볼 수 있는 것이다. 즉, 한국에서 '특별경제구역'이 부활한 이유는 이 같은 '계획 합리성'(plan rationality) 때문이라고 설명할 수도 있다.

하지만 이 글은 이런 공간전략이 한국에서 부활한 게 단순한 경제적 합리성에 근거한 정책선택 때문만은 아니었다고 주장한다. 이런 공간전략은 서로 갈등하는 이해세력 간의 복잡한 정치과정과 협상의 결과물로 보는 것이 더욱 타당하다. 보다 구체적으로 이 글은 '경제특구' 건설전략의 부활을 일종의 동아시아 '신자유주의화' 과정에서 나타나는 공간적 결과물로 파악한다. 즉 그것은 발전주의 국가 고유의 제도적 배열 및 정책적 프레임워크의 역사적 유산이 새롭게 등장한 경제 자유화 세력과 경합적인 상호작용을 하면서 나타난 것이다. 다시 말해, 한국 정부의 경제특구 건설프로젝트는 '공간선택적 자유화' 전략으로 이해할 수 있다. 또한 이 사례는 과거에 구축된 발전주의 국가의 제도적 유산이 이후 한국의 신자유주의적 개혁의 범위와 방향을 일정정도 조건지우는 정치과정의 경로의존성을 보여주는 사례이기도 하다.

II. 이론적 배경: '등급화된 주권'과 '신자유주의화의 정치'

지난 10년 동안 국가권력과 영역적 주권을 기계적으로 연결해서 사고하던 공간에 대한 국가 중심적 관점에 많은 비판이 쏟아졌다. 특히 아이와 옹(Aiwa Ong)의 '등급화된 주권' 개념은 세계화 시대 국가 영역성의 재구조화를 이해하는 데 중요한 영감을 제공한다. 옹(Ong, 2000)에 따르면 '등급화된 주권'이란 민족적 인종적 차이에 따라서 국가가 개발 프로그램의 실시 및 인구에 대한 관리를 차별적으로 적용하는 것을 말한다. 옹(Ong, 2000: 57)은 등급화된 주권의 두 측면을 제시하는데, 우선 첫째는 시장적 계산논리에 근거하여 인구의 특정 부분을 국가가 차별적으로 관리하는 것과 관련된다. 이는 인종, 민족, 젠더, 계급, 지역 등과 같은 사회적 차이에 의해서 이미 형성된 시민권의 분절화를 더욱 가속화시키는 결과를 초래한다. 말레이시아의 부미푸트라(bumiputra) 정책이 바로 이런 종류의 등급화된 주권의 사례이다. 인구에 대한 국가의 차별화된 관리의 두 번째 예는 특정한 기술적 공간(예를 들어 수출가공구역)들을 개발하고, 생산하는 것과 관련된다. 이 공간에서 국가는 자신의 주권적 권력과 권위의 일부를 제한하고, 그 자리에 다국적기업의 영향력을 채워넣는다. 따라서 등급화된 주권 개념은 특수한 상황에 따라 영토 내부에서 국가의 주권이 어떻게 차별화되고 등급화될 수 있는지를 잘 설명한다. 국가는 시장적 계산논리에 기초하여 인구의 특정 부분에 대해 차별화된 규율과 특권을 제공함으로써 다양한 방식의 주권과 통치방식을 유연하게 실험할 수가 있는 것이다.

그러나 '등급화된 주권' 개념은 몇 가지 중요한 질문에 대해서는 만족스러운 답을 제공하지 못했다. 대체 무엇이 국가로 하여금 다양한 방식의 주권에 대한 실험을 하게 만드는가? 왜 국가는 인구의 특정 부분을 차별적으로 관리하고자 하는가? 이 부분에 대해 옹(Ong, 2000)도 부분적으로는 답변을 제공한다. 인구에 대한 국가의 차별적인 관리를 국가와 글로벌한 세력들 간의 상호작용의 결과로 바라보면서, 국가는 세계화된 경제체제에서 국가경제의 경쟁력 향상을 위해 세계화된 경제활동에 대한 참여정도를 기초로 인구를 차별적으로 관리한다고 주장한 것이다. 하지만 이 설명은 무엇이 국가로 하여금 인구에 대한 차별적인 관리를 추동하는지에 대한 만족스러운 설명을 제공하지는 못한다. 또한 옹의 주장은 국가와 사회 사이의 복잡한 관계를 간과함으로써 자본주의 국가의 행위를 지나치게 단순화하여 설명하는 문제가 있다.

자본주의 국가의 행위를 이해하기 위해 이 글은 국가와 사회 간의 내적연관성을 강조하는 입장을 취할 것이다. 이 관점은 계급관계와 자본축적 과정이 자본주의 국가의 기능과 형태를 결정하는 데 핵심적인 제약 및 가능조건을 제공하며, 자본주의 국가는 자본의 요구에 따라 특정한 경제기능을 수행할 필요가 있음(예를 들어 재산권 보호, 사회간접자본 제공, 노동자 교육 등)을 인정하면서도, 계급 세력이 자동적으로 자본축적에 필요한 자본주의 국가의 형태와 기능을 결정한다거나 자본주의적 사회관계를 자동적으로 재생산하지는 않는다는 점을 강조한다(Glassman, 1999: 677). 대신 국가는 국가 안에서, 그리고 국가를 통해서 활동하는 다양한 세력(다양한 국가기구, 계급세력, 젠더세력, 지역세력 등) 사이의 경합과 투쟁이 일어나는 장으로 이해된다(Glassman, 1999; Jessop, 1990). 따라서 국가는 "단일하거나 동질적인 실체라기보다는 수많은 경합과정을 내재하고 있는 다양한 제도의 앙상블이고, 국가정책은 특정한 단일계급의 이해관계를 대변하기 위해서 단순하고 기계적인 방식으로 만들어지지 않는다"(Glassman, 1999: 677). 즉 국가의 실제 활동은 국가의 형태와 기능이 사회적 투쟁을 거쳐서 어떻게 생산되고 재생산되는지에 달려 있다. 다시 말해 국가의 특정행위는 국가의 특정형태와 기능을 생산하고 재생산함으로써 자신의 이해관계와 생각을 실현하고자 하는 다양한 사회세력 및 계급분파 사이의 정치적 투쟁과 협상과정으로 이해할 필요가 있는 것이다.

그런데 경제활동의 세계화는 국가의 행위가 결정되는 과정이 더욱 복잡해짐을 의미한다. 글래스먼(앞의 글: 678)에 따르면, 특히 자본의 국제화는 세계경제에서 국제화된 자본의 경제활동의 공간적 범위(글로벌 스케일의 영역성)와 국제화된 자본분파에 대해서 경제적 책임을 지는 국민국가의 정치활동의 공간적 범위(국가적 스케일의 영역성) 사이의 영역적 불일치라는 문제와 연관된다. 이 불일치 문제를 해소할 필요성 때문에 국가정책에 보다 많은 영향을 끼치고자 하는 국제화된 계급분파들(예를 들어 초국적기업이나 금융자본 등) 사이에 연합이 형성될 가능성이 높아진다. 국제화된 자본분파의 압력에 직면하여, 국가도 점차 '국제화'의 길을 택하게 된다. 즉 국가의 행위가 점차 국제적인 맥락에서 이루어지는 것이다. 보다 구체적으로 국가기구들은 점차 국적과는 상관없이 국제적인 투자자의 자본축적이 용이하도록 제도적 틀을 전환한다(앞의 글: 673). 정책레짐 또한 '국제경쟁력'에 강조를 두는 방식으로 재정비된다. 국가와 국제화된 자본분파 사이의 연합이 점차 공고화되면서, 국가는 국제적인 차원의 자본축적을 진작시키기 위해 보다 신자유주의적인 정책으로 경도되는 것이다.

그렇지만 이런 국가의 '국제화' 경향은 단순히 국가와 국제화된 자본 분파 사이의 정치적 연합을 통해 형성된 글로벌한 경제적 힘과 논리만으로 추동되지 않는다. 최근의 세계화 비판 연구들은 신자유주의적 변화 및 국가의 세계화를 여러 지리적 스케일에서 작동하는 다양한 사회 정치 경제적 과정들 사이의 상호작용을 통해서 물질적 담론적으로 구성되는 것으로 이해할 것을 강조한다(Cox, 2005; Dicken, Peck & Tickell, 1997; MacKinnon & Phelps, 2001; Park, 2003; Yeung, 2002). 다시 말해 국가의 '국제화' 경향은 다양한 지리적 스케일에서 작동하는 정치 이념 제도 경제 행위자들의 역할에 크게 영향받을 수 있다는 것이다.[2] 더욱이 국가의 '국제화' 경향은 완전한 과정이 아니다. 그 과정 속에는 다양한 형태의 저항과 반

(反)경향도 존재한다. 이렇게 보았을 때, 국가의 '국제화'는 매우 역동적이며 정치적으로 경합적인 과정을 반드시 수반한다.

안티포드(*Antipode*)의 2002년 특별호인 '신자유주의의 도시화'는 위에서 언급한 정치적 과정을 이해하는 데 중요한 단초를 제공한다. 이 특별호에서 제기된 중요한 문제의식 중의 하나는 신자유주의 프로젝트가 가지는 경로의존적 성격이다. 특히 이른바 "실제로 존재하는 신자유주의"(actually existing neoliberalism)라는 개념을 통해서 브레너와 씨오도르(Brenner & Theodore, 2002)는 신자유주의 재구조화 프로젝트가 가지는 맥락적 스며듦을 강조하였다. 신자유주의 프로젝트는 기존에 형성된 제도적 틀, 정책레짐, 조절양식, 그리고 정치적 투쟁의 유산에 의해서 그 성격이 정의되는 국가적 광역적 지역적 맥락 안에서 작동한다는 것이다. 보다 구체적으로 이들은 "실제로 존재하는 신자유주의에 대한 적절한 이해는 반드시 기존에 형성되어 있던 조절적 지형들과 새롭게 등장하는 신자유주의적 시장지향적 재구조화 프로젝트들 사이에 벌어지는, 그리고 다양한 지리적 스케일을 통해 나타나는, 경로의존적이며 맥락특수적인 상호작용에 대한 탐구여야만 한다"(Brenner & Theodore, 2002: 351)고 주장하였다. 이런 측면에서 보았을 때, 최근의 재구조화 과정은 단순한 '신자유주의'보다는 '신자유주의화'로 이해하는 것이 타당하다. 즉 신자유주의 개혁프로젝트가 촉발한 최근의 변화들은 "완전한 형태로 실현된 정책레짐, 이념형태, 또는 조절양식이라기보다는 역사적으로 특수하고, 현재진행중이며, 내부적인 모순으로 가득 찬 시장지향의 사회공간적 전환과정"으로 볼 필요가 있다(Brenner & Theodore, 2002: 353).

이러한 신자유주의화의 과정들은 국가의 공간성에 심대한 영향을 끼칠 수 있다. 특히 국민국가는 그 공간적 스케일적 조직에 있어서 큰 구조적 변환을 경험한

---

2 이와 비슷한 맥락에서 국가의 신자유주의화는 다양한 행위자 및 요소들이 그 과정에서 역할을 수행한다는 점에서 "중층결정된다"는 주장도 있다(Cerny, 2005). 이 주장에 따르면, 신자유주의로 변화하는 과정에서 다음의 행위자 및 요소들이 특히 중요하다: (1) 국가행위자(정치인, 관료, 정당 등); (2) 글로벌 통치기구(세계은행, IMF, WTO, G7/8 등); (3) 부유한 국가(예를 들어 미국); (4) 다국적기업; (5) 신자유주의의 '담론'들.

다. 최근 도시 및 지역개발과 관련된 연구문헌들은 이런 국가의 공간적 변화를 '글로컬리제이션'(glocalization), '국가의 공동(空洞)화', 그리고 '신지역주의의 부상' 등으로 설명했다(Jessop, 1994; MacLeod, 2001; Swyngedouw, 1997). 브레너(Brenner, 2003)에 따르면 국가공간의 '글로컬리제이션'은 글로벌한 경제흐름 속에 전략적으로 자리매김하는 도시, 도시지역, 그리고 산업지구 등과 같은 국가하부단위의 전략적인 장소에 경제역량을 재집중함으로써 국가의 정치적 경제적 공간을 차별화하려는 국가의 공간전략과 관련된다. 이런 측면에서 '글로컬화'된 국가공간의 부상은 인구에 대한 국가의 차별화된 관리와 연관되는데 왜냐하면 차별화된 조절원칙 및 제도가 전략적으로 선택된 도시 및 지역의 성장중심지에 수립되기 때문이다. 그러나 새롭게 등장한 '글로컬화'한 국가의 공간성은 신자유주의 또는 보다 거시적인 조절과정의 변화에 의해 필연적으로 나타나는 결과물은 아니다. 브레너(Brenner, 2003)도 지적했듯 새로운 국가공간성의 형성은 신자유주의화 과정과 함께 국가제도 안팎에서 벌어지는 전략적 상호작용 및 사회정치적 경합의 변증법을 통해서 형성되는 것으로 이해할 필요가 있기 때문이다.

이러한 관점을 토대로 이 장은 국가공간의 글로컬리제이션과 인구에 대한 국가의 지리적으로 차별적인 관리는 기존의 제도적 형태 또는 조절의 공간적 조직과 새로운 경제자유화의 압력 사이에서 벌어지는 정치적인 경합과정과 깊이 관련됨을 보여줄 것이다. 이는 기존에 형성되어 있었던 조절의 제도적 공간적 틀을 지키고자 하는 사회세력들의 강한 저항 때문에 신자유주의로의 전면적인 전환이 어려워 보일 때 특히 두드러진다. 이때 국가는 선택된 몇몇 공간에만 좀 더 자유화된 제도적 틀을 부과하는 방식으로 '공간적으로 선택적'인 자유화 전략을 활용할 수 있다. 다시 말해 국가가 몇몇 선택된 공간에 차별화된 조절 및 통치형식을 부과하여 인구를 차별적으로 관리하는 것은 오래된 제도적 틀의 옹호자와 신자유주의적 개혁의 지지자 사이에서 발생하는 정치적 타협의 결과물이라고 부분적으로 설명할 수 있다는 것이다. 더욱이 강력한 경로의존성(이미 형성되어 있었던 제도적 배열이 신자유주의 개혁의 범위와 방향을 제약하는 것) 때문에 선택된 '신자유주의'적 공간들 또한 실제로는 진정한 의미의 신자유주의적 규칙 또는 제도로 채워지는 것은 아니다. 그보다는 기존에 형성되어 있던 제도적 전략의 유산과 신자유주의화 전략이 공존하는 혼종공간(hybrid space)으로 만들어질 수 있다. 하지만 국가가 선택한 공간이 진정한 의미의 신자유주의적 공간인지 아니면 혼종공간인지에 관계없이 이런 '공간적으로 선택적인' 자유화 과정은 국가가 하부국가라는 공간단위에서 살고 있는 인구의 특정 부분에 대해서 차별화된 규칙과 규율, 우대를 부과할 수 있게 한다. 그리고 이는 결과적으로 영토 내부에서 국가주권의 등급화 또는 차별화를 낳는다.

III. 연구의 배경: 한국 정부의 특별경제구역 정책

2002년 4월 한국 정부는 '동북아비즈니스허브'를 위한 야심찬 프로젝트를 발표했다. 동북아시아 비즈니스 허브 건설을 목표로 한 이 계획은 한국을 동북아시아의 금융, 비즈니스 및 물류중심지로 개발하는 데 초점을 둔다. 2002년 6월에 발표된 실시계획에는 물류시설의 개선(가령 공항, 항구, 철도의 확장, 효율적인 물류네트워크 개발 등)과 함께 해외직접투자 및 다국적기업, 해외 IT 및 미디어 기업, 그리고 해외 금융기관의 유치를 강력하게 촉진하기 위한 특별경제구역의 개발이 포함되어 있다. 이 계획의 발표에 이어 국회는 2002년 11월에 '경제자유구역(FEZ)의 지정 및 운영에 관한 법률'을 제정하여 경제특구의 건설을 위한 제도적 기초를 놓았다. 이 법안은 해외직접투자의 유치와 해외기업의 경제자유구역 입주를 촉진하기 위해 한국정부가 지정된 경제자유구역 안에서 운영하는 해외기업에게 다양한 인센티브와 혜택을 제공할 것을 허용하고 있다. 이어서 2003년 9월 한국 정부는 3개의 경제자유구역(인천경제자유구역, 부산·진해경제자유구역, 그리고 광양만경제자유구역)을 지정하였다(352쪽 <그림 1> 참조).

간단히 말해서 이 프로젝트는 정부가 민간의 경제활동에 차별화된 조절적 규칙을 부과할 수 있는 특별구역을 창조하는 것에 초점을 두었다. 예를 들어 기업들은 경제자유구역 내에서 초기 3년 동안 소득세와 법인세를 면제받고, 이후 2년 동안에도 50%만 납부하면 된다. 또한 경제자유구역 내에서 공장건설과 확장에 대한 토지이용규제는 최소화되고, 중소기업 지정업종에 대한 사업제한 규제 또한 철폐된다. 보다 중요한 점은 경제자유구역 내에서 노동규제에 대한 규칙들이 크게 완화된다는 것이다. 예를 들어 현재 고용주는 노동자에게 주말 휴무에 대해 임금을 지급해야 하지만 경제자유구역 내에서는 주말 휴무에 대한 '무급'정책도 허용된다. 이외에도 다양한 인센티브와 혜택이 경제자유구역 내 외국인과 외국기업에게 제공된다(<표 1>). 이러한 측면에서 한국정부가 추진하는 경제자유구역 프로젝트는 인구에 대한 국가의 차별화된 관리의 한 예로 볼 수 있다. 다시 말해 경제자유구역의 건설은 차별화된 조절적 제도를 부과하고 차별화된 인센티브와 혜택을 제공할 수 있게 허용함으로써 국가의 주권과 통치의 형태가 공간적으로 차별화되고 등급화되는 상황을 만들어내고 있는 것이다.

이 장의 핵심 질문은 다음과 같다. 왜 한국정부는 이런 특별경제구역을 개발하려고 했을까? 이 질문에 대한 답은 '허브경제'라는 개념으로 일부 해결할 수 있다. 우-커밍스(Woo-Cumings, 2003)의 지적처럼, 경제세계화와 함께 제조업 중심의 경제가 서비스 중심의 경제로 전환되면서 '허브'라는 개념이 개발도상국에서 공간 조직 방식의 중심적인 위치를 차지하였음은 널리 알려진 사실이다.

아시아의 많은 국가들은 그 영토 내에 거대한 허브경제를 건설하여 아시아 태평양에서 일종의 '관문'의 역할을 수행하고자 노력해왔다. 이런 허브경제를 개발하기 위한 한 가지 방법은 국제적인 투자와 해외 기술 및 지식의 유치를 촉진하기 위해 각종 제도 및 금융 혜택과 인센티브를 제공하는 경제특구를 건설하는 것이다. 실제로 한국에서 경제자유구역 프로젝트가 추진될 때, 한국의 정책입안가들은 이러한 논리를 바탕으로 이 사업을 정당화하려 하였다.

그렇지만 국가와 사회 간의 내적 연관성을 강조하는 관점에 따르면, 한국 정부의 경제자유구역 프로젝트와 그로 인해 나타날 '등급화된 주권' 현상을 단순히 특정 경제적 합리성에 기초한 정책선택의 결과로서만 해석하는 데는 한계가 있다. 오히려 이를 서로 갈등하는 이해관계와 사고방식들 사이의 복잡한 정치과정 및 협상에서 비롯된 것이라고 볼 수도 있기 때문이다.

이 글에서는 특히 최근 "실제로 존재하는 신자유주의"와 관련된 연구들이 제공하는 교훈을 기초로 한국의 경제자유구역 프로젝트를 '신자유주의화'라는 정치과정에서 나타나는 '공간선택적 자유화'의 결과로 보는 것이 더욱 타당하다고 주장할 것이다. 따라서 이 글은 한국의 경제자유구역 프로젝트가 '발전국가' 시절

<표 1> 경제자유구역의 인센티브와 혜택

부문	인센티브 및 혜택
세제감면	• 초기 3년간 소득세 및 법인세 면제. 다음 2년간 50% 감면(5천만 불 이상 투자에 대해서는 7년간 100% 감면 및 다음 3년간 50% 감면). • 해외기업의 CEO 및 임원들에 대해서 소득세 17% 일률과세. • 3년간 자본재 수입관세 면제. • 3년간 취득세, 등록세, 재산세, 종합토지세 면제 및 다음 2년간 50% 감면.
금융지원	• 경제자유구역에 입주한 기업에 대해서 토지이용료 면제 또는 할인. • 외국인 정주여건 개선을 위한 학교, 병원 등과 같은 시설 건설에 대해서 금융지원.
규제완화	• 공장 건설 및 확장에 대한 토지이용규제(수도권정비계획법) 적용 최소화. • 중소기업 고유업종제도 배제. • 1만 불 이하 범위 내 경상거래 시 외국통화 직접거래.
고용 및 노동	• 무급휴일, 무급생리휴가 허용. • 국가유공자, 장애인, 고령자 등의 취업보호 대상자 우선채용 의무조항 적용 배제.
교육환경	• 외국인 투자자에 의한 학교설립 가능. • 국내 거주민의 외국인 학교 진학 가능.
병원 및 약국	• 외국인들을 위한 외국인 투자에 의한 병원 및 약국 설립 가능.
방송	• 외국인 방송 케이블 네트워크의 채널을 현재 10%에서 20%로 확대.
행정지원	• 공문서 처리에 있어서 영어사용 가능. • 외국인 투자자를 위한 옴부즈만(ombudsman) 제도 실시예정.

출처: 대한민국 재정경제부(2003)

부터 형성된 제도적 공간적 형태 및 정책적 틀과 경제자유화를 추동하는 힘들 사이에서 일어나는 정치적으로 경합적인 상호작용을 통해서 어떻게 형성되었는지를 분석하는 데 초점을 둘 것이다.

IV. 한국의 국가주도 산업화의 제도적 유산과 '신자유주의화'

1) '발전국가'로부터 물려받은 제도적 유산

1990년대 이전까지 한국의 제도적 틀은 이른바 강력한 '발전국가'의 유산에 기초를 두고 있었다. 1960년대부터 1980년대까지 한국의 급속한 경제성장과 성공적인 자본주의 산업화는 경제활동에 대한 국가의 적극적인 개입 없이는 불가능한 것이었다. 한국 국가가 채택한 축적전략은 노동과 자본에 대한 집약적인 동원에 초점을 맞춘 것이었다.

먼저 한국 국가는 자본에 대한 강력한 동원을 촉진하기 위해 국내 대자본가와 성장연합을 형성하고(Park, 1998), 국가통제적인 금융시스템과 국가주의적인 산업정책을 기초로 국가가 지정한 전략산업에서 활동하고 있는 몇몇 선택된 국내 기업들에게 우선적으로 금융 및 제도적 지원을 했으며, 이에 대한 보답으로 선택받은 기업들은 정부의 지시를 따라 산업화와 수출에 핵심적인 역할을 수행했다(Amsden, 1990). 또한 정부는 노동에 대한 강력한 동원을 위해 매우 억압적인 노동통제시스템을 구축했다(Park, 2001). 한국 정부는 노동조합활동을 강력히 억제함으로써 노동자의 조직적 역량을 크게 약화시켰고, 이 때문에 한국의 노동자들은 열악한 노동조건과 저임금을 감내해야만 했다.

이러한 조절 시스템은 한국이 급속한 경제성장과 산업화를 이루는 데 필수적이었다. 그런데 강력한 규제자의 역할을 하던 한국의 발전국가는 특정한 공간적 선택성[3]을 지니고 있었다. 즉, 산업화의 혜택이 모든 지역에 균등하게 분배되지 않았던 것이다. 구체적으로 보면 1960년대 강력히 추진되었던 수출주도산업화 전략은 상대적으로 더 도시화되었거나 이미 산업화된 지역들을 선호하였다. 수출주도산업화를 추진하는 과정에서 한국 정부는 섬유, 의류, 신발, 합판, 가발 등과 같은 노동집약적인 수출산업에 상당한 금융적 제도적 지원을 했다. 따라서 이런 산업이 밀집한 지역은 산업화의 혜택을 누릴 가능성이 높았다(Cho, 1991). 일제 식민지 시기(1910~1945) 이래로 서울은 한국에서 가장 산업화된 지역이었다. 따라서 서울과 서울 인근 도시들은 다른 지역에 비해서 국가의 수출주도산업화의 축적전략에서 많은 이득을 볼 수 있었다. 더욱이 1960년대에 한국 정부는 기존의 산업시설들을 활용함으로써 지역정책의 효율성을 최대화시키기 위해서 산업화를 위한 대부분의 산업단지 및 사회간접자본시설들을 서울에 건설하였다(KRIHS, 1996).[4] 이런 공간적 선택성 때문에 1960년대의 경제활동은 주로 서울에 집중되었고 수도권 지역으로 확산되었다. 다시 말해 1960년대 국가의 수출주도산업화 전략은 수도권의 일극(一極) 집중을 초래했다.

　서울과 다른 지역 간의 경제적 격차가 심화되자 한국 정부는 1970년대에 서울의 성장을 억제하기 위해서 다양한 법적 제도적 조치를 취하기 시작하였다. 특히 한국 정부는 인구와 경제활동을 수도권에서 다른 지역으로 퍼뜨리고 변방 지역의 경제성장을 촉진하기 위해서 다양한 분산정책을 실시했다. 지난 30년간 한국의 지역정책은 지방에 산업단지를 건설하고 수도권에 산업입지를 엄격히 제한하는 지속적인 분산화의 노력이라고 볼 수 있다.

---

3 존스(Jones, 1997)에 따르면 '공간적 선택성'이란 축적전략과 헤게모니프로젝트를 통해 특정장소를 다른 장소에 비해서 우대하려는 국가의 경향성을 지칭한다. 이러한 '공간적 선택성'은 '전략적 선택성'(Jessop, 1990)이라는 개념에서 도출된다. '전략적 선택성'이란 특정정책을 입안하고, 국가 기구 내부에서 지지를 얻어내며, 국가의 사회적 물질적 토대와 관련하여 정책을 효과적으로 집행하기 위해 특정한 사회세력의 접근을 차별적으로 우대하려는 국가의 경향성을 지칭한다(Jones, 1997: 847). '공간적 선택성'은 이러한 '전략적 선택성'의 공간적 효과이다.

4 서울과 더불어 (경상남북도의 도시를 포함함) 영남지역은 1960년대 수출주도 산업화 과정에서 다른 지역에 비해서 상대적으로 더 많은 혜택을 보았다(Park, 2003). 그러나 공간적 선택성 때문에 1960년대 한국정부의 축적전략은 영남지역보다는 서울을 선호하였다.

V. 기존 제도적 틀에 대한 도전: 민주화와 자유화

1980년대에 들어서면서 기존의 제도적 틀은 심각한 도전에 직면했다. 특히 다양한 국가적 국제적 세력들은 한국 정부에 압력을 가하여 기존의 권위주의적이고 개입주의적인 정책 지향에서 벗어나 좀 더 민주적이고 자유주의적인 정책으로의 전환을 요구하였다(Park, 2003). 이러한 내외부적인 압력은 1980년대 들어 보다 본격화되었다.

우선 내부적으로 1980년대에는 민주화를 위한 대중적 요구가 크게 증가하였다. 1960년대 이래로 노동자와 하층민에게 가해진 정의롭지 않은 억압과 착취에 분노한 학생 및 지식인들은 군사독재정권에 항거하여 사회운동을 조직하여 민주주의와 보다 평등한 부와 권리의 분배를 요구했다(Park, 2001). 특히 운동세력들은 몇몇 선택된 기업에 대한 국가의 선별적인 지원정책을 정치적인 부패와 관련지어 생각했고, 자원배분에 있어서 심각한 배타성과 불공정이 있다는 이유로 국가와 재벌 사이에 형성된 성장연합을 비판하였다. 또한 국가와 자본의 노동에 대한 억압적인 조치 또한 사회운동의 중요한 조직 원인이었다. 1970년대에는 학생, 지식인, 노동자들이 국가의 억압적인 노동정책에 저항하기 위해 다양한 사회운동을 조직했다(Park, 2001). 더욱이 1987년 이후 민주화의 진전은 시민사회의 확대를 촉진했고, 이는 결과적으로 노동계급이 보다 전략적으로 유리한 위치를 점하는 계기가 되었다(Kim & Moon, 2000). 민주화 이후 개방된 정치공간에서 노동조합들은 그 조직적 기능적 역량을 강화하여 정치적 경제적 협상력을 고양시킬 수 있었다. 그 결과 노동동원에 있어서 억압적인 방식은 더 이상 유효하지 않게 되었는데, 그 이유는 억압적인 노동통제방식은 오히려 힘을 얻은 노동자 계급의 강력한 저항을 불러일으킬 뿐이었기 때문이었다(Park, 2001).

민주화에 대한 내부의 정치적 요구가 한국 정부의 권위주의적인 제도적 틀을 바꾸는 데 큰 영향을 미친 것은 사실이었지만, 한국의 발전주의 국가에 대한 더 심각한 도전은 경제를 자유화하려는 압력이었다. 이 자유화의 압력을 행사한 것은 내외부의 세력들이었다. 먼저 내부적으로 1980년대 이후 강력한 경제력을 확보한 한국의 몇몇 재벌기업들은 국가규제의 선택적인 완화가 자신들에게 더 득이 될 수 있음을 인식하기 시작했다(Henderson, 1998: 19). 재벌들은 정부가 제공하는 다양한 인센티브와 혜택을 지속적으로 받기 위해 정부와 좋은 관계를 유지하고자 했다. 하지만 그와 동시에 재벌들은 규제가 완화된 보다 자유화된 경제환경의 필요성을 옹호하면서 국가로부터의 상대적인 자율성을 확보하고자 노력했다. 또한 1980년대 후반에 진행된 정치적 민주화의 과정 덕분에 재벌들은 국가로부터 정치적으로 더 자유로워졌고, 이는 결과적으로 재벌들이 규제완화에 대한 요구를 표출할 수 있는 조건을 마련했다.

규제완화 압력은 국가 외부에서도 강력하게 제기되었다. 1980년대 중반까지는 한국 정부의 관료들이 외부적 압력에서 어느 정도 독립적일 수 있었다. 그것은 미국이 한국에 대한 무역적자를 수용하고, 전방(前方)국가로서 한국이 가지는 전략적 가치를 인정했기 때문이었다. 하지만 1980년대 중반 이후 레이건 정부는 미국 기업이 투자와 무역에 보다 자유로운 접근을 할 수 있도록 막대한 무역흑자를 누리던 국가들에게 무역장벽을 낮추라고 요구했다(Bishop, 1997: 109). 또한 새롭게 개정된 관세와 무역에 관한 일반협정(GATT)은 회원국들에게 자국 시장을 더 개방할 것을 요구했다. 게다가 한국은 OECD에 가입하면서 자유로운 자본의 흐름이라는 무역원칙을 받아들이지 않을 수가 없었다(Yeung, 2002). 이런 국제적인 여건 속에서 한국의 정책입안가들은 투자와 무역에서 보다 시장지향적인 정책을 채택할 수밖에 없었다(Bishop, 1997: 119).

한국 정부는 이와 같은 내외부의 압력들 때문에 1980년대부터 민간의 경제활동에 대한 규제를 완화하기 시작했다. 특히, 1990년대 초부터 한국 정부의 산업 및 금융정책은 급격하게 자유화되기 시작했다. 이런 자유화로의 전환은 너무나 급격하여, 장하준(Chang, 1998)은 이 변화를 '발전주의 국가'의 몰락이라고까지 표현하기도 했다. 한국의 '발전주의 국가'가 과연 1990년대 초에 몰락했는지에 대해서는 의문의 여지가 있다. 하지만 '발전주의 국가'의 개입주의적 역할에 기초했던 기존의 제도적 틀이 1990년대 초부터 점진적으로 해체된 것은 사실이다. 그런데 1990년대 후반 들어 이보다 더 급진적인 자유화로의 전환이 벌어졌다. 1997년 한국의

<그림 1> 한국의 FDI 유입액과 유출액(1989~2000)

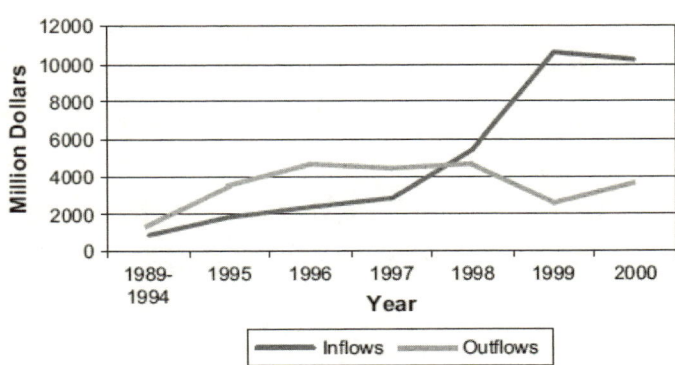

출처: United Nations Conference on Trade and Development(2001)

금융위기는 신자유주의적인 개혁을 촉발시킨 중요한 계기였다. 한국에 대한 IMF 회생정책은 금융시스템, 기업지배구조, 그리고 해외직접투자라는 세 영역에서 주로 이루어졌다(Bishop, 2001). 다시 말해 IMF는 한국 정부에게 구제금융을 제공하는 대가로 좀 더 전면적인 신자유주의적 개혁을 실행할 것을 요구한 것이다.

이런 자유주의 개혁은 한국의 해외직접투자 환경을 근본적으로 바꿔놓았다. 해외기업들은 이런 한국의 투자환경변화에 열정적으로 반응하면서 한국에 대한 투자를 급격하게 늘리기 시작했다. 예를 들어 한국에 투자된 해외직접투자 금액은 1996년 32억 3백만 달러에서 2000년 156억 9천만 달러로 거의 5배가 증가했다. 사실 1997년 이후 한국은 해외직접투자 유치의 측면에서 아시아에서 가장 성공적인 국가 중 하나였다. 이런 변화는 한국의 해외직접투자 유입액과 유출액 추이에서도 분명하게 나타난다(<그림 1>). 1997년까지만 하더라도 한국은 항상 FDI 유출액이 FDI 유입액에 비해서 높았다. 하지만 1998년부터 한국에 유입되는 FDI의 양은 한국 정부의 금융자유화 조치 때문에 해외로 유출되는 FDI의 양을 훨씬 웃돌았다.

1) 자유화에 대한 저항과 '공간선택적 자유화'

이러한 급격한 자유주의적 개혁에도 불구하고 한국 정부는 경제를 완전히 자유화시키지는 않았다. 왜냐하면 한국에서는 여전히 자유화에 대한 사회·정치적 장벽이 존재했기 때문이었다. 이 장벽은 한국 정부가 기존에 가지고 있던 제도적 틀의 유산에서 비롯된 것이다. 특히 기존의 제도적 틀에서 혜택을 받았거나 적어도 그런 사회정치적 맥락 속에서 성장한 특정 사회세력들은 자유화와 규제완화라는 아이디어에 매우 비판적인 입장이었다.

먼저 재벌들은 정부에게 국내 기업에 대한 보호주의적인 정책을 고수할 것을 강력하게 요구했다. 비록 재벌들은 정부의 개입주의적인 정책을 비판하고 공공연하게 규제완화를 지지하는 입장을 보였지만, 국내 사업에 대해서만큼은 여전히 지금까지 정부로부터 받았던 금융적 제도적 혜택을 유지하고자 '보호주의적 정부'를 원했다. 다시 말해 재벌들은 한편으로는 정부로부터 받는 값싼 신용공여를 유지하면서도 다른 한편으로는 정부가 자신들의 사업영역에 개입하기를 원치 않았던 것이다(Amsden & Euh, 1993: 380). 따라서 한국의 재벌들이 제기한 일반적인 규제완화의 요구는 신자유주의 개혁세력이 주장하는 경제의 자유주의화에는 못 미쳤다(Bishop, 1997: 112). 오히려 재벌들은 재벌개혁의 일환으로 진행된 '정경유착' 타파를 위한 정책에는 적극적으로 반대의 목소리를 냈다(Gills & Gills, 2000).

둘째, 자유화에 대한 장벽은 해외투자자들에게 문호를 개방한다는 아이디어에 대해서 관료들이 가지고 있는 경로의존적 태도와 관련이 있었다. 1960~70년대에 한국 정부는 국가주도적이고 개입주의적인 방식을 통해 국가경제발전을 성공적으로 촉진했다. 이는 경제활동의 조정 및 촉진에 있어서 시장보다는 국가의 우위를 강조한 것이었다. 또한 국가와 재벌 사이의 성장연합이 공고해지면서 국가주도의 산업화 정책은 매우 강력한 국가주의적 지향을 띠었으며, 이는 국내기업의 육성으로 이어졌다. 따라서 대부분의 정부 관료는 이런 정책전통에 크게 영향을 받았다. 특히 산업정책을 입안하고 집행하는 주요 정부기관이었던 상공부의 관료들은 국가산업발전에서 매우 강력한 국가주의적 태도를 드러내었다(Bishop, 1997). 이와 더불어 강력한 개입주의적인 정책에서 국가가 후퇴하면 관료의 힘도 크게 약해질 것이라는 우려도 제기되었다. 이런 맥락 하에서 아무리 최고 의사결정자가 급진적인 신자유주의 정책으로 전환하고자 해도 대부분의 정부 관료들은 원래부터 가지고 있었던 개입주의적이고 국가주의적인 정책들을 포기하려고 하지 않았다(Bishop, 1997).

셋째, 노동조합은 자유주의 정책에 대해, 특히 노동통제에 있어서 신자유주의적인 개혁에 대해 거세게 반대했다. 한국의 노조는 억압적인 노동통제에 맞선 사회적 투쟁과정을 통해 성장했고 1987년 민주화 이후 정치·경제적 협상력이 높아졌다. 이처럼 1980년대 이후 노동자들의 권한이 대폭 확장되면서 자본과 노동 사이의 보다 균형 잡힌 권력관계를 기초로 한 대안적인 노동관리 방식에 대한 요구가 증가했다. 그러나 새롭게 추진된 노동관리 방식은 국가와 자본, 노동 사이에 해결되지 못한 갈등 때문에 성공하지 못했다(Park, 2001). 따라서 노동과 자본 사이의 적대관계는 지속되었다. 노동자들은 보다 높은 임금수준과 협상력, 그리고 작업장에서의 민주주의를 요구했지만, 기업은 보다 유연한 노동시장조건의 창출을 통해서 임금 수준을 안정화시키고자 했다(Kim & Moon, 2000: 57). 이런 맥락 속에서 1997년 한국 정부가 노동시장 유연화 향상에 초점을 둔 새로운 노동법을 제정하자 노조는 대규모 파업을 조직하여 정부의 노동법 개혁에 강력하게 반대했다. 조직된 총 노동자의 약 82%에 해당하는 50만 명 이상의 노동자들이 1997년 1월 파업에 참여하여 노동법의 재개정을 요구했다(Park, 2001). 하지만 1997년 금융위기 전후 진행된 일련의 노동법 개정 탓에 노동시장의 유연성은 크게 증가했다. 또한 경제위기 이후 구조조정은 대규모 실업을 초래하고 고용안정을 저해했으며 노동자의 소득과 복지수준을 크게 감소시켰다. 이러한 상황 속에서 노동조합은 자유화와 노동법 개정을 받아들일 수밖에 없었다.

이와 같이 다양한 영역에서 표출된 자유화에 대한 저항과 장벽 때문에 경제활동과 노동시장에 대한 일부 규제는 여전히 유지되었고 이 때문에 외국인 투자자들이 한국의 투자환경에 대한 불만을 토로하기도 했다. 예를 들어 주한미국상공회의소의 한 조사에는 지나친 규제와 노동시장의 경직성이 외국인의 한국 투자를 주저하게 만드는 가장 큰 요인라고 지적했다(*Korea Times*, 2001). 외국인 투자자들은 특히 한국의 경직된 노동시장에 대해 불만을 제기했는데 필요에 따라 노동자를 해고하기가 어렵다는 것이 그 이유였다. 이런 상황 속에서 한국 정부는 외국인직접투자를 적극적으로 유치하기 위해 규제를 대폭 철폐함으로써 보다 기업친화적인 환경을 만들고자 했다. 그러나 다양한 세력들의 강력한 사회적 저항 때문에 대규모 규제완화와 자유화 정책의 추진은 어려웠다.

이런 조건 속에서 한국 정부는 보다 급진적인 규제완화와 자유화 조치를 취할 수 있는 특별경제구역을 개발하기로 결정하였다. 다시 말해 한국 정부는 '공간선택적 자유화' 전략을 사용했는데, 왜냐하면 이 전략은 대규모의 전면적인 자유화 정책보다는 훨씬 더 수용가능성이 높아 보였기 때문이다. 이와 관련하여 남덕우 전 총리의 언급은 꽤나 흥미롭다. 코리아 헤럴드와의 인터뷰에서 그는 다음과 같이 말했다.

> 우리는 정치·사회적 장벽들 때문에 나라 전체를 경제특구로 만들 수는 없습니다. 따라서 우리는 경제특구를 특정 지역에 한정할 필요가 있습니다. 경제특구의 경계가 학습과정을 통해서 나라 전체로 점차 확장되기를 바랍니다. (*Korea Herald*, 2002)

다시 말하면 경제특구 프로젝트의 추진은 신자유주의적 개혁을 추진하려는 세력들과 자유화에 저항하는 세력들 사이의 정치적인 상호작용의 결과로 나타난 것이었다.

VI. 신-구 제도적 틀 사이의 계속된 상호작용

'공간선택적 자유화' 전략, 즉 경제자유구역 프로젝트는 '신자유주의화' 과정에 수반된 정치적 긴장을 완전히 해소하지는 못했다. 오히려 경제자유구역 프로젝트는 신자유주의적 개혁에 대한 옹호세력과 반대세력 간의 또 다른 갈등을 불러 일으켰다. 경제특구 개발정책은 고정된 것이 아니라 사회정치적 과정을 통해서 끊임없이 구성되고 재구성되었다. 따라서 경제특구 프로젝트의 실질적인 내용은 다양한 이해관계와 사고방식들이 정치적 투쟁과정을 거쳐서 매개되고 어떻게 (재)협상되는지에 크게 영향을 받았다. 이번 절에서는 경제특구 프로젝트와 관련하여 신(新)-구(舊) 제도적 틀 사이의 변증법적 상호작용이 어떻게 전개되었는지를 살펴보도록 하겠다.

1) 신-구 공간전략 사이의 상호작용

경제특구 프로젝트와 관련하여 기존 '발전국가'의 공간적 선택성과 새롭게 등장한 '신자유주의'적인 공간전략 사이에는 흥미로운 협상과정이 진행되었다. 이 상호작용은 경제자유구역의 입지선정 과정에서 명확하게 드러났다. 2003년에 인천, 부산, 광양의 3개 도시가 경제자유구역으로 지정되었다. 그러나 2002년 4월에 제안된 '동북아금융허브' 건설 원안에서는 오직 인천만이 경제특구로 고려되고 있었다. 당시 인천은 서울과의 지리적 근접성, 세계 수준의 국제공항, 그리고 한국에서 세 번째로 큰 항구를 가지고 있다는 점에서 동북아시아의 금융 및 물류허브로서 가장 큰 잠재력을 지닌 도시로 여겨졌기 때문이다. 부산과 광양은 원래 계획에는 포함되지 않았다.

하지만 인천에 금융허브를 건설하자는 애초의 계획은 수도권과 지방 간의 경제적 격차를 심화시킬 것이라는 평가를 받으며 혹독한 비판에 직면했다. 앞에서도 언급했듯 수도권에 집중된 인구와 산업활동을 분산시킴으로써 지역 간 경제 격차를 줄이는 것은 지난 30년 간 한국 '발전주의 국가'의 가장 중요한 공간전략 중의 하나였다. 비록 분산정책은 실효를 거두지 못해 많은 비판을 받았지만 이 공간전략은 적어도 수도권의 급격한 성장속도를 늦추는 데 부분적으로는 성공적이었다.

<표 2>에 나타난 것과 같이 한국 전체 제조업 고용에서 수도권의 비중은 1963년에서 1972년까지 8.5% 증가한 것에 비해 1972년부터 1982년까지는 불과 0.3%에 그쳤다. 이와는 반대로 1970년대에 영남지방은 제조업 고용에서 중요한 위치를 차지하였는데, 이는 이 시기에 몇몇 대규모의 산업단지가 이 지역에 건설되었기 때문이다. 다시 말해 한국의 발전국가는 분산정책을 통해서 1970년대 말까지 수도권 집중을 어느 정도는 감소시킬 수 있었다.

그러나 1990년대 이후 정부의 산업 및 지역정책이 가진 공간적 선택성이 변화함에 따라 서울과 기타 지역의 경제적 격차가 다시 심화되기 시작했다. 1980년대 후반부터 정보통신기술이 점차 중요해짐에 따라 정부의 산업정책은 점차 지식기반의 기술집약적인 산업에 초점을 맞추기 시작했다. 이런 산업구조의 재편은 첨단산업들이 서울로 집중하는 결과를 초래했다. 정부의 오랜 분산정책에도 불구하고 대부분의 우수 대학 및 연구기관들은 여전히 수도권에 집중되어 있었기 때문에 서울과 수도권은 여전히 첨단산업의 성장에 있어서 입지여건이 가장 훌륭한 지역이었던 것이다. 결과적으로 수도권은 수많은 신생기업을 끌어들였고 1990년대 이후 정보통신 및 첨단기술로 특화된 중심지역으로 성장하였다.

이와 더불어 한국 정부는 1990년대에 들어서 공간전략을 바꾸고자 했다. 국제적인 경쟁이 갈수록 심해지자 정부의 고위 관료들은 1990년대 중반 이후 새로운 첨단산업의 성장을 이끌 지역으로서 수도권의 역할을 강조하기 시작했다. 정부는 이에 따라 세계시장에서의 제조업 경쟁력을 유지하기 위해 수도권의 집적경제를 촉진하는 일련의 지역정책들을 추진하기 시작했다(Yim, 2003). 특히 수도권 산업입지에 대한 기존의 규제가 크게 완화되었고, 그 결과 1980년대 이후 서울의 중심성은 다시 크게 강화되었다. <표 2>에서 나타나듯 수도권의 제조업 고용 비중은 1982년 이후 지속적으로 상승한 반면에, 영남지역을 포함한 다른 지역은 지속적으로 감소하였다.

이런 상황에서 1990년대 중반 이후 수도권이 아닌 다른 도시 및 지역들로부터 국가의 새로운 공간전략에 대한 비판의 목소리가 거세졌다. 왜냐하면 국가의 새로운 지역정책이 수도권과 지방 간의 경제 격차를 더욱 심화시킨다고 여겨졌기

<표 2> 제조업 고용의 지역별 분포(1963~2002)

	1963	1972	1982	1992	2002
수도권					
서울	26.0%	30.8%	20.6%	13.7%	10.7%
인천	-	-	6.9%	7.6%	7.7%
경기	9.2%	13.0%	16.6%	24.8%	28.2%
계	35.3%	43.8%	44.1%	46.0%	46.6%
영남권					
부산	14.9%	15.7%	15.8%	10.0%	6.6%
대구	-	-	6.8%	5.2%	4.8%
울산	-	-	-	-	4.9%
경상북도	13.9%	10.5%	6.0%	7.7%	7.8%
경상남도	5.0%	7.6%	11.9%	13.8%	10.4%
계	33.8%	33.8%	40.4%	36.6%	34.4%
호남권					
광주	-	-	-	1.6%	1.9%
전라북도	5.5%	3.3%	2.6%	2.7%	2.6%
전라남도	6.7%	6.7%	3.3%	2.8%	2.6%
계	12.2%	10.0%	5.9%	7.1%	7.1%
충청권					
대전	-	-	-	1.6%	1.3%
충청북도	3.2%	2.0%	1.9%	3.2%	3.9%
충청남도	6.1%	5.2%	4.5%	3.2%	5.0%
계	9.3%	7.2%	6.4%	8.1%	10.2%
강원	8.7%	4.9%	2.9%	2.1%	1.5%
제주	0.7%	0.4%	0.2%	0.2%	0.2%
총계	100.0%	100.0%	100.0%	100.0%	100.0%
	462,068	1,045,201	2,186,632	2,852,371	2,712,310

출처: 통계청(http://www.nso.go.kr)

때문이다.

이런 맥락에서 수도권에 속하는 인천에 특별경제구역을 건설하려는 시도는 수도권으로 산업 및 인구의 집중을 심화시킬 것이라는 비판에서 자유로울 수 없었다. 즉, 인천에 경제특구를 건설하려는 원안은 20년 이상 지속되던 정부의 수도권 억제와 지방 분산정책을 완전히 무시하는 것과 마찬가지였다(Blueprint for NE Asian Hub, 2002). 따라서 정부의 '동북아금융허브' 정책의 원안이 발표되었을 때

수도권 이외의 다른 도시와 지역들이 강력하게 반발한 것은 당연한 것이었다. 이런 상황 속에서 경제특구 프로젝트는 70년대 이래로 지역불균등의 문제를 해소하기 위해 추진되었던 지역정책과 조응할 필요가 있었고, 그 결과 정부는 인천뿐만 아니라, 부산과 광양에도 경제자유구역을 지정한다는 새로운 계획을 발표하였다(Heaven and hell in Korea, 2002).

2) 혼종공간의 탄생

경제자유구역의 입지선정 문제 못지않게 경제자유구역의 구체적인 특성에 대해서도 많은 정치적 갈등이 존재했다. 2002년 김대중 정부에서 처음으로 경제특구 정책안이 등장했을 때 경제특구는 주로 동북아시아의 금융 및 물류센터로 계획되었다. 전면적인 금융자유화조치에 대한 긴급한 필요에 따라서 정부 내의 신자유주의적 개혁가들, 특히 재정경제부의 관료들은 경제특구 프로젝트를 통해 영토 안에 완전히 자유화된 금융센터를 개발하고자 했다.

하지만 정부 내에서 금융자유화에 그리 동조하지 않는 사람들도 있었는데, 이들은 금융센터를 개발한다는 생각 자체에 회의적인 입장이었다. 이 입장은 1960년대부터 정부의 산업정책과 제조업 발전정책을 책임졌던 산업자원부에서 특히 두드러졌다. 산업자원부는 경제특구에 금융센터보다는 첨단산업 및 연구개발센터를 개발해야한다는 입장이었다.

2002년 12월 노무현 대통령이 당선되자, 산업자원부의 관점에 보다 많은 힘이 실렸다. 왜냐하면 노무현 대통령과 그의 보좌진들은 전임 정권인 김대중 정부에 비해 급격한 신자유주의적 개혁의 폐해에 대해 보다 비판적이었기 때문이었다.[5] 따라서 2002년 12월 대통령 선거 이후 대통령직 인수위원회는 동북아시아비즈니스허브정책은 우선적으로 한국에 정보통신제조업 기반을 건설하는 것에 초점을

---

[5] 이는 2003년 6월에 진행한 동북아비즈니스허브추진대통령위원회 관료와의 인터뷰에 기초한 것이다.

맞춘다는 점을 강조했다(Business hub plan to focus on IT, 2003). 또한 홍콩이나 싱가포르에 있는 다국적기업들이 보다 많은 인센티브와 조세감면 등 때문에 한국으로 본사를 옮기지는 않을 것이라 강조하면서, 인수위원회는 경제특구를 동북아시아 글로벌 연구개발중심지로 육성할 것이라고 발표하였다(Songdo to be developed…, 2003).

경제특구 건설을 둘러싼 원안과 개정안 사이의 차이는 다국적기업을 유인할 수 있는 '끈적끈적한 장소'(sticky places)를 만들기 위해서는 어떤 요소가 필요한가에 대한 관점 차이에서 비롯되었다. 원안에서는 외국인직접투자를 유치하기 위해서 사업활동에 대한 규제를 대폭 완화하고 경제특구에 입지한 외국기업에게 금융적 제도적 혜택을 제공하는 것에 초점을 맞췄다.

이와 달리 개정안에서는 외국기업에게 지나치게 많은 인센티브와 혜택을 제공하지 않으면서도 외국인직접투자 및 다국적기업의 유치기회를 모색하는 것에 중점을 두었다. 이를 위해 인수위원회는 우선적으로는 경제특구 내에 매력적인 산업클러스터를 개발하고 그 이후에 이 클러스터를 발판으로 해외 기업을 유치하여 최종적으로 금융 및 물류허브로 발전시키겠다는 계획을 제안하였다(Songdo to be developed…, 2003).

그러나 이 새 계획은 정부 안팎의 신자유주의적 개혁가들의 격렬한 반대 때문에 완전히 실현되지는 못했다. 정부 내에서 재정경제부의 관료들은 인수위원회의 수정안을 강력하게 비판하면서 경제특구 내에 금융센터를 건설하는 일이 시급함을 강조하였다. 한편 정부 밖의 신자유주의 개혁가들도 정부 정책에 비판의 목소리를 높였다. 예를 들어 한국의 유수한 경제학자들이 조직한 서울금융포럼은 정부에 금융센터 개발에 집중할 것을 요구하였다(President-Elect Roh Advised…, 2003).

해외투자자 역시 금융센터를 요구했다. 예를 들어서 전경련에서 주최한 세미나에서 주한미국상공회의소의 회장인 윌리엄 오벌린(William Oberlin)은 "모든 경제중심지는 금융에서 시작된다. 한국은 서울을 금융허브로 전환할 계획을 만드는 것이 시급하다"(AmCham head says…, 2003)고 강조했다. 이 같은 정치적 협상과정을 통해서 특별경제구역을 둘러싼 두 가지 시각은 서로 혼합되었고 최종적으로 한국 정부는 경제자유구역 프로젝트 추진에 있어서 금융센터와 연구개발센터 모두를 개발하기로 결정했다. 다시 말해 한국의 경제특구는 완전히 신자유주의적인 규칙과 제도로 가득 찬 신자유주의적인 공간이라고 보기는 어려웠다. 오히려 경제특구는 이전부터 존재하던 발전국가의 제도적 틀과 새롭게 등장하기 시작한 신자유주의적 힘들이 역동적으로 상호작용하는 과정에서 만들어진 '혼종공간'(hybrid space)이었고 이는 산업발전에 있어서 신자유주의적인 철학과 국가개입주의적인 전통이 혼재된 공간이었다.

3) 계속된 정치적 갈등

이외에도 경제특구와 관련된 정치적 갈등은 많았다. 특히 한국의 반(反)신자유주의 세력들(노조, NGO 등)은 2002년 4월 이래로 정부의 경제자유구역 프로젝트를 줄곧 강력하게 반대했다. 이들은 당시 정부의 경제자유구역 프로젝트가 몇몇 지정된 지역만을 대상으로 한 것이었음에도 불구하고 이를 "전면적인 신자유주의화의 첫 단계"로 인식하였던 것이다.

특히 노조들은 경제자유구역 내에 입지하는 외국인 기업들에게 적용되는 예외적인 노동법 조항들에 대해 격렬하게 반대했다. 예를 들어 당시 노동법에 따르면 파견근로는 정부가 지정한 26개 업종에 한해서 최대 2년 이내로 제한되었다. 하지만 경제자유구역에 입지한 외국기업에게는 이 조항과 무관하게 파견근로에 대한 제한이 면제되었다. 또한 노동법에 따르면 기업체는 근로자에게 매월 유급휴가를 제공해야 하지만, 정부는 경제자유구역 내에 입지한 기업들에게는 무급휴가도 허용했다. 노조들은 이처럼 경제자유구역이 제공하는 예외적인 '혜택'이 결국에는 한국 기업 전체에 확산될 것을 우려하면서 정부의 경제자유구역 프로젝트를 강력하게 비판하였다(Labor Threatens Strike…, 2002).

반신자유주의 세력들은 또한 경제자유구역 내 외국인 교육시설 설립에 대한 정부의 규제완화정책에 대해서도 비판적이었다. 오직 외국인을 위한 외국인 학교건설은 큰 문제라고 보지 않았지만, 정부가 해외 교육기관의 유치를 촉진하기 위해서 내국인의 외국인 학교입학을 허용하려는 계획이 문제였다. 교육부와 시민단체를 비롯한 교육계는 교육시장의 자유화와 외국인 학교의 유입은 안 그래도 곤경에 처해 있는 공교육 체계를 완전히 파괴할 것이라고 주장하면서 정부의 경제특구 정책을 비판했다(An SEZ dilemma, 2002). 의료부분에서 외국인 투자에 대한 규제완화도 반신자유주의 세력의 비판대상이었다. 현행 의료법에 따르면 한국에서 모든 의료시설은 영리목적이 아니라 오직 공익적인 목적으로 설립할 수 있다. 하지만 경제특구 내 외국인 투자병원 및 약국의 허용은 한국 의료시장의 전면적인 자유화의 시작을 예고하는 것으로 여겨졌던 것이다(Cho & Yoon, 2002). 반신자유주의 세력들은 의료시장이 자유화되면 양질의 의료서비스는 오직 비싼 요금을 지불할 수 있는 사람들만 누리게 되며 대다수의 서민들은 기본적인 보건서비스조차 받기 어려워질 수 있다고 주장하였다.

이런 저항의 목소리들 때문에 경제특구를 건설하고자 했던 정부의 원안은 2002년 12월 국회에서 '경제자유구역특별법'이 최종적으로 통과될 때 수정될 수밖에 없었다. 예를 들어 노조의 반대 때문에 수정된 계획안에서는 생산직 노동자에 대한 파견근무가 금지되었다(Lee & Park, 2003: 70). 하지만 계획의 수정범위는 약소했고 경제특구의 기본적인 구상과 개념들은 대부분 유지되었다. 몇 가지 수정사항에도 불구하고, 경제자유구역 프로젝트는 외국인들을 위한 보다 쾌적한 사업 및 주거환경 조성을 위해 외국인 기업들에 대한 규제의 완화를 기본적인 정책기조로 삼았다. 따라서 경제특구 프로젝트에 대한 비판과 반발은 2002년 12월 '경제자유구역특별법'이 국회에서 통과된 이후에도 계속되었다.[6]

---

[6] 특별경제구역 프로젝트는 반-신자유주의 세력뿐만 아니라 몇몇 신자유주의 옹호세력에게도 비판을 받았다. 몇몇 지정된 지역에 대해서만 제한적으로 자유화를 추진하는 정부정책에 반대하면서, 신자유주의 옹호세력들은 자유주의 개혁조치를 보다 넓은 범위에서 전면적으로 추진할 긴급한 필요가 있음을 주장하였다. 예를 들어 주한미국상공회의소의 회장인 윌리엄 오벌린(William Oberlin)은 *Korea Herald*와의 인터뷰에서 "우리(주한미국상공회의소)는 몇몇 지역을 지정하는 것보다는 한국 전체를 특별경제구역으로 만들자는 생각을 선호합니다"라고 말하였다(AmCham head says …, 2003).

VII. 결론

이 장은 한국 정부가 2000년대에 추진한 경제자유구역 프로젝트를 사례로 세계화된 경제 구조 하에서 국가주권이 재영역화되는 복잡한 정치적 과정을 분석하였다. 경제자유구역 프로젝트는 차별화된 형태의 통치 및 조절 규칙을 부과함으로써 영토 내부에서 "국가의 인구에 대한 차별화된 관리"를 촉진했다. 이 장에서 필자는 국가의 인구에 대한 차별화된 관리와 그로 인해 나타나는 '등급화된 주권'을 둘러싼 복잡한 정치과정을 이해하기 위해 한국에서 경제자유구역 프로젝트를 추진하는 데 관련된 다양한 세력관계를 살폈다. 특히 경제자유구역 프로젝트가 한국의 '신자유주의화'와 관련된 복잡한 정치 투쟁 및 협상과정이라는 맥락에서 어떻게 형성 재형성되었는지를 분석하였다.

구체적으로 필자는 경제자유구역 프로젝트를 '동아시아 신자유주의화'의 공간적 결과물로 보면서, 신자유주의적 개혁을 옹호하는 사회세력과 신자유주의적 개혁에 반대하는 사회세력 사이에 형성되는 정치적인 갈등관계라는 맥락 속에서 국가가 어떻게, 그리고 왜 '공간선택적 자유화'라는 전략을 채택할 수밖에 없었는지에 답하고자 했다. 특히, 필자는 신자유주의적 개혁을 요구하는 다양한 형태의 내외부적인 압력들이 존재하였음에도 불구하고 발전국가의 제도적 유산이 가지고 있는 경로의존성 때문에 한국에서 국가 전체를 대상으로 하는 전면적인 형태의 자유화를 추진하기는 어려웠고 이는 한국 정부가 경제자유구역 프로젝트라고 하는 '공간선택적 자유화' 전략을 선택하는 결과로 나타났다고 주장한다.

또한 이 글은 신-구 제도적 틀 사이의 끊임없는 상호작용이 경제특구 프로젝트의 실질적인 정책 내용에 심대한 영향을 끼쳤음을 보여주었다. 인천, 광양, 부산이라고 하는 경제자유구역의 최종 입지선정 결과는 '발전주의 국가'의 공간적 선택성과 신자유주의적 공간전략 사이의 경합과 타협의 결과였으며, '발전주의 국가'의 강력한 경로의존성은 경제자유구역을 순수한 신자유주의적 공간으로 만들기보다는 신자유주의적 이념과 개입주의적 전통이 한데 섞인 '혼종공간'으로 만들었다. 그러나 경제자유구역 프로젝트의 방향성은 계속되는 정치적 갈등으로 인해서 여전히 불투명하다.

   결론적으로 필자는 이 장에서 신자유주의화의 과정은 다양한 사회정치적 세력들 사이의 정치적 갈등과 협상과정에 깊숙이 연루되어 있음을 보여주었다. 특히 정치적으로 경합적인 신자유주의화의 과정에서 경로의존성이 가지는 중요성을 강조하였다. 보다 구체적으로 과거의 경로의존적 유산과 새로운 변화의 움직임 사이에 작동하는 역동적인 상호작용으로 인해 신자유주의화의 과정이 불균등한 공간적 발전의 모습을 보인다. 이와 같은 '공간선택적 자유화'의 맥락에서 국가는 (공간적으로) 차별화된 특정 인구 부분에 대해서 차별화된 조절적 규칙과 제도를 부여할 수 있으며, 이를 통해서 '등급화된 주권'의 등장을 촉진할 수 있는 것이다.

참고문헌

강만옥 등, 2007, 『에너지·전력부문 보조금의 환경친화적 개편방안과 파급효과 연구(1)』 KEI정책보고서.

강명구, 2002, "지방자치 10년의 회고와 대안 모색", 《사회연구》 3호, 11~38쪽.

강명구, 2002, "한국의 지방정치 민주화", 박종민, 이종원 (편) 『한국 지방민주주의의 위기: 도전과 과제』 나남.

강인순, 1995, "제1기 포항시 의회의 의정활동 평가", 《포항연구》 19호.

강희경, 1997, "심층면접 방법의 실제", (서울대학교 사회발전연구소 Technical Paper).

강희경, 민경희, 1998, "지역사회 권력자의 권력자원에 관한 연구", 《한국사회학》 32권 4호(겨울), 757~786쪽.

경제기획원, 1962, "울산지구종합공업지대조성추진위원회 규정안", 국무회의 기록 법제총제 156호, 1505~1513쪽.

경제기획원, 1982, 『개발년대의 경제정책: 경제기획원 20년사』.

고민경, 2009, "초국가적 장소의 형성: 이태원을 중심으로 바라본 서울의 세계화", 서울대학교 석사학위논문.

고석규, 2005, "한국학과 지방학" 한림대학 한국학연구소(편), 『21세기 한국학, 어떻게 할 것인가』 푸른역사.

광주상공회의소, 1956, 《광주경제》 창간호.

광주상공회의소, 1976, 『광주상공회의소40년사』 전남일보출판국.

광주시사편찬위원회, 1995, 『광주시사 3』 광주광역시.

구양미, 2010, "광고산업의 집적 특성과 광고제작의 공간적 네트워크", 《대한지리학회지》 45호, 256~274쪽.

국무총리실 기후변화대책기획단, 2008, 『기후변화대응 종합기본계획』.

국토개발연구원, 1996, "국토 50년: 21세기를 향한 회고와 전망", 서울프레스.

권태준, 2006, 『한국의 세기 뛰어넘기: 산업화, 민주화, 시민사회』 나남.

금호박인천선생기념사업회, 2001, 『아직 우리 곁에 남아 계십니다: 금호선생 탄신 100주년 추모문집』 다지리.

기미야 다다시(木宮正史), 2008, 『박정희 정부의 선택: 1960년대 수출지향형 공업화와 냉전체제』 후마니타스.

김경일, 2003, "한국학의 기원과 계보", 《사회와 역사》 64호, 129~165쪽.

김광억, 2000, "지방연구 방법론 개발을 위한 시론", 《지방사와 지방문화》 2호, 9~41쪽.

김광호, 2008, "지역개발 정책의 목표와 전략 재정립", 고영선 (편) 『지역개발 정책의 방향과 전략』 KDI.

김기영, 마창성, 이상원, 임재현, 2007, "포항 지역 언론의 고민과 대안", 《포항연구》 40호.

김기훈, 장덕진 외, 2006, 『대한민국의 파워엘리트』 황금나침반.

김낙년, 1999, "1960년대 한국의 경제성장과 정부의 역할", 《경제사학》 27호, 115~150쪽.

김동완, 2009a, "국가계획과 지역주의: 호남지역주의 형성과정, 1961~71년", 서울대학교 박사학위논문.

김동완, 2009b, "1960년대 광주 지방의 지역개발담론과 아래로부터 지역주의", 《정신문화연구》 32호, 247~279쪽.

김동완, 2009c, "계획 합리성 측면에서 본 지방정부 간 갈등 연구: 지방자치제로 인한 국가공간 변화를 중심으로". 《국토연구》 62호, 65~83쪽.

김동욱, 1989, "해방 이후 귀속 기업체 처리과정에 관한 일 연구: 조선석유주식회사의 사례", 《경제사학》 13호, 173~215쪽.

김동택, 2002, "세계와 소통하는 한국학을 향하여: 국내외 한국학 지원현황과 대안", 《역사비평》 61호, 375~401쪽.

김만흠, 1997, "지역주의 문제의 재인식과 당면 정치쟁점", 한국정치학회 기획학술회 《지역패권과 지역갈등》, 1997. 12. 4.

김문조(편), 1992, 『한국 지역주의의 형성과 성격』 성원사.

김미선, 1995, "새 단체 포항여성회 창립하기까지", 《포항연구》 19호.

김병국, 1988, "국가구조와 국가능력: 한국과 멕시코의 대외불균형관리정책의 비교연구", 《한국과 국제정치》 4호, 55~95쪽.

김석준, 1998, "제조업 공동화와 지역사회의 대응", 정근식 외, 『지역발전과 기업전략』 전남대학교 출판부.

김승택, 2008, "녹색일자리(Green Job)의 정의와 창출방안", 《월간 노동리뷰》 2008년 12월호, 20~32쪽.

김승택, 2009, "녹색성장과 일자리 창출", 《국민일보》 2009. 1. 11.

김시윤, 2004, "국가와 경제발전", 《한국행정학보》 38호, 55~95쪽.

김영곤 외, 1991, "포항 지역사회의 발전과 포항지역 기업의 과제", 《포항연구》 7호.

김영수, 2000, 『한국헌법사』 학문사.

김왕배, 1991, "자본축적과 지역불균등발전: 국가와 계급 독점자본의 관계를 중심으로", 《공간과 사회》 1호, 78~103쪽.

김용웅, 강현수, 변창흠, 강은택, 마강래, 정준호, 2011, 『수도권 집중에 따른 파급효과와 충남의 대응방안』, 한국공간환경학회.

김용웅, 차미숙, 강현수, 2003, 『지역발전론』, 한울아카데미.

김용학, 1992, "엘리트 충원에 있어서의 지역격차", 한국사회학회(편), 『한국의 지역주의와 지역갈등』, 성원사.

김은경, 2009, "지속가능발전: 진보진영의 새로운 담론", 한국미래발전연구원(편), 『진보대안담론세미나 자료집』.

김은미, 2000, "한국 지역정치의 변화와 지역운동의 제도화", 이화여대 박사학위논문.

김은희, 2004, "국가, 지방, 개인" 역사인류학연구회(편), 『인류학과 지방의 역사: 서산 사람들의 삶과 역사인식』, 아카넷.

김인영, 1995, 『박태준보다 나은 사람이 되시오: 포철 신화 창조한 박태준에서 김만제까지』, 자작나무.

김일영, 2006, "박정희 시대와 민족주의의 네 얼굴", 《한국정치외교사논총》 28호, 223~256쪽.

김입삼, 1998, "김입삼 회고록, 시장경제와 기업가 정신 31: 투자유치단" 《한국경제신문》 1998. 12. 7.

김재홍(편), 2003, 『포항상공회의소 70년사』, 포항상공회의소.

김종경, 2011, "SK에너지 전신 '조선석유 울산공장'", 《울산신문》 2011. 5. 4.

김주완, 2005, 『토호 세력의 뿌리: 마산 현대사를 통해 본 지역사회의 지배구조』, 불휘.

김준, 2005, "잃어버린 공동체?: 울산 동구지역 노동자 주거공동체의 형성과 해체", 《경제와 사회》 68호, 71~106쪽.

김호기, 1998, "박정희 시대와 근대성의 명암", 《창작과 비평》 99호, 93~111쪽.

나카무라 오사무 지음, 2000, 『경제학은 왜 자연의 무한함을 전제로 했는가』, 전운성 옮김, 한울아카데미.

노병만, 1998, "지역할거주의 정치구조의 형성과 그 원인 분석: 지역감정, 지역갈등 개념을 대신하여", 《한국정치학보》 32호, 59~85쪽.

대한민국정부, 1971, 『국토종합개발계획: 1972~1981』.

도건우, 이지훈, 신창목, 2009, "녹색뉴딜사업의 재조명", 《CEO Information》 691호.

동해면 향토사 편찬위원회(편), 2003, 『동해면 향토사』.

류상영, 1995, "한국 산업화에서의 국가와 기업의 관계: 포항제철과 국가자본주의", 연세대학교 박사학위논문.

류연택, 2007, "스케일의 정치: 한국 주택 정치에서의 지리적 스케일의 사회적 · 정치적 구성",

《대한지리학회지》 42호, 691~709쪽.

머코맥(2002), "일본의 '철의 삼각구조'",《창작과 비평》116호, 68~85쪽.

문형표, 2003, "지역 간 형평성과 재정분권화", 문형표(편)『2003년도 국가예산과 정책목표』한국개발연구원.

미래기획위원회, 2009,『녹색성장의 길』중앙북스.

민경희, 강희경, 배영목, 최영출, 1996, "청주 지역사회의 권력구조에 관한 연구",《한국사회학》30권 1호, 187~226쪽.

밀스(C. W. Mills), 1979,『파워엘리트』진덕규 옮김, 한길사.

바스카(R. Bhaskar), 2007,『비판적 실재론과 해방의 사회과학』이기홍 옮김, 후마니타스.

박경환, 2007, "초국가주의 뿌리 내리기: 초국가주의 논의의 세 가지 위험",《한국도시지리학회지》10호, 77~88쪽.

박경환, 이영민, 2007, "로스엔젤레스 한인타운 다시 생각하기: 1990년 중반 이후의 다중스케일적 지리적 변동",《대한지리학회지》42호, 196~217쪽.

박대식(편), 2004,『한국 지역사회 엘리트: 특성과 구조』오름.

박배균, 2001, "규모의 생산과 정치, 그리고 지구화",《공간과 사회》16호, 200~224쪽.

박배균, 2002, "규모의 생산론을 통해 본 지구화의 정치",《한국공간환경》3권 1호, 17~28쪽.

박배균, 2005, "지역정치가 경제활동의 세계화에 미치는 영향에 대한 연구",《공간과 사회》23호, 10~45쪽.

박배균, 2006, "도시와 정치" 김인, 박수진(편)『도시해석』푸른길.

박배균, 2009, "한국에서 토건국가 출현의 배경: 정치적 영역화가 토건지향성에 미친 영향에 대한 시론적 연구",《공간과 사회》31호, 49~87쪽.

박배균, 2012a, "한국학 연구에서 사회-공간론적 관점의 필요성에 대한 소고",《대한지리학회지》47권 1호, 37~59쪽.

박배균, 2012b, "한국 지역균형정책에 대한 국가공간론적 해석",《기억과 전망》27호, 81~130쪽.

박삼옥, 2002, "네트워크세계의 산업: 산업의 세계화와 국지화",《대한지리학회지》37호, 111~130쪽.

박원식, 1993, "르포, 지방의 개혁: 경북 포항시",《포항연구》14호.

박은경, 1984, "안동 지역사회의 권력구조에 관한 분석", 이화여자대학교 석사학위논문.

박일천, 1967,『일월향지』포항 로타리클럽 주관 일월향지편찬위원회.

박재욱, 1996, "대기업 주도형 도시정치의 특성: 대기업의 지역 헤게모니에 관한 사례 연구", 연세대학교 박사학위논문.

박재욱, 1997, "대기업도시의 성장연합과 권력엘리트",《경남대 국가와 국제정치》25호, 61~88쪽.

박재욱, 1999, "대기업도시 울산시와 도요타시(豊田市)의 기업권력과 지방정치: 한일간 자동차 생산도시의 비교연구",《한국과 국제정치》15호, 97~129쪽.

박종민, 1999, "선거정치와 지방통치: 성남시 사례",《정부학연구》5권 1호, 147~184쪽.

박종민, 2002, "한국의 지방정치: 이론적 시각" 박종민, 이종원(편)『한국 지방민주주의의 위기: 도전과 과제』나남.

박종민 외, 2000,『한국의 지방정치와 도시 권력구조』나남.

박준무, 1998, "어느 기구한 운명의 여인", 이호(편)『신들린 사람들의 합창: 포항제철 30년 이야기』한송.

박태준, 1987,『신종 이산가족: 박태준 화갑 문집』포항종합제철.

박희병, 2005, "통합인문학으로서의 한국학" 한림대학 한국학연구소(편),『21세기 한국학, 어떻게 할 것인가』푸른역사.

박희진, 2006, "철강산업의 공간 연계와 혁신 환경: 포항철강 산업단지 입주업체를 사례로" 경희대 석사학위논문.

배병룡, 1999, "진주시의 권력구조: 시장 중심의 분산적 엘리트 연합",《정부학 연구》5권 1호, 47~79쪽.

배용일, 1990, "일제침략과 민족운동기의 포항(4)",《포항연구》4호.

버킷(P. Bucket), 2006, "자본주의. 자연. 계급투쟁" 제이슨 무어 외 지음,『역사적 자본주의 분석과 생태론』과천연구실 옮김, 공감.

변창흠, 2005, "신개발주의적 지역개발사업을 막는 길",《문화과학》43호, 140~157쪽.

부만근, 1997,『제주지역 주민운동론』제주대학교 출판부.

브레너(R. Brenner), 2007,『붐 앤 버블: 호황 그 이후, 세계 경제의 그늘과 미래』정성진 옮김, 아침이슬.

서민철, 2006, "한국의 지역불균등 발전과 공간적 조절양식", 한국교원대학교 박사학위논문.

서민철, 2007, "1980년대 이후 수도권/비수도권 지역격차 변화의 조절이론적 해석",《대한지리학회지》42호, 41~62쪽.

서병철, 2011,『포항철강공단 조성에 따른 지역사회의 변화와 원주민 공동체 해체의 기록』포항시.

서울경제신문(편), 1991,『財閥과 家閥: 혼맥을 통해본 한국의 상류사회』지식산업사.

서울대 사회과학연구소, 1987,『포항종합제철의 국민경제 기여 및 기업문화 연구』.

서울대 사회과학연구소, 1989,『포항종합제철의 기업문화에 관한 연구』.

서울대 사회과학연구소, 1992, 『민족, 인간 그리고 세계: 포항종합제철의 기업문화와 이념』.

서울사회과학연구소, 1991, 『한국에서 자본주의의 발전: 시론적 분석』 새길.

서진국, 1999, "지방의회와 지방자치단체장과의 갈등 요인 분석 및 바람직한 관계 정립 방안: 포항시 의회를 중심으로", 동국대학교 석사학위논문.

소자(E. W. Soja), 1997, 『공간과 비판사회이론』 이무용 외 옮김, 시각과 언어.

손정원, 2006, "개발국가의 공간적 차원에 관한 연구: 1970년대 한국의 경험을 사례로", 《공간과 사회》 25호, 41~79쪽.

손준영, 1997, "한국 지역사회 엘리트구조의 유형과 응집성: 대구 지역을 중심으로", 경북대학교 박사학위논문.

스미스(N. Smith), 2007, "축적전략으로서의 자연", 리오 패니치. 콜린 레이스(편), 『자연과 타협하기』 허남혁 외 옮김, 필맥.

스콧(J. C. Scott), 2010, 『국가처럼 보기: 왜 국가는 계획에 실패하는가?』 전상인 옮김, 에코리브르.

스페스(J. G. Spath), 2008, 『미래를 위한 경제학-자본주의를 넘어선 상상』 이경아 옮김, 모티브북.

신행철, 1989, 『제주 농촌 지역사회의 권력구조』 일지사.

신희영, 2006, "지역사회의 정치권력 구조 분석: 포항시를 중심으로", 《포항연구》 38호.

아글리에따(M. Aglietta), 1994, 『자본주의 조절이론』 성낙선 옮김, 한길사.

안청시 외, 2002, 『한국 지방자치와 민주주의』 나남출판.

알트파터(E. Altvater), 2007, "화석자본주의의 사회적. 자연적 배경", 리오 패니치. 콜린 레이스(편), 『자연과 타협하기』 허남혁 외 옮김, 필맥.

앤더슨(B. R. Anderson), 2002, 『상상의 공동체: 민족주의의 기원과 전파에 관한 성찰』 윤형숙 옮김, 나남.

양만재 외, 1994, "일선 취재기자들이 본 지역 언론과 현실", 《포항연구》 16호.

양만재, 1989a, "포항지역민의 지역발전에 관한 의식조사 결과", 《포항연구》 1호.

양만재, 1989b, "지방자치 시대와 포항 지역사회", 《포항연구》 2호.

양종석 외, 1993, "특집 좌담: 포항의 진단과 전망", 《포항연구》 12호.

염미경, 1996, "지방자치와 기업의 지역전략: 포항제철(광양제철소)의 사례를 중심으로", 《지역개발연구》 32호, 183~211쪽.

염미경, 1997, "기업도시의 선거행태에 관한 연구: 포항제철(광양제철소)의 경우를 중심으로", 《한국사회학》 31호, 563~594쪽.

염미경, 2001, "기업권력, 도시 활성화 그리고 도시정치", 《한국사회학》 35권 1호, 175~205쪽.

염미경, 2003, "지방산업도시 성장정치의 현재와 미래",《경제와 사회》60호, 67~100쪽.

염미경, 2004, "철강대기업의 재구조화 전략과 지역사회의 대응: 일본 키타큐슈와 미국 피츠버그의 비교",《한국사회학》38호, 131~161쪽.

오갑환, 1975, "한국의 재벌: 경제엘리뜨의 사회적 배경, 계층적 상황과 그 영향력에 관한 사회학적 연구",《서울대학교 논문집 인문사회과학》20호, 206~232쪽.

오관영, 2003, "개발의 전위대, 개발 공사들을 해부한다",《환경과생명》통권 37호, 102~116쪽.

오명석, 2004, "지방의 역사 읽기" 역사인류학연구회(편),『인류학과 지방의 역사: 서산사람들의 삶과 역사인식』아카넷.

오민수, 1992, "포항의 비벌리힐스, 포철사원주택단지",《시사저널》1992. 8. 27.

오원철, 1995,『한국형 경제건설 1』기아경제연구소.

오원철, 1996a,『한국형 경제건설 3』기아경제연구소.

오원철, 1996b,『한국형 경제건설 4』기아경제연구소.

오원철, 2006,『박정희는 어떻게 경제강국 만들었나』동서문화사.

우석훈, 2004, "행정수도, 기업도시, 한국판 뉴딜까지: 건설자본의 바다에 빠진 한국정치",《당대비평》28호, 141~148쪽.

우연섭, 2005, "조선산업 구조조정과 지역사회 협력구조에 관한 연구: 거제시 신현읍을 사례로",《대한지리학회지》40호, 402~415쪽.

울산상공회의소, 1992,『울산공업 30년사』.

유성종, 2002, "철강산업의 입지에 의한 지역 변화: 광양 지역 사례 연구" 전남대 박사학위논문.

유영휘, 1998,『한국의 공업단지』국토개발연구원.

유재원, 1999, "청주시의 권력구조와 정치과정",《정부학 연구》5권 1호, 7~46쪽.

유종일, 2009, "MB정부의 '녹색 New Deal' 비판과 대안" 한국환경회의《녹색 없는 MB식 '녹색뉴딜사업'과 '녹색성장기본법' 진단》자료집.

유철규, 2003, "금융억압의 정치적, 제도적 조건", 이병천(편),『개발독재와 박정희 시대』창비.

윤상우, 2001, "동아시아 발전국가론의 비판적 검토: 한국의 경험을 중심으로",《경제와 사회》50호, 158~185쪽.

윤상우, 2005, "한국, 대만의 산업화와 불균등 지역발전",《사회과학연구》13호, 324~356쪽.

윤상우, 2006, "한국 발전국가의 형성·변동과 세계체제적 조건, 1960~1990",《경제와 사회》72호, 69~94쪽.

윤순진, 2009, "MB정부의 녹색성장정책분석(2): 기후변화대응과 국가에너지기본계획",《한국환경보고서 2009》.

이국운, 2004, "포항지역 법조문화에 대한 법사회학적 연구", 《법과 사회》 27호, 211~248쪽.

이규태, 2007, "한국의 '지방학'의 현황과 문제점", 《서울학연구》 28호, 117~209쪽.

이기형, 1998, "부지 매수 때문에", 이호(편) 『신들린 사람들의 합창: 포항제철 30년 이야기』 한송.

이달희, 2008, "녹슨 공업탑과 시드는 기업가 정신: 공업탑은 경제발전 기념비", 《경상일보》 2008. 11. 10.

이대근, 1987, 『한국전쟁과 1950년대의 자본축적』 까치.

이대환, 1999, "포항과 포철, 그 30년 세월을 넘어", 《포항연구》 28호.

이대환, 2004, 『세계 최고의 철강인, 박태준』 현암사.

이대환, 이동철, 김찬호, 강태원, 1989, "좌담: 포항, 그 문제와 극복의 길", 《포항연구》 1호.

이만형, 홍덕률, 윤대식, 1998, 『영남지역 계획도시의 사회구조와 생활문화: 구미의 사례 연구』 백산서당.

이병천, 2003, "개발독재의 정치경제학과 한국의 경험", 이병천(편), 『개발독재와 박정희 시대』 창비.

이병철, 1986, 『호암자전』 중앙일보사.

이상돈, 2009, "4대강 사업의 위법성" 『국회 국정감사 참고인 의견서』(미간행).

이상철, 1992, 『한국의 지역노동운동 연구: 포항, 울산, 마산·창원 지역의 비교』 한울.

이상철, 1998, "제주도 개발정책과 도민 태도의 변화", 신행철 외, 『제주사회론 2』 한울아카데미.

이상철, 2003, "박정희 시대의 산업정책", 이병천(편) 『개발독재와 박정희 시대: 우리시대의 정치경제적 기원』 창비.

이상헌, 2008, "'저탄소 녹색성장'의 특징과 문제점", 《환경과 생명》 58호, 110~122쪽.

이상헌, 2009a, "녹색성장 전략은 생태적 대안이 아니다", 《한국환경보고서 2009》.

이상헌 2009b, "MB정부 '저탄소 녹색성장' 전략에 대한 정치경제학적 고찰", 《환경사회학연구 ECO》 13호 2권, 7~41쪽.

이승종, 1995, "자치단체장 선거에 따른 지방의 권력구조 변화", 《지방자치》 80호.

이영희, 1987, "무쇠 같은 의리의 '효자동 주지스님'", 박태준(편) 『신종 이산가족: 박태준 화갑문집』 포항종합제철.

이완범, 2006, 『박정희와 한강의 기적: 1차 5개년계획과 무역입국』 선인.

이용우, 1994, "개방화와 한국의 자본주의", 《경제와 사회》 22호, 103~137쪽.

이은진, 2000, "성장연합이냐 후견인 정치인가?", 경남대학교 사회학과(편) 《사회연구》 13집.

이재섭 외, 1995, "6월 지방자치선거를 앞둔 포항시민의 정치의식에 관한 조사 연구",《포항연구》19호.

이종구, 1990, "일본의 '완만한 네오코포라티즘': 민간 대기업 노조의 참가 지향",『일본의 근현대사회사』문학과지성사.

이주재, 1992, "지역불균등발전과 농촌의 빈곤",《농촌사회》2호, 281~305쪽.

이필렬, 2002,『석유시대 언제까지 갈 것인가?』녹색평론사.

이한기, 1993, "잠재력과 가능성을 지닌 도시 포항을 가다",《포항연구》14호.

이헌석, 2010,『2005년 방사성폐기물처분장 주민투표를 통해 본 중앙정부 주도형 주민투표의 문제점과 지역사회의 과제』2010년 국회 연구용역 과제 보고서.

이혜숙, 2004, "지역사회운동의 성격과 전개: 경남 진주 지역을 중심으로",《경제와 사회》64호, 327~356쪽.

장기 향토사 편찬위원회(편), 2004,『장기 향토사』.

장병익, 2007,『울산의 산업사』울산학 연구센터.

장세훈, 1999, "도시생활환경을 둘러싼 국가-주민 관계의 변화와 전망",《공간과 사회》11호, 170~210쪽.

장세훈, 2002, "도시화", 김두섭, 박상태, 은기수(편)『한국의 인구(2)』통계청.

장세훈, 2002, "지방자치시대 지역운동의 현실과 전망",《경제와 사회》53호, 63~90쪽.

장세훈, 2009, "'부산 속의 아시아', 부산 초량동 중화가의 사회생태학적 연구",《경제와 사회》81호, 300~332쪽.

장세훈, 2010, "기업도시 포항의 기업과 지역사회의 역학관계",《지역사회학》11권 2호, 165~199쪽.

장세훈, 2010a, "기업도시 포항의 기업과 지역사회의 역학관계",《지역사회학》11호, 165~197쪽.

장세훈, 2010b, "지방자치 이후 지역엘리트의 재생산 과정: 철강도시 포항 사례를 중심으로",《경제와 사회》86호, 162~198쪽.

장용동 외, 2006,『르포: 한국의 부촌』랜덤하우스코리아.

장하원, 1999, "1960년대 한국의 개발전략과 산업정책의 형성", 한국정신문화연구원(편),『1960년대 한국의 공업화와 경제구조』백산서당.

전상인, 2005, "한국학과 사회과학의 대화: 역사학과 사회학을 중심으로", 한림대학 한국학연구소(편),『21세기 한국학, 어떻게 할 것인가』푸른역사.

전상인, 2011, "외생적 기업도시에서 협력적 기업도시로: 포철과 포항의 관계를 중심으로",《한국지역개발학회지》23호, 1~18쪽.

정건화 외, 2005, 『근대 안산의 형성과 발전』 한울아카데미.

정규호, 2003, "개발 국가 행정 체제의 특성과 과제", 《환경과생명》 통권 37호, 54~68쪽.

정근식, 1991a, "한국사회의 지역지배이데올로기", 《경제와 사회》, 10권, 56~81쪽.

정근식, 1991b, "한국사회의 지역 지배이데올로기", 한국산업사회연구회(편) 『한국사회와 지배이데올로기: 지식사회학적 이해』 녹두.

정근식, 김민영 외, 1995, 『근현대의 형성과 지역 엘리트』 새길.

정기화, 1989, "지역간 불균등발전과 중소기업의 구조변화" 《지역개발연구》 21호, 1~16쪽.

정은진, 박삼옥, 송경언, 2006, "강원·제주 장수지역의 제조업 생산 연계와 혁신 네트워크의 공간적 특성", 《대한지리학회지》 41호, 1~21쪽.

정준호, 2009, "지역문제", 강원대 부동산학과, 미간행 원고.

정준호, 2010, "지역문제의 담론지형에 대한 비판적 검토", 《동향과 전망》 78호, 9~49쪽.

정현주, 2008, "이주, 젠더, 스케일: 페미니스트 이주 연구의 새로운 지형과 쟁점", 《대한지리학회지》 43호, 894~913쪽.

제숍(B. Jessop), 2000, 『전략관계적 국가이론: 국가의 제자리 찾기』 유범상, 김문귀 옮김, 한울아카데미.

제이콥스(J. Jacobs), 2004, 『도시와 국가의 부: 경제적 삶의 원칙』 서은경 옮김, 나남.

조광제, 1990, "포항의 4년제 대학 설립 운동의 현황과 추진 과제", 《포항연구》 5호.

조광제, 1991, "포항지역의 기초 및 광역의회의원 선거 결과 분석", 《포항연구》 8호.

조명래, 1996, "포스트포디즘의 정치적 양상", 《한국정치학회보》 29호, 241~273쪽.

조명래, 2003, "한국 개발주의의 역사와 현주소", 《환경과 생명》, 37호, 31~53쪽.

조명래, 2006, 『개발정치와 녹색진보』 환경과 생명.

조성윤, 1995, "개발과 환경, 그리고 농촌공동체의 붕괴: 제주도의 골프장 건설 반대운동을 중심으로", 신행철 외, 『제주사회론』 한울아카데미.

조성윤, 1998, "개발과 지역주민운동: 제주시 탑동 개발반대운동을 중심으로", 신행철 외, 『제주사회론 2』 한울아카데미.

조영탁, 2009, "이명박 정부의 '녹색뉴딜'의 문제점과 개선방향", 《공간과 사회》 31호, 5~48쪽.

조형제, 2000, "울산 지역 산업구조 조정과 테크노파크 건설", 《울산대 사회과학논집》 10호, 229~247쪽.

조희연, 2007, 『박정희와 개발독재시대: 5·16에서 10·26까지』 역사비평사.

조희연, 2010, 『동원된 근대화: 박정희 개발동원체제의 정치사회적 이중성』 후마니타스.

지주형, 2009, "한국 국가형태와 권력행사방식의 전환: 권위주의 개발국가에서 신자유주의 국가권력으로", 《한국정치학회보》 21호, 175~203쪽.

차남희, 1981, "한국 경제엘리트의 자본형성에 관한 분석: 1953~1960년을 중심으로", 《현상과 인식》 16호, 179~194쪽.

초의수, 1993, "한국 자본주의의 지역적 불균등발전 구조: 산업구조의 변화를 중심으로", 《대한지리학회지》 29호, 137~165쪽.

초의수, 2000, "수도권 집중화에 따른 지역격차 문제와 해소방안", 《지방정부연구》 4권 1호, 185~216쪽.

최병두, 1994, "산업구조조정과 지역불균등발전: 1980년대", 《대한지리학회지》 29호, 137~165쪽.

최병두, 2009, "자연의 신자유주의화(1): 자연과 자본축적간 관계", 《마르크스주의 연구》 6권 제1호, 10~55쪽.

최상철, 2007, "참여정부의 국토, 도시정책과 국가의 위기", 최상철(편), 『노무현 정부의 국토정책과 국가의 위기』 나남.

최영진, 1999, 『한국 지역주의와 정체성의 정치』 오름.

최의운, 2002, "포항철강공단이 지역발전에 미치는 영향", 대구대 석사학위논문.

최장집, 1993, 『한국민주주의의 이론』 한길사.

최지훈, 2003, "개발 동맹의 실체와 특성 및 형성 과정", 《환경과생명》 37호, 69~87쪽.

토크빌(A. Tocqueville), 1997, 『미국의 민주주의』 임효선, 박지동 옮김, 한길사.

통계청, 2009, 『한국의 사회동향』.

통계청, 각년도, 『인구주택센서스』.

통계청, 각년도, 『인구주택센서스』.

특집부(편), 1991, "포항사회의 성격과 그 현안과제", 《포항연구》 8호.

포스코, 2004, 『포스코 35년사』 POSCO.

포스터(J. B. Poster), 2006, "자본주의와 생태: 모순의 성격" 제이슨 무어 외 지음, 『역사적 자본주의 분석과 생태론』 과천연구실 옮김, 공감.

포항로타리클럽 20년사 편찬위원회(편), 1983, 『포항로타리 20년사』 삼양문화사.

포항시사편찬위원회(편), 1999, 『포항시사(상·하)』 포항시사편찬위원회.

포항지역사회연구소(편), 2003, 『한 권으로 보는 포항의 역사』 나루.

하비(D. Harvey), 2005, 『신제국주의』 최병두 옮김, 한울아카데미.

하비(D. Harvey), 2007, 『신자유주의: 간략한 역사』 최병두 옮김, 한울.

하승우, 2007, "한국의 지역사회와 새로운 변화전략의 필요성", 《경제와 사회》 75호, 76~105쪽.

한국 수출산업공단 30년사 편찬위원회, 1994, 『한국 수출산업공단 30년사』.

한국은행, 1973, 『한국의 국민소득』.

한국은행, 2004, 『OECD 국가의 국민계정 주요 지표』 한국은행.

한진희, 김재훈, 2008, "국가성장전략으로서의 녹색성장: 개념·프레임웍·이슈." KDI, 《녹색성장: 국가성장전략의 모색》회의 자료집.

함태성, 2009, "녹색성장기본법의 법률적 해석과 모순" 한국환경회의, 《녹색 없는 MB식 '녹색뉴딜사업'과 '녹색성장기본법' 진단》자료집.

허석렬, 1988, "지역적 불균등발전과 도시문제: 지역격차의 재해석", 《실천문학》 9호, 236~257쪽.

허은, 2003, "'5·16 군정기' 재건국민운동의 성격", 《역사문제연구》, 11호, 11~51쪽.

호남지방근대화촉진위원회, 1968, 『호남의 소외』.

홍덕률, 1997, "지역사회의 지배구조에 대한 실증 연구", 《경제와 사회》 34호, 139~172쪽.

홍덕화, 2008, "상수도 정책의 전환에 관한 연구: 개발주의에서 시장환경주의로" 서울대학교 석사학위논문(미간행).

홍성태(편), 2005, 『개발공사와 토건국가: 개발공사의 생태민주적 개혁과 생태사회의 전망』 한울아카데미.

홍현호, 2009, "단군 이래 최대의 사기극이 시작됐다" 《프레시안》 2009. 4. 30.

"4대강의 숨어 있는 진짜 효과", 《아시아경제》 2012. 4. 25.

"방사성폐기물 핵과 달라 그림판 표현 신중했어야", 《한겨레》 2003. 7. 29.

"부산/5대 광역시장 초청 지역경제 포럼", 《매일경제신문》 1997. 2. 15.

"부안군민 핵폐기장 터 철회하라", 《한겨레》 2003. 7. 26.

"지역이기주의에 멍드는 한국경제", 《국민일보》 1999. 7. 13.

《경향신문》 (2009. 6. 12)

《국민일보》 (2009. 10. 6)

《국민일보》 (2009. 11. 17)

《르몽드 디플로마띠끄》 (2009. 5)

《서울신문》 (2009. 12. 12)

《위클리 경향》 (제854호, 2009. 12. 15)

《제주연합뉴스》 (2009. 2. 10)

《한겨레》 (2009. 1. 29)

《한겨레》 (2009. 10. 27)

《한겨레》 (2009. 10. 9)

《한겨레》 (2009. 9. 14)

都丸太助 外, 1987, 『トヨタと地域社會』東京: 大月書店.

島崎捻, 安原茂(編), 1987, 『重化學工業都市の構造分析』東京: 東京大學出版會.

小山陽一(編), 1985, 『巨大企業體制と勞動者: トヨタ生産方式の研究』東京: 御茶の水書房.

A Win-Win Deal, 1998, *Korea Herald*, 4 December.

Agger, R., D. Goldrich & B. Swanson, 1964, *The Rulers and the Ruled: Political Power and Impotence in American Communities,* New York: John Wiley & Sons.

Agnew, J., 1987, *Place and Politics: The Geographical Mediation of State and Society*, Boston: Allen & Unwin.

Agnew, J., 1994, The territorial trap: the geographical assumptions of international relations theory. *Review of International Political Economy* 1(1): 53~80.

Agnew, J., 1997, The dramaturgy of horizons: geographical scale in the 'Reconstruction of Italy' by the new Italian political parties, 1992-95. *Political Geography* 16(2): 99~122.

Alonso, W., 1968, Urban and Regional Imbalances in Economic Development. *Economic development and cultural change* 17(1): 1~14.

AmCham head says finances key to hub project., 2003, *Korea Herald*, 22 February. Available online: http://www.kinds.or.kr.

Amin, A. & N. Thrift, 1997, Globalization, socio-economics, territoriality, In Lee, R. & J, Wills (eds) *Geographies of Economies,* London: Arnold.

Amsden, A. H. & Y. D. Euh, 1993, South Korea's 1980's financial reform: good-bye financial repression (maybe), hello new institutional restraints. *World Development* 21: 379~390.

Amsden, A. H., 1989, *Asia's Next Giant: South Korea and Late Industrialization,* Oxford: Oxford University Press.

Amsden, A. H., 1990, Third world industrialization: global Fordism or a new model? *New Left Review* 182: 5~31.

An SEZ dilemma, 2002, *Korea Herald*, 14 November. Available online: http://www.kinds.or.kr.

Appadurai, A., 1996, *Modernity at large,* Minneapolis: University of Minnesota Press.

Appel, H., 2000, The ideological determinants of liberal economic reform. *World Politics* 52: 520~49.

Bachrach, P. & M. Baratz, 1970, *Power and Poverty: Theory and Practice,* New York: Oxford University Press.

Big Deals to Drive Many Suppliers to Bankruptcy, 1998, *Korea Herald*, 14 December.

Bishop, B., 1997, *Foreign direct investment in Korea: The role of the state,* Aldershot, UK: Ashgate.

Bishop, B., 2001, The liberalization of foreign direct investment policy in Korea. In O. Y. Kwon & W. Shepherd (eds) *Korea's economic prospects: From financial crisis to prosperity*, Cheltenham, UK: Edward Elgar.

Blakely, E & Synder M., 1999, *Fortress America: Gated Communities in the United States*, Washington, DC: Brookings Institution Press.

Bradley, D. & M. Zald, 1965, From Commercial Elite to Political Administrator: The Recruitment of the Mayors of Chicago. *AJS* 71(2): 153~167.

Brenner, N., 2001, The limits to scale? Methodological reflections on scalar structuration. *Progress in Human Geography* 25: 591~614.

Brenner, N., 2003, 'Glocalization' as a state spatial strategy: urban entrepreneurialism and the new politics of uneven development in Western Europe. In J. Peck & H. W-C. Yeung (eds) *Remaking the global economy: Economic-geographical perspectives,* London: Sage.

Brenner, N., 2004, *New State Spaces: Urban Governance and The Rescaling of Statehood,* New York: Oxford university press.

Brenner, N., 2009, Open Questions on State Rescaling. *Cambridge Journal of Economies, Regions and Societies* 2(1):

Brenner, N. & N. Theodore, 2002, Cities and the geographies of 'Actually Existing Neoliberalism'. *Antipode* 34(3): 349~79.

Brenner, N. & S. Elden, 2009, Henri Lefebvre on State, Space and Territory. *International Political Sociology* 3: 353~377.

Brenner, N., B. Jessop, M. Jones & G. MacLeod (eds) 2003, *State/Space: A Reader,* Malden, MA: Blackwell.

Brenner, N., B. Jessop, M. Jones & G. MacLeod, 2003, Introduction: State Space in Question. In N. Brenner, B. Jessop, M. Jones & G. MacLeod (eds) *State/Space: A Reader,* Malden, USA: Blackwell.

Brenner, N., J. Peck & N. Theodore, 2010, Variegated neoliberalization: geographies, modalities, pathways. *Global Networks* 10(2): 182~222.

Business hub plan to focus on IT, 2003, *Korea Times*, 19 January. Available online:

http://www.kinds.or.kr.

Castells, M., 1992, Four Asian tigers with a dragon head: a comparative analysis of the state, economy, and society in the Asian Pacific Rim. In R. P. Appelbaum & J. Henderson (eds) *States and Development in the Asian Pacific Rim,* CA: SAGE.

Cerny, P., 2005. Neoliberalism. In M. Griffiths (ed) *Encyclopaedia of International Relations and Global Politics*. Routledge.

Chang, H. J., 1998, Korea: the misunderstood crisis. *World Development* 26: 1555~1561.

Cho, M-R., 1991, *Political economy of regional differentiation*, Seoul: Hanul.

Choi, S-M. & M-Y. Yoon, 2002, Race to more liberalization, race to the bottom: A look into the liberalization process and its effects in Korea. Policy and Information Center for International Solidarity. Available online: http://picis.jinbo.net/English/anti-neoliberal/liberalisation1009.htm.

Coe, N. M. & H. W-C. Yeung, 2001, Goegraphical perspectives on mapping globalization: An introduction to the JEG special issue 'Mapping globalization: geographical perspectives on mapping globalization.' *Journal of Economic Geography* 1: 367~380.

Conklin, D. & D. Lecraw, 1997, *Foreign ownership restrictions and liberalization reforms,* Aldershop, UK: Ashgate.

Cox, K. R. & A. J. Mair, 1988, Locality and community in the politics of local economic development. *Annals of the Association of American Geographers* 78: 307~325.

Cox, K. R., 1993, The local and the global in the new urban politics: A critical view. *Environment and Planning D: Society and Space* 11: 433~448.

Cox, K. R., 1997, Ideology and the Growth Coalition. In A. E. Jonas & D. Wilson (eds) *The Urban Growth Machine Thesis: Critical Perspectives 20 Years Later,* Buffalo: SUNY Press.

Cox, K. R., 1998a, Locality and community: Some conceptual issues. *European Planning Studies* 6(1): 17~30.

Cox, K. R., 1998b, Spaces of dependence, spaces of engagement and the politics of scale, or: Looking for local politics. *Political Geography* 17: 1~23.

Cox, K. R., 2002a, 'Globalization,' the 'regulation approach,' and the politics of scale. In A. Herod & M. W. Wright (eds) *Power, politics, and geography: Placing scale,* New York: Guilford Press.

Cox, K. R., 2002b, *Political Geography: Territory, State and Society*, Oxford: Blackwell.

Cox, K. R., 2005, The Local and The Global. In P. Cloke & R. J. Johnston (eds) *Spaces of geographical thought: Deconstructing human geography's binaries,* London: Sage.

Cresswell, T., 1996, *In Place/Out of Place: Geography, Ideology and Transgression*, Minneapolis: University of Minnesota Press.

Dahl, R., 1958, A Critique of the Ruling Elite Model. *American Political Science Review,* 52(2):

463~469.

Dahl, R., 1961, *Who Governs?: Democracy and Power in an American City,* New Haven: Yale University Press.

Daly, H. & J. Farley, 2006, *Ecological Economics: Principle and Application.* Island Press.

Dicken, P., 1998, *Global shift: Transforming the world economy.* New York: Guilford Press.

Dicken, P., 2004, Geographers and 'globalization': (yet) another missed boat? *Transactions Institute of British Geographers* 29: 5~26.

Dicken, P., J. Peck & A. Tickell, 1997, Unpacking the global. In R. Lee & J. Wills (eds) *Geographies of economies,* London: Arnold.

Dicken, P., P. F. Kelly, K. Olds & H. W-C. Yeung, 2001, Chains and networks, territories and scales: towards a relational framework for analysing the global economy. *Global Networks* 1(2): 89~112.

Domhoff, G., 1975, Social Clubs, Policy-Planning Groups, and Corporations. *Insurgent Sociologist* 5(3): 173~184.

Domhoff, G., 1978, *Who Really Rules?: New Haven and Community Power Reexamined,* New Brunswick, NJ: Transaction Book.

Domhoff, G., 1990, *The Power Elite and the State,* New York: Aldine de Gruyter.

Dyrberg, T., 1997, *The Circular Structure of Power,* London: Verso.

Eldersveld, S., L. Stromberg & W. Derksen., 1995, *Local Elites in Western Democracies,* Boulder: Westview Press.

Escobar, A., 1996, Constructing Nature: Elements for a Post Structural Political Ecology. In R. Peet and M. Watts (eds) *Liberation Ecologies,* Routledge.

Ettlinger, N., 1994, The localization of development in comparative perspective. *Economic Geography* 70: 144~66.

Evans, P., 1995. *Embedded Autonomy: States and Industrial Transformation,* Princeton: Princeton University Press.

Failed 'Big Deals'. 1999. *Korea Herald,* 2 July.

Fukui, H. & S. N. Fukai, 1996, Pork barrel politics, networks, and local economic development in contemporary Japan. *Asian Survey* 36(3): 268~286.

Garrett, G., 1998, Global markets and national politics: Collision course or virtuous circle? *International Organization* 52: 787~824.

Giddens, A., 1972, Elites in the British Class Structure, *Sociological Review* 20(3): 345~372.

Gills, B. K. & D. S. Gills, 2000, Globalization and strategic choice in South Korea: economic reform and labor. In S. S. Kim (ed) *Korea's globalization*, Cambridge: Cambridge University Press.

Gimm, D-W., 2013, Cracking Hegemony: Regionalism and State Rescaling in South Korea, 1961-1971. *International Journal of Urban and Regional Research* 37(4): 1147~67.

Glassman, J., 1999, State power beyond the 'territorial trap': the internationalization of the state. *Political Geography*, 18: 669~96.

Glassman, J. & Y-J. Choi, 2010, The Chaebol and the Devvelopmental State: Cold War Geo-Political Economy and the Disciplining of Korean Capital. 제3회 규장각 한국학 국제심포지엄 자료집, 53~76.

Glassman, J., B-G. Park & Y-J. Choi, 2008. Failed Internationalism and social movement decline: the cases of South Korea and Thailand. *Critical Asian Studies* 40(3): 39~72.

Gov't to Take Charge of Restructuring Auto, Aircraft, Locomotives. 1998. *Korea Times*, 13 August.

Government Pushes for Early Sale of Samsung, Daewoo Automakers 2000. *Korea Herald*, 19 April.

Grofman, B. et al. (eds) 1999, *Elections in Japan, Korea, and Taiwan under the Single Non-Transferable Vote: The Comparative Study of an Embedded Institution,* Ann Arbor: University of Michigan Press.

Grofman, B., 1999, SNTV: An Inventory of Theoretically Derived Propositions and a Brief Review of the Evidence from Japan, Korea, Taiwan, and Alabama. In B. Grofmanetal (ed) *Elections in Japan, Korea, and Taiwan under the Single Non-Transferable Vote: The Comparative Study of an Embedded Institution,* Ann Arbor: University of Michigan Press.

Haggard, S., 1994, Business, Politics and Policy in Northeast and Southeast Asia. In M. Andrew (ed) *Business and Government in Industrialising Asia*, Ithaca: Cornell University Press.

Harvey, D., 1982, *The Limits to Capital*. Oxford: Oxford.

Harvey, D., 1985, The geopolitics of capitalism, In D. Gregory & J. Urry (eds) *Social relations and spatial structures,* London: Macmillan.

Harvey, D., 1989, *The Urban Experience,* Oxford: Blackwell.

Hassner, P., 1997, Obstinate and Obsolete: non-territorial transnational forces versus the European territorial state. In O. Tunander, P. Baev & V. Einagel (eds) *Geopolitics in the Post-Wall Europe: Security, Territory and Identity,* London: SAGE.

Heaven and hell in Korea, 2002, *Korea Times*, 10 April. Available online: http://www.kinds.or.kr.

Hechter, M., 1975, *Internal Colonialism: The Celtic Fringe in British National Development, 1536-1966*. London: Routledge & Kegan Paul.

Helen, V, M. & O. K. Robert, 1996, Internationalization and domestic politics: An introduction. In O. K. Robert & V. M. Helen (ed) *Internationalization and domestic politics,* Cambridge, UK: Cambridge University Press.

Henderson, J., 1998, *Uneven crises: Institutional foundations of East Asian economic turmoil. Transnational*

Community Working Paper, WPTC-98-13. Oxford, UK: University of Oxford, Faculty of Anthropology and Geography.

Herod, A., 1997, Labor's spatial praxis and the geography of contract bargaining in the US east coast longshore industry, 1953-89. *Political Geography* 16(2): 145~70.

Hirschman, A. O., 1958, *The Strategy of Economic Development,* New Haven: Yale University Press.

Hunter, F., 1953, *Community Power Structure: A Study of Decision Makers,* Chapel Hill: University of North Carolina Press.

Hunter, F., 1980, *Community Power Succession,* Chapel Hill: University of North Carolina Press.

Is Korea Attractive for Business?, 2001, *Korea Times*, 24 June. Available online: http://www.kinds.or.kr.

Jackson, T., 2009, *Prosperity without growth?: The transition to a sustainable economy.* Sustainable Development Commission.

Jessop, B., 1990, *State Theory: Putting Capitalist State in their Place,* University Park, PA: The Pennsylvania State University Press.

Jessop, B., 1994, Post-Fordism and the state. In A. Amin (ed) *Post-Fordism: A reader*, Oxford: Blackwell.

Jessop, B., 2002, *The Future of the Capitalist State,* Cambridge: Polity Press.

Jessop, B. & N-L. Sum, 2006, *Beyond the Regulation Approach: Putting Capitalist Economies in their Place,* Cheltenham, UK: Edward Elgar.

Jessop, B., N. Brenner & M. Jones, 2008, Theorizing Socio-Spatial Relations. *Environment and Planning D: Society and Space* 26(3): 389~401.

JFICPB (Jeju Free International City Promotion Bureau), 2002, *The Island of Opportunities: Jeju Free International City Jeju Free International City* Promotion Bureau.

Job Security Emerges as Biggest Obstacle to 'Big Deals'. 1999. *Korea Herald*, 26 January.

John, R. & R. Moore, 1967, *Race, Community and Conflict,* London: Oxford University Press.

Johnson, C., 1982, *MITI and the Japanese Miracle: the growth of industrial policy, 1925-1975,* Stanford, CA: Stanford University Press.

Jonas, A., 1994, Editorial. *Environment and Planning D: Society and Space* 12: 257~64.

Jonas, A. & D. Wilson (eds) 1999, *The Urban Growth Machine: Critical Perspectives, Two Decades Later,* New York: SUNY Press.

Jones, M. & R. Jones, 2004, Nation states, ideological power and globalization: can geographers catch the boat? *Geoforum* 35: 409~424.

Jones, M. R. & G. MacLeod, 1999, Towards a Regional Renaissance? Reconfiguring and Rescaling

England's Economic Governance. *Transactions of the Institute of British Geographers* 24(3): 295~313

Jones, M. R., 1997, Spatial selectivity of the state? The regulationist enigma and local struggles over economic governance. *Environment and Planning A* 29(5): 831~64.

Joyce, P. & A. Woods, 2001, *Strategic management: A fresh approach to developing skills, knowledge, and creativity.* London: Kogan Page.

Judge, D., G. Stoker & H. Wolman, 1995, *Theories of Urban Politics,* London: Sage Publications.

Jung, Y. and Y. S. Lee, 2001, Financial crisis and industrial policy in Korea. In O. Y. Kwon & W. Shepherd (eds) *Korea's economic prospects: From financial crisis to prosperity,* Cheltenham, UK: Edward Elgar.

Katz, R, S., 1986, Intraparty Preference Voting. In B. Grofman & A. Lijphart (eds) *Electoral Laws and Their Political Consequences,* New York: Agathon Press.

Keating, M., 1997, The Political Economy of Regionalism. In K. Michael & L. John (eds) *The Political Economy of Regionalism,* London: New York: Routledge.

Keating, M., 1998, *The New Regionalism in Western Europe: Territorial Restructuring and Political Change,* Cheltenham, UK: Edward Elgar.

Kessler, E., 2009, La révolution écologique: faut-il croire aux emplois verts?, (http://www.france-info.com/chroniques-tout-info-tout-eco-2009-12-07-la-revolution-ecologique-faut-il-croire-aux-emplois-verts-377898-29-31.html)

Kim, Y. C. & C-I. Moon, 2000, Globalization and workers in South Korea. In S. S. Kim (ed) *Korea's globalization,* Cambridge: Cambridge University Press.

Korea Herald, 2002, Korea's new vision: hub plan needs to focus on logistic infrastructure construction, *Korea Herald*, 1 July. Available online: http://www.kinds.or.kr.

Blueprint for NE Asian Hub, survival for Korea, 2002, *Korea Times*, 4 April. Available online: http://www.kinds.or.kr.

Korea Times, 2002, Labor Threatens Strike Against Law on Special Economic Zones, *Korea Times*, 8 November. Available online: http://www.kinds.or.kr.

KRIHS(Korea Research Institute for Human Settlement), 1996, *National land 50 years: Prospect and retrospect in preparing the 21st century (in Korean)*, Seoul: Seoul Press.

Krugman, P., 2007, *The Conscience of a Liberal,* New York & London: W.W. Norton & Co.

Latour, B., 1993, *We have never been modern*, Hamel Hempstead: Harvester Wheatsheaf.

Lauria, M. (ed) 1997, *Reconstructing Urban Regime Theory: Regulating Urban Politics in a Global Economy,* London: Sage Publications.

Lee, E-O. & J-R. Park, 2003, Why do we need special economic zones? (in Korean) In D-W. Nam (ed) *Special economic zone: A survival strategy for Korean economy,* Seoul: Samsung Economic

Research Institute.

Lee, Y-H., 2000, The failure of the weak state in economic liberalization: Liberalization, democratization and the financial crisis in South Korea. *Pacific Review* 13: 115~131.

Lefebvre, H., 1991, *The Production of Space,* Oxford: Blackwell.

Lefebvre, H., 2009, State and the Space. In N. Brenner & S. Elden (eds) *State, space, world: selected essays,* Minneapolis: London: University of Minnesota press.

Lipietz, A., 1980, The Structuration of Space, the Problem of Land, and Spatial Policy. In J. Carney, R. Hudson & J. Kewis (eds) *Regions in Crisis*, London: Croom Helm.

Logan, J. & H. Molotch, 1987, *Urban Fortunes: The Political Economy of Place,* Berkerly: University of California Press.

Logan, J. et. al. 1999, The Character and Consequences of Growth Regimes, In Jonas & Wilson (eds) *The Urban Growth Machine: Critical Perspectives, Two Decades Later,* New York: SUNY Press.

Lukes, S., 1974/2005, *Power: A Radical View,* London: The Macmillan Press.

MacKinnon, D. & N. A. Phelps, 2001, Devolution and the territorial politics of foreign direct investment. *Political Geography* 20: 353~379.

MacKinnon, D., 2010, Reconstructing scale: Towards a new scalar politics. *Progress in Human Geography* 35(1): 21~36.

MacLeod, G. & M. Goodwin, 1999, Reconstructing an urban and regional political economy: On the state, politics, scale, and explanation. *Political Geography* 18: 697~730.

MacLeod, G., 2001, New regionalism reconsidered: globalization and the remaking of political economic space. *International Journal of Urban and Regional Research* 25(4): 804~29.

Mann, M., 1988, The autonomous power of the state: its origins, mechanisms and results. In M. Mann (ed) *States, War and Capitalism.*, Cambridge, Mass: Blackwell.

Marston, S, A., 2000, The social construction of scale. *Progress in Human Geography* 24(2): 219~42.

Marston, S. A., J. P. Jones & K. Woodward, 2005, Human geography without scale, *Transactions of the Institute of British Geographers* 30: 416~432.

Martin, R. & P. Sunley, 1997, The post-Keynesian state and the space economy. In R. Lee & J. Wills (eds) *Geographies of Economies*, London: Arnold.

Martin, R., 1989, The new economics and politics of regional restructuring: the British experience. In L. Albrechts et al. (eds) *Regional Policy at the Crossroads,* London: Jessica Kingsley.

Massey, D., 1979, In what sense a regional problem. *Regional Studies* 13: 233~243.

Massey, D., 1984, *Spatial Divisions of Labour: Social Structures and The Geography of Production,* London: McMilan.

McKenzie, R., 1925, The Ecological Approach to the Study of the Human Community In Park, R., et. al., *The City*. Chicago: University of Chicago Press.

McKenzie, R., 1997, *The Metropolitan Community*, London: Routledge.

McMaster, R. B., & E. Sheppard, 2004, Introduction: Scale and Geographic Inquiry, In E. Sheppard and R. B. McMaster (eds) *Scale and Geographic Inquiry: Nature, Society and Method*, Oxford: Blackwell.

Ministry of Finance and Economy, Republic of Korea, 2003, Free economic zones in Korea: The future of Northeast Asia. Available online: http://www.mofe.go.kr.

Moyser, G. & M. Wagstaffe, 1987, *Research Methods for Elite Studies*. London: Allen and Unwin.

O'Connor, M., 1994, On the Misadventures of Capitalist Nature. In M. O'Connor (eds) *Is Capitalism Sustainable?: Political Economy and the Politics of Ecology*. Guilford Press.

Ohmae, K., 1990, *The Borderless World: Power and Strategy in the Interlinked Economy*, London: Collins.

Ong, A., 2000, Graduated sovereignty in South-East Asia. *Theory, Culture and Society* 17(4): 55~5.

Paasi, A., 1996, *Territories, Boundaries and Consciousness. The Changing Geographies of the Finnish-Russia Border*, Chichester, England and New York: J Wiley & Sons.

Paasi, A., 2003, Territory, In J. Agnew, K. Mitchell & G. Toal (eds) *A Companion to Political Geography*, Oxford: Blackwell.

Pahl, R., 1975, *Whose City?: and Further Essays on Urban Society*, Harmonsworth: Penguin Books.

Painter, J., 2006, Territory-network, *Paper presented in the Annual Meeting of the Association of American Geographers*.

Park, B-G., 1998, Where do tigers sleep at night? The state's role in housing policy in South Korea and Singapore. *Economic Geography* 74: 272~288.

Park, B-G., 2001a, Labor regulation and economic change: a view on the Korean economic crisis. *Geoforum* 32: 61~5.

Park, B-G., 2001b, *The Territorial Politics of Regulation under State Capitalism: Uneven Regional Development, Regional Parties and The Politics of Local Economic Development in South Korea*, Ohio State University.

Park, B-G., 2003a, Politics of scale and the globalization of the South Korean automobile industry. *Economic Geography* 79(2): 173~194.

Park, B-G., 2003b, Territorialized party politics and the politics of local economic development: State-led industrialization and political regionalism in South Korea. *Political Geography* 22: 811~839.

Park, B-G., 2005, "Spatially Selective Liberalization and Graduated Sovereignty: Politics of Neo-Liberalism and 'Special Economic Zones' in South Korea" *Political Geography* 24(7): 850~873.

Park, B-G., 2008, Uneven Development, Inter-scalar Tensions and the Politics of Decentralization in South Korea. *International Journal of Urban and Regional Research* 32(1): 40~59.

Park, B-G., 2012, 東アジアの 発展主義国家における スケール間の 緊張とリスケーリング: 韓国の 中央-地方間の 緊張関係と 分権化をめぐる 政治. *Annals of Regional and Community Studies* 24: 21~54

Passi, A., 2003, Territory. In J. Agnew, K. Mitchell & G. Toal (eds) *A companion to political geography*, Malden, USA: Blackwell.

Peck, J. & A. Tickell, 2002, Neoliberalizing Space. *Antipode* 34(3): 380~404.

Peck, J., 2002, Political Economies of Scale: Fast Policy, Interscalar Relations, and Neoliberal Workfare. *Economic Geography* 78(3): 331~360.

Perrucci, R. & H. R. Potter, 1989, *Networks of Power: Organizational Actors at the National, Corporate, and Community Levels,* New York: A. de Gruyter.

Perrucci, R. & M. Pilisuk, 1971, *The Triple Revolution Emerging: Social Problems in Depth,* Boston: Little, Brown.

Peters, G, B., 1979, Bureaucracy, Politics, and Public Policy. *Comparative Politics* 11(3): 339~358.

Politics Clouds Outlook for Samsung Motors Plant. 1999. *Korea Herald*, 6 July.

Polsby, N., 1963/1980, *Community Power and Political Theory: A Further Look at Problems of Evidence and Inference,* New Haven: Yale University Press.

Pred, A. R., 1984, Place as Historically Contingent Process: Structuration and the Time-Geography of Becoming Places. *Annals of the Association of American Geographers* 74(2): 279~297.

President-Elect Roh Advised to Focus on Financial Hub, 2003, *Korea Times*, 16 February. Available online: http://www.kinds.or.kr.

Regional Antagonism Confounds 'Big-Deal' Industrial Reform. 1999. *Korea Herald*, 27 January.

Regionalism Stunts Reform Drive. 1999. *Korea Times*, 8 February.

Renault in Exclusive Talks on Samsung Motors Acquisition. 2000. *Korea Times*, 5 January.

Rossi, P., 1960, Power and Community Structure. *Midwest Journal of Political Science* 4: 390~401.

Sack, R, D., 1986, *Human Territoriality: its Theory and History*. Cambridge: Cambridge University Press.

Samsung's Pusan Factory to Be Sold. 1999. *Korea Times*, 6 July.

Samsung Economic Research Institute, 2001, *Three years after the IMF bailout: A review of the Korean economy's transformation since 1998*. Seoul: Samsung Economic Research Institute.

Samsung Motors Workers Protest Swap with Daewoo Electronics. 1998. *Korea Herald*, 10

December.

Sassen, S., 1991, *The Global City: New York, London, Tokyo*, Princeton: Princeton University Press.

Saunders, P., 1979, *Urban Politics: A Sociological Interpretation*, New York: Penguin Books.

Schamis, H, E., 1999, Distributional coalitions and the politics of economic reform in Latin America. *World Politics* 51: 236~68.

Scott, J. (ed) 1990, *The Sociology of Elites* (I - III), Aldershot: Edward Elgar.

Smith, N., 1993, Homeless/global: Scaling places. In J. Bird, B. Curtis, T. Putnam, G. Robertson and L. Tickner (eds) *Mapping the futures: Local cultures, global change,* London: Routledge.

Smith, N., 2000, Scale. In R. J. Johnston, D. Gregory, G. Pratt & M. Watts (eds) *The dictionary of human geography (4th edition)*, Oxford: Blackwell.

Songdo to be developed into IT research hub, 2003, *Korea Times*, 28 January. Available online: http://www.kinds.or.kr.

Stone, C., 1989, *Regime Politics: Governing Atlanta, 1946-1988,* Lawrence: University Press of Kansas.

Storey, D., 2001, *Territory: the Claiming of Space,* London: Prentice Hall.

Swyngedouw, E., 1997, Neither global nor local: 'Glocalization' and the politics of scale. In K. Cox (ed) *Spaces of globalization: Reasserting the power of the local,* New York: Guilford Press.

Swyngedouw, E., 2004, Scaled geographies: nature, place and the politics of scale. In E. Sheppard & R. B. McMaster (eds) *Scale and geographic inquiry*, Oxford: Blackwell.

Taylor, P. J. & R. J. Johnston, 1979, *Geography of Elections,* London: CroomHelm.

Taylor, P., 1982, A materialist framework for political geography. *Transactions of the Institute of British Geographers* 7: 15~34.

Three Areas in Incheon (Yeongjongdo, Songdo, and Kimpo) will be designated as a special economic zone next year (in Korean), 2002, Chosun Daily, 5 April. Available online:. http://www.kinds.or.kr.

Tickell, A. & J. Peck, 1992, Accumulation, regulation and the geographies of Post-Fordism: missing links in regulationist research. *Human Geography* 16(2): 190~218.

Tickell, A. & J. Peck, 2003, Making Global Rules: Globalization Or Neoliberalization? In J. Peck & H. W-C. Yeung (eds) *Remaking the Global Economy: Economic-Geographical Perspectives*, London: SAGE.

United Nations Conference on Trade and Development, 2001, *World investment report.* New York: United Nations.

Walton, J., 1966, Substance and Artifact: The Current Status of Research on Community Power Structure. *AJS* 71: 430~438.

Warner, L., 1941, *Yankee City Vol. 1: The Social Life of a Modern Community,* New Haven: Yale University Press.

Woo-Cumings, M., 2003, Three mirrors for Korea's future (in Korean). *Changjakwa Bipyeong* 120: 12~7.

Wood, A., 1996, Analysing the Politics of Local Economic Development: Making Sense of Cross-national Convergence. *Urban Studies* 33(8): 1281~1295.

World Bank., 2009, *World Development Report 2009: Reshaping Economic Geography*, Washington DC: World Bank.

Yeung, H, W-C., 2000, State intervention and neoliberalism in the globalizing world economy: Lessons from Singapore's regionalization programme. *Pacific Review* 13: 133~162.

Yeung, H. W-C., 2002, The limits to globalization theory: a geographical perspective on global economic change. *Economic Geography* 78: 285~05.

Yeung, H. W-C., 2002, The limits to globalization theory: A geographical perspective on global economic change. *Economic Geography* 78: 285~305.

Yim, S-H., 2003, Industrial restructuring for global competition and uneven regional development in South Korea. *Paper presented in a workshop on "Global challenge and local response: a comparison between Singapore, Malaysia and South Korea".* National University of Singapore, Singapore. 10-11 October 2003.

기고자 약력

박배균

서울대학교 지리교육과 교수. 서울대학교 지리학과에서 학사와 석사, 미국 오하이오 주립대학에서 박사 학위를 받았다. 정치지리와 경제지리를 전공하여, 한국의 지역주의 정치, 세계화와 신자유주의의 지리, 국가의 공간성 등의 주제를 연구 중이다. *Locating Neoliberalism in East Asia: Neoliberalizing Spaces in Developmental State*, 『지구·지방화와 다문화 공간』, 『현대문화지리학』, 『영역』 등의 편서와 공역서가 있다.

김동완

서울대학교 환경계획연구소 연구원. 서울대학교 물리학과를 졸업하고 서울대학교 환경대학원에서 석사와 박사 학위를 받았다. 계획이론과 도시계획사를 전공하여 개발연대 국가의 공간 생산, 근대 도시계획의 기원과 한국적 수용과정 등을 연구 중이다. "Fracturing Hegemony: Regionalism and State Rescaling in South Korea, 1961-71", "규모의 지리 측면에서 바라본 창조적 계급과 도시 창조성: 도시 창조성의 재구성과 도시 정책적 시사점" 등 다수의 논문을 발표했고, 『중소 도시의 산업 재구조화와 제도적 역량』을 저술했다.

장세훈

동아대학교 사회학과 교수. 서울대학교 사회학과에서 학사, 석사 및 박사 학위를 받았다. 도시사회학 분야를 전공하며, 토지·주택 문제, 도시화, 지방정치, 사회불평등 문제 등을 연구 중이다. 『한국의 도시화와 도시문제』, 『기로에 선 중산층』, 『한국의 인구·주택』 등의 공저서가 있다.

이상헌

한신대학교 정조교양대학 부교수. 연세대학교 사회학과에서 학사, 서울대학교 환경대학원에서 석사와 박사 학위를 받았고, 호주 멜번대학교에서 1년간 방문연구원으로 수학하였다. 정치생태학, 환경사회학을 전공하였으며, 주로 수자원, 에너지, 기후변화 등의 주제를 연구 중이다. 『생태주의』, 『세상을 움직이는 물』, 『에코벤쳐』, 『발전과 환경위기』 등의 저서와 공역서가 있다.